KB160650

'여성'과 '젠더'를 통해 본 한일관계사

附, 한일관계사학회 30년, 회고와 전망

'여성'과 '젠더'를 통해 본 한일관계사
附, 한일관계사학회 30년, 회고와 전망

한일관계사학회 편

경인문화사

올해는 한일관계사학회가 30주년을 맞이하는 해입니다. '한국과 일본에 대한 역사 연구를 통하여 두 나라 사이의 올바른 관계사 정립'을 목표로 한 한일관계사학회는 회원 여러 선생님들의 헌신과 열의, 아낌없는 지원으로 한일역사연구 분야의 중심적인 학술단체로 발전했습니다.

우리 학회는 지금까지 77권의 학술지와 82권의 한일관계연구총서를 발간하였고, 202회의 월례회와 36회의 국내외 학술대회를 개최하면서 내실 있는 학회로 지속적인 성장과 발전을 이루어 왔습니다. 특히 한일 간에 첨예한 갈등을 일으키고 있는 영토 문제, 교과서 왜곡 문제, 제국주의 침탈과 관련된 강제동원과 일본군 위안부 문제 등의 현실적인 사안에 대해서 학회에서는 지속적인 문제 제기와 해결을 위한 실천적 방안을 제시했습니다. 아울러서 외교적 현안이나 한일 간의 민감한 쟁점 사항에 대해 여러 학회의 중지를 모으면서 해결을 위한 선도적 역할을 해온 결과 명실공히 역사학계의 대표적인 중견학회로 자리매김하게 되었습니다.

돌이켜보면 우리 학회는 오랜 기간 다양한 소재들을 연구대상으로 삼으면서 학술대회의 주제로 삼아왔지만 한일관계사 측면에서 '젠더 연구'는 미진하였습니다. 근현대시기에 한정해서 위안부 문제를 다루기는 했지만, 일제강점기의 여성수탈문제를 시작으로 현대까지 이어지고 있는 여성 차별 문제에 대해 심도 깊은 논의가 이루어졌다고 말하기는 어렵습니다.

본서는 〈한일관계사학회 30주년〉학술대회를 맞이하여 고대·중근세·근현대에 이르기까지 각 시기의 주체적 여성, 교류의 대상으로서의 여성, 성장하는 양국 여성의 모습을 고찰하여 한권의 단행본으로 엮은 것입니다. 한일관계사에서 시기별·국가별로 편중되었던 여성과 젠더 연구에 다양성을 더하고 주제의 확장을 도모하고자 했습니다. 과거의 역사 위에서 현재의 여성과 젠더를 이해하고, 여성과 젠더는 더 이상 불편함과 갈등 관계가 아닌 이해와 소통, 융합을 위해 노력을 기울여야 할 문제임을 재고하고자 합니다. 이와 같은 우리의 노력이 한일관계의 정상화와 상호인식의 개선에 조금이라도 보탬이 되길 바랍니다. 그리고 본서가 이러한 문제해결에 접근하는 작은 실마리가 되기를 기대합니다.

　끝으로 기조강연과 발표 논문을 준비해주신 현명철, 木村直也, 최은영, 김영, 김경태, 송혜경, 박미아 교수님과 토론을 맡아주신 송완범, 이세연, 정해은, 이승신, 이은경 교수님께 감사드립니다. 그리고 학술대회 준비를 위해 많은 지원과 협조를 해주신 학회 회원 여러분과 참석자 여러분께 다시 한 번 감사의 말씀을 드립니다.

2022년 12월
한일관계사학회 회장
김문자

|차 례|

발간사 · 4

제1부 '여성'과 '젠더'를 통해 본 한일관계사

고대 일본 도왜계(渡倭系) 씨족 여성의 동향 _ 최은영 ············ 11
- 백제왕씨(百濟王氏)를 중심으로 -

문학에 나타난 한일 고중세의 혼인제와 여성 연구 _ 김영 ····· 51

임진전쟁과 여성의 삶 _ 김경태 ································· 77
-『쇄미록』을 중심으로 -

패전 후, 제국 일본여성의 집단기억과 제국의식 _ 송혜경 ····· 143
- 경성제일고등여학교를 중심으로 -

재일한인 여성의 경제활동과 교육문제에 관한 소고 _ 박미아 ··· 175
-『민중시보』와『여맹시보』기사에 투영된 현실 -

제2부 한일관계사학회 30년, 회고와 전망

1. 기조강연

한일관계사학회의 회고와 전망 _ 현명철 ································ 209

한일관계의 과거와 현재 _ 기무라 나오야 ····························· 229
「원문」_ 木村 直也 ·· 243

2. 30주년 기념간담회

한일관계사학회, 30년을 돌아보며... _ 손승철 ····················· 257

한일관계사학회, 30년을 말한다 ··· 267
 - 역대 회장단 간담회 -

제1부

'여성'과 '젠더'를 통해 본
한일관계사

고대 일본 도왜계(渡倭系) 씨족 여성의 동향
- 백제왕씨(百濟王氏)를 중심으로 -

최 은 영*

1. 머리말
2. 백제왕씨 출신 여성의 동향
3. 백제왕씨로 본 고대 일본 속
   도왜계 씨족 여성의 동향과 역할
4. 맺음말

1. 머리말

지리적으로 가깝게 위치하고 있는 한반도와 일본열도는 농경기술과 금속기가 유입된 기원전 3세기 무렵인 彌生時代[야요이시대] 때부터 깊은 관계를 가져왔다. 동아시아 끝자락에 위치하고 있는 일본열도는 대륙과 반도의 발달된 문화를 수용하여 독자적인 문화를 형성하였다. 이러한 열도의 문화 전파와 도입은 대륙과 반도에서 건너온 도왜인(渡倭人)[1]의 역할이 컸다.[2]

7세기 후반 백제가 멸망(660)하고 부흥운동(663)까지 실패하자 대규모의 백제 사람들은 일본열도로 건너갔다. 일본(당시는 왜)조정은 나라를 잃은

---

* 충청남도역사문화연구원 선임연구원
1) 『일본서기(日本書紀)』 등의 사료에서는 대륙·한반도에서 바다를 건너 일본열도로 온 사람들에 대해서 渡日, 歸化, 來歸, 化來 등으로 설명하고 있다. 따라서 이러한 사람들을 연구자에 따라서 歸化人, 渡來人, 渡倭人, 移住民 등 다양한 용어로 칭하고 있다. 본고에서 한반도에서 바다를 건너 일본(왜)로 들어간 사람들을 의미하는 '도왜인'이라는 표현을 사용하고자 한다. 또한 백제 멸망기에 건너간 이들의 경우, 이주민이라는 표현도 함께 사용하기로 한다.
2) 崔恩永, 『百濟王氏の成立と動向に關する硏究』, 滋賀縣立大學 大學院 博士學位論文, 2017, 1쪽.

백제 이주민의 유입을 우호적으로 받아들였다. 일본열도로 건너 간 백제 이주민 중에는 정치적 중심에 있었던 귀족 관료층 및 부흥운동을 주도한 세력들이 다수 포함되어 있었다. 따라서 일본조정은 백제 관료들의 능력을 효과적으로 받아들이기 위해 백제 관위 계급을 검토하고, 이에 해당하는 일본의 관위(위계)와 관직을 수여하였다.3) 이들은 정치, 교육, 병법, 의학, 건축 등 다양한 분야에 각각 배치되어 활약하게 된다.4) 일본조정이 백제 관료들을 인정하고 우대하였다는 것은 백제와 우호관계였다는 것도 있겠지만, 백제 사람들이 가지고 있던 지식과 기술을 필요하였던 것으로 보인다. 백제에서 이주한 도왜인들은 일본이 고대국가로 수립하고 독자적인 문화를 형성하는데 중요한 역할을 하였다.

平安[헤이안]시대 초기(815)에 편찬된 일본 고대 씨족 알림서인『신찬성씨록(新撰姓氏錄)』제번(諸蕃)에 의하면 도왜계 씨족은 326씨가 확인되며, 한반도계 씨족 가운데는 백제계가 가장 높은 비율을 차지하고 있다.5)

이러한 백제계 도왜씨족 출신 중에서 백제 의자왕의 직계 후손으로 알려진 선광(善光 또는 禪廣) 일족이 있다.6) 이들은 지통조(持統朝, 재위 689~697)

---

3) 『日本書紀』天智天皇四年(六六五)二月是月. 勘校百濟國官位階級. 仍以佐平福信之功. 授鬼室集斯小錦下. 其本位達率.

4) 『日本書紀』天智天皇十年(六七一)正月是月. 以大錦下授佐平余自信·沙宅紹明. 法官大輔.以小錦下, 授鬼室集斯. 學職頭.以大山下, 授達率谷那晋首 閑兵法·木素貴子 閑兵法.·憶禮福留 閑兵法.·答㶱春初 閑兵法.·㶱日比子贊波羅金羅金須 解藥.·鬼室集信. 解藥.以小山上, 授達率德頂上 解藥·吉大尙 解藥,許率母 明五經·角福牟. 閑於陰陽.以小山下, 授余達率等五十余人.

5) 『신찬성씨록(新撰姓氏錄)』: 헤이안시대 초기인 弘仁 6년(815)에 차아천황(嵯峨天皇)의 명으로 편찬된 일본 고대씨족 명부이다. 이 명부에는 平安京·畿內 5개 지역에 거주하던 1,182씨족의 조상, 출신, 씨족명 유래 등이 기재되어 있다. 씨족은 크게 황벌(皇別), 신별(神別), 제번(諸蕃)으로 분류된다. 그 중 제번은 도왜계 씨족으로 크게 다섯 개로 구분되는데, 한반도계 중에서는 백제계가 압도적으로 많다.

6) 『新撰姓氏錄』左京諸蕃下, 百濟王, 百濟國義慈王之後也. : 백제왕은 백제국 의자왕에서 나왔다.

에 이르러 관위(冠位)와 '百濟王[구다라노코니키시]'이라는 氏姓[우지·카바네]을 받았다고 알려져 있다. 이렇게 씨성을 받고 정착한 백제왕씨 일족은 서위(敍位)와 임관(任官)을 통하여, 일본 율령국가의 관인으로 활동하게 된다.[7] 백제왕씨는 서위와 임관을 바탕으로 奈良[나라]·平安[헤이안]시대의 정치적 위치와 동향을 추정해볼 수 있다. 이들은 중앙 귀족의 경계선이라고 할 수 있는 종5위 이상의 위계를 수여받고, 적어도 중급 이상의 관인으로 자리 잡았다. 이들은 국정을 담당하는 태정관(太政官)의 요직에는 오르지 못하였으나, 전문지식이 필요한 중앙의 관리나 지방의 국사(國司)로 임명되었다.[8]

이렇게 관위(官位)를 수여받은 이들 중에는 여성들도 포함되어 있었다. 백제왕씨 출신의 여성들은 서위되어 관직에 나아가 궁에서 시중드는 천황의 직속 직원인 궁인(宮人) 혹은 여관(女官)[9]으로 활동하였다. 또한 이들 중에는 도왜계 출신 여성으로는 드물게 후궁(後宮)[10] 12사(司) 중 하나인 천황을 가까이 모시던 내시사(內侍司)의 장관이라고 할 수 있는 상시(尙侍)의 자리까지 오르기도 하였다.

헤이안시대 초기에는 환무천황(桓武天皇, 재위: 781~806)의 생모인 高野新笠[타카노노 니이가사]이 和[야마토]씨라는 백제계 도왜씨족 출신이므로, 백제왕씨도 천황의 외척으로 인정받고 우대받았다. 더 나아가 백제왕씨 출신의 여성들도 후궁으로 다수 진출하여 천황의 아이를 낳았다고 알려져 있다.

---

7) 崔恩永, 「7·8世紀の百濟系渡來人と日本-百濟王氏の成立と律令國家初期の動向を中心として-」, 『百濟文化』 52, 公州大學校百濟文化硏究所, 2015, 278~294쪽.

8) 崔恩永, 2017, 앞의 논문, 62~138쪽.

9) 궁인(宮人)과 여관(女官): 율령제에는 여관이라는 단어는 기록되어 있지 않다. 법례 용어로 중궁(中宮)에서 봉사하는 여성직원(女性職員)을 '궁인'이라고 한다. 여관이라는 단어가 사용된 것은 8세기 말(나라시대 말)부터이다. 본고에서는 통일하여 여관이라는 표현하여 사용하고자 한다.

10) 후궁(後宮): 후궁은 두 가지의 의미를 가지고 있다. 첫 번째는 황후나 여어(女御), 갱의(更衣) 등 천황의 후비(后妃) 등을 가리킨다. 두 번째는 황후 등이 사는 공간을 말한다.

따라서 본고에서는 백제계 도왜씨족 중 하나인 백제왕씨 출신 여성들의 서위와 임관, 그리고 결혼과 출산 등을 통해 동향을 살펴보고, 이들이 일본의 고대국가 성립과 발전 속에서 어떠한 위치와 역할을 하였는지 정리하였다. 고대 도왜계 출신 여성과 관련된 기록은 많이 남아있지 않으므로 대표적인 도왜계 씨족인 백제왕씨 출신 여성들을 중심으로 검토하였다. 그러나 이들은 백제왕의 직계후손이라는 특수성이 있어 일반화하기에는 제한적임을 먼저 밝혀둔다.

2. 백제왕씨 출신 여성의 동향

1) 나라시대

7세기 말에서 8세기 초의 일본은 율령체제를 형성하여, 고대국가로 발전하였다. 나라를 잃고 일본에 정착한 백제왕족 선광과 그 일족도 이러한 큰 변화의 흐름 속에서 '백제왕' 씨성과 위계를 수여 받고 임관을 통하여 일본 율령체제 속에서 관인으로 활동하게 되었다.

〈표 1〉 7세기 말~나라시대(710~794) 백제왕씨의 최종위계(*은 여성을 나타냄)[11]

위계	이름
종3위	南典, 敬福, 明信*
종4위하	遠寶, 良虞, 女天*, 孝忠, 元忠, 理伯, 利善, 玄鏡, 仁貞
정5위상	俊哲
정5위하	慈敬, 全福, 武鏡, 英孫
종5위상	元德, 玄風, 善貞
종5위하	三忠, 信上, 文鏡, 淸仁*, 仙宗, 淸刀自*, 眞善*, 眞德*, 元基, 孝德, 元眞, 善貞, 忠信, 明本*, 敎德, 鏡仁, 元信, 難波姬*, 貞孫

11) 『속일본기』 ; 崔恩永, 2017, 앞의 논문, 64~68쪽 〈표 4〉, 71쪽 〈표 5〉 참조 및 수정

〈표 1〉은 7세기 말부터 나라시대(710~794)에 활약하였던 백제왕씨의 서위 및 최종위계 양상을 간략하게 정리한 것이다.

大寶 원년(701), 『대보령(大寶令)』이 완성되면서, 관인의 서열은 위계 제도에 의해 정1위부터 소초위하(少初位下)까지 서른 단계로 구분되었다. 〈표 1〉에서 나라시대의 백제왕씨는 종5위에서 종3위까지 서위되고 있는 것을 확인할 수 있다.

일본 율령체제 내에서 종5위 이상의 위계를 가진 자는 귀족으로 여겼다. 따라서 백제왕씨가 귀족의 경계선이라고 할 수 있는 종5위에 다수 도달하고 있다는 사실은, 이들이 중급 이상의 귀족, 관인의 위치에 있었음을 추측케 한다. 다만, 백제왕씨 일족은 이름만으로 성별을 구분하기 쉽지 않다. 이것은 백제왕씨가 백제식 이름을 계속 유지하였기 때문이다. 백제왕씨 일족의 이름은 고대 일본의 명명법과 구별되는 특성을 가지고 있다. 일본의 이름은 원칙적으로 훈독(訓讀)을 한다. 그러나 백제의 이름은 음독(音讀)하는 것이 일반적이었던 것으로 보인다. 『일본서기』에 의하면 백제 멸망 직후 일본열도로 건너온 백제 이주민들의 이름도 음독하고 있으나, 일본에 정착한 이후의 백제계 도왜인들은 음독이 아닌 훈독하는 이름, 즉 일본식 이름을 사용하기 시작한다. 이와 달리 백제왕씨는 이름을 음독하여 사용하고, 대부분의 이름을 두 자로 짓는 규칙성을 계속해서 유지하였다. 모든 백제왕씨에게 해당되는 것은 아니지만, 형제·자매로 추정되는 일부 인물 사이에는 같은 자를 공유하는 원칙(항렬자)을 사용하기도 하였다.[12] 이러한 사실로 볼 때, 백제왕씨는 일본 율령체제 속에서 관인으로 자리매김하였지만 오랫동안 백제계라는 정체성을 유지하였던 것으로 생각된다.

그러나 『육국사(六國史)』[13] 등의 사서(史書)에서는 특별히 성별을 언급

---

12) 이근우, 2001, 「일본열도의 백제유민에 대하여」, 『한국고대사연구』 23, 한국고대사학회, 52~53쪽.

13) 『육국사(六國史)』: 나라·헤이안시대 때, 일본에서 편찬한 『일본서기(日本書紀)』,

하고 있지 않으므로 이름만으로는 구분하기 어렵다. 본고에서는 백제왕씨의 서위와 임관 등의 기사 내용 및 배경 등을 바탕으로 추정해보고자 한다. 그 외에는 백제왕씨 후예를 자칭하는『百濟王三松氏系圖[백제왕미츠마츠계도]』(이하, 『三松氏系圖』)를 일부 참고하였다14).

〈표 2〉는 나라시대(710~794)에 활동한 백제왕씨 출신 여성의 서위 및 관직 양상이다.

〈표 2〉 나라시대(710~794) 백제왕씨 출신 여성의 관위 및 동향15)

천황	시 기	이름	서 위	관직	비 고
聖武	天平16年(744) 2月內辰(22)	女天	无位 一從四位下		安曇江 行幸 시, 백제악 연주, 서위
稱德	神護景雲2年(768) 4月戊寅(29)	淸仁	正六位下 一從五位下	女孺	

『속일본기(續日本紀)』, 『일본후기(日本後記)』, 『속일본후기(續日本後記)』, 『일본문덕천황실록(日本文德天皇實錄)』, 『일본삼대실록(日本三代實錄)』등 여섯 종류의 사서를 의미한다.

14) 『百濟王三松氏系圖[백제왕미츠마츠계도]』: 백제왕씨의 후예를 자칭하는 三松[미츠마츠]씨의 계도로, 백제왕 풍준(豊俊)을 선조로 한다. 이 三松이라는 성씨는 풍준의 저택에 있었던 세 그루의 소나무에서 유래되었다고 한다(藤本孝一,「「三松家系圖」-百濟王系譜-」,『平安博物館 研究紀要』7, 1982). 그러나 계도의 사료적 가치나 신빙성에 대해 의문을 제기하는 의견도 존재한다(上野利三,「「百濟王三松氏系圖」の史料價値について-律令時代歸化人の基礎的研究-」,『慶應義塾創立125年記念論文集-慶應法學會政治關係-』, 1983). 다만 이 계도에는 『육국사』에서 확인되지 않는 백제왕씨 일족의 위계와 관직, 친인척 관계 등이 상세히 기록되어 있다. 따라서 본고에서는 『육국사』의 기록에서 확인하기 어려운 부분이나 부족한 내용을 보강하는 자료로 참조하였다.

15) 『속일본기』; 崔恩永, 2017, 앞의 논문, 64~68쪽 〈표 4〉, 73~76쪽 〈표 6〉 참조 및 수정

천황	시 기	이름	서 위	관직	비 고
光仁	寶龜元年(770) 10月癸丑(25)	明信	從五位下 →正五位下		
	寶龜6年(775) 8月辛未(10)	明信	正五位下 →正五位上		
	寶龜11年(780) 3月丙寅朔	明信	正五位上 →從四位下		命婦
	天應元年(781) 9月丁卯(12)	淸刀自	無位 →從五位下		
桓武	延曆2年(783) 10月庚申(16)	明信	從四位上 →正四位下		交野 行幸시, 서위 百濟寺 시주
	延曆2年(783) 10月庚申(16)	眞善	正六位上 →從五位下		交野 行幸시, 서위백제사 시주
	延曆2年(783) 11月丁酉(24)	明信	正四位下 →正四位上		延曆4年(785) 正月 기사와 중복
	延曆3年(784) 2月辛巳	眞德	無位 →從五位下	女孺	이 날짜 없음. 『續日本記』 편집 과정 시 오류로 추정
	延曆4年(785) 正月乙巳(9)	明信	正四位下 →正四位上		延曆2年(783)11月과 중복
	延曆6年(787) 8月甲辰(24)	明信	正四位上 →從三位		高椅津 行幸, 환무천황이 귀환시, 繼繩의 別業에 들러 서위
	延曆6年(787) 10月己亥(20)	明本	無位 →從五位下	宮人	交野 行幸 시, 백제악무 연주, 서위
	延曆10年(791) 正月庚午(9)	難波姬	正六位上 →從五位下		
	延曆13年(794) 7月己卯(9)	明信	從三位		여러 여성들과 함께 山背·河內·攝津·播磨 등의 國 벼 一萬一千束을 받음

백제왕씨 일족 중 나라시대에 활동한 여성 중에서 가장 대표적인 인물로는 나라시대 후기에서 헤이안시대 초기까지 걸쳐 여관으로 활동한 백제왕 명신(百濟王 明信)이 있다. 명신은 정사에서 가장 많이 확인되는 백제왕씨 인물 중 하나이다.

명신은 '백제왕'을 처음 사여 받은 의자왕의 아들로 알려진 선광의 증손자인 경복(敬福, 698~766)의 손녀이다. 명신의 조부인 경복은 天平 21년(749) 陸奧國[무츠국]의 국사(國司)로 재임 시, 일본 최초로 금을 발견하여 東大寺[도다이지]의 비로자나불 도금에 필요한 황금 900량을 헌상하였다.[16] 이로 인해 성무천황(聖武天皇, 재위: 724~749)의 총애를 받아 위계가 종5위하에서 종3위까지 7단계나 오른, 백제왕씨 일족 중에서도 대표적인 인물이다. 또한 명신은 공경(公卿)이자, 藤原[후지와라] 남가(南家) 출신의 우대신(右大臣) 繼繩[쓰구타다]의 아내였다. 그녀는 『속일본기』寶龜 원년(770) 10월, 종5위하에서 정5위하로 서위되는 기사를 시작으로 정사(正史)에 처음 등장한다.[17]

명신의 구체적인 출생년도는 알 수 없으나, 『三松氏系圖』에 의하면 79세에 사망(薨)하였다고 한다. 『일본후기(日本後紀)』에는 명신은 弘仁 6년(815)에 사망하였다고 기록되어 있으므로 735년 즈음에 태어난 것으로 추정해볼 수 있다.

명신과 繼繩 사이에서는 아들 乙叡[타카토시]가 있었다. 大同 3년(808) 6월 乙叡의 훙전(薨傳)에 의하면, 종3위·중납언(中納言)이었던 乙叡가 사망하였는데, 이때 48세였다고 한다.[18] 따라서 그는 天平寶字 5년(761) 즈음에 출생하였을 것이다. 명신과 繼繩이 언제 혼인하였는지에 대한 기록은 남아 있지 않지만, 아들인 乙叡의 생몰년을 통해 적어도 761년 이전에 이루어졌

---

16) 『續日本記』 天平神護二年(七六六)六月壬子. 刑部卿從三位百濟王敬福薨. (중략) 天平年中. 仕至從五位上陸奧守. 時聖武皇帝造盧舍那銅像. 冶鑄云畢. 塗金不足. 而陸奧國馳驛. 貢小田郡所出黃金九百兩. 我國家黃金從此始出焉. 聖武皇帝甚以嘉尙. 授從三位. 遷宮內卿. 俄加河內守. (후략)

17) 『續日本記』 寶龜元年(七七〇)冬十月癸丑. (중략) 從五位下巨勢朝臣巨勢野. 百濟王明信立正五位下. (후략)

18) 『日本後紀』 大同三年(八〇八)六月甲寅. (전략)散位從三位藤原朝臣乙叡薨. (중략)時年冊八.

을 것이다.[19] 명신과 繼繩의 결혼은 백제왕씨가 당시 정치 중심에 있었던 藤原 南家와 관계를 돈독히 하는 계기가 되었을 것이며, 나아가 정치적 입지를 다지는데 도움이 되었을 것으로 보인다.

또한 명신이 언제부터 후궁에 들어와서 여관으로 근무하였는지도 정확히 알 수 없다. 그녀가 사서에 최초로 등장한 시기는 『속일본기』 광인천황(光仁天皇, 재위: 770~781) 즉위 직후로, 이때 위계는 무위(無位)가 아닌 종5위하였다. 따라서 이미 칭덕천황(稱德天皇, 재위: 764~770) 때, 종5위하에 서위된 것으로 생각되며, 최초의 서위 기록은 누락되었을 것으로 보인다.[20] 명신이 천황의 칙수(勅授)에 의해 무위에서 종5위를 바로 사여 받았는지, 아니면 차근차근 순서대로 서위 받았는지는 알 수 없다. 다만 명신이 활동을 시작하였을 것으로 추정되는 770년 이전인 칭덕조는 조부인 경복이 황금 헌상이라는 큰 공을 세운 후이며, 아버지 이백(理伯)은 정5위하·섭진대부(攝津大夫)였다. 이백은 이후 종4위하·좌경대부(左京大夫)가 되었다.[21] 이렇게 명신의 일족인 백제왕씨는 백제왕족의 후예이자, 귀족의 위계를 가지고 있어 대우 받을 수 있었던 씨족이었다고 할 수 있을 것이다. 또한 광인천황 즉위 전인 칭덕천황 때, 명신의 남편 繼繩은 종4위하,[22] 그의 아버

---

19) 『공경보임(公卿補任)』에서 乙叡는 天平勝寶 7년(755)에 태어나 大同 3년(808)에 48세에 사망하였다고 한다. 그러나 이 기록의 출생년도와 사망 나이는 맞지 않는다. 따라서 大坪秀敏은 『공경보임』이 天平勝寶 7년(755) 탄생설을 채용한 것은 天平勝寶 6년(754)에 명신과 繼繩이 결혼이 성립된 근거에 입각하여 기록한 것일 가능성을 추정하였다(大坪秀敏, 『百濟王氏と古代日本』, 雄山閣, 2008, 139쪽 ; 김은숙, 「桓武天皇과 百濟王 明信」, 『제63회 충남대학교 백제연구공개강좌』, 충남대학교 백제연구소, 2012, 7쪽).

20) 김은숙, 2012, 앞의 논문, 3쪽.

21) 『續日本記』神護景雲元年(七六七)八月丙午. (전략)正五位上百濟王理伯爲攝津大夫. (후략)
『續日本記』寶龜五年(七七四)三月甲辰. (전략)從四位下百濟王理伯爲右京大. (후략)
『續日本記』寶龜七年(七七六)六月壬申. 右京大夫從四位下百濟王理伯卒.

22) 『續日本記』 天平神護元年(七六五)十一月庚辰. (전략)越前守從五位上藤原朝臣繼繩從四位下.

지인 藤原豊成[후지와라노 토요나리]는 정2위·좌대신(左大臣)까지 올랐으며,23) 최종적으로는 종1위까지 서위되었다. 남편의 생모는 아니지만 시어머니인 百能[모모요시]는 정3위·내시사의 상시였으며, 이후 종2위까지 올랐다.24) 따라서 칭덕천황을 가까운 곳에서 보필하는 이들의 며느리였던 명신도 충분히 대우받을 수 있는 가능성이 높았다.

명신은 寶龜 6년(775) 8월, 정5위하에서 정5위상이 되었고,25) 寶龜 11년(780) 3월, 정5위상에서 종4위하가 되었는데 이때 명신은 명부(命婦)였다.26) 고대 일본에서 제정된 법령『양로령(養老令)』의 주석서『영의해(令義解)』직원령(職員令) 중무성(中務省)조 규정에 의하면, 명부는 궁인으로 일본 율령체제 속에서 종5위하 이상의 위계를 가진 여성(내명부) 혹은 5위 이상인 관인의 아내(외명부)의 지위를 나타내는 칭호라고 한다. 명신의 위계가 정5위에서 종4위가 되었을 때, 남편인 繼繩은 종3위였으므로27), 그녀는 어느 쪽이든 명부로서 자격을 갖추고 있었다.

환무천황은 즉위(781)한 이후, 유렵(遊獵), 천신제사 등을 위해 약 20회 가까이 河內國[카와치국] 交野郡[카타노군]으로 행행(幸行)하였다.28) 交野郡(현 大板府 枚方市 일대)은 백제왕씨의 본거지였다. 交野 행행은 환무천황이 중국 율령국가제체의 영향 및 수도를 옮기기 위한 일환으로 생각할 수 있겠지만, 백제왕씨와의 관계를 추정해볼 수 있는 사건이기도 하다.

---

23) 『續日本記』天平神護元年(七六五)十一月甲申. 右大臣從一位藤原朝臣豊成薨. (후략)
24) 『續日本記』延曆元年(七八二)四月己巳. 尙侍從二位藤原朝臣百能薨. 兵部卿從三位麻呂之女也. 適右大臣從一位豊成. 大臣薨後. 守志年久. 供奉內職. 見稱貞固. 薨時年六十三.
25) 『續日本記』寶龜六年(七七五)八月辛未. 授正五位下百濟王明信正五位上.
26) 『續日本記』寶龜十一年(七八〇)三月丙寅朔. 授命婦正五位上百濟王明信從四位下.
27) 『續日本記』寶龜十一年(七八〇)二月. (전략)參議兵部卿從三位兼左兵衛督藤原朝臣繼繩. 並爲中納言. (후략)『續日本記』寶龜十一年(七八)三月癸巳. 以中納言從三位藤原朝臣繼繩爲征東大使. (후략)
28) 송완범,『동아시아세계 속의 일본율령국가 연구-백제왕씨를 중심으로-』, 경인문화사, 2020, 206~236쪽.

'백제왕'을 처음 사여 받은 선광은 難波[나니와]29)에 처음 정착하였다고
알려져 있다. 구체적인 시기는 알 수 없으나 8세기 중후엽에 백제왕씨 일족
은 難波에서 河內國 交野郡으로 집단 이주한 후, 씨사(氏寺)인 백제사(百
濟寺)를 창건하였다고 한다. 延曆 2년(783) 10월, 환무천황은 백제왕씨의
본거지인 交野郡으로 행행하였다. 이 기사에 따르면 환무천황은 백제왕씨
의 씨사인 백제사에 대량의 시주(施主)를 하고, 백제왕씨 일족 6명에게 위
계를 높여주는30) 등 일찍이 다른 천황에게서 볼 수 없었던 호의적인 태도
를 취하고 있다. 이때, 명신은 종4위상에서 정4위하가 되었다.

명신은 延曆 2년(783) 11월 혹은 延曆 4년(785) 정월에 정4위하에서 정4
위상이 된다.31) 서위의 기사가 중복되어 기록되어 있기 때문에 정확한 시
기는 알 수 없다.

延曆 6년(787) 8월, 환무천황은 高椅津[다카하시진]에 행행하였다가 돌
아오는 길에 繼繩의 저택에 들려 그의 정실인 명신의 위계를 정4위상에서
종3위로 높여주었다.32) 동년 윤5월, 백제왕씨 일족인 중 하나인 陸奧鎭守
將軍[무츠진수장군] 정5위상이었던 준철(俊哲)이 어떠한 일에 연루되어 日
向國[휴가국]의 차관직에 해당되는 권개(權介)로 좌천되었다.33) 『三松氏系

29) 『日本書紀』 天智天皇三年(六六四)春三月. 以百濟王善光王等. 居于難波.
30) 『續日本記』 延曆二年(七八三)冬十月庚申. 詔免當郡今年田租. 國郡司及行宮側近高年.
幷諸司陪從者. 賜物各有差. 又百濟王等供奉行在所者一兩人. 進階加爵. 施百濟寺近江
播磨二國正稅各五千束. 授正五位上百濟王利善從四位下. 從五位上百濟王武鏡正五位
下. 從五位下百濟王元德百濟王玄鏡竝從五位上. 從四位上百濟王明信正四位下. 正六位
上百濟王眞善從五位下.
31) 『續日本記』 延曆二年(七八三)十一月丁酉. 授正四位下百濟王明信正四位上.
『續日本記』 延曆四年(七八五)正月乙巳. 授(중략)正四位下藤原朝臣諸姊. 百濟王明信
竝正四位上. (후략)
32) 『續日本記』 延曆八年(七八七)八月甲辰. 行幸高椅津. 還過大納言從二位藤原朝臣繼繩
第. 授其室正四位上百濟王明信從三位.
33) 『續日本記』 延曆六年(七八七)閏五月丁巳. 陸奧鎭守將軍正五位上百濟王俊哲坐事左降
日向權介.

圖』에 의하면 두 사람은 남매로 준철은 명신의 오라비라고 한다. 준철은 동북지방인 陸奧國[무츠국]에서 이민족인 蝦夷[에조]를 정벌하는데 참여하여 공을 세운 인물이다. 이렇게 형제인 준철이 죄에 연루되어 임시직으로 좌천된 상황에도 환무천황은 행행에서 돌아오는 길에 繼繩의 저택에 들러 그의 아내인 명신을 종3위로 위계를 올려주었다.

이러한 서위양상으로 볼 때, 환무천황은 백제왕씨 일족과 친밀한 관계를 유지하였고, 더 나아가 특별히 우대하였다고 볼 수 있을 것이다. 환무천황의 우대는 延曆 9년(790) 2월[34) 기사에서도 추정해볼 수 있다. 이 기사에 따르면 환무천황은 대납언(大納言)이던 종2위 繼繩을 우대신에 임명하였고, 여러 관인들과 함께 백제왕씨 일족인 현경(玄鏡), 인정(仁貞), 경인(鏡仁) 세 사람의 위계를 높여주었다. 그리고 이날 조(詔)를 내려 '백제왕(씨) 등은 짐(朕)의 외척(外戚)이다. 지금 이에 한두 사람을 발탁하여 작위(爵位)를 더해준다'라고 하였다. 즉, 환무천황은 백제왕씨를 자신의 외척으로 인정하고 선언한 것이다. 그렇다면 어째서 환무천황은 백제왕씨를 외척으로 선언하였는지 확인해볼 필요가 있다.

환무천황은 광인천황과 도왜계 씨족으로 알려진 和[야마토]씨 출신인 新笠 사이에서 태어났다. 환무천황의 아버지인 광인천황은 본래 황위 계승과 거리가 먼 황족이었다. 서명천황(齊明天皇, 재위:655~661) 이후, 천지천황(天智天皇, 재위: 668~671)과 천무천황(天武天皇, 재위: 678~686) 계열이 교체되는 것처럼 황위 계승이 이루어지다가, 환무천황이 태어난 天平 9년(737) 무렵에는 성무천황과 같은 천무 계열의 후손들이 황위를 독점하게 된다. 따라서 천지 계열이며 도왜계 씨족 출신의 어머니를 둔 환무천황은 황

---

34) 『續日本記』延曆九年(七九〇)二月甲午. 詔以大納言從二位藤原朝臣繼繩爲右大臣. (중략)正五位上文室眞人高嶋. 百濟王玄鏡竝從四位下. 從五位上百濟王仁貞正五位上. (중략)正六位上百濟王鏡仁從五位下是日. 詔曰. 百濟王等者朕之外戚也 今所以擢一兩人加授爵位也.

위 계승과는 전혀 무관한 것처럼 보였다.

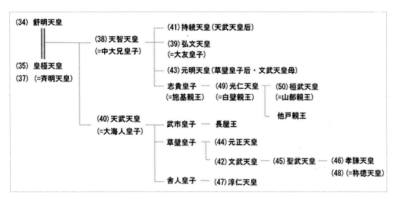

〈그림 1〉 일본 황실계보(34~50대)[35]

神護景雲 4년(770), 칭덕천황이 독신으로 후계자 없이 사망하자, 광인천황이 즉위하였다. 광인천황은 천지천황의 손자였지만, 천무 계열의 성무천황의 딸인 井上內親王[이노우에내친왕]과 결혼하여 그 사이에서 他戸親王 [오사베친왕]을 얻었다. 따라서 향후 他戸親王이 황위에 오른다면, 광인천황의 즉위는 천무 계열이 황통을 계승한다는 점에서 큰 의미가 있었다. 광인천황이 즉위한 寶龜 원년(770) 11월, 井上內親王은 황후가 되었고, 이듬해인 寶龜 2년(771) 정월에는 他戸親王이 황태자가 되었다. 그러나 寶龜 3년(772) 3월, 井上內親王은 광인천황을 저주하였다는 역모 죄로 폐위되었으며, 동년 5월, 他戸親王도 폐위되었다. 이들은 大和國[야마토국]으로 유폐되어, 寶龜 6년(775)에 죽었다. 이로써 천무 계열 혈통은 단절되었고, 광인천황 즉위 이후부터 천지 계통의 후손들이 황위를 계승하게 되었다.

井上內親王과 他戸親王이 폐위된 후, 광인천황의 장남이자 당시 山部親王[야마베친왕]이었던 환무천황이 황태자가 되었다. 역대 공경을 기록한 『공

---

35) 崔恩永, 앞의 논문, 2017, 140쪽.

경보임(公卿補任)』에 의하면 藤原百川[후지와라노 모모카와]이 신임하던 환무천황을 황태자로 세웠다고 하는데,36) 아마도 후대의 정권을 장악하기 위한 정치적 의도가 있었던 것으로 추정된다. 이러한 정치적 움직임이 없었다면 도왜계 씨족 출신의 소생인 환무천황이 즉위하는 것은 어려웠을 것이다. 도왜계 출신인 환무천황의 생모 新笠은 훙전(薨傳)에서 다음과 같이 기록하고 있다.

新笠은 백제계 도왜씨족으로 알려진 和씨 출신으로, 씨성은 史[후히토]37)였다. 新笠은 용모가 정숙하고 덕이 뛰어나 일찍이 영예로운 평판을 들었다. 광인천황이 즉위하기 전, 혼인하여 환무천황을 낳았다. 광인천황이 즉위한 후, 寶龜 연간(770~780년대)에 성(姓)을 고쳐 和史[야마토노후히토]에서 高野朝臣[타카노노아손]이라고 하였다. 아들인 환무천황이 즉위하자, 황태부인(皇太夫人)이 되었다. 延曆 8년(789) 12월에 사망하여, 延曆 9년(790)에 존호를 높여 황태후(皇太后)라고 하였다.38) 大同 원년(806) 4월, 태황태후(太皇太后)로 추증되었다.39) 이 훙전에 의하면 新笠은 황태자, 후에는 천황의 생모였으나, 광인천황의 황후는 되지 못하였음을 알 수 있다. 그러나 아들인 환무천황 즉위 이후, 新笠의 위계와 지위가 계속해서 높아지고

---

36) 『공경보임(公卿補任)』光仁 寶龜二年 (전략)藤原百川傳 大臣(百川)素屬心於桓武天皇. 龍潛之日, 共結交情. 及寶龜天皇踐祚之日, 私計爲皇太子. 于時, 庶人他部在儲貳位. 公數出奇計, 遂廢他部. 桓武天皇爲太子. 致身盡力, 服事儲宮. (후략)

37) 史[후히토]: 고대 일본에서 문필 및 기록의 직무를 수행하던 도왜계 관인 조직을 의미하며, 이후 성(姓)으로 변화하였다.

38) 『續日本紀』延曆九年(七九〇)正月壬子. (延曆八年十二月壬午附載). 葬於大枝山陵. 皇太后姓和氏. 諱新笠. 贈正一位乙. 繼之女也. 母贈正一位大枝朝臣眞妹. 后先出自百濟武寧王之子純陀太子. 皇后容德淑茂. 夙著聲譽. 天宗高紹天皇龍潛之日. 娉而納焉. 生今上. 早良親王. 能登內親王. 寶龜年中. 改姓爲高野朝臣. 今上卽位. 尊爲皇太夫人. 九年追上尊號. 曰皇太后. 其百濟遠祖都慕王者. 河伯之女感日精而所生. 皇太后卽其後也. 因以奉謚焉.

39) 『日本後紀』大同元年(八〇六)四月庚子. 葬於山城國紀伊郡栢原山陵. 天皇. 諱山部. 天宗高紹天皇之長子也〈前史闕而不載. 故具於此也. 母曰高野大皇太后. (후략)

있는 것을 확인할 수 있다. 실제로 환무천황은 어머니인 新笠뿐 아니라, 외가인 和씨 일족에게 사성(賜姓)과 관위 수여, 추증 등 다양한 방법으로 모계의 신분을 높이려고 하였다. 환무천황이 이러한 태도를 취한 까닭은 어머니인 新笠이 도왜계 출신이었기 때문으로 추정된다.

환무천황 이전의 천황 계보를 검토하여 보면, 역대 황후들은 모두 천황의 혈통 즉, 황녀(내친왕) 출신이다. 또한 최초의 비황족 출신이라는 光明皇后[고묘황후; 성무천황의 황후]의 경우는 당시 조정을 장악했던 藤原不比等[후지와라노 후히토]의 딸이었다. 이와 같이 천황들은 부모에게서 천황으로서 지위와 혈통에 대한 정당성을 부여받았다. 그러나 환무천황은 아버지인 광인천황에게서는 황통으로서 정통성을 인정받았지만, 어머니인 新笠에게서는 그렇지 못하였다는 것이다.[40] 따라서 환무천황은 출신과 혈통에 대해서 의문이 제기될 가능성이 있었고, 나아가 정치적 입지 및 왕권 불안정에도 영향을 줄 수 있었다. 그러므로 환무천황이 어머니인 新笠에게 지위를 부여하였던 것으로 보인다. 그러나 아무리 어머니와 외가의 위상을 높이더라도 근본적인 출신과 혈통의 정통성에 관한 콤플렉스는 간단히 해결되지 않았을 것이다.

新笠의 홍전에 따르면 그녀의 출신인 和씨의 선조는 백제 무령왕의 아들 순타태자(純陀太子)에서 나왔다고 한다. 더 나아가 백제의 원조(遠祖) 도모왕(都慕王; 고구려의 시조인 동명성왕, 주몽을 가리킴)은 하백(河伯)의 딸이 태양에 의해 낳았는데, 황태후(新笠)는 곧 그 후손이라고 하였다.

이와 관련된 내용은 『신찬성씨록』에서도 확인할 수 있는데, 新笠의 씨족인 和朝臣은 백제 도모왕의 18세손인 무령왕에서 나왔다고 한다.[41] 이렇게

---

40) 田中史生, 「桓武朝の百濟王氏」, 『日本古代國家の民族支配と渡來人』, 校倉書房, 1997, 82~85쪽.
41) 『新撰姓氏錄』左京諸蕃下. 和朝臣. 百濟國都慕王十八世孫武寧王之後也. : 야마토노아손은 백제국 도모왕 18세손 무령왕에서 나왔다.

新笠의 씨족인 和씨의 선조는 순타태자와 그의 아버지인 백제의 25대 국왕인 무령왕, 나아가 백제국의 원조(遠祖)인 고구려의 시조인 도모왕(동명성왕)에서 나왔다는 것이다. 이 배경에는 역시 환무천황이 신분이 높지 않은 어머니에게서 태어난 자신의 출신을 높여 정통성에 대한 콤플렉스를 극복하고, 천황으로서 입지를 공고히 하겠다는 정치적 의도가 있었던 것으로 보인다.

따라서 모계가 백제왕가와 이어지고 있음을 강조하기 위해서 환무천황이 주목한 것은 바로 백제왕씨였다. 이들은 일본에 남아 있는 백제왕의 직계 후손이었다. 백제왕씨는 일본 율령체제 속에서 관인으로 정치적 입장을 구축하여 활동하고 있었지만, 백제가 멸망한지 약 1세기가 지났음에도 성(姓)을 일본식으로 개성(改姓)하지 않고 유지하며, 백제계 출신을 드러내고 있었다. 따라서 환무천황은 백제왕가의 혈통을 잇고 백제계 씨족을 대표하는 존재로 위치하고 있었던 백제왕씨를 외척으로 선언하고 서위하였던 것이다. 이렇게 환무천황은 천지 계열의 황통을 가진 아버지와 천신의 자손으로 백제왕가 출신인 어머니의 혈통을 이어받은 국제적 존귀성을 가진 강력한 군주로 자리매김하려고 하였다.

환무천황은 자신의 혈통과 출신의 정통성을 보증받기 위해 백제왕씨를 외척으로 인정하고 우대하였지만, 어머니가 백제계 도왜씨족 출신이었던 만큼 그 이전부터 사적으로 친밀한 관계였을 가능성도 있다. 환무천황은 백제왕씨 일족 중에서 명신을 총애하였다고 알려져 있는데 즉위 후, 계속해서 그녀의 위계를 높여주었으며, 내시사의 상시로 임명하였다. 또한 延曆 13年(794) 7월에는 山背[야마시로]·河內[카와치]·攝津[셋츠]·播磨[하리마] 등의 국(國) 벼 일만 일천 속(束)을 하사하기도 하였다.[42] 또한 환무천황은 행행

---

42) 『日本後紀』延曆十三年(七九四)七月己卯. 以山背·河內·攝津·播磨等國稻一萬一千束
賜從三位百濟王明信 從四位上五百井女王 從五位上置始女王 從四位上和氣朝臣廣蟲·
因幡國造淨成等十五人. 爲作新京家也.

시, 명신과 그녀의 남편인 繼繩의 저택에 여러 번 방문하였던 것으로 보아,
즉위 이전부터 가깝게 지냈던 것으로 추정된다.

이렇게 나라시대에 있었던 명신의 행적은 서위 및 남편 繼繩의 기사와
더불어 추정해볼 수 있으나, 다른 백제왕씨 일족의 여성들의 기록은 매우
단편적이다. 나라시대에 활동한 백제왕씨·일족 중 여성으로 생각되는 인물
은 명신을 제외하고 7명이 있다.

우선 여천(女天), 진선(眞善), 명본(明本)은 천황의 행행 시, 서위된다. 기
록을 통해 이들의 동향을 검토하여보면 다음과 같다. 天平 16년(744) 2월,
성무천황이 安曇江[아즈미강]에 행행하였을 때, 백제왕 등이 백제악(百濟
樂)을 연주하였다. 이때, 천황이 조를 내려 백제왕씨 일족인 여천(女天), 자
경(慈敬), 효충(孝忠), 전복(全福)의 위계를 높여주었다.43) 여기서 다른 백
제왕씨는 종5위에서 정5위로 서위되는데, 여천은 무위에서 종4위하를 수여
받았다. 이것은 천황의 아들에 준하는 파격적인 대우이다.44) 또한 천황의
배우자(妃)에 해당하는 위계이기도 하다. 여천의 구체적인 서위의 이유에
대해서는 알 수 없지만, 천황이 행행하였을 때 어떠한 역할 혹은 업무를 수
행하였을 것이다. 여천은 이 행행기사에서만 유일하게 확인된다. 따라서 일
반적인 관인은 아니었던 것으로 보이며, 아마도 여성으로서 천황의 승은을
입었던 것이 아닐까 추정된다.45)

이미 앞에서 언급한 것과 같이 延曆 2년(783) 겨울 10월, 환무천황은 백
제왕씨의 본거지인 交野에 행행하여, 백제사에 시주한 뒤, 백제왕씨 일족 6
명의 위계를 높여준다. 이때 여성인 명신은 종4위상에서 정4위하가 되었고,
진선(眞善)은 정6위상에서 종5위하가 되었다.46) 진선은 여성이 분명한 명

43) 『續日本記』 天平十六年(七四四)二月丙辰. 幸安曇江遊覽松林. 百濟王等奏百濟樂. 詔
授無位百濟王女天從四位下. 從五位上百濟王慈敬從五位下孝忠全福並正五位下.
44) 충청남도역사문화연구원, 『百濟史資料譯註集-日本篇-』, 2008, 230쪽.
45) 김은숙, 2012, 앞의 논문, 6쪽.
46) 『續日本記』 延曆二年(七八三)冬十月庚申. (전략)從四位上百濟王明信正四位下. 正六

신 다음으로 기록된 것으로 보아, 역시 여성으로 추정된다. 그녀는 이후의 기록에서 더 이상 보이지 않는다. 다만, 『三松氏系圖』에서는 여유(女孺)였다고 기록되어 있는 것으로 보아, 서위된 이후 여관이 되었을 것이다.

延曆 6년(787) 겨울 10월, 환무천황은 交野에 행행하여 유렵 후, 繼繩의 별업(別業)을 행궁으로 삼았다.47) 繼繩은 백제왕씨를 등을 거느리고 여러 가지 음악을 연주하였다. 또한 藤原씨뿐 아니라, 백제왕씨 일족인 현경(玄鏡), 원진(元眞), 선정(善貞), 충신(忠信), 명본(明本) 등에게 위계를 높여주었다.48) 이중 명본은 『三松氏系圖』에 의하면 명신의 여동생으로 延曆朝에 궁인이었다고 한다.

이렇게 행행 기사에서만 단편적으로 등장하며 이후의 기록을 추정하기 어려운 여성들은 아마도 천황이 행행 시, 승은 혹은 봉사 등을 통해 서위되었던 것이 아닐까 생각된다.

한편, 칭덕조인 神護景雲 2년(768) 여름 4월 기사에서 정6위상에서 종5위하가 되는 청인(淸人)49)과 延曆 3년(784) 2월, 무위에서 종5위하가 되는 진덕(眞德)50)은 여유였다. 여유는 후궁에서 근무하는 궁인으로 하급여관이다. 이들은 각각 단독 기사로 등장하나, 역시 이후의 기록에서는 더 확인되지 않는다.

청도자(淸刀自)와 난파희(難波姬)는 다른 백제왕씨 일족과는 다르게 세

位上百濟王眞善從五位下.

47) 『續日本記』延曆六年(七八七)十月丙申. 天皇行幸交野. 放鷹遊獵. 以大納言從二位藤原朝臣 繼繩別業爲行宮矣.

48) 『續日本記』延曆六年(七八七)冬十月己亥. 主人率百濟王等奏種種之樂. 授從五位上百濟王玄鏡藤原朝臣乙叡並正五位下. 正六位上百濟王元眞善貞忠信並從五位下. 正五位下藤原朝臣明子正五位上. 從五位下藤原朝臣家野從五位上. 無位百濟王明本從五位下. 是日還宮.

49) 『續日本記』神護景雲二年(七六八)夏四月戊寅. 授女孺正六位下百濟王淸仁從五位下.

50) 『續日本記』延曆三年(七八四)二月辛巳. 授女孺無位百濟王眞德從五位下.
   2월 달은 辛巳가 없다. 편집 과정에서 오류가 있었던 것으로 보인다(충청남도역사문화연구원, 앞의 책, 2008, 296쪽)

글자의 일본식 이름이다. 청도자는 광인조인 天應 원년(781) 9월에 무위에
서 종5위하가 되었다.[51] 『육국사』 내에서 도자(刀自)라는 이름은 다수 확
인할 수 있는데, 이들은 여성으로 알려져 있다. 도자는 여성의 이름으로 사
용되기도 하지만, 시기에 따라 그 의미가 조금씩 다르지만 여성, 부인, 여관
등을 지칭한다. 난파희는 延曆 10년(791) 정월에 정6위상에서 종5위하가 되
었다.[52] 그녀는 황족 출신의 여왕 및 縣犬養[아가타이누카히]씨 등 다른 여
성들과 함께 종5위하를 수여받았다. 『三松氏系圖』에 의하면 명신의 아버지
인 이백의 누이라고 한다.

지금까지 나라시대 백제왕씨 일족의 여성에 대한 동향을 살펴본 결과,
이들은 우대신 藤原繼繩의 아내인 명신을 제외하고는 모두 단편적인 기사
로만 확인할 수 있었다. 백제왕씨 일족의 여성들은 본거지인 交野에 천황이
행행 시, 가까이서 모신 것으로 추정되며 궁인 즉 여관으로 활동하기도 하
였다.

백제계 도왜씨족 출신의 어머니를 두었던 환무천황은 즉위 후, 같은 백
제계 출신인 백제왕씨를 외척으로 선언하였다. 그리고 794년 수도를 헤이
안으로 옮긴 후, 천황의 외척으로 표명된 백제왕씨는 유례없는 번영을 누리
게 된다.

2) 헤이안시대 초기

延曆 13년(794), 환무천황은 수도를 나라에서 헤이안(현 교토)으로 옮겼
다. 이때부터 약 400년 동안 헤이안은 정치와 귀족 문화의 중심지가 되었
다. 백제왕씨 일족은 경복이 황금을 헌상한 이후, 중급 이상의 관인으로 진
출하게 되었으며, 延曆 9년(790) 환무천황의 외척으로 인정받았다. 그렇다

---

51) 『續日本記』 天應元年(七八一)九月丁卯. 授無位百濟王淸刀自從五位下.
52) 『續日本記』 延曆十年(七九一)正月庚午. 授無位川原女王 吳岡女王 正六位上百濟王難
　　波姬 無位縣犬養宿禰額子竝從五位下.

면 천황의 외척으로 표명된 백제왕씨는 헤이안시대에서 어떠한 위치에 있었는지 확인해보기로 한다. 우선, 헤이안시대의 백제왕씨 최종위계 양상을 정리해보면 〈표 3〉과 같다.

〈표 3〉 환무조·헤이안시대(781~887)의 백제왕씨 최종위계(*은 여성을 나타냄)53)

위 계	이 름
종1위	慶命*
종2위	明信*
종3위	惠信*, 勝義
정4위하	玄鏡, 英孫
종4위상	敎德, 忠宗
종4위하	仁貞, 利善, 俊哲, 敎法*, 安義, 貴命*, 慶仲
정5위상	元勝
정5위하	武鏡, 敎雲, 聰哲
종5위상	玄風, 元德, 忠信, 善貞, 鏡仁, 貞孫, 孝法*, 敎俊, 慶忠, 善義, 慶世, 淳仁, 永豊, 永仁, 安宗, 永善, 俊聰
종5위하	眞善*, 眞德*, 元基, 孝德, 元眞, 明本*, 元信, 難波姬*, 敎勝, 敎貞, 盈哲, 敎養, 寬命, 文操, 奉義, 慶仁, 永琳*, 慶苑, 元仁*, 忠誠, 敎凝, 敎福, 貞琳*, 香春*, 貞惠, 敎隆, 敎仁* 貞香*
정6위하	忠岑

환무천황의 치세인 헤이안시대 초기에는 역대 최다수의 백제왕씨가 서위와 임관을 통해 관인으로 활동한다. 또한 다수의 백제왕씨 출신의 여성들이 후궁으로 진출하고 있는 양상도 확인된다. 따라서 천황의 외척으로 인정받고 우대되고 있었다고 볼 수 있겠지만, 나라시대와 비교하여 서위양상이 크게 다르지 않다. 즉, 고위직이라고 부를 수 있는 종1위~종3위는 여성이 대

53) 『속일본기』, 『일본후기』, 『속일본후기』, 『일본문덕천황실록』, 『일본삼대실록』, 『三松氏系圖』, 『일본기략(日本紀略)』, 『본조황윤소운녹(本朝皇胤紹運錄)』, 『제왕편년기(帝王編年記)』, 『일대요기(一代要記)』 등 ; 崔恩永, 2017, 앞의 논문, 155~158쪽 〈표 16〉, 199쪽 〈표 25〉참조 및 수정

부분이다. 남성 중 가장 높게 수여된 위계는 종3위이며 숫자도 매우 적다. 백제왕씨 일족 대부분은 중급 이상의 관인이라고 할 수 있는 종5위에 최종 서위 된다. 고대 일본은 위계에 해당하는 관직에 오르는 것이 원칙(관위상 당제)이었다. 백제왕씨도 이에 해당하는 지방관 및 실무 중심의 관직에 다수 임명되었다. 이러한 관위양상으로부터 백제왕씨는 천황이 외척으로 선언하였음에도 국정 최고 기관인 태정관의 중심 일원이나 참의(參議), 공경(公卿) 이상 등 고위직은 되지 못 하였음을 확인할 수 있다. 환무조는 율령 체제를 재편하여 왕권 확립을 강화하려고 하던 시기였다. 앞에서 설명한 것과 같이 백제왕씨는 환무천황의 혈통과 출신의 정통성을 보증하기 위해 외척으로 표명되었다. 그러나 천황의 정치체제 강화 및 권력 구성의 균형을 위해 고위직까지 진출하는 것에는 제약이 있었던 것으로 보인다.[54]

이와 같이 백제왕씨는 고위직이나 중앙의 요직에는 오르지 못 했지만, 延曆 16년(797) 5월, 칙(勅)에 의해 과역(課役)과 잡요(雜徭)가 영구 면제 되는 우대를 받았다.[55] 또한 백제왕씨 출신 여성들이 나라시대와 달리 후 궁으로의 진출이 늘어나는 현황을 확인할 수 있다.

헤이안시대의 백제왕씨 출신 여성의 서위 및 관직 양상을 중심으로 정리한 내용은 다음 〈표 4〉와 같다. 다만, 나라시대와 마찬가지로 헤이안시대의 백제왕씨 여성들도 일부를 제외하고 기록이 단편적이어서 구체적으로 행적을 추정하기 어렵다.

〈표 4〉에서 헤이안시대의 백제왕씨 여성들의 관위 동향을 살펴보면 환무 천황과 그의 아들인 차아천황, 손자인 인명천황 시기에 가장 활발하게 활동하고 있으며, 그 이후로는 거의 보이지 않는다.

---

54) 大坪秀敏, 앞의 책, 2008, 233~299쪽.

55) 『類聚三代格』卷十七蠲免事 延曆十六年五月癸丑廿八日・『令集解』13賦役令沒落外蕃 條所引 延曆十六年五月廿八日格傳. 勅. 百濟王等. 遠慕皇化航海梯山. 輸款久矣. 神功 攝政之世. 則肯古王遣使貢其方物. (중략)屬新羅肆虐幷呑扶餘. (중략)宜百濟王等. 課 幷雜徭永從蠲除. 勿有所事. 主者施行.

〈표 4〉헤이안시대(794~887)의 백제왕씨 출신 여성의 관위 및 동향56)

천황	시기	이름	위계 및 서위	관직	신위 (계급)	비고
桓武 천도 이후 부터	延曆14年(795) 4月戊申(11)	明信	從三位	尙侍		曲宴에서 환무천황이 답가를 요청함
	延曆15年(796) 11月丁酉(10)	孝法	無位 →從五位上			
	延曆15年(796) 11月丁酉(10)	惠信	無位 →從五位上			
	延曆16年(797) 正月辛亥(14)	明信	從三位	尙侍		能登國의 羽咋郡·能登 郡 두 郡의 몰수한 官 田 및 野 77町을 받음
	延曆16年(797) 2月癸亥(7)	孝法	從五位上			勅을 내려 位田57)을 남 자에 준하여 지급함
	延曆16年(797) 2月癸亥(7)	惠信	從五位上			勅을 내려 位田을 남 자에 준하여 지급함
	延曆18年(799) 2月辛巳(7)	明信	從三位 →正三位			
	延曆23年(804) 7月己卯(7)	惠信	從五位上→ 正五位上			
	延曆24年(805) 11月庚辰(15)	敎法	從四位下			相模國 大住郡의 田 2町을 받음
	奈良~平安時代前期 (환무조)	敎仁			宮人/ 女官	武鏡의 딸, 延曆12년 (793) 大田親王을 낳음
	奈良~平安時代前期 (환무조)	貞香			宮人/ 女官	敎德의 딸, 延曆20년 (801) 駿河內親王을 낳음

---

56) 『일본후기』, 『속일본후기』, 『일본문덕천황실록』, 『일본삼대실록』, 『유취국사(類聚
國史)』 등 ; 崔恩永, 2017, 앞의 논문, 155~158쪽〈표 16〉, 164쪽〈표 18〉 참조 및
수정
57) 위전(位田): 위계에 대하여 지급하는 전(田)을 의미한다.

천황	시기	이름	위계 및 서위	관직	신위 (계급)	비고
嵯峨	弘仁2年(811) 正月甲子(29)	敎法	從四位下			山城國 乙訓郡의 白田 1町을 받음
	弘仁6年(815) 10月壬子(15)	明信	從二位	散事		薨
	弘仁10年(819)正月	貴命	從五位上			
	弘仁10年(819) 10月(11日)	貴命	從五位上 一從四位下			
淳和	天長7年(830) 2月丁巳(12)	慶命	正四位下 一從三位			
	天長7年(830) 6月丁卯(24)	慶命	從三位			位封과 별개로 특별히 畑 50호를 받음
仁明	承和3年(836)2月己 丑(20)	永琳	無位 一從五位下			
	承和3年(836)2月癸 巳(24)	元仁	正六位上 一從五位下		婦人	
	承和3年(836)8月癸 丑(16)	慶命	正三位	尙侍		
	承和6年(839)3月己 亥(18)	惠信	從四位下 一從三位			
	承和6年(840)11月 辛丑(29)	敎法	從四位下		女御	卒
	承和8年(841)11月 丁巳(21)	慶命	正三位 一從二位	尙侍		
	承和9年(842)9月己 亥(8)	惠信	從三位	散事		薨
	嘉祥2年(849)正月 丁丑(22)	慶命	從二位 一從一位			薨, 贈位
	仁壽元年(851)9月 甲戌(5)	貴命	從四位下		女御	卒
文德	天安元年(857)正月 丁未(8)	貞琳	從六位上 一從五位下			다른 씨족의 여성들과 함께 서위

천황	시기	이름	위계 및 서위	관직	신위 (계급)	비고
清和	貞觀元年(859)11月 辛未(20)	香春	無位 一從五位下			다른 씨족의 여성들과 함께 서위

延曆 13년(794), 환무천황이 헤이안으로 수도를 옮긴 이후에도 가장 주목되는 활동을 보이는 백제왕씨 출신 여성은 명신일 것이다. 헤이안 천도 후인 延曆 14년(795) 4월, 곡연(曲宴)이 있었을 때, 환무천황이 '以邇之弊能 能那何浮流彌知 阿良多米波 阿良多麻良武也 能那賀浮流彌知'라고 고가(古歌)를 읊었다. 이것은 '옛날부터 가지고 있었던 마음은 지금도 변하지 않았다.'라는 뜻이라고 한다. 그 후, 상시인 명신에게 답가를 요구하였으나 대답하지 않았다. 그러자 환무천황이 스스로 '記美己蘇波 和主黎多魯羅米 爾記多麻乃 多和也米和禮波 都禰乃詩羅多麻'라고 답가하였는데 '당신은 벌써 잊었을지 모르지만 나는 백옥처럼 여전히 변하지 않았다'는 의미가 담겨 있었다고 한다. 이 고가를 들은 시신(侍臣)들이 환호하였다.[58] 이 기사는 환무천황과 명신이 젊은 시절 특별한 관계였음을 은유적으로 표현한 것으로 해석된다.[59]

명신이 내시사의 장관인 상시로 취임된 시기는 분명하지 않다. 그러나 延曆 14년(795) 4월 곡연(曲宴) 당시, 명신은 상시였으므로 그 이전에 임명되었을 것이다. 延曆 15년(796) 7월 명신의 남편인 繼繩이 사망하였는데,[60] 그녀는 계속해서 상시로 활동하고 있었다. 이 사실은 이듬해인 延曆 16년

---

58) 『類聚國史』卷七五 曲宴.·『日本後紀』延曆十四年(七九五)四月戊申. 曲宴. 天皇誦古歌曰. 以邇之弊能 能那何浮流彌知 阿良多米波 阿良多麻良武也 能那賀浮流彌知. 勅尙侍從三位百濟王明信令和之 不得成焉 天皇自代和曰. 記美己蘇波 和主黎多魯羅米爾記多麻乃 多和也米和禮波都禰乃詩羅多麻 侍臣稱萬歲.

59) 김은숙, 2012, 앞의 논문, 30~31쪽.

60) 『日本後紀』延曆十五年(七九六)七月乙巳. 右大臣正二位兼行皇太子傅中衛大將藤原朝臣繼繩薨. (후략)

(797) 정월 기사에서 확인할 수 있다. 이 기사에 의하면 상시·종3위 명신은 能登國[노토국]의 羽咋郡[하쿠이군]·能登郡[노도군] 두 군(郡)에서 몰수한 관전(官田) 및 들[野] 77정(町)을 받았다.[61] 延曆 18년(799) 2월, 명신은 정3위가 되었다.[62] 平城朝 大同 3년(808) 6월, 아들인 乙叡가 사망하였다. 그의 훙전에 의하면 어머니는 상시 백제왕 명신으로 환무천황의 총애를 받았다고 기록되어 있으며, 乙叡는 부모 덕분에 두루 높은 요직을 역임하였다고 한다.[63] 이후, 명신은 弘仁 6년(815) 10월 散事(산사; 관위 없음)·종2위로 사망하였다.[64] 따라서 명신은 적어도 延曆 16년(797) 정월까지는 상시직을 유지하고 있었으며, 서위 시기는 알 수 없으나 종2위까지 올랐다. 명신이 세상을 떠났을 때에는 상시직에서 물러나 관직이 없는 산사(散事) 상태였다. 또한 명신은 세상을 뜬 이후 높은 사람의 죽음을 의미하는 훙(薨)이라고 기록되었다.

이렇게 명신은 남성 중심의 귀족사회라고 할 수 있는 헤이안시대 초기에 종2위가 되었고, 도왜계 출신의 여인으로서는 그동안 유례가 없었던 내시사의 상시라는 고위직까지 임명되었다. 이와 같이 명신은 우대신의 아내이자 천황의 외척으로 인정받은 백제왕씨 출신이며, 사적으로도 천황의 총애를 받았던 인물이라고 할 수 있다.

백제왕씨가 외척으로 표명되고, 명신이 상시가 된 이후부터 백제왕씨 출신 여성들의 후궁 진출이 늘어난다. 특히, 백제왕씨와 친밀한 관계를 유지했던 환무조에 그 숫자가 가장 많다. 환무조 및 헤이안시대에 후궁에서 활

---

61) 『日本後紀』延曆十六年(七九七)正月辛亥. 能登國羽咋能登二郡沒官田幷野七十七町. 賜尙侍從三位百濟王明信.
62) 『日本後紀』延曆十八年(七九九)二月辛. (전략)從三位百濟王明信正三位. (후략)
63) 『日本後紀』大同三年(八〇八)六月甲寅. (전략)散位從三位藤原朝臣乙叡薨. (중략)右大臣贈從一位繼繩之子也. 母尙侍百濟王明信被帝寵渥. 乙叡以父母之故. 頻歷顯要. 至中納言. (후략)
64) 『日本後紀』弘仁六年(八一五)十月壬子. 散事從二位百濟王明信薨.

동한 백제왕씨 출신 여성들을 정리하면 〈표 5〉와 같다.

〈표 5〉 환무조·헤이안시대(781~887) 후궁에서 활동한 백제왕씨 출신 여성들

(*는 『三松氏系圖』에서만 언급)[65]

이름	최종위계	관직·지위	부친	황자녀	비고
明信	從二位	尙侍 (桓武天皇)	理伯		우대신 藤原繼繩의 아내로 환무천황이 총애함 延暦13년, 여러 여성들과 함께 山背·河內·攝津·播磨 등의 國 벼 一萬一千束을 받음 延暦16년, 能登國의 羽咋郡·能登郡 두 郡의 몰수한 官田 및 野 77町을 받음
眞善	從五位下	女孺 (延暦朝)*	總哲		延暦2년, 郊野 行幸 시, 서위
眞德	從五位下	女孺(延暦朝)	敎德		
明本	從五位下	宮人 (延暦朝)*	理伯		延暦6년, 郊野 行幸 시, 서위
孝法	從五位上· 從四位下*	掌膳 (延暦朝)*	孝忠		延暦16년, 位田을 지급받음
惠信	從三位	宮人(延暦朝)· 尙侍(承和朝)*	理伯		延暦16년, 位田을 지급받음
敎法	從四位下	女御(延暦朝)	俊哲		延暦24년, 相模國 大住郡의 田2町·弘仁2년, 山城國 乙訓郡의 白田1町을 받음 환무조 최초의 女御 중 하나
敎仁	從五位下	宮人 (延暦朝)*	武鏡	大田親王 (太田親王)	

---

65) 『육국사』를 바탕으로 작성하였으나, 기록되지 않은 관위 및 계보 관계 일부는 『三松氏系圖』, 『일본기략』, 『본조황윤소운녹』, 『제왕편년기』, 『일대요기』 등을 참조하였다 ; 崔恩永, 2017, 앞의 논문, 155~158쪽 〈표 16〉, 164쪽 〈표 18〉 참조 및 수정.

이름	최종위계	관직·지위	부친	황자녀	비고
貞香	從五位下	宮人 (延曆朝)*	教德	駿河內親王	
貴命	從四位下	女御 (嵯峨天皇)	俊哲	基良親王, 忠良親王, 基子內親王	천성이 아름답고 길쌈 솜씨가 좋았음
慶命	從二位 (追贈 : 從一位)	尙侍·女御 (嵯峨天皇)*	教俊	源定, 源鎭, 源善姬, 源若姬	天長7년, 위봉과 별개로 특별히 畑 50호를 받음 사망 시, 인명천황은 종1위로 추증하고 사신을 파견하여 장례를 돕도록 함 차아천황이 총애함 예의범절이 뛰어나 존경받았고 권세가 있었음
永慶*	從七位下*	宮人(仁明天皇) ·女孺*	教俊	高子內親王	

〈표 5〉에 의하면 헤이안시대의 백제왕씨 출신 여성들은 여관으로 활동하거나, 후궁으로 들어가 천황의 아이도 낳았음을 확인할 수 있다.

환무조에 여관으로 활동한 이는 나라시대부터 활동하여 이미 언급한 상시 명신과 여유 진덕이 있다. 또한 천황의 행행 시, 종5위하를 받은 진선과 명본은 이후 여관이 되었을 것으로 추정된다. 『三松氏系圖』에 의하면 진선은 延曆朝의 여유, 명본은 궁인이었다.

효법(孝法)은 延曆 15년(796) 11월, 무위에서 종5위상이 되었다.[66] 延曆 16년(797) 2월, 위전(位田)을 남자에 준하여 지급받았으므로[67] 여관이었을 것으로 보인다. 『三松氏系圖』에 의하면 종4위·延曆朝에 후궁 12사 중 하나로 천황의 식선(食膳)을 담당하는 선사(膳司)의 장선(掌膳)[68]이었다고 하

---

66) 『日本後紀』延曆十五年(七九六)十一月丁酉. 無位嶋野女王. 百濟王孝法. 百濟王惠信. (중략)錦部連眞奴等授從五位上. (후략)
67) 『日本後紀』延曆十六年(七九七)二月癸亥. 勅. 從五位上嶋野女王. 百濟王孝法. 百濟王惠信. (중략)從五位下弓削宿禰美濃人等位田. 宜准男給之.
68) 장선(掌膳): 후궁 12사 중 하나로 천황의 식선(食膳)을 담당하는 선사(膳司)의 관직

나, 정사에서는 확인되지 않는다.

혜신(惠信)은 효법과 함께 무위에서 종5위상이 되었으며, 역시 위전(位田)을 남자에 준하여 지급받았다. 따라서 효법과 마찬가지로 여관으로 활동하였을 것으로 추정된다. 혜신은 承和 6년(839) 3월에 종3위가 되었고,[69] 承和 9년(842) 9월에 散事·종3위로 사망하였다.[70] 承和朝에 상시였다고 하나 명확하지는 않다. 다만, 사망 당시 훙(薨)으로 기록된 것으로 보아 여관으로서는 고위직에 있었던 것으로 추정할 수 있다.

교법(敎法)은 紀乙魚[기노 오토이오][71]와 함께 환무천황 후궁에서 최초의 여어(女御)[72]로 알려져 있다. 교법은 延曆 24년(805) 11월, 相模國[사가미국] 大住郡[오스미군]의 전(田) 2정(町)[73]을, 弘仁 2年(811) 정월에는 山城國[야마시로국] 乙訓郡[오토쿠니군]의 전(白田) 1정(町)을 받았다.[74] 承和 6年(839) 3월에 사망하였는데,[75] 환무천황의 여어였으나 아이에 대한

중 하나이다. 사등관제(四等官制) 중 세 번째에 해당된다.

69) 『續日本後紀』承和六年(八三九)三月己亥. 授從四位下百濟王惠信從三位.

70) 『續日本後紀』承和九年(八四二)九月己案. 散事從三位百濱王惠信薨. : 원문에는 '百濱王'으로 되어 있으나, 지금까지의 기사로 보아, 이 기사의 혜신은 백제왕 혜신으로 보인다.

71) 『續日本後紀』承和三年(八三六)八月丁巳. 正五位上紀朝臣乙魚授從四位下. 栢原天皇女御也.

72) 여어(女御): 헤이안시대의 후궁 여관 제도 중 하나이다. 율령제도에 의하면 후(后) 1명을 두고, 후궁에는 비(妃) 2명, 부인(夫人) 2명, 빈(嬪) 4명의 정원이 있었으나, 헤이안시대가 되면 정원 제한이 없는 여어, 갱의(更衣)를 두었다. 본래는 천황을 모시는 시첩(侍妾) 중 하나였으나, 헤이안시대 중기 이후에는 중궁(中宮)에 버금하는 후궁이 되었다.

73) 『日本後紀』延曆廿四年(八〇五)十一月庚辰. (전략)相模國大住郡田二町賜從四位下百濟王敎法.

74) 『日本後紀』弘仁二年(八一一)正月甲子. (전략)山城國乙訓郡白田一町. 賜從四位下百濟王敎法.

75) 『續日本後紀』承九承和七年(八四〇)十一月辛丑. (전략)從四位下百濟王敎法卒. 桓武天皇之女御也.

기록은 없다.

한편, 환무천황의 아이를 낳았다고 알려진 백제왕씨 출신 여성들도 있다. 정사에서는 확인할 수는 없지만, 『일본기략(日本紀略)』과 연대기인 『일대요기(一代要記)』, 『본조황윤소운록(本朝皇胤紹運錄)』, 『제왕편년기(帝王編年記)』등에서 관련 기록을 찾아볼 수 있다. 이에 따르면 延曆 12년(793)에 태어난 大田親王[오오타친왕]의 어머니는 백제왕 교인(敎仁)이며, 延曆 20년(801)에 태어난 駿河內親王[츠루가내친왕]의 어머니는 백제씨[76] 혹은 백제왕 정향(貞香)이라고 한다. 교인과 정향은 아이를 낳기 전 이미 후궁에 들어갔을 것으로 추정된다.[77]

환무천황 다음으로 황위에 오른 이는 장남 평성천황(平城天皇, 재위: 806~809)이었다. 그러나 평성천황은 아버지인 환무천황과 관계가 원만하지 못하였고 재위기간도 짧았기 때문에, 그의 후궁에서는 백제왕씨 출신을 찾아보기 어렵다.

평성천황 이후 동생인 차아천황(嵯峨天皇, 재위: 809~823)이 황위에 올랐다. 차아조에 환무천황의 여관이었던 명신은 사망하였고, 교법이 전(田)을 받았다. 차아천황의 후궁에서 백제왕씨 출신 여성은 귀명(貴命)과 경명(慶命)이 확인된다. 종4위하 귀명은 명신과 남매인 준철의 딸로, 천성이 아름답고 길쌈 솜씨가 좋았다고 한다. 차아조에 여어였는데, 2품(品)·식부경(式部卿) 忠良親王[타다요시친왕]의 어머니였다고 한다.[78] 또한 忠良親王

76) 『日本後紀』弘仁十一年(八二〇)六月庚寅. 无品駿河內親王薨. 年廿. 遣使監護喪事. 皇統彌照天皇第十四之女也. 母百濟氏.
77) 今井啓一, 1965, 앞의 책, 119쪽.
78) 『續日本後紀』承和元年(八三四)二月乙未. 忠良親王冠也. 卽敍四品. 先太上天皇第四子也. 母百濟氏. 從四位下勳三等俊哲之女. 從四位下貴命是也.
『續日本後紀』仁壽元年(八五一)九月甲戌. 散事從四位下百濟王貴命卒. 貴命. 從四位下陸奧鎭守將軍兼下野守俊哲之女也. 貴命姿質姝麗. 閑於女工. 嵯峨太上天皇御宇之時. 引爲女御. 卽是二品式部卿大宰帥忠良親王之母也. 弘仁十年正月. 敍從五位上. 十月十一日從從四位下.

외에도 基良親王[모토요시친왕], 基子内親王[모토코내친왕]도 낳은 것으로 알려져 있다.

한편, 경명은 天長 7년(830) 2월에 종3위가 되었고, 동년 6월에 위봉과 별개로 특별히 전(畑) 50호를 받았다.[79] 承和 3년(836) 8월에는 상시가 되었다.[80] 그녀는 嘉祥 2년(849) 정월, 종2위·상시로 사망하였는데, 당시 천황이던 인명천황이 종1위로 추증하였고 사람을 보내어 장례를 감독하고 도와주도록 하였다.[81] 따라서 경명은 백제왕씨 일족 중에서 가장 높은 종1위를 받은 인물이 되었다. 상시였던 경명은 차아천황의 여어였다고도 하는데[82] 둘 사이에는 아이도 있었다. 貞觀 5년(863) 정월, 경명의 아들 정3위·대납언 源定[미나모토노 사다무]의 훙전에 의하면, 그의 어머니는 백제왕씨로 이름은 경명인데, 천황이 특별히 총애했다고 한다. 그녀는 예의범절이 뛰어나 매우 존경받았고, 궁에서 권세가 비할 곳이 없었다. 관직은 상시에 이르렀고 작(爵)은 2위에 이르렀으며 사망 후에는 종1위에 추증이 되었다고 한다. 천황의 자리에서 물러난 차아천황은 태상천황이 된 후, 차아원(嵯峨院)으로 거처를 옮겼는데 본인이 사는 곳은 대원(大院)이라 하였다. 그리고 별궁을 지어 소원(小院)이라 이름 짓고 상시 경명을 거처하게 하였다고 한다. 따라서 경명의 권세가 대단하였다고 언급하고 있다.[83] 이밖에도 차아

---

79) 『日本後紀』 天長七年(八三○)二月丁巳. 授正四位下百濟王慶命從三位.
   『日本後紀』 天長七年(八三○)六月丁卯. 從三位百濟王慶命, 位封之外, 特給五十烟.
80) 『續日本後紀』承和三年(八三六)八月癸丑. 正三位百濟王慶命爲尚侍.
81) 『續日本後紀』嘉祥二年(八四九)正月丁丑. 尚侍從二位百濟王慶命薨. 有勅. 贈從一位.
   遣從四位上豊江王. 從五位下美志眞王. 從五位下藤原朝臣緒數. 從五位下飯高朝臣永
   雄. 監護喪事.
82) 『三松氏系圖』 및 今井啓一, 앞의 책, 1965, 125~127쪽.
83) 『日本三代實錄』 貞觀五年(八六三)正月三日丙寅. 大納言正三位兼行右近衛大將源朝臣
   定薨. 贈從二位. 遣從四位下行伊豫守豊前王. 散位從五位下田口朝臣統範等於柩前宣
   制. 定者. 嵯峨太上天皇之子也. 母百濟王氏. 其名曰慶命. 天皇納之. 特蒙優寵. 動有禮
   則. 甚見尊異. 宮闈之權可謂無比. 官爲尚侍. 爵至二位. 及薨贈從一位. 始太上天皇遷御
   嵯峨院之時. 爲築別宮. 今爲居處. 號曰小院. 太上天皇所居爲大院. 尚侍所居爲其次故

천황의 소생이자 源定의 형제로 추정되는 源善姬[미나모토노 요시히메],
源鎭[미나모토노 시즈무], 源若姬[미나모토노 와카히메]가 있다. 이들의 어
머니는 백제씨라고 하는데, 아마도 경명으로 보인다.

차아천황 다음으로 재위한 순화천황(淳和天皇, 재위:823~833) 때에는 차
아천황이 총애하였던 경명의 관위가 오르고 전(田)을 받은 기사만 확인될
뿐, 후궁 내에서 백제왕씨 여성들의 이름은 보이지 않는다.

이후 환무천황의 손자이자, 차아천황의 아들인 인명천황(仁明天皇, 재
위:733~850)이 황위에 오르면서 후궁에서 다시 백제왕씨 여성들이 확인된
다. 우선 환무·차아조에 활동한 교법, 혜신, 경명, 귀명 등 관위에 오르거나
사망한 것을 확인할 수 있다. 『일본삼대실록』에 의하면 인명천황의 딸인
高子內親王[타카코내친왕]의 어머니는 백제왕씨로 교준의 딸이라고 한
다.84) 『일대요기』에 의하면 교준의 딸인 영경(永慶)이 高子內親王의 어머
니라고 기록되어 있다.

그 외에도 인명조에는 무위에서 종5위하를 받은 영림(永琳)이라는 인물
이 확인된다. 그녀의 갑작스러운 서위는 천황의 승은과 관련이 있는 것으로
추정된다. 또한 정6위상에서 종5위하로 서위된 원인(元仁)은 부인(婦人)이
었다고 하나 구체적인 사항은 알 수 없다.

인명조 이후로는 백제왕씨 출신 여성들의 후궁 진출이 줄어들며, 문덕조
(文德天皇, 재위: 850~858)에 종6위상에서 종5위하가 된 정림(貞林)85)과 청
화조(淸和天皇, 재위:858~878)에 무위에서 종5위하가 된 향춘(香椿)86) 이

也. 權勢之隆至如此焉. (중략)嘉祥二年正月拜中納言. 是月. 母尙侍百濟王氏薨. 定遭
喪去職. (후략)
84) 『日本三代實錄』貞觀八年(八六六)六月十六日己丑. 地震. 无品高子內親王薨. 喪家固辭.
故不任緣葬之司. 輟朝三日. 內親王者. 仁明天皇之皇女. 母百濟王氏. 從五位上敎俊之
女也. 承和初. 卜爲賀茂齋. 仁明天皇崩後停齋歸第焉.
85) 『日本文德天皇實錄』天安元年(八五七)春正月丁未. (전략)從六位上百濟王貞琳. (중략)
等外從五位下. (후략)
86) 『日本三代實錄』貞觀元年(八五九)十一月辛未. (전략)(外從五位下)百濟王香春. (중략)

후로는 천황의 후궁 내에서는 백제왕씨 이름을 찾아볼 수 없게 된다.

3. 백제왕씨로 본 고대 일본 속 도왜계 씨족 여성의 동향과 역할

중국 당(唐)의 영향을 받은 고대 일본은 율령체제를 성립하고 고대국가를 완성하였다. 이러한 변화는 일본 내에 호적 제도와 부계 중심의 황위 계승의 도입을 가져왔으며, 남성 중심의 신분제 사회로 변모하는 계기가 되었다. 따라서 고대 일본 여성도 신분과 상관없이 대체로 결혼과 출산 중심의 삶을 살았을 것이다. 고대 일본 여성 중 황족이 아닌 여성이 남성과 동일하게 관위를 가지고 궁정으로 진출할 수 있는 경우는 여관(궁인)이 되거나 천황의 배우자가 되는 것이었다.87) 이러한 예도 관위를 가진 유력씨족 출신의 여성인 경우가 대부분이었다. 따라서 도왜계 출신인 여성들에 관한 기록은 거의 남아있지 않으며, 확인되는 기록 역시 매우 단편적일 수밖에 없다.

도왜계 출신으로 일본 율령체제 내에서 정치적으로 주목할 만한 움직임을 보였던 씨족으로 백제왕씨가 있다. 백제왕의 직계 후손이었던 이들은 일본에 정착하여 씨성을 받고 율령체제 속에서 관인이 되었다. 백제왕씨는 환무천황 때, 외척으로 표명되어 정치적으로 전성기를 맞이하였다. 일족의 여성들은 서위와 임관을 통해 여관이 되어 천황을 근시(近侍)하거나, 도왜계로는 대단히 이례적으로 후궁에 들어가 천황의 아이도 낳았다. 따라서 이렇게 기록을 통해 행적을 분명히 알 수 있는 백제왕씨 일족의 여성들은 고대 일본 내에서 도왜계 출신 여성의 동향과 역할을 추정해 볼 수 있는 중요한 자료라고 할 수 있다.

並從五位下. (후략)
87) 김은숙, 2012, 앞의 논문, 3쪽.

고대 일본은 씨족 중심의 사회로, 藤原씨와 같은 유력 씨족이 정치권력의 중심에 위치하고 있었다. 후궁으로 진출한 유력씨족 출신 여성들은 여관이 되어 천황을 가까운 위치에서 보필하는 중요한 임무를 맡거나, 승은을 입고 천황의 배우자로 자리 잡아 정치적 지위를 공고히 할 수 있는 계기를 마련하였다. 따라서 씨족에게 있어 일족 여성의 후궁 진출은 일족의 번영을 가져올 수 있는 기회였다.

8세기 초에 제정된 『양로령』 후궁직원령(後宮職員令)에서 씨녀(氏女)·채녀(采女)에 관한 내용을 확인할 수 있다. 중앙과 지방의 씨별로 13세 이상 30세 이하의 용모가 단정한 1명씩 바치고 중무성에 고하면 천황에게 아뢰었다.[88] 도성(都城)과 기내(畿內)에 사는 씨족 출신의 여성은 씨녀, 지방 군(郡)의 소령(少領) 이상의 자매 및 딸 출신은 채녀라고 하였다. 모집된 씨녀와 채녀는 후궁 소속의 여관으로 궁정 활동을 시작한다. 기록에서 확인할 수는 없으나, 백제왕씨 일족 여성 및 도왜계 출신 여성도 이러한 씨녀·채녀 규정에 의해 모집되어 후궁 운영을 위해 각 업무를 나누어 담당하는 12사에 배치되었을 것이다.

후궁 12사에서도 가장 하급여관인 여유는 후궁의 잡무와 허드렛일을 담당하였다. 『三松氏系圖』에서 궁인(여관)으로 기록되어 있는 백제왕씨 출신 여성들도 대부분 여유부터 후궁 생활을 시작하였을 것이다. 도왜계 출신인 이들이 후궁의 전반적인 업무를 책임지는 장관이나 차관에 오르는 것은 쉽지 않았다. 따라서 내시사의 상시로 취임하게 된 백제왕 명신의 활동은 매우 두드러질 수밖에 없다.

일본 율령체제 내에서 제정된 후궁 12사 중 하나인 내시사는 천황을 가까이 모시며 주청(奏請)과 전선(傳宣) 등의 업무를 담당하였다. 그 외에도 후궁의 모든 예식과 사무를 맡아보았다. 따라서 내시사의 장관인 상시는 천황의 비서라고 할 수 있는 중요한 직책이었으므로 학문과 예법에 유능한

---

88) 『養老令』 後宮職員令 第18條 氏女采女條 참조.

여성 즉, 유력씨족 출신의 딸이나 아내 등이 임명되었다. 명신이 상시로 임명되기 전에 활동한 이들을 살펴보면 다음과 같다. 나라시대 초기에 강력한 권력을 가지고 있었던 공경대신 藤原不比等의 후처이자 성무천황의 황후였던 고묘황후의 생모인 縣犬養三千代[아가타이누카이노미치요], 나라시대의 초중기에 막강한 권력을 휘둘렀던 태정대신 藤原仲麻呂[후지와라노 나카마로]의 아내인 藤原宇比良古[후지와라노 오히라코], 명신의 남편인 繼繩의 계모이자 우대신 토요나리의 아내 藤原百能[후지와라노 모모요시] 등이 상시로 임명되었다. 그 외에도 좌대신 藤原永手[후지와라노 나가테]의 아내 大野仲仟[오오노 나카치]와 내대신(內大臣) 藤原良繼[후지와라노 요시즈구]의 아내 阿倍古美奈[아베노 코미나], 좌대신 藤原乙麻呂[후지와라노 오토마로]의 아내 橘眞都我[타치바나노 마츠가] 등이 있었다. 상시가 된 이들의 남편을 살펴보면 藤原씨 출신의 태정대신, 내대신, 좌대신, 우대신 등 고위직으로 정계에서 막강한 권력을 가지고 있었다. 또한 그들의 출신 대부분도 藤原씨거나 공을 세워 유력씨족이라고 할 수 있는 오오노[大野], 아베[阿倍], 타치바나[橘]씨였다.

명신의 경우, 남편인 繼繩은 藤原씨 출신으로 延曆 9년(790) 2월 우대신으로 임명된다. 명신이 언제 상시가 되었는지는 분명하지는 않지만 적어도 남편인 繼繩이 우대신이 된 延曆 9년(790) 2월 이후부터 상시라고 기록되어 있는 延曆 14년(795) 4월 곡연(曲宴) 이전 사이에 취임하였을 가능성이 높다.[89] 나라시대 역대 상시들과 마찬가지로 명신의 남편도 조정의 정치

---

89) 명신이 상시로 임명된 계기로는 다음과 같은 견해들이 존재한다. 백제왕씨는 외척으로 표명되었으나 藤原씨와 정치적 밸런스 유지를 위해 참의 이상 되지 못하였으므로 환무천황이 백제왕씨의 후궁 세력 신장을 도모하기 위해, 延曆 9년(790) 2월에서 얼마 지나지 않은 시기에 명신을 상시로 임명하였다고 보는 것이다(大坪秀敏. 2008, 앞의 책, 249쪽). 한편, 延曆 15년(796) 7월, 명신은 남편인 繼繩이 죽은 이후에 상시가 되었으며, 延曆 14년(795) 4월 곡연(曲宴)에서 보이는 상시는 추기(追記)로 보는 견해도 있으나 명확하지는 않다(今井啓一, 1965, 120~123쪽).

중심인 태정관 소속이었다. 지금까지 상시의 자리에 도왜계 출신이 임명된 적은 없었다. 그러나 명신은 환무천황의 신임을 받는 우대신의 아내이자, 천황의 외척으로 표명된 백제왕의 직계 후손인 백제왕씨 출신이었다. 물론, 본인 역시 천황에게 사적으로도 총애를 받는 입장이기도 하였다. 따라서 도왜계 출신이나 명신이 상시의 자리에 오르는 것은 충분히 가능한 일이었다.

상시가 된 명신은 환무천황을 더 가까운 위치에서 보필하게 되었으며, 일족의 여성들을 후궁에 들어올 수 있는 기회를 마련하였을 것이다. 백제왕씨 일족 및 도왜계 출신 여성들은 명신과 같이 고위직에는 오르지 못 하였지만 중·하급여관으로 근무하였을 것으로 추정되며, 후궁에 들어가 천황을 모시며 배우자가 되어 아이도 낳았다.

역대 천황의 배우자들을 살펴보면 대부분 황족이거나 일류 귀족이라고 할 수 있는 藤原씨와 같은 유력씨족 출신의 여성이었다. 후궁으로 입궁하여 천황의 배우자가 된다는 것은 천황과 사적으로 긴밀한 관계를 맺고, 황위를 이을 후손을 낳아 세력을 확대할 수 있는 기회이므로 정치권력과 직결된다. 일본 재래씨족이 유력씨족으로 자리 잡고 있는 상황에서, 도왜계 씨족 출신 여성이 천황의 배우자가 되는 것은 쉽지 않은 일이었다. 그러나 도왜계 출신의 생모를 두었던 환무천황 경우는 달랐다. 환무천황은 자신의 정통성과 정치적 입지를 공고히 할 수단으로 백제왕의 직계 후손인 백제왕씨를 외척으로 선언하였고, 그 일족의 여성들을 후궁에 들여 배우자로 맞이하였다. 백제왕씨의 후궁 진출은 상시였던 명신이 계기가 되었겠으나, 다수의 郊野 행행 등과 마찬가지로 환무천황의 정치적인 의도도 있었을 것으로 것이다. 천황과 백제왕씨 출신 여성들의 결합은 백제왕씨를 실제 외척에 해당하는 위치에 올려놓을 수 있었다. 즉, 백제왕씨 출신의 여성이 천황의 아이를 낳을 경우, 외척으로 선언한 백제왕가와 사실상 혈연관계가 된다는 큰 이점이 있었다. 또한 백제왕씨의 사회적 지위 상승은 환무천황의 모계인 和씨의 지위 상승이므로 환무천황 이후의 왕권 강화로 이어질 수 있는 바탕이 되었다. 실제로 환무천황의 아이를 낳은 백제왕씨 출신의 여성이 두 명 확인된다. 다만, 이들의 자녀인 大田親王과 駿河內親王은 무품(無品)으로 일찍 사망하여, 정계에 진출하거나 유력씨족과 결혼하는 일은 없었다.

이렇게 생모의 출신으로 인해 환무천황은 도왜계 씨족에게 호의적이었다. 따라서 환무천황의 후궁에는 백제왕씨 외에도 百濟[구다라; (舊 飛鳥戶造氏)]씨, 河上[카와카미; (舊 錦部連)]씨, 坂上[사카노우에]씨 등 백제계를 포함한 다수의 도왜계 출신이 확인된다. 이들 역시 후궁 내에서 천황을 가까이 모시며 아이도 낳았다. 이러한 도왜계 출신들은 환무천황의 생모였던 高野新笠가 끝까지 황후가 되지 못한 것처럼 황후(皇后), 비(妃), 부인(婦人) 등의 위치까지는 오르지 못하였다. 그러나 천황의 배우자 중 정원 제한이 없는 빈(嬪) 이하인 여어가 된 이들 중 백제왕씨 출신인 교법이 있다. 교법은 천황의 아이는 낳지는 못 하였지만 전(田)을 두 번이나 수여받은 기사가 확인된다. 따라서 그녀는 외척으로 인정받은 백제왕씨 일족의 여성으로서, 천황이 신경 쓰고 우대해야하는 배우자 중 하나였을 것으로 생각된다.

백제왕씨의 외척선언 및 환무천황의 총애를 받았던 명신의 상시 취임은 일족의 여성들이 후궁으로 진출하는데 길을 열어주었을 것을 보인다. 이러한 영향력은 환무천황 이후 정치적 의식과 체제를 계승한 차아·인명천황 때까지 이어졌다.

환무천황의 황자였던 차아천황 역시 백제왕씨와 우호적 관계를 유지하였는데, 아버지의 여어였던 교법에게 전(田)을 주어 대우하였고, 후궁으로 진출한 귀명과 경명에게서 여러 명의 황자·황녀들을 보았다. 특히, 경명은 차아천황이 태상천황이 되어 차아원으로 거처를 옮겼을 때 별궁을 지어 살게할 정도로 총애하였다. 그녀는 인명조에 상시가 되었고 생전에는 종2위까지 올랐으며 사망 후에는 종1위로 추증하였다. 이렇게 경명은 후궁 내에서 천황의 아이를 낳았고, 여관으로 상시로 취임하며 역대 백제왕씨 중에서는 유례없는 권세를 누렸다. 그러나 경명 이후, 이러한 권력을 가진 백제왕씨는 더 이상 확인되지 않는다.

이렇게 환무천황 때 구축된 도왜계 씨족과 우호적 관계는 적어도 인명천황 때까지 이어져 廣井[히로이]씨, 山田[야마다]씨, 內藏[쿠라노]씨 등의 도왜계가 후궁으로 진출하여 천황의 배우자가 된 것을 확인할 수 있다.

한편, 차아천황은 여러 명의 황자·황녀를 두었는데, 이들 중 일부를 황족의 신분에서 신하로 강하(降下)하고 源[미나모토]씨를 주었다. 백제왕씨 출신 여성들이 낳은 자녀들도 신적강하(臣籍降下) 후, 관인으로 활동하였다. 이러한 신적강하는 백제왕씨나 도왜계를 포함하여 재래씨족 출신 여성의 자녀들도 해당되었다.

환무천황 때부터 천황의 외척으로 유례없는 번영을 누렸던 백제왕씨는 인명조 이후부터 후궁에서 더 이상 확인할 수 없다. 또한 후궁뿐 아니라 서위와 보임에서도 크게 두각을 내지 못하며 정치적 활동 역시 서서히 줄어든다.

지금까지 백제왕씨에게 우호적이었던 차아, 인명천황의 죽음 후, 9세기 중엽부터는 藤原 북가(北家)의 세력이 강해지며, 후궁과 천황의 배우자 역시 이들 일족 여성들이 대부분을 차지하게 된다. 藤原 北家는 일족의 여성들이 낳은 아들을 천황으로 내세워 섭정(攝政; 천황이 어릴 때 정무 집행)과 관백(關白; 천황을 도와 정무 행함)의 지위를 독점하면서 섭관정치(攝關政治)의 기틀을 마련하게 되었다. 이러한 정치적 흐름에 의해 백제왕씨는 외척으로서 지위를 잃고 후궁뿐 아니라 중앙관직에도 진출하는 것이 어렵게 되었다. 또한 인명조 이후로는 환무천황 때 지적되었던 천황의 혈통에 관한 정통성 문제는 해결되고, 대외적으로는 당(907)과 발해(926), 신라(935)가 멸망하고, 고려(936)와 송(960)이 건국되는 등 국제적 정세의 변화가 일어나 백제왕의 직계 후손인 백제왕씨라는 존재의 특수성도 사라지게 되었다.

이렇게 대내외적 변화의 흐름에 따라, 외척으로서의 역할과 위치를 상실

한 백제왕씨는 관인으로서 관직에 등용되기 어려워지고, 쇠퇴하였다고 추정된다. 또한 후궁에 진출하여 활약할 기회도 완전히 잃게 되었다.

9세기 중엽 이후 섭관정치가 본격적으로 시작되면서 여관 및 후궁제도의 기능도 변화하여, 내시사를 제외한 후궁 12사의 업무는 쇠퇴하고 정치적 역할은 줄어든다. 따라서 여관의 역할도 축소되었으며, 내시사의 장관으로 천황을 보필하던 상시는 천황의 총애를 받는 처첩(妻妾)의 위치로 변모한다. 또한 이 상시직 역시 후궁을 장악한 藤原씨 일족의 여성이 역시 독점하게 되었다. 상시의 업무는 그 동안 차관 위치에 있었던 전시(典侍)가 담당하게 되었다. 그 결과, 藤原씨의 정권 독점 속에서 백제왕씨 일족을 포함하여 도왜계 씨족 여성들이 후궁으로 진출하는 일은 사라지게 된 것으로 보인다.

4. 맺음말

도왜계 씨족 여성들을 포함한 고대 일본 여성의 대부분은 남성 중심의 신분제 사회 속에서 결혼과 출산 중심의 삶을 살았을 것이다. 그러나 후궁으로 진출한 여성들은 율령체제 내에서 체계적으로 조직된 기관인 후궁 12사의 여관으로 활동하거나 천황의 배우자가 되었다. 고대 일본 궁정 내에서 활동하던 여관은 천황과 황족을 가까이 보필하기 위하여 그에 걸맞은 지식과 전문성을 가지고 있었을 것이다. 따라서 여관은 율령체제 내에서 여성이 드물게 가질 수 있었던 전문직이자, 실질적으로 정치적 위치를 확보할 수 있는 위치에 있었다. 또한 후궁으로 들어가 천황의 배우자가 될 기회를 얻은 여성 역시 그에 해당하는 자격을 갖추고 있었을 것이다. 그러나 이러한 위치가 될 수 있는 기회를 얻은 여성들은 대부분 황족이거나 유력씨족 출신이었다고 할 수 있다.

본고에서는 고대 일본 도왜계 씨족 여성의 동향을 확인하기 위해, 나라·

헤이안시대의 백제왕씨 출신 여성들의 관위 양상을 중심으로 검토하였다. 백제왕의 직계 후손인 백제왕씨는 환무천황의 외척으로 표명되어 일족의 여성들은 관위를 받고 여관으로 활동하거나 후궁 내에서 천황의 배우자가 되어 아이를 낳았다. 기록에서 확인된 나라·헤이안시대의 백제왕씨 출신 여성들은 명신을 포함하여 18명이었다. 그러나 이들 중에는 후대에 작성된 연대기에서만 확인되는 인물도 있으며, 단편적인 기록으로만 등장하여 관직이나 지위 등을 분명하게 알 수 없는 경우도 있었다.

도왜씨족 중에서도 백제왕씨가 정계와 후궁으로 다수 진출하여 이례적인 번영을 누렸던 것은 환무천황의 필요에 의한 우대책이라는 특수한 기반 위에 구축된 것이었다. 그 과정에는 천황의 총애를 받았던 우대신의 아내이자 내시사의 상시였던 명신의 역할도 컸다.

환무천황과 그 유지를 계승한 차아, 인명천황 때까지 백제왕씨는 천황의 외척으로서 번영을 누렸다. 특히 차아천황의 총애를 받은 경명은 권세를 누렸다고 알려져 있다. 그러나 藤原씨의 정권 독점 및 여관의 성격 변화, 백제왕의 직계후손이라는 존재의 특수성 상실 등, 복합적인 대내외 흐름의 변화에 따라 쇠퇴하였던 것으로 보인다. 따라서 백제왕씨를 계기로 후궁으로 진출하였던 도왜계 여성들도 자연스럽게 줄어들다가 자취를 감추게 되었을 것이다. 헤이안시대 중기에 이르면, 이러한 여성들의 기록이 감소하고 사라지는 것으로 보아, 백제왕씨 및 도왜계 씨족들은 사실상 일본 재래씨족과 동화되어 도왜계의 특성은 점점 퇴색되었을 것으로 생각된다.

본고는 도왜씨족 중에서도 문헌사료에 다수 남아 있는 백제왕씨를 나라·헤이안시대 중심으로 검토한 것이다. 따라서 기록에 남아 있는 다른 도왜계 출신 여성들과 비교 검토 및 여관제도의 변화를 깊게 다루지 못하였으므로, 향후 기회가 된다면 보강하기로 한다.

참고문헌

김은숙, 「桓武天皇과 百濟王 明信」, 『제63회 충남대학교 백제연구공개강좌』, 충남대학교 백제연구소, 2012.

송완범, 『동아시아세계 속의 일본율령국가 연구-백제왕씨를 중심으로-』, 경인문화사, 2020.

이근우, 「일본열도의 백제유민에 대하여」, 『한국고대사연구』 23, 한국고대사학회, 2001.

崔恩永, 「7·8世紀の百濟系渡來人と日本-百濟王氏の成立と律令國家初期の動向を中心として-」, 『百濟文化』 52, 公州大學校百濟文化硏究所, 2015.

崔恩永, 『百濟王氏の成立と動向に關する硏究』, 滋賀縣立大學 大學院, 博士學位論文, 2017.

충청남도역사문화연구원, 『백제유민들의 활동』, 백제문화사대 7, 2007.

충청남도역사문화연구원, 『百濟史資料譯註集-日本篇-』, 2008.

今井啓一, 『百濟王敬福』, 綜芸舍, 1965.

上野利三, 「「百濟王三松氏系圖」の史料價値について-律令時代歸化人の基礎的研究-」, 『慶應義塾創立125年記念論文集-慶應法學會政治關係-』, 1983.

伊集院葉子, 『古代の女性官僚 女官の出世·結婚·引退』, 吉川弘文館, 2014.

遠藤みとり, 「「後宮」傳來と定着」, 『比較日本學校育研究部門研究年報』 17, お茶の水女子大學グローバルリーダーシップ研究所, 2021.

大坪秀敏, 『百濟王氏と古代日本』, 雄山閣, 2008.

大坪秀敏, 『百濟王氏と古代日本(普及版)』, 雄山閣, 2019.

大坪秀敏, 『續 百濟王氏と古代日本』, 雄山閣, 2021.

加藤謙吉, 『渡來人氏族の謎』, 祥傳社, 2017.

佐伯有淸, 『日本古代氏族事典』, 雄山閣, 2015.

田中史生, 『日本古代國家の民族支配と渡來人』, 校倉書房, 1997.

枚方市史編纂委員會 編, 『枚方市史』第二卷, 枚方市, 1972.

藤本孝一, 「「三松家系圖」-百濟王系譜-」, 『平安博物館 研究紀要』 7, 1982.

義江明子, 『日本古代女性史論』, 吉川弘文館, 2007.

문학에 나타난 한일 고중세의 혼인제와 여성 연구

김 영*

1. 머리말   3. 고대 한일사회의 혼인제와 여성
2. 고대 한일사회의 혼인제의 유래   4. 맺음말

1. 머리말

고대 한국과 일본 사회는 모두 중국의 영향권에 있으면서 혼인제에 한해서는 중국의 엄격한 「일부일처제(一夫一妻制)」와는 양상을 달리했던 「일부다처제(一夫多妻制)」의 모습을 보여 왔다.

여기에서는 중국과 다른 혼인 양상을 보였던 고대 한국과 일본의 혼인제도에 관해 살펴보려고 한다. 고려사회는 중국과 달리 결혼식을 여성의 집에서 행할 뿐만 아니라, 결혼 초기에 남편이 아내의 집에서 머물다가 시가로 들어가는 과정을 거친다. 이것은 중국의 친영제와는 상반된 혼인 형태였다. 그런데 이러한 혼인제도가 일본 고대에 보편적으로 행해지던 무코토리콘(婿取り婚)이라는 형태와 유사하다는 것은 매우 흥미로운 사실이다.

그러나 지금까지 일본학계에서는 이러한 일본 고유의 혼인 의례 및 혼인 의식에 관한 제(諸) 특징은 별다른 이론(異論)의 여지 없이 남방계(동남아) 적인 문화 요소로 치부해 온 경향이 짙었다. 하지만 본 연구를 통해 일본 고유의 독특한 결혼제도, 혹은 남방계적 문화 요소로 여겨져 왔던 일련의 혼인제에 관한 연구는 전면적으로 재검토되어야 할 것이다.

---

* 대구한의대학교 기초교양대학 교수

2. 고대 한일사회의 혼인제의 유래

1) 고대 일본의 쓰마야(妻屋)

혼인제도에서 주거 양식이 어떠냐 하는 문제는 혼인 성립에 중요한 문제이다. 현대사회에서도 신혼 주거를 남성이 마련하느냐 여성이 마련하느냐가 중요한 사안인 것처럼 고대사회에서도 이러한 주거결정권이 남성 측에 있느냐 여성 측에 있느냐는 그 시대와 사회의 성격에 따라 변모, 변천해 왔음은 쉽게 상상할 수 있다.

고대 일본에서 혼인 주거양식을 의미하는 말로 쓰마야(妻屋)가 등장한다. 쓰마야는 『만요슈(万葉集)』에 등장하는 용례를 고찰해 보면, 부부의 동침을 중심으로 부부생활이 영위되는 가옥을 말한다.

다카무레 이쓰에(高群逸枝)는 쓰마야를 여자의 고향에 짓고 이곳을 근거로 쓰마도이(妻問ふ)생활을 영위했다고 주장한다[1]. 나라(奈良)시대에는 천황이라도 여성 측 지역에 쓰마야를 마련하여 쓰마도이(妻問)를 행하며 여기서 자녀를 양육하고 본가로 돌아가는 일은 없었다.

쓰마야라는 말은 큰집(大屋)에 대한 소옥(小屋)의 의미이며, 보통 쓰마야의 형상은 다음 『만요슈(万葉集)』노래에서 알 수 있듯이 작은 움막의 모습을 하고 있었다.

"가쓰시카노마마의 딸 무덤을 지나갈 때, 야마베노스쿠네노아카히또가 지은 노래 한 수 옛날 시즈오리라는 전통문양의 띠를 풀고 쓰마야를 지어서 구혼했다고 하는 가츠시카노마마노데고나의 무덤이 이곳이라고 들었는데 지금은 마키 나뭇잎이 우거지고 소나무 뿌리가 길게 자랄 정도로 세월이 흘렀지만 그 이름을 듣는 것만으로도 잊을 수가 없구나"(『万葉集』 431番[2])

---

1) 高群逸枝, 『招婿婚の研究一』, 理論社, 1966, 97~98쪽.
2) 小島憲行校注, 『万葉集1』新編日本古典文學全集, 小學館, 1994, 241쪽.(古に ありけむ人の 倭文機の 帶解き替へて 盧屋立て 妻問ひしけむ かつしかの 眞間の手兒名

　‘쓰마야를 지어서’는 원문의「盧屋立て」인데,「盧屋」란 벽면이 없고 지붕
이 지면까지 이어져 내려와 지상에 모자를 뒤집어 쓴 것 같은 수직모양의
움막3)을 의미한다4).

　다음 만요의 노래에서는「枕づく」라는 마쿠라고토바가 수반되어 있는
것을 보아 남녀의 동침과 깊은 관련이 있음을 이해할 수 있다. 이와 관련된
복합어에는「妻問ふ」(구혼하다)라는 결혼에 관한 단어들이 있다.

　　“うつせみと 思ひし時に 取り持ちて 我が二人見し 走り出の 堤も立
てる 槻の木の こちごちの枝の 春の葉の 繁きがごとく 思へりし 妹には
あれど 賴めりし 兒らにはあれど 世の中を 背きし得ねば かぎろひの も
ゆる 荒野に 白たへの 天領巾隱り 鳥じもの 朝立ちいまして 入日なす
隱りにしかば 我妹子が 形見に置ける みどり子の 乞ひ泣くごとに 取り
与ふる 物し無ければ 男じもの わき挾み持ち 我妹子と 二人我が寝し 枕
づく つま屋のうちに 晝はも うらさび暮らし 夜はも 息づき明かし 嘆け
ども せむすべ知らに 戀ふれども 逢ふよしをなみ 大島の 羽易の山に 我
が戀ふる 妹はいますと 人の言へば 岩根さくみて なづみ來し 良けくも
しなき うつせみと 思ひし妹が 玉かぎる ほのかにだにも 見えなく思へ
ば” (『万葉集』210番5))

　210번가에 나오는 쓰마야는 안채(母屋)와 떨어져 세운 별채 건물로 여기
서는 신혼부부를 위한 가옥으로 등장한다. 죽은 아내가 남긴 어린 아이를

　が 奧つきを こことは聞けど 眞木の葉や 茂りたるらむ 松が根や 遠く久しき 言
　のみも 名のみも我は 忘らゆましじ)
3) 앞의 책,『万葉集1』, 1994, 241쪽 각주.
4) 이 노래에 등장하는 가츠시카노마마노데고나(葛飾眞間手兒名)는 만요슈에 나오는
　전설의 주인공인데, 그녀는 자신의 미모에 끌려 접근하는 남성들의 구혼을 거절하
　고 세상을 비관해 자살했다고 전한다.
5) 이 노래는 죽은 아내를 그리워하며 아내가 남긴 아이와 함께 예전 거처에서 쓸쓸하
　게 생활하는 모습을 읊고 있는 내용이다.

안고 과거 둘이서 잤던 쓰마야 안에서 낮에는 쓸쓸히 지내다가 밤이 되면 한숨만 쉬며 죽은 아내를 그리워하는 모습을 읊고 있다. 여기서 쓰마야는 과거 아내와 둘이서 생활하던 주거공간이었으며 과거의 추억이 깃든 곳으로 추억을 환기시키는 장소로 등장한다[6].

특히 쓰마야의 구조에 대해 주목할 것은 쓰마야의 문 앞에 서서 남성이 구혼의 노래를 불러 여성에게 구혼의 의사를 전달하고 안에 있는 여성이 이에 답한다는 퍼포먼스적 행위이다.

이것은 고구려의 서옥에서 남성이 문 앞에서 세 번 구혼의 허락을 청하는 행위와 흡사하다. 서옥 앞에서 남성은 여성의 허락을 구하는 사랑의 노래를 불렀을 것이고, 이에 응대하여 여성이 서옥의 문을 열어주었을 때 비로소 결혼생활이 시작된다는 상징적인 의미가 있었을 것이다.

2) 고대 한국의 서옥(婿屋)

고대 일본의 쓰마야와의 관련성이 지적되는 것이 고구려의 서옥인데, 이에 관한 최초의 논거는『삼국지 위서』「고구려전」에 의한다. 이러한 주장은 최초 이기동[7]에 의해 제시된 이후, 박계홍[8], 이광규[9]에 의해 재차 소개되고 있으며 일문학계에서도 에모리 이쓰오(江守五夫)[10]와 허영은[11]이 이

---

6) 이와 동일하게 죽은 아내를 그리워하는 시상의 제재로 등장하는 것이『만요슈』 481번가인데, 여기의 쓰마야 또한 아내와 동침했던 장소로 그려지고 있다. (家に行きて いかに我がせむ 枕づく つま屋さぶしく 思ほゆべし),『万葉集』795番 794번가에 대한 반가(返歌)로 게재된 위 노래는 아내의 장례식이 끝난 후 집에 돌아왔을 때의 쓸쓸함과 애절함을 노래하는데 츠아먀가 사용되고 있다. 이것 역시 아내와의 추억을 회상하는 소재로 쓰이고 있다.

7) 이기동,「新羅 中古時代 血族集團의 特質에 관한 諸問題」,『진단학보』40호, 1975, 43~60쪽.

8) 박계홍,『비교민속학』, 형설출판사, 1984, 138쪽.

9) 이광규,『한국가족의 사적연구』, 일지사, 1977, 148쪽.

10) 江守五夫,「日本의 婚姻成立儀禮의 史的変遷과 民俗」,『일본학』1, 동국대 일본학연

에 동의하고 있다.

종래 서옥제에 대한 연구를 검토해 보면, 아키바 다카시(秋葉隆)는 '조선 왕조의 혼속 중 신랑의 여가체류, 노동봉사, 능력 및 고행의 시련 등은 고구려의 봉사혼제에서 유래된 것'이라고 지적한다[12]. 손진태는 '고구려의 속은 서류부가로 오늘날 혼례식을 부가(婦家)에서 하고 신혼초 수일간의 처가 체류와 장기에 걸친 부가(婦家) 왕복의 형식으로 남았다[13]'고 한다.

김두헌은 '원시민족에 보이는 모계적 씨족사회의 모처제(母處制, Matrilocal system)의 유습을 설정하고, 후단에 있어서 부계적 가족형태에 보이는 가취제(嫁娶制)의 발전을 인정한다고 해석하였으나 실상 그것은 奉仕婚의 속습에 지나지 않는데, 어쨌든 과도기의 혼속임에 틀림없고 이 남귀여제의 속은 후세까지 오랫동안 존속되었다[14]'고 말하고 있다.

특히 이기동은 고구려의 서옥제가 역사적으로 중국 북방계의 오환, 선비, 철특과 같은 유목민족 사이에 널리 행해지던 것으로 중국의 부락가(不落家)나 일본적 형태인 무코이리혼(聟入婚)과 같은 처처혼(妻處婚)이라고 서술하며 고대 일본의 결혼제도와의 유사성을 지적한 바 있다[15]. 박계홍 또한 고구려의 서옥제가 중세 이전까지 일본 혼인의 기본적 유형이었던 무코이리콘(婿入婚)과 매우 유사하다[16]고 지적하고 있다.

구소, 1981, 35~72쪽.

11) 허영은, 『일본문학으로 본 여성과 가족』, 보고사, 2005, 103쪽.

12) 秋葉隆, 「朝鮮の婚姻形態」, 『哲學論集』 京城帝國大學法文學會偏, 1930, 73쪽. 단, 인용은 다음에 의한다. 김일미, 「조선의 혼인변천과 그 사회적 성격-이조전기를 중심으로-」, 『이화사학연구』 4, 1969.

13) 손진태, 「조선혼인의 주요형태인 솔서혼속고」, 『조선민족문화의 연구』 1948, 을유문화사), 90쪽.

14) 김두헌, 『한국가족제도연구』, 서울대학교 출판부, 1969, 384쪽.

15) 앞의 책, 이기동, 1975, 43~60쪽.

16) 앞의 책, 『비교민속학』, 138쪽.

其俗作婚姻 言語既定 女家作小屋於大屋後, 名壻屋 壻暮至女家戶外 自
名跪拜 乞得就女宿 如是者再三 女父母乃聽使就小屋中宿 傍頓錢帛 至生
子已長大 乃將婦歸家[17]

여기에는 신랑이 혼인 후 여자 집인 처가의 큰집 뒤에 소옥(小屋)을 짓고
저물녘 여자 집 문밖에 이르러 자기 이름을 아뢰고 무릎을 꿇고 절하여 여
성과 동침하기를 3번 청한다는 것이다. 이것을 들은 여성의 부모는 소옥(小
屋)에서 머물 것을 허락하고 다음 날 남성은 전백(錢帛)을 두고 간다. 이렇
게 서옥(壻屋)이란 여자 측에서 자기들이 살고 있는 큰 집 뒤에 조그만 집
을 하나 짓는데 이것을 일컫는 말로 이 작은 집에 남성이 방문하여 동침하
는 장소를 일컫는다.

이것은 고대 일본의 쓰마야를 연상시키는데, 쓰마야가 안채와 떨어진 별
채에 해당하는 작은 가옥이었다면, 고구려의 서옥 또한 안채 뒤에 만들어진
작은 별채의 개념으로 사용되었으며 남성이 먼저 여성이 있는 곳으로 방문
하는 방처혼(訪妻婚), 즉 쓰마도이(妻問)의 혼인형태와 깊은 상관성이 엿보
인다.

이러한 서옥제에 나타난 사회적 성격을 고찰해 보면, 의례적이고 공식적
인 혼인 절차가 필요하지 않고 다만 구두(口頭)와 같은 형태로 남녀 간 혹
은 여성 부모 측과 간단한 합의만 이루어지면 남성이 여성의 거처에 방문
하여 관계가 성립했던 것으로 보인다. 또한 관계가 성립한 후에도 남녀가
같이 동거하기 보다는 남자는 자신의 본가로 돌아가고 여자는 자신의 친정
에 남아 각자 생활하는 형태가 기본적 형태였다. 물론 남성 측과 여성 측의
경제적 형편과 사정에 따라 남자가 여성의 집에 기거하는 경우도 있었다고
본다. 그러다가 아이가 태어나 장성하면 아이와 함께 남자의 집으로 들어가
게 되는데, 이 기간은 짧게는 몇 년 혹은 길게는 몇십 년이 소요될 수도 있

---

17) 『삼국지』 권30, 魏志30 고구려(二十四史全譯, 2004,漢語大詞典出版社), 536쪽.

었다[18].

이와 같은 고구려 서옥제하에서의 남녀관계는 절대적이며 영구적인 관계라기보다는 가변적이고 불확실한 관계였으며 고대 일본과 같이 일회적 관계에 그치게 된 예도 있었을 것이다.

그리고 서옥제에서는 아이가 어머니의 집에서 태어나 자란다는 점에 주목하여 고대 일본과 같은 모처제적 잔재, 모처거주로 볼 수 있으며 이것은 모두 모계적 성격으로 이해할 수 있을 것이다.

이후 고려시대나 조선시대 전기까지 서옥제를 기원으로 한 남귀여가혼(男歸女家婚)의 혼인 양식이 보편화되었으며, 고대 일본에서도 이와 유사한 결혼풍습, 즉 무코토리콘(婿取り婚)이 지속되었으므로 고대 한일간의 영향 관계는 당분간 계속되었을 것으로 생각한다.

3. 고대 한일사회의 혼인제와 여성

1) 일본의 무코토리콘(婿取り婚)과 여성

일본 헤이안시대의 혼인제도와 혼인거주에 관한 대표적인 논의는 다카무레(高群逸枝)에 의해 주장된 처방거주혼(妻方居住婚)과 에모리(江守五夫)에 의해 전개된 일시적처방혼(一時的妻方婚)과 부방거주혼(夫方居住婚)이라고 말할 수 있다.

다카무레의 〈무코토리콘〉은 '모계혼 원리의 혼인'이며 그 거주 형태는 남편이 아내의 집에 다니고, 동거할 때는 아내의 집에서 동거하는 것이다. 그리고 에모리의 주장은 결혼 초기에는 남성이 여성의 집에 왕래하는데 이것은 일시적 현상이며 결국에는 남편이 아내를 데리고 남편의 거처로 옮긴

---

18) 이에 관한 자세한 고찰은 졸고, 「한일 고대 혼인제에 관한 비교고찰」, 『일본문화연구』 29호, 2009, 403~421쪽에 상세하다.

다는 것이다. 두 사람의 주장 모두 처방거주혼을 공통분모로 하고 있음을 알 수 있는데 적어도 헤이안시대에는 이는 중국 당의 율령과는 전혀 다른 형태의 혼인 형태임을 알 수 있다.

일찍이 중국의 율령이 일본의 혼인실태와 상당히 분리되어 있었음은 여러 학자에 의해 지적되었다. 즉 고대 일본의 율령 조문은 가족과 혼인에 관해 기본적으로는 중국의 가부장제 가족제도와 일부일처다첩제(一夫一妻多妾制)를 계승하여 중혼(重婚)을 금지하고 처첩을 엄격하게 구별하고 있었다. 하지만 일본 율령에 도입된 중국의 처첩제도가 실제 일본의 혼인실태와는 상당히 이질적이라는 것이 다수의 의견이다.

이렇게 쓰마야에서 비롯된 일본 헤이안시대의 혼인 양식은 무코토리콘이라는 형태였는데 이것은 남성이 여성의 집에 일정 기간 왕래하는 '가요이(通い) 단계'를 거쳐 동거하는 형태의 '스무(住む) 단계'로 이행하는 혼인 거주 양식을 말한다[19].

혼인이 성립된 후 남성이 밤마다 여성의 거처로 찾아와 상당 기간이 경과한 후에 동거가 개시되는 것은 헤이안시대 사회에 폭넓게 이루어지던 결혼 양식이었다. 이것은 무코토리콘을 지향하는 양식이었으며 근세 이후 이러한 '가요이'가 형식화되어 부부동거가 빨라지는 것은 헤이안말기부터의 현상이며 무가시대가 시작되면 이러한 가요이 형식은 사라지게 된다.

남성이 여성의 거처에 왕래하며 구애와 구혼 행동에 나서는 양상을 나타내는데, 아래『마쿠라노소시(枕草子)』에는 전년부터 여성의 거처에 왕래하기 시작한 남성에 대해 언급한 부분이 있다.

> "あたらしうかよふ婿の君などの内へまゐるほどをも"(『枕草子』第3段[20])
> (새롭게 히메기미의 거처에 왕래하게 된 사위가 궁중에 출사하는 시각인데도)

---

19) 西村亨,『新考王朝戀詞の研究』, 櫻楓社慶應義塾大學言語文化研究所, 1981, 201쪽.
20) 『枕草子』, 新編日本古典文學全集, 小學館, 1997, 28쪽.

이처럼 연애 초기에는 남성이 여성의 거처에 비밀리에 왕래하지만 이윽고 그 관계가 공공연하게 알려지게 되면 남성이 여성의 거처에 거주하게 되는데 이것을 '스무(住む)'라고 표현하게 된다.

『이세모노가타리(伊勢物語)』에는 이러한 일련의 관계를 상징하는 유명한 「筒井筒」 일화가 등장한다.

　　"さて年ごろふるほどに、女、親なく、頼りなくなるままに、もろともにいふかひなくてあらむやはとて、河内の國、高安の郡に、いき通ふ所いできにけり. (中略)男、すまずなりにけり.(『伊勢物語』 23段21))

　　(그 후 몇 년이 흐르는 사이에 여자의 부모가 죽고 가세가 기울어지자 남자는 고우치 다카야스라는 마을에 새로 아내를 맞아 왕래하게 되었다. (중략) 남자는 더 이상 오지 않았다)

어린 시절 첫사랑이었던 여성과 결혼하는데, 여성의 부모가 죽고 가세가 몰락하자 남성은 다카야스에 사는 새로운 여성의 거처에 다니게 된다. 그런데도 새로운 여성과의 관계는 '스무' 단계까지는 이르지 못하고 헤어지게 되고 만다.

위 일화는 남녀관계가 잠시 왕래하는 단계에서 장기간의 동거단계로 진행되는 당시 고대인들의 혼인 양식을 잘 보여주고 있다. 보통 결혼 초기에는 남녀관계가 형식상 비밀리에 유지되었으며 이를 위해 남성은 밤이 어두워지면 여성의 거처를 방문했다가 날이 밝기 전에 사람의 눈을 피해 돌아가지 않으면 안 되었다. 하지만 동거 관계에 이르게 되면 남성이 공공연히 아침까지 여성의 거처에 머물며 한낮까지 그곳에 기거하는 것이 가능했다.

하지만 『고킨슈(古今集)』 784번처럼 나리히라와 아리즈네의 딸은 결혼했음에도 불구하고 원망스러운 일이 생겨 부부관계가 멀어지는 일도 있었

---

21) 『伊勢物語』, 新編日本古典文學全集, 小學館, 1994, 135~138쪽.

다. 이 경우에는 반대로 남성이 낮에만 왔다가 밤에는 돌아가서 여성의 마음을 애태우기도 했다.

　　"業平の朝臣、紀有常が女に住みけるを、怨むることありて、暫しの間、晝は來て、夕さりは歸りのみしければ、よみて、遣はしける/ 天雲のよそにも人のなりゆくかさすがにめには見ゆるものから"(『古今集』卷15, 784番[22]))

　　(在原業平가 紀有常의 딸과 결혼했지만 원망스런 일이 있어 얼마동안은 낮에 왔다가 밤에 돌아가는 형편이어서 읊은 노래/ 당신은 하늘의 구름이 멀어지는 것처럼 소원해지고 있네요. 하지만 구름은 눈에는 보이는 걸요)

　그리고 『곤쟈쿠모노가타리슈(今昔物語集)』에는 이처럼 동거 관계가 진행된 후, 남녀관계가 명확히 부부로 인정되면서 안정된 생활을 영위해 나가는 모습이 그려진다.

　　"殿ニ將御シテ□ヒ下シ給ヒテ、其ノ後ハ亦他ノ人ノ方ニ目モ見遣ズシテ棲給ヒケル程ニ、男子二人打次テ産テケリ.(『今昔物語集』卷22, 7話[23]))

　　(저택으로 동행하여 와서 그 후 다른 여성에게는 눈길도 주지 않고 행복하게 살아 아들도 둘이나 생겨 낳았다)

　위 일화는 良門의 차남이었던 高藤를 둘러싼 낭만적이며 서정적인 혼인담으로 알려져 있다. 소년 高藤는 매사냥을 나갔다가 머물렀던 곳의 소녀와 하룻밤의 인연을 맺었다가 이후 6년이라는 세월이 흘러 재회하게 된다. 이때 소녀는 高藤의 딸을 낳아 기르고 있었고, 소년은 변함없는 소녀의 아름다움과 사랑에 감동하여 자신의 아내로 맞아들인다. 물론 이렇게 지속되던 남녀관계도 위기를 맞아 중도에 파경을 맞게 되는 예도 있었는데, 다음 일

---

22) 『古今和歌集』, 新日本古典文學体系, 1989, 237쪽.
23) 『今昔物語集』, 新編日本古典文學全集, 小學館, 2001, 182쪽.

화는 정말 멋지고 화려하게 준비해서 맞아들인 사위가 얼마 지나지 않아 아내의 거처에 찾아오지 않게 된 상황을 묘사하고 있다.

"いみじうしたてて婿取りたるに、いとほどなく住まぬ婿の、さるべき 所などにて、舅にあひたる、いとほしやと思ふらむ.(『枕草子』 248段24))

(정말 준비를 많이 해서 맞이한 사위가 얼마 지나지 않아 여성에게 오지 않게 되었는데, 마침 우연히 장인을 만나게 되면 이 얼마나 불쌍한 처지인가 생각된다)

"婿取りして、四、五年まで産屋のさわぎせぬ所も、いとすさまじ.(『枕 草子』 23段25))

(사위를 맞이해 4,5년이 지났는데도 아이가 없어 산실이 조용한 것도 정 말 씁쓸하고 흥이 나지 않는 일이다)

그리고 위 『마쿠라노소시(枕草子)』일화에 나타난 〈무코토리(婿取り)〉란 표현은 헤이안 전시대에 걸쳐 폭넓게 사용됐는데, 이것은 무코토리콘이란 혼인제도가 귀족에서 서민에 이르기까지 시행되고 있었다는 사실에 연유함 은 말할 나위도 없을 것이다.

2) 무코토리콘과 여성의 경제적 능력

니시무라 히로코(西村汎子)26) 씨는 『곤자쿠모노가타리(今昔物語)』에 등 장하는 설화에서 혼인 거주 형태를 분석하여 주목할 만한 논을 전개한다. 그에 의하면 혼인 개시 장소가 압도적으로 아내 쪽(妻方)과 부부의 독립거 주가 많다는 것과 처방거주(妻方居住)는 상층귀족 층에 많이 보이고 남편 의 부모와 동거하는 부방거주(夫方居住)는 단 1례만 보인다고 한다. 니시무

---

24) 앞의 책, 『枕草子』, 378쪽.
25) 앞의 책, 『枕草子』, 63쪽.
26) 西村汎子, 「『今昔物語』における婚姻形態と婚姻關係」, 『歴史評論』 335号.

라 씨의 논고는 다카무레 씨의 지적과 동일한 맥락의 논문으로 이해해도
좋을 것이다.

　　"如此ク爲ル間、父母モ娘ノ心ヲ知テ、遂ニ免シテ夫婦ト成シツ. 後ニ
　　ハ家ヲ讓リ、財物ヲ皆東人ニ与フ. (中略)然レバ、我レ死ナム後、汝ヂ東
　　人ガ妻トシテ、家ノ內ヲ令守メムト思フ」ト. (中略)妹ヲ東人ニ与ヘテ、家
　　ノ財ヲ授ク.(『今昔物語』卷16、14話[27])
　　(그러는 새에 부모도 딸의 마음을 이해하고 두 사람을 부부로 인정해 주
　　었다. 그 후, 집을 양도하고 재산을 모두 아즈마히또에게 주었다. (중략) 내
　　가 죽으면 네가 아즈마히또의 아내가 되어 집안을 잘 지켜주길 바란다. (중
　　략) 여동생을 아즈마히또에게 주고 집안의 재산도 주었다.

　　위 일화는 아즈마히또(東人)가 요시노산에 들어가 열심히 수행하고 기도
하여 아와타노아손(粟田朝臣)의 딸의 병을 낫게 한다는 이야기이다. 두 사
람은 곧 관계를 맺게 되지만 여자의 부모는 격노하여 남자를 감옥에 감금
시킨다. 하지만 결국 여자의 부모도 둘의 관계를 인정하고 부부로 결혼시킬
뿐만 아니라 저택과 재산도 사위에게 양도한다. 거기서 끝나지 않고 몇 년
후 그 딸은 다시 병에 걸려 죽게 되는데 마지막으로 여동생에게 유언을 남
긴다. 내가 죽으면 아즈마히또의 처가 되어 가문을 지켜달라는 유언이었는
데, 딸의 부모 또한 그 첫째 딸의 유언대로 나머지 딸을 아즈마히또에게 주
고 집의 재산도 물려준다. 이 일화는 사위에게 거처를 제공할 뿐만 아니라,
부모의 재산도 사위에게 상속한다는 처방거주혼의 성격을 잘 나타내고 있다.
　　한편, 후지와라 미치나가의 번영을 그린 『에이가모노가타리(榮華物語)』
는 여성 측 가문의 재력과 권력이 매우 중요함을 시사하고 있다.

　　"男は妻がらなり. いとやむごとなきあたりに參りぬべきなめり."(『榮華

_____

27) 앞의 책, 『今昔物語 二』, 197~198쪽.

物語』卷第八, はつはな)[28]

(남자는 아내의 가문 나름이다. 매우 고귀한 가문으로 장가들어야 한다)

미치나가(道長)는 도모히라신노(具平親王)로부터 장남 요리미츠(賴通)를 사위로 맞고 싶다는 이야기를 듣는다. 이때 미치나가는 "남자는 여자의 家柄 즉 가문과 재력에 따라 가치가 정해지는 것이다. 신분이 높은 왕족 가문에 장가가는 것은 경사스러운 일이다" 며 기뻐한다. 당시 무코토리콘의 가치는 여성 측 가문의 등급과 재력에 따른 것이었다.

예를 들면 『곤자쿠모노가타리(今昔物語)』에는 가난해서 결혼할 수 없었던 여성에 관한 일화가 나온다.

"今昔、京ニ父母モ無ク、類親モ無クテ、極テ貧シキ一ノ女人有ケリ. 年若クシテ形チ美麗也ト云へドモ、貧シキニ依テ、夫不相具シテ寡ニテ有リ."(『今昔物語集』 卷16, 第9)[29]

(지금은 옛날 일이지만, 교토에 부모도 친척도 없이 지극히 가난하게 사는 여인이 있었다. 나이는 젊고 미모는 아름답지만 가난으로 인해 남편을 얻을 수 없었다)

젊고 아름다운 여성에게는 부모뿐 아니라 친척도 없었고 경제적으로 가난하여 남편을 얻을 수 없었다는 서두로 시작한다. 경제적 후원자가 없다는 것은 남편을 얻을 수 없었음을 시사한다. 당시 결혼하려는 여성에게 가장 중요한 것 중의 하나가 경제력이었음을 알 수 있다.

그뿐만 아니라, 『마쿠라노소시(枕草子)』에는 한번 결혼했음에도 불구하고 더 좋은 조건의 여성이 나타났을 때 본처를 버리고 경제력과 권력이 더 우위의 여성에게 미련 없이 떠나가는 남성의 모습이 적나라하게 그려져 있다.

---

28) 앞의 책, 『榮華物語』, 434쪽.
29) 앞의 책, 『今昔物語』, 187쪽.

"いみじうしたてて婿取りたるに、いとほどなく住まぬ婿の、さるべき
所などにて、舅にあひたる、いとほしとや思ふらむ. ある人の、いみじう
時にあひたる人の婿になりて、 ただ一月ばかりもはかばかしう來でやみ
にしかば、すべていみじう言ひ騷ぎ、乳母などやうの者は、まがまがしき
ことなど言ふもあるに、"(「いみじうしたてて婿とりたるに」)[30]

(매우 소란을 떨며 신랑을 맞아들였는데 얼마 지나지 않아 오지 않게 된
신랑이 우연히 장인어른을 만나게 되면 매우 겸연쩍게 생각할 것이다. 어떤
사람이 매우 호사스런 집안의 신랑이 되어 한 달 정도 왕래하다가 발길이
끊어지고 여자 측 집안에서는 큰 난리가 났다며 유모는 신랑에 대해 불길한
이야기를 하는데 신랑은 다음 해 정월에 구로도로 승진했다)

위 일화는 훌륭한 집안의 사위가 되었는데 한 달 정도 아내를 찾아오다
가 얼마 지나지 않아 남성의 발길이 뚝 끊어진 이야기이다. 그런데 이 남성
은 이후 구로도(藏人)로 승진하여 출세 가도를 달리게 된다. 남성의 출세와
영달이 여성 측 가문의 권력과 재력에 의해 크게 좌지우지되던 시대였음을
잘 나타내고 있는 대목이다.

3) 고려의 남귀여가혼(男歸女家婚)과 여성

고려의 남귀여가혼은 일반적으로 처가에서 혼례식을 올린 뒤 일정 기간
머무르다 뒤에 남편 집으로 들어가는 것으로 알려져 있다. 남귀여가혼에 관
한 연구는 손진태[31]로부터 시작하여 현재는 여러 분야의 학자들에 의해 지
속되고 있다. 이러한 연구를 통해 한국은 친족제도에서 처계나 모계가 차지
하는 비중이 크고 상속 등에서도 여성이 차별을 비교적 받지 않아 여성의
지위와 신분이 높았다는 주장들이 전개됐다.

---

30) 앞의 책, 『枕草子』, 378쪽.
31) 손진태, 「조선혼인의 주요형태인 솔서혼속고」, 『한국민족문화의 연구』, 을유문화
사, 1948.

한편, 고구려의 서옥제는 고려의 남귀여가혼(男歸女家婚)으로 이어지게 되는데 이미 선학들은 고대 한국사회의 고유한 특성으로 남귀여가혼을 지적해 왔다. 그리고 이러한 특성이 고구려의 서옥제에서 유래했다는 사실 또한 선행연구로 인해 보편화되었다.

남귀여가혼(男歸女家婚)은 중국 주자가례에서 말하는 친영(親迎)과는 상반되는 혼인 형태라 할 수 있는데, '친영'이 남성의 집에서 신부를 맞이하는 형태라면 '남귀여가'는 신부가 되는 여성의 집에서 혼례식을 치르고 혼인 생활을 시작하는 형태이다. 이러한 주거 양식은 이후 18세기 조선 전기까지 계속된다.

남성이 여성의 집으로 들어가는 남귀여가(男歸女家)와는 달리, 친영의 핵심은 여성이 남성의 집으로 들어가는 여귀남가(女歸男家)의 제도라 할 수 있다. 혼례식 당일에 신랑이 바로 귀가(歸家)하여 뒤따라오는 신부를 맞이한다. 신랑은 신부의 집에 가서 전안례(奠雁禮)만을 행하고 신부를 집으로 데리고 온다. 상견례를 신랑 집에서 행하므로 시가(媤家)가 결혼의 장(場)이 되는데 이것이 친영의 특징이라 할 수 있다.

하지만 우리나라의 경우 혼례식을 여가(女家)에서 치르는 오랜 관행이 그대로 지속되었던 까닭에 예학의 발달 수준과 상관없이 주자가례의 혼례 절차 중에서 친영례만은 끝까지 수용되지 않았다. 이것은 고대 일본도 중국의 율령을 받아들여 법 규정을 정했지만 실제 혼인법에서는 중국과 다른 혼인 양식이 행해졌던 실정과 흡사하다[32].

즉 고대 한일사회 모두 중국의 율령을 도입했음에도 실제 사료나 문학작품에 나타난 혼인 형태는 율령과는 분리되어 있었던 것이다.

이와 같은 혼례 의식은 언어생활에도 그대로 반영되어 있다. 남귀여가혼에 대해 일찍이 이능화는

32) 이에 관한 것은 졸고, 「한일 고대사회에 나타난 이혼의 양상 고찰」, 『일본어문학』 47호, 일본어문학회, 2009.11, 177~196쪽에 상세하다.

우리나라 속언에 처를 취하는 일을 〈장가든다(入丈家)〉라고 하니 곧 장가(丈家)는 처가다. 그러니 장가든다는 것은 처가에 든다는 뜻이다. (중략)이렇듯 조선인의 남귀여가(男歸女家)의 풍속이 예로부터 아직껏 내려왔으니, 고구려 때에 이미 그러하고, 고려 충혜왕 4년 때 원나라의 어사대에 보낸 청파구동녀의 소에 「아마도 그 풍속은 신랑으로 하여금 신부를 데려가게 하여야 할 터인데, 신부를 내어 놓지 않으니 마치 진의 데릴사위 풍습과 같아」 운운하였다.[33]

고 언급한 바 있다. 여기서 〈남귀여가〉란 남자(신랑)가 여자(신부)의 집에 가 머물러 있음을 뜻하는데, 과연 어느 정도의 기간 머물렀는지, 그리고 그 기간이 경과한 후에는 시가로 들어가는지 혹은 새로운 독립거주를 마련해 옮겨가는지에 대한 정확한 설명은 나와 있지 않다. 하지만 고구려 시대에는 여가 체류의 기간이 길었으나 고려 시대로 갈수록 점차 짧아졌을 것이다.

나아가 이러한 고려의 혼례 의식은 상복(喪服) 제도에도 영향을 미쳤는데, 중국으로부터 들어온 상복제는 부계 중심이므로, 모족, 처족에 대해서는 상복 범위가 극히 제한되어 있었다. 그러나 고려 시대에는 당의 상복제를 수정하여 외조부와 조부의 복을 같게 하였다. 남귀여가혼의 영향으로 모족에게도 부족과 똑같은 복(服)을 해당한 것이다.

『태종실록』에는 고려의 풍속이 남귀여가(男歸女家)로서 자손을 낳으면 외가에서 성장하고 그러한 처부모 은혜가 중하므로 처부모나 외조부모 상에 친조부모처럼 30일간의 휴가를 주었다는 기록이 남아있다.

"禮俗 上服制式 啓曰 前朝舊俗 婚姻之禮男歸女家 生子乃孫長於外家 故以外親爲恩重 而外祖父母妻父母之服 俱給暇三十日." (『태종실록』 권29, 太宗15년 정월 甲寅)

---

33) 이능화, 『조선여속고』 제4장 민서혼제, 동문선, 2009, 96쪽.

(예조에서 啓하기를 前朝 舊俗에 혼인례는 男歸女家하여 자손을 낳으면 외가에서 자라므로, 外親의 은혜가 무거워 외조부모와 처부모의 服에는 모두 30일의 휴가를 주었다.

이는 사위가 처가에서 일생 동거하며 결혼생활이 이루어졌을 뿐만 아니라 외가에서 자녀가 출생하여 상당 기간 함께 동거함으로써 여가(女家)로부터 정치적 후원뿐만 아니라 경제적 지원까지도 받았음을 짐작게 한다.

이처럼 남귀여가의 혼인 양식은 일본 헤이안시대와 유사한데, 남성이 여성의 집에서 혼인 의식을 거행하고 여성 측 구성원으로 편입되어 생활과 의복 등을 여성 측에서 제공받아 생활했다. 이러한 양상은 상복제도에도 그대로 나타나 모계와 부계의 상복 기간을 동일하게 함에서도 여실히 드러난다고 볼 수 있다.

이러한 현상은 당시 고대 한국이나 일본 모두 당시 중국의 율령을 모방하여 고려율이나 요로령(養老令) 등을 제정했지만 실제 혼인법에서는 이러한 법 규정이 제대로 시행되지 않았던 당시의 시대적 실정을 잘 나타내 주는 것이다.

이러한 남귀여가혼은 어느 정도 처가에 거주하다가 나중에 남편의 집에 돌아가는 것뿐만 아니라 제삼의 장소에 살다가 나중에 처가로 이주거나 장인·장모를 부양하는 등 다양한 형태를 보인다. 이는 중국의 일반적인 친영례(親迎禮), 즉 혼인 초부터 夫家에 거주하는 형태와는 다른 특수한 것이었음을 알 수 있다.

(1) 장인장모와 사위가 동거한 예

A. "橫川民屎加大 有八子一壻 居山谷間人漁獵以生 洪橫人."[34] (『고려
   사절요』 권18, 원종5년5월)(橫川백성 屎加大는 8명의 아들과 사위가
   있어 산골짜기 사이에서 고기 잡고 사냥하며 살고 있었다.

B. "元屢求童女于本國 (李)穀言於御史臺請罷之 代作疏曰 (中略) 抑彼
   風俗 寧使男異居 女則不出 若爲秦之 贅壻然凡 致養于父母者 有女
   之尺焉." (『고려사』 권109, 열전22 李穀傳)[35]
   (원나라에서 고려에 대하여 숫처녀를 자주 요구하였으므로 이곡이 어
   사대에 제의하여 이를 폐지할 것을 요청하고 원나라에 제출할 상소를
   대신 작성하였다. 그 상소에 이르기를(중략) 고려풍속으로 말한다면
   남자가 차라리 본가로부터 따로 살지언정 여자는 집을 떠나지 않게
   되어 있는데 그것은 마치 진나라의 데릴사위제(贅壻)와 같아 부모를
   부양하는 것은 여자의 임무로 되어 있다.

C. 조씨는 과부가 되어 그 언니에게 의탁하다가 그의 딸을 출가시킨 뒤에
   는 곧 딸에게 의지하였는데, 딸이 그 아들 하나와 딸 하나를 낳고 또
   일찍 죽었다. 그는 곧 손녀에게 의지하여 지금까지 살고 있다. (『東文
   選』 권100, 전「節婦 曹氏傳」)[36]

A는 고려의 시가대라는 者는 8명의 아들이 있었음에도 사위와 함께 동
거했음을 나타낸다. B의 글은 고려 시대 학자로 문장이 뛰어나 원나라 제과
에 급제까지 했던 이곡이 원제에 건의하여 고려에서의 처녀 징발을 중지하
게 했는데 그때 그가 올린 상소에서 남자가 본가를 떠나 여자 집에 거주하
여 부모를 봉양하는 것이 고려의 풍속이라고 말하고 있다.

그리고 C의 『동문선』은 신라 시대부터 조선 전기까지의 시문집을 모은
것인데, 조 씨는 전쟁에서 남편이 죽고 과부가 되자 딸과 동거하고 이후에
는 손녀딸과 동거했는데 이는 장모가 사위와 손녀사위와 동거했음을 말해

---

34) 『고려사절요』, 고전국역총서, 1968, 민족문화추진위원회.
35) 정인지외, 『고려사』 열전22 이곡, 2001, 신서원.
36) 『동문선』, 고전국역총서, 1969, 민족문화추진위원회.

준다.

이처럼 고려사회에는 혼인 후에도 딸과 사위가 부모와 함께 동거하며 부모를 부양하고 있는 사례가 많았음을 알 수 있다.

(2) 혼인초기 처가에 거주하다가 분가한 예

D. 불초한 제가 일찍 외람되게도 사위가 되어 밥 한 끼와 물 한 모금을 다 外舅에게 의지하였습니다만 조금도 보답을 못했는데 벌써 입에 含玉을 하시다니. 제가 옛날, 아내와 함께 어린 자식들 데리고 살림할 적에 딸애는 제 무릎에 알랑거리고 사내애는 어미 허리에서 우는지라, 그때 제가 웃으면서 아내에게 이르기를, "그대 빨리 자식들 키우시오. 딸애가 장성하고 사내애 준수하거든 일년 사시 명절 때마다 고기안주랑 술항아리로 그대 자식들 데리고 그대 부모님께 가서 절을 하되, 내가 소매 걷고 꿇어앉아서 축수할 때 아들 시켜 잔 받들고 내 손으로 술 부어 올릴 테니 그대와 딸아이는 차례로 받아 올리시오." (『동국이상국집』 권37, 애사제문 「祭李紫微諒文」(이자미 양에게 드리는 제문, 사위 최군을 대신해 지었다.)」)[37]

E. 옛날엔 부인을 맞이할 때 부인이 남편의 집으로 시집오게 되어, 그 부인의 집인 처가를 의뢰하는 일이 거의 없었는데 지금은 장가갈 때 남자가 처가로 가게 되어 무릇 자기의 필요한 것을 다 처가에 의거하니 장인 장모의 은혜가 자기 부모와 같다하겠습니다. (『동국이상국집』 권37, 祭外舅大府卿晋公文 외구 대부경 진공에게 올리는 제문)[38]

F. 장인께서 나를 가객으로 허락하여 혼인을 맺으므로 권련(惓戀)하는 사랑을 많이 받았습니다만 여러 해 동안 벼슬에 종사하기 때문에 돌아가 모시지 못하였고 벼슬을 내놓은 만년에 정성껏 섬기려 하였습니다.(중략) 오랫동안 시봉하지는 못하였으나, 문안은 자주 하였으며 일찍이 귀성할 기회를 마련하였으나 곧 점행사가 되어 김해부까지 왔을 때에 병환이 생겼다는 말을 들었는데 (하략) (『동문선』 권111, 「代李和寧薦亡舅疎」)[39]

37) 『동국이상국집』, 고전국역총서, 1979, 민족문화추진위원회.
38) 앞의 책, 『동국이상국집』.
39) 앞의 책, 『동문선』.

위의 사례 D는 혼인 초 처가에서 거주하며 밥 한술, 물 한 모금까지 모두 처가에 의지하다가 뒤에 아내와 자식을 데리고 분가한 예이다. E는 고려 고 종때 문인인 이규보의 문집 『동국이상국집』에 실려 있는데, 장인어른인 대 부경 진공에게 사위가 제문으로 올린 글이다. 여기서 이 글을 올린 사위 직 한림(直翰林) 李아무는 일찍 부모를 여의고 처가에 들어가 살며 장인의 사 랑을 받다가 벼슬 때문에 처가에서 분가했으나 이후에도 장인·장모에 대한 효심이 깊었다.

F에는 이화녕을 대신하여 죽은 장인을 천도하는 글로 나와 있는데 관직 으로 처가를 떠나 있다가 장인의 부음을 듣고 애통해하는 모습이 나타나 있다.

이처럼 남귀여가혼에서는 사위가 장인의 집에 거주하며 경제적 지원을 받는 양상을 보인다. 거주기간에 대해서 최재석[40]은 혼인 후 3년에서 24년 동안 친정 생활을 한 뒤 남편 집으로 돌아간다고 분석하였는데, 이 기간은 경제적 여건이나 가족 구성으로 달라지지만 조선 후기로 갈수록 단축된다 고 하였다.

(3) 혼인 뒤 남편 집으로 들어간 예

> G. 梁元俊의 자는 용장이며 충주사람이다. 아전출신으로 광주원감이 되 었다. 그의 처가 시어머니를 잘 섬기지 못하므로 내쫓으니 처와 아들 이 울면서 애걸했다. 그러나 끝내 듣지 않고 아내만을 친정으로 돌려 보냈는데 어떤 사람은 인자하지 못한 행위라고 조소했다. (『고려사』 권99, 열전 12 제신 梁元俊)[41]

위의 예는 며느리로 남편 집에서 시어머니를 모시고 살았음을 말해 준다. 그리고 시부모를 잘 봉양하지 못하는 것은 기처(棄妻) 당하는 사유였음도

---

40) 최재석, 『한국가족제도사연구』, 일지사, 1983, 211쪽.
41) 앞의 책, 『고려사』, 21쪽.

알 수 있다.

위에서 살펴보았듯 고려에서는 일단 처가에서 혼인한 뒤 그대로 처가에 머물기도 하였고 夫家로 들어가 시부모를 모시기도 하는 경우 또한 있었다.

이것은 최재석이 지적하듯 양가의 경제력이나 가족 구성원의 문제, 그리고 관직 생활 등 여러 가지 요인에 의해 결정되었음을 알 수 있고 고려사회에서 처변거주혼(妻邊居住婚)이 행해지는 경우가 많았지만, 일부 남편의 집으로 들어가 시부모와 동거하는 예도 있었던 것 같다.

(4) 남귀여가혼과 여성의 경제적 능력

고려의 남귀여가혼은 기본적으로 여성 측의 재력을 요구했다. 즉 여자 집이 노비, 의복 등 혼수는 물론 사위를 함께 거주시킬 수 있는 경제적 능력이 있어야 함을 의미한다. 이것은 위에서 예시된 『동국이상국집』의 사례, 즉 사위가 장인어른께 바치는 제문에서 古者 親迎婦嬪于婿 其賴婦家 無有 幾許 今則娶妻男歸于女 凡己所須婦家(옛날엔 부인을 맞이할 때 부인이 남편의 집으로 시집오게 되어, 그 부인의 집인 처가를 의뢰하는 일이 거의 없었는데 지금은 장가갈 때 남자가 처가로 가게 되어 무릇 자기의 필요한 것을 다 처가에 의거하니)에서도 잘 알 수 있다. 그리고

> H. 이때에 권귀(權貴)의 자제로서 견룡(牽龍)에 보(補)하는데 수평(守平)이 대정(隊正)으로부터 견룡에 보함을 얻었으나 집이 가난하다는 이유로 사양하니 친구들이 말하기를 '이는 繁選이다. 그러므로 대체로 아내를 버리고 다시 장가들어 부자되기를 구하는 사람이 많은데 그대가 만약 다시 장가들려고 하면 부잣집에서 누가 사위로 삼지 않겠는가' 하였다. 대답하기를 '빈부는 하늘에 달린 것인데 어찌 차마 20년이나 같이 살던 조강지처를 버리고 부잣집 딸을 구하겠는가' 하니 말한 자가 부끄러워 굴복하였다. (『고려사절요』 권16, 고종 37년 7월)[42]

---

42) 앞의 책, 『고려사절요』, 431쪽.

당시 견룡이라는 직함으로 출세하게 된 남성이 가난을 이유로 보직을 거절하자, 주위에서 가난한 본처를 버리고 다시 부유한 아내에게 장가들어 부자가 되기를 권하는 내용이다. 당시 고려사회에서 이런 일이 적지 않았음을 알 수 있다.

이처럼 고려사회는 여성 측 가문의 권세와 재력이 남성의 출세와 영달에 많은 영향을 주었고 이러한 사회적 양상은 당시의 혼인제도에도 적지 않은 영향을 주었을 것으로 생각한다.

4. 맺음말

고대 한국은 중국과의 문물교류를 통해 고유의 전통문화를 완성해 왔다. 고려 시대는 통일신라의 문화를 계승하면서 제도적인 면에서 중국적인 문화 요소를 흡수, 수용한 시대였다. 하지만 고려사회에서 혼인제도와 이와 관련된 가족제도만은 중국의 영향권에서 벗어난 독특한 문화현상을 낳고 있다는 사실에 주목하고 싶다.

이러한 역사적 사실은 헤이안 시대의 사료에도 여실히 드러나는데, 당시 중국의 율령을 모방하여 요로령(養老令) 등을 제정했지만 실제 혼인법에서는 이러한 법 규정이 제대로 시행되지 않았다.

그러한 예를 구체적으로 살펴보면, 먼저 중국의 주자가례를 사회의 규범으로 도입하여 혼인 제도 역시 주자가례의 혼례에 준하여 의혼, 납채, 납폐, 친영 등의 예를 원칙으로 하였는데 이중 가장 유교적인 특성을 나타내는 것이 친영제(親迎制)이다. 친영이란 결혼식과 동시에 신부를 남편의 집에서 맞아들이는 것으로 조선 시대 가부장적인 가족제도의 가장 근본이 되는 이념이며 제도였다.

그러나 고려사회는 중국과 달리 혼례식을 여성의 집에서 행할 뿐만 아니

라, 혼인 초기에 남편이 아내의 집에서 머물다가 시가로 들어가는 과정을 거친다. 이것은 중국의 친영제와는 전혀 상반되는 혼인 형태였다. 그런데 이러한 혼인제도가 일본 고대에 보편적으로 행해지던 무코토리콘(婿取り婚)이라는 형태와 유사하다는 것은 매우 흥미로운 사실이다.

그러나 지금까지 일본학계에서는 이러한 일본 고유의 혼인 의례 및 혼인 의식에 관한 제(諸) 특징은 별다른 이론의 여지 없이 남방계적인 문화 요소로 치부해 온 경향이 짙었다.

하지만 본 연구를 통해 일본 고유의 독특한 혼인제도, 혹은 남방계적 문화 요소로 여겨져 왔던 일련의 혼인 형태에 연구는 전면적으로 재검토되어야 할 것이다.

바꿔 말하면, 고대 한일 사회 모두 중국의 엄격한 〈일부일처제(一夫一妻制)〉와는 다른 〈일부다처제(一夫多妻制)〉에서 연유했을 가능성이 크다. 이 것은 고대 일본은 한반도라는 문화적 창구를 통해 북방의 문화 요소를 받아들였으며 혼인 의식 및 의례 또한 한반도의 영향이 어느 정도 문화의 변용 과정을 거쳐 일본에 도입, 전파된 것은 아닌가 하는 한·일 간의 관련 양상을 추정케 한다.

참고문헌

1. 사료 및 문학류

정인지외, 『고려사』 열전 제22 이곡, 신서원, 2001.

『고려사절요』, 고전국역총서, 민족문화추진위원회, 1968.

『동문선』, 고전국역총서, 민족문화추진위원회, 1969.

『동국이상국집』, 고전국역총서, 민족문화추진위원회, 1979.

『삼국지』 권30, 魏志30 고구려, 二十四史全譯, 漢語大詞典出版社, 2004.

『伊勢物語』, 新編日本古典文學全集, 小學館, 1994.

『古今和歌集』, 新日本古典文學体系, 1989.

『今昔物語集』, 新編日本古典文學全集, 小學館, 2001.

『枕草子』, 新編日本古典文學全集, 小學館, 1997.

2. 논문 및 단행본

김두헌, 『한국가족제도연구』, 서울대학교 출판부, 1969.

김영, 「한일 고대 혼인제에 관한 비교고찰」, 『일본문화연구』 29호, 2009.

____, 「한일 고대사회에 나타난 이혼의 양상 고찰」, 『일본어문학』 47호, 2009.

박계홍, 『비교민속학』, 형설출판사, 1984.

손진태, 「조선혼인의 주요형태인 솔서혼속고」, 『조선민족문화의 연구』, 을유문화사, 1948.

이기동, 「新羅 中古時代 血族集團의 特質에 관한 諸問題」, 『진단학보』 40호, 1975.

이광규, 『한국가족의 사적연구』, 일지사, 1977.

이능화, 『조선여속고』 제4장 민서혼제, 동문선, 2009.

최재석, 『한국가족제도사연구』 일지사, 1983.

허영은, 『일본문학으로 본 여성과 가족』, 보고사, 2005.

秋葉隆, 「朝鮮の婚姻形態」, 『哲學論集』 京城帝國大學法文學會偏, 1930.

江守五夫, 「日本의 婚姻成立儀禮의 史的変遷과 民俗」, 『일본학』 1, 동국대 일본학연구소, 1981.

小島憲行校注,『万葉集1』新編日本古典文學全集, 小學館, 1994.

高群逸枝,『招婿婚の研究一』理論社, 1966.

西村汎子,「『今昔物語』における婚姻形態と婚姻關係」,『歷史評論』335号.

西村享,『新考王朝戀詞の研究』櫻楓社慶應義塾大學言語文化研究所, 1981.

임진전쟁과 여성의 삶
- 『쇄미록』을 중심으로 -

김 경 태*

1. 머리말
2. 양반 여성의 삶
3. 낮은 신분의 여성의 삶
4. 여성들의 능동적인 삶의 모습
5. 맺음말

1. 머리말

전쟁의 피해는 전쟁에 관계된 모든 지역과 사람에게 가해진다. 이때 싸움에 직접 나서야 하는 젊은 남성이 직접적인 피해를 가장 많이 받게 되는 사실은 당연하다. 한편 성인 남성에 비해 일반적으로 자신의 몸을 지키거나 저항할 힘이 약한 여성과 어린아이는 스스로 어려움을 극복하기 힘든 상황에 처할 때가 많을 것이다. 1592년부터 1598년까지 오랜 기간 전개되었던 임진전쟁은 여성들의 삶에 큰 고난을 가져왔다.

이 글에서는 임진전쟁 중 삶의 터전에서 떠나 타지를 떠돌아야 했던 피란민 여성의 삶을 관찰해보고자 했다. 이를 위해 분석 대상으로 삼은 기록은 오희문(吳希文 : 1539~1613)이 전쟁 기간 동안 작성한 일기인『쇄미록(瑣尾錄)』이다. 침략에 맞서 의병을 구성하고 일본군과 싸우거나 가족을 보호하며 피란을 하는 양반 남성의 모습은 매우 익숙하며, 임진전쟁을 기록한 많은 일기, 실기류가 이러한 모습을 다루고 있다. 그러나 그 속에는 여성의 모습도 담겨 있다. 그 조각들을 모아 여성들의 삶을 재구성할 수 있을 것이다.[1]

---

* 전남대학교 역사교육과 교수

『쇄미록』에 대해서는 근래 이 기록에 담긴 다양한 삶의 요소들을 분석 대상으로 삼은 연구들이 발표되고 있다. 이러한 연구에서는 전쟁 중 다양한 일상모습 보여주는 사료와 기록에 주목해야 할 것이라는 점이 강조되고 있으며,2) 그중에는 가족 구성원 및 여러 신분층의 모습에 주목한 연구들도 있다.3) 조선시대 양반의 일기는 사회경제사 분야에서 사족의 인적 관계망을 보여주는 자료로 특히 주목을 받았다. 이를 통해 선물이 조선 경제에서 차지하는 경제적 위상에 대한 검토가 이루어졌으며, 그 과정에서 양반 사족들 사이의 관계 행위로서의 의미가 재인식되기도 했다.4) 『쇄미록』은 비일상적인 상황에서도 양반 사족의 관계망이 작동하고 있는 모습을 보여주는 대표적인 기록이라고 할 수 있으며, 가족관계, 의례, 농업, 가내 수공업, 노비, 시장과 상업, 음식, 의약 등 다양한 요소에 주목한 연구가 이루어졌다.5)

---

1) 임진전쟁에 관한 현존 일기와 실기류에 대해서는 이성임, 「16~17세기 일기의 傳存 양상」, 『조선시대사학보』 89, 2019 ; 최은주, 「조선시대 임진왜란 일기자료의 현황과 傳存 양상」, 『한국민족문화』 2020을 참고.

2) 신병주, 「16세기 일기 자료 『쇄미록』 연구」, 『조선시대사학보』 60, 2012 ; 이성임, 「16~17세기 일기의 傳存 양상」, 『조선시대사학보』 89, 2019 ; 정수환, 「임진전쟁과 일상, 기록 그리고 텍스트 검토」, 『한국사학사학회』 44, 2021.

3) 국립진주박물관 2020년 특별전 '오희문의 난중일기 『쇄미록』' 연계 학술심포지엄 『『쇄미록』을 통해 본 임진왜란기 조선의 사회상』, 국립진주박물관, 2020 ; 송수진, 「임진왜란기 사족(士族) 부형(父兄)의 형상화 -『쇄미록』을 중심으로-」, 『국학연구』 46, 2021 ; 이성임, 「임진왜란기 해주 오씨 집안의 官屯田과 차경지 경작-吳希文의 『瑣尾錄』을 중심으로-」, 『조선시대사학보』 101, 2022 ; 김연수, 「『쇄미록』에 나타난 16세기 혼맥과 친족관계」, 『한국민속학』 75, 2022.

4) 이성임, 「16세기 양반사회의 膳物經濟」, 『韓國史研究』 130, 2005 ; 최주희, 「16세기 양반관료의 선물관행과 경제적 성격」, 『역사와 현실』 71, 2009 ; 조영준, 「조선후기 조직의 賻儀와 경제적 성격」, 『규장각』 40, 2012.

5) 전경목, 「日記에 나타나는 朝鮮時代 士大夫의 일상생활-오희문의 『쇄미록』을 중심으로-」, 『정신문화연구』 19-4(통권65), 1996 ; 이성임, 「조선중기 오희문가의 상행위와 그 성격」, 『조선시대사학보』 8, 1999 ; 이정수, 「16세기 중반~18세기 초의 화폐유통 실태」, 『조선시대사학보』 32, 2005 ; 신동원, 「조선 후기 의약생활의 변화 : 선물경제에서 시장경제로-『미암일기』, 『쇄미록』, 『이재난고』, 『흠영』의 분석」, 『역사비평』

본 글에서는 기존 연구의 다양한 문제의식 및 연구방법을 토대로 하되, 전쟁 중 겪게 되는 여러 상황과 신분 및 연령 등을 기준으로 삼아 항목을 세분화하여 여성들의 삶을 살펴보고자 했다.

『쇄미록』은 임진전쟁 당시의 일기기록 중, 기록이 다루는 기간, 그리고 분량 면에서 탁월성을 지닌다. 『쇄미록』은 다른 일기류가 주로 의병 활동, 군사적 요소를 다루고 있는데 비해, 피란 과정의 삶 자체에 중점을 두고 있고, 따라서 전쟁 중 여성의 생활에 대한 기록도 많다. 오희문이 전쟁 기간 동안 관직이나 의병 활동을 하지 않고 생활인으로 살아가며 삶의 다양한 장면을 남겼다는 점에서도 검토 대상으로 삼기에 적합하다. 다만 『쇄미록』 역시 남성에 의해 작성된 기록이기에 삶에 내재된 여성 스스로의 생각을 읽기에는 한계가 있다. 이 글에서는 『쇄미록』에 기록되어 있는 여성을 양반, 어린이, 낮은 신분의 여성, 세 부류로 나누어 그들의 삶을 살펴보려고 하였다.[6] 또한 단순히 전쟁 중에 입은 여성의 피해만을 확인하고자 한 것이 아니라, 전쟁이 가지고 온 피란이라는 상황 속에서 여성이 처한 상황을 관찰하고자 하였다.

이 글에서는 오희문이 가족과 여성에 대해 보인 언행과 시각을 넘어, 기록된 여성의 삶 자체에 보다 주목하기 위해 노력했다. 따라서 남성의 시각

75, 2006 ; 김성진, 「『쇄미록』을 통해 본 士族의 生活文化-음식문화를 중심으로」, 『동양한문학연구』 24, 2007 ; 박미해, 「조선중기 수령의 가족부양으로 본 長子의 역할과 家의 범위-오희문가의 평강생활(1596-1600년)을 중심으로」, 『사회와 역사』 75, 2007 ; 박미해, 「조선중기 예송(例送)·증송(贈送)·별송(別送)으로의 처가부양-오희문의 『쇄미록(瑣尾錄)』을 중심으로-」, 『한국사회학』 42-2, 2008 ; 정성미, 「조선시대 사노비의 사역영역과 사적영역-『쇄미록』에 나타나는 사례를 중심으로」, 『전북사학』 38, 2011 ; 이성임, 「일기 자료를 통해 본 조선 사회의 또 다른 모습」, 『장서각』 33, 2015 ; 김소연, 「『쇄미록』에 나타난 오희문의 전란 체험과 가족애」, 『가족과 커뮤니티』 4, 2021.
6) 『쇄미록』 원문과 번역은 국립진주박물관 발행, 『쇄미록』, 사회평론아카데미, 2018을 참고했다.

에 의한 왜곡 가능성을 충분히 고려한 후에, 그 속에 살아있던 여성들의 삶에 접근하고자 했다. 다소 정형화 된 임진전쟁 당시 여성들의 모습은 남성들이 보호해야만 하는 대상으로서의 여성, 침략자에게 정조를 잃을 위기에서는 자결해야만 하는 여성이었다. 물론 이러한 모습은 적지 않게 목격되었고, 그 이면에는 그러한 행동을 의식적 무의식적으로 강요당한 일도 있을 것이다. 그러나 사료에는 그 외에도 다양한 여성들의 삶이 나타나고 있었다는 사실을 밝혀보려고 한다.

2. 양반 여성의 삶

오희문은 원래 가족과 함께 한성에서 살고 있었으나, 전쟁이 일어나기 직전 노비 신공을 걷기 위해 장흥과 영암 지역에 가 있었다. 거주지와 멀리 떨어진 곳에서 아내와 자식과도 헤어진 채로 전쟁을 맞이했던 것이다. 오희문은 처남 이빈(李贇)이 현감으로 재직하고 있는 장수에서 피란을 준비했다. 그리고 이빈의 도움으로 일본군을 피해 산과 고을을 오가며 피란 생활을 할 수 있었다.

한편 그는 피란 중임에도 전투 소식, 의병의 봉기, 일본군과 명군의 동향 등의 정보를 빠르게 입수하고 있었다. 그에게 정보를 전달하는 이는 이빈을 비롯하여 현직에서 활동하던 아들 오윤겸 외에도 많았다. 나라의 전쟁 수행에 관여하고 있었던 오희문의 인척과 지인은 공식·비공식적인 정보를 문서의 형태, 혹은 구두로 전달하고 있었다. 오희문은 이 정보를 토대로 전황을 파악했고, 이에 근거해서 거취를 결정했다. 금산에 주둔하던 일본군이 9월 들어 퇴각하자, 산 위의 피란처에서 내려온 후 장수 관아에서 생활하면서 가족들과 만날 날을 기다렸다. 1592년 10월 가족과 만난 오희문은 충청도 홍주에서 임시 거처를 마련해서 살다가, 이듬해 6월 임천으로 거처를 옮겼다. 강화교섭이 본격화되면서 전쟁이 소강상태로 접어들던 시점이었다. 임천에서의 삶은 시간이 지나며 안정되었다. 오희문은 땅을 빌려 농사를 지었고 비(婢)를 매득하기도 했다. 1593년 10월 선조가 한성으로 환도한 이후의 정세가 영향을 미쳤을 것이다. 오희문은 1594년 9월, 영암의 누이집에서 피란 생활을 하던 모친을 모시고 와서 함께 생활했다.

1596년 말, 오희문은 임천에서의 오랜 생활을 마치고 강원도 평강으로 거처를 옮기기로 했다. 평강 현감이 된 아들 오윤겸의 도움을 얻으려는 이유 외에도, 1596년 9월 이후 전해진 강화교섭 결렬 소식으로 인한 전쟁 재발의 위기감이 영향을 미치고 있었다. 요컨대 그가 가진 양반 사족의 인적 관계망은 그가 오랜 피란 생활을 하는 데 있어 경제적인 면뿐 아니라, 정보의 면에서도 결정적인 역할을 하였다.[7]

전쟁 발발 직후, 한성에 있던 가족도 한성에서 나와 피란 생활을 시작했다. 한성에는 모친과 아내, 세 딸, 그리고 아들들과 아우 희철이 살고 있었다. 오희문은 장성한 첫째 아들 윤겸이 가족을 잘 챙겨서 피신할 것을 기대했다.[8] 그러나 한편으로 윤겸이 세조의 능에서 영정을 지키고 있고, 처가에 남자가 없으니 신경을 써야만 할 것이라며 걱정했다.

여기에는 전쟁과 같은 큰 위기가 닥쳤을 때, 여성은 노소를 불문하고 성인 남성이 보호해야만 한다는 전제가 깔려 있었다. 오희문은 둘째 아들 윤

---

7) 이상 오희문이 가진 양반 사족 인맥망에 의한 정보 전달의 특징에 대해서는 김경태, 「『쇄미록』에 나타난 임진왜란 관련 정보의 전달 양상」, 『역사와 담론』 99, 2021을 참고 ; 『쇄미록』에 나타난 정보 전달 양상에 대해서는 선행연구(전경목, 「임진왜란 초기 장수현에 떠돌던 소문과 전달된 문서」(국립진주박물관, 『『쇄미록』 번역서 발간 기념 학술심포지엄』, 2018))에서 앞서 분석한 바 있다. 임진전쟁 시기 사족들이 자신들의 관계망을 통해 정보를 교환하고 생활을 영위해나가는 모습에 대해서는 정해은, 「임진왜란기 대구 수령의 전쟁 대응과 사족의 전쟁 체험」, 『역사와 경계』 98, 2016을 참고.
8) 아우 희철도 집안의 성인 남성이었으나, 윤겸에게 더 의지를 한 듯하다. 희철은 몸이 허약하고 젖먹이도 딸린 아내도 챙겨야 하는 상황이었다.

해의 경우, 숙부 오희인의 양자가 되었기에 양어머니와 처자식을 챙기다 보면 친어머니와 형제까지 챙기기는 어려울 것으로 보았다.9) 한편 셋째 여동생(남상문의 부인)과 넷째 여동생(김지남의 부인)을 걱정하면서도 각자 남편에게 의지하여 안전할 것으로 예상했다. 오희문은 한 가족의 가장으로 어머니를 비롯해 윤해의 양모, 죽은 동생의 아내까지 여러 의지할 남성이 없는 여성들을 챙겨야만 했다.10)

6월 26일에 전해진 권율의 격문에는 원수를 갚는 일을 사서인의 임무라 하면서 그렇게 해야만, "위로는 임금을 구원하고 아래로는 처자식을 보호"할 수 있을 것이라 하였다. 그리고 전쟁에 패한다면 "처자식이 관아의 노비가 되고, 귀신은 제사 지내 줄 이가 없게" 되는 큰 치욕을 겪을 것이므로 나라를 위해 보답하라고 했다.11) 양반 남성의 입장에서 아내란 자식과 함께 보호의 대상으로 규정되어 있었음을 엿볼 수 있다. 그러나 아래에서 살펴보겠지만, 전쟁 중 여성은 결코 수동적으로만 움직이지 않았다. 여성들은 자신의 생존을 위해, 가족의 삶을 위해 적극적으로 움직였다. 따라서 전쟁을 경험하면서 이러한 관념에는 어느 정도 균열이 발생했을 가능성이 있다.12)

---

9) 오윤해는 이현에서 양모와 함께 살고 있었다(『쇄미록』 계사일록 5월 8일). 윤해의 양모와 오희문 일가는 사이가 좋지 않았던 듯하다(『쇄미록』 갑오일록 8월 17일). 윤해의 식구는 이후 임천에서 어려움을 겪었고 이를 들은 장인이 자신이 있는 곳으로 오라고 하여 떠나게 되었다.

10) 『쇄미록』 갑오일록 6월 24일 ; 전쟁 중 오희문이 가족 구성원에 대해 보여준 가족애의 유무형적 형태에 대해서는 다음의 논문에서 주목한 바 있다. 김소연, 「『쇄미록』에 나타난 오희문의 전란 체험과 가족애」, 『가족과 커뮤니티』 4, 2021.

11) 『쇄미록』 임진남행일록, 128쪽 ; 7월 21일에 작성되어 8월 7일 도착한 의병 송제민의 통문에도 일본군이 조선인의 아내와 딸, 자매를 데려다가 간음하고 잔혹한 짓을 하였다는 문구가 강조되어 있다.

12) 『쇄미록』를 비롯한 16세기 일기에서는 여성들의 적극적인 모습이 관찰되나, 이후 전쟁으로 인한 정절관념의 강화, 유교 이데올로기의 심화 등으로 남성과 여성을 명확히 구분하는 "유교적 젠더 정체성"이 구조화되었다는 지적이 있다(박미해, 「유교적 젠더 정체성의 다층적 구조」, 『사회와 역사』 79, 2008). 필자 역시 이러한 변화의 흐름과 인과관계에 대해서는 동의하는 바이다. 다만 조선전기와 후기를 불문하

오희문이 가족을 만날 날을 기다리며, 노모와 처자식, 여동생을 위한 신발을 만들고 있던 9월 하순, 지인으로부터 가족이 무사하다는 소식을 전해 들었다. 이어서 집안의 사내종 송이(宋伊)가 아내와 윤해의 편지를 가지고 왔다. 아내와 자식들은 예산에 있는 김지남(오희문의 넷째 처남)의 농막으로 피란하여 무사하다는 소식이었으나, 어머니는 아우 희철이 조카(심열 : 첫째 여동생의 아들)와 함께 고양에 있는 심열의 농막으로 피란한다고 했으나 소식이 끊겼다는 것이었다. 황해도에 있던 셋째 아들 윤함은 처자식과 함께 섬으로 피신했다고 하였다.

전쟁이 일어나자 양반 관료의 아내도 위험을 모두 피할 수는 없었다. 적에게 사로잡힐 위기에서 스스로 목숨을 끊는 여인도 많았다. 영동 현감 한명윤의 부인이 산속에 숨어 있다가 적에게 발각되어 끌려가게 되자 칼을 빼서 자결한 일이 있었다.[13] 오희문은 이 소식을 듣고 "진정한 열녀이다. 절개를 세운 부인의 소식을 지금 비로소 들으니 흠모와 감탄이 절로 나온다"고 했다. 여성들의 자결은 전쟁 중 자주 있었던 일이다. 전쟁 이후인 광해군대에 편찬된 『동국신속삼강행실도(東國新續三綱行實圖)』 등에는 이 전쟁에서 스스로 목숨을 끊은 여성들이 열녀로 등재되어 있다. 자결은 적에게 사로잡힐 처지에 놓인 여성이 선택할 수 있는 길 중 하나였던 것으로 보인다. 특히 사족 여성들이 이러한 선택을 하는 경우가 많았다. 이는 물론 시대의 영향이었을 것이다.[14] 따라서 오희문의 평은 양반 남성다운 반응이

고, 정도의 차이는 분명했지만, 여성은 차별받는 존재였다는 것을 전제해야 할 것이며, 이를 전제로 전쟁 시기 여성이 능동적인 모습을 보이는 부분이 더욱 조명될 필요가 있다. 또한 여성의 능동·수동성을 논의할 때는 대개 양반 여성이 대상이었으나, 다른 신분 여성의 활동성에 대해서도 고민을 할 필요가 있다는 생각이다.

13) 『쇄미록』 임진남행일록 7월 30일, 9월 5일.

14) 장미경은 정조를 지키기 위해 자결을 택한 사대부가의 여성과 그녀들의 죽음을 애통해하며 절개를 기린 남성의 모습, 죽음을 불사하면서 구하고자 한 대상으로 '老母'가 강조되는 장면이 모두 조선 사회의 유교 이념에 근거하고 있었음을 지적하였다(장미경, 「戰爭詩에 나타난 여성의 兩價性-壬辰倭亂과 丁酉再亂 詩材 한시를 대상

없을 것이다. 이처럼 일본군에 의해 피살당하거나 피란 중 질병으로 죽는 등, 양반 가문 여성이 이전에 없었던 고초를 겪게 되었다는 기록은 적지 않다.[15]

1) 노인 여성의 삶 : 오희문의 모친

연로한 여성들에게는 피란길 자체가 큰 고난이었다. 『쇄미록』에는 피란 길에 뒤처지거나 피란을 포기했다가 고초를 겪는 노인 여성에 대한 내용이 자주 등장한다. 피란 초기 오희문의 모친은 둘째 아들인 오희철이 모시고 피란길에 올라 오희문의 처자식과 소식이 끊기게 되었다. 그러자 그는 스스로 모친을 찾아 나설 채비를 했다.[16] 모친은 배를 타고 오희문의 둘째 여동생이 있는 영암으로 향했으나,[17] 배가 부서져 태안에 상륙했다.[18] 오희문은 어머니가 있는 곳으로 향했고 12월 16일, 모자가 상봉했다.[19] 그러나 모친

으로-」,『한국고전여성문학회』 11, 2005). 정출헌은 임진전쟁을 다룬 여러 기록을 분석하여, 여성의 죽음이 남성에 의해 기록되면서 일정한 과장과 분식이 가해졌다는 점을 지적하고, 그들의 비극적 죽음이 남성 사대부들에 의해 어떤 과정을 거쳐 미화되고 있는가를 폭로할 필요가 있다고 하였다(정출헌, 「임진왜란의 상처와 여성의 죽음에 대한 기억-동래부의 김섬(金蟾)과 애향(愛香), 그리고 용궁현의 두 婦女子를 중심으로-」,『한국고전여성문학연구』 21, 2010). 『동국신속삼강행실도』 등 전쟁 이후 행실도의 편찬과 旌表기사에 대한 분석 및 그에 내포된 '유교적 여성관'과 '열녀도'에 담긴 '폭력성'에 대해서는 박주, 「임진왜란과 旌表」,『한국전통문화연구』 8, 1993와 유재빈, 「烈女圖에 담긴 폭력과 관음의 이중 굴레」,『대동문화연구』 118, 2022 등을 참고하기를 바란다(일부 내용은 김경태, 「일본에 끌려간 조선 여성들의 삶」 (조원래 외,『한중일공동연구 정유재란』, 범우사, 2018)에서 재인용).

15) 전쟁으로 인해 여성은 많은 피해를 입었다. 일본군에 의한 육체적인 폭력, 납치 외에, 조선인 남편에 의해 버림을 받는 일도 있었다. 전쟁 후에는 욕되게 살아남았다는 이유로 그들에게 멸시와 질타가 가해지기도 했다. 전쟁을 거치며 여성의 정절과 이를 지키기 위한 자결은 숭고한 것이며, 정절을 읽고 목숨을 부지하는 것은 비난받아 마땅하다는 사회적 인식이 강화되었다(정해은, 「전쟁에 직면한 여성의 선택」,『조선의 여성. 역사가 다시 말하다』, 너머북스, 2011을 참고).

16) 『쇄미록』임진년 9월 27일.

17) 『쇄미록』임진년 11월 29일.

18) 『쇄미록』임진년 12월 13일.

은 한동안 둘째 딸이 있는 영암에서 생활하다가, 1594년 1월에 거처를 태인
으로 옮겼다. 함께 살던 누이와 모친은 서로 붙들고 통곡했다.[20] 영암에 살
던 오희문의 여동생은 오라비를 대신해 모친의 생활을 책임졌던 것이다. 오
희문은 그해 9월 말 태인의 모친을 임천으로 모시고 왔다.[21]

　연로했던 오희문의 모친은 여러 차례 병에 걸렸다. 1593년 7월 오희문이
영암에 갔을 때에는 설사병에 걸렸는데 한참 동안 회복이 되지 않았다. 그
러나 가족의 간호를 받을 수 있었기에 회복할 수 있었다. 오희문은 어머니
를 위해 갖은 음식을 준비했는데, 흰죽을 비롯해서, 수박, 얼음, 꿀과 같은
기력 유지용 음식을 비롯해, 생 꿩고기, 소고기, 찐 붕어, 민어탕, 생새우탕
등 별미도 있었다. 밥을 먹을 정도로 회복된 후에도 오희문은 입맛이 없는
모친에게 약과를 드릴 수 없다며 아쉬워했다.[22] 설사병에 걸리자 비 향춘
을 시켜 군수에게 가서 꿀을 사오게 했다.[23]

　병신년(1596) 9월, 오희문이 동생 희철이 먼저 모친을 모시고 한성의 옛

---

19) 모친은 수군 최인세의 집에 있었는데, 그의 아내는 조광림의 비였다. 조광림은 오
　　희문에게 사람을 보내 안부를 물어보았다고 한다.
20) 오희문의 둘째 여동생은 남편 임극신과 함께 영암에 있었는데, 정유재란 발발 후
　　큰 고난을 겪게 된다. 임극신은 죽고 여동생과 아들도 죽었으며 10살짜리 딸은 잡
　　혀갔다는 소문이 있었다(『쇄미록』 무술일록 1월 2일, 21일). 다행히 여동생은 살아
　　있었다. 그러나 남편이 죽고 아이와 노비들이 포로가 되었으며, 재산도 빼앗겼다.
　　누이는 지니던 탈로 목을 찔러 온몸이 피투성이가 되었는데, 이 덕분에 화를 피할
　　수 있었다고 한다. 그러나 임극신이 죽은 후 임씨 집안 일족과 이웃이 모두 누이를
　　업신여겨 살기 어려운 처지에 놓였다. 오희문과 오윤겸이 그를 위해 여러 물건을
　　보내줬다(『쇄미록』 무술일록 6월 23일). 그러나 둘째 여동생도 결국 세상을 떠나고
　　말았다. 오희문은 모친에게 이 사실을 숨겼으며, 모친이 들을까 아우 및 세 아들과
　　오윤해의 집에 가서 곡을 했다고 한다(『쇄미록』 기해일록 4월 21일).
21) 첫째 딸이 함열현감과 결혼한 후 형편이 나아졌기 때문일 것이다. 모친은 당분간
　　함열의 관아에서 거처했다.
22) 『쇄미록』 계사일록 7월 28일~8월 19일.
23) 『쇄미록』 을미일록 5월 8일 ; 향춘은 남편의 본처에게 맞은 지 얼마 되지 않은 시
　　점이었다.

집으로 돌아갔다. 모친이 옛 집으로 돌아가기를 간절히 바라는 데다가, 평강 현감이 된 오윤겸이 양식을 마련해준다고 해서 먼저 가게 한 것이다. 오희문 일가는 결성으로 거처를 옮겼다가 한성으로 향하기로 했다. 오희문의 아내는 종기가 심해져 누워 있었는데, 그 자리에 모친과 가족들이 모두 모여 작별을 슬퍼했다. 오희문은 동구 밖까지 배웅한 후 눈물을 흘리며 돌아왔다.24)

정유년(1597) 초, 오희문 일가가 임천을 떠나 평강으로 거처를 옮기던 중, 한성에 잠시 들러 모친 및 아우, 여동생의 가족과 재회했다. 모친과 아우의 가족을 평강으로 데리고 가기 위해서였다.25) 오희문의 가족은 2월 13일 평강에 도착해 새로운 생활을 시작했다. 오윤겸이 평강 현감으로 있었기에 이전보다는 편안한 생활을 기대할 수 있었을 것이다.

2) 양반 가문 안주인의 삶 : 오희문의 아내

오희문과 가족이 상봉한 것은 1592년 10월 13일이었다. 18일부터는 홍주에 거처를 마련하여 한동안 이곳에서 살았으며 1593년 6월 중순, 거처를 임천으로 옮기게 되었다. 이동은 건강에 무리를 주게 마련이다. 『쇄미록』에도 거처를 옮길 때마다 가족 중 약한 이들이 병에 걸리는 모습이 보인다. 임천으로 이동 중 희문의 아내는 곽란이 와서 중간에 작은딸(小女)과 머물다가 오게 되었다. 여성들만 이동하는 경우는 거의 없었는데, 이는 전시가 아닌 평시에도 마찬가지였다. 이때에도 아들인 윤해가 가서 모친과 동생을 데리고 왔다.26) 아내는 임천으로 옮긴 후에도 한동안 차도가 없었다. 그러나 가족과 주변 지인들이 회복에 도움이 될 음식들을 보내주었으며, 남편 등으로부터 세심한 간호도 받을 수 있었다. 따라서 회복 가능성은 다른 신분의 여

---

24) 『쇄미록』 병신일록 9월 12일, 17일, 18일.
25) 『쇄미록』 정유일록 2월 9일.
26) 『쇄미록』 계사일록 6월 18일, 19일.

성보다 높았을 것이다.

가사를 주관하는 것은 아내였다.[27] 우선 음식을 만드는 일은 여성이 담당했다. 오희문 일가의 경우 양반 여성과 비들이 함께 만든 것으로 생각되는데, 질병 등으로 인해 여성들이 모두 일을 할 수 없게 될 경우 오희문은 난감해했다.[28] 아내도 없고 비들도 아파서 일을 하지 못하자 이웃에서 노를 빌려 밥을 짓게 한 경우도 있었다.[29]

가내에서 행해지는 생활용품의 생산도 아내가 담당했다. 평강으로 거처를 옮긴 후에는 아내가 마을 부녀자들을 불러 삼을 삼게 했다. 세끼 밥을 먹이고 술과 국수를 대접하며 일을 했는데, 결과는 만족스럽지 못했던 듯하다.[30] 오희문의 아내는 1594년 봄부터 누에치기를 시작했다.[31] 물론 누에치기는 뽕잎을 따는 일부터 누에를 먹이는 일, 실을 뽑는 일까지 다양한 노동력이 요구되므로, 양반 여성 혼자서 감당할 수 있는 일은 아니었기에, 딸과 비, 그리고 남성들도 누에치기에 참여했다. 그러나 이 일을 주관한 이는 오희문의 아내였다.[32]

아내도 피란 중 병치레가 잦았다. 오희문은 가족에게 여건이 허락하는 한 좋은 치료를 받게 해주려 노력했다.[33] 1594년 2월 학질에 걸렸을 때는

---

27) 『쇄미록』 병신일록 6월 7일.
28) 『쇄미록』 계사일록 9월 11일 ; 17일.
29) 『쇄미록』 무술일록 4월 2일.
30) 『쇄미록』 정유일록 8월 21일.
31) 『쇄미록』 갑오일록 4월 22일.
32) 오희문은 "아내가 친 누에에서 고치 23말을 걷었다(家人養蠶 得摘繭二十三斗矣)"고 했다(『쇄미록』 갑오일록 5월 5일). 누에고치를 손질하는 일은 아내와 딸들이 담당하기도 했다(『쇄미록』 무술일록 5월 11일, 20일).
33) 『쇄미록』에 기록된 질병과 치료방법에 대한 분석은 전종욱, 「『쇄미록』속에 나타난 조선의 질병과 치료」, 2020년 특별전 '오희문의 난중일기 『쇄미록』' 연계 학술심포지엄 『『쇄미록』을 통해 본 임진왜란기 조선의 사회상』, 국립진주박물관, 2020 및 신동원, 「조선 후기 의약생활의 변화 : 선물경제에서 시장경제로-『미암일기』, 『쇄미록』, 『이재난고』, 『흠영』의 분석」, 『역사비평』 75, 2006을 참고.

의녀를 불러 주었다.34) 11월에는 증세가 심각해지기도 했다. 오희문은 아들 윤겸을 오게 하는 한편으로 노 막정을 함열에 보내 약을 구해오게 했다. 막정은 녹두와 약을 구해왔다. 이후 녹두에 월경수를 섞어 먹이고, 두꺼운 이불을 덮고 뜨거운 물을 넣은 항아리를 안고 있게 하는 등 갖은 치료요법이 동원되었다. 모친은 이웃집으로 피신시켰다.35) 함열에 있던 딸은 죽력(竹瀝)과 녹두를 보내면서 직접 자신의 어미를 보러 오기로 했다.36)

그러나 아내의 증세가 심각해졌다. 향소산을 먹자 구토를 하고 곡기를 거부하더니, 밤에 인사불성이 되었다. 윤해가 가지고 있던 오래된 청심환 반 알과 용소 두 알을 월경수와 죽력과 섞어 주자 기운이 조금 안정되었다. 이때 비들은 뜰에서 기도를 하고 있었다. 오희문은 기도 등 무속에 관련된 행위를 할 때마다 "헛된 일인 줄 알면서도 어쩌지 못하는 상황이라 금하지 못했다"는 반응을 보였다.37) 아내가 회복 기미를 보이자 오희문은 생전복과 수박 등 좋은 음식을 구해서 먹였다. 그러면서 아내의 병 때문에 근래 소비가 많았다며 자못 아쉬워했다.38) 그러나 의지할 곳이 있는 양반 여성이 아니었다면 구할 엄두조차 내지 못하는 물품들이었을 것이다.

1595년 8월에는 피부병에 걸렸는데, 근처에 있는 초정에서 목욕을 하기로 했다. 양반 여성이 혼자 움직일 수는 없고 목욕을 하러 가는 것이니 남편이 함께 하기도 어려웠던 듯하다. 마침 비들도 목욕을 하고 싶어하여, 집안의 비 네 명(옥춘, 분개, 강춘, 복이)이 아내와 함께 했다. 군수에게 청하여 장막도 설치했다고 한다.39) 어려운 피란길 속에서 오랜만에 얻은 여성

---

34) 『쇄미록』 갑오일록 2월 16일.
35) 아내의 병으로 모친이 이웃집에 있을 때도 혼자 자게 하지 않았다. 동생 희철이 다른 곳에 가면 희문이 가서 함께 했다(『쇄미록』 갑오일록 12월 9일).
36) 아내가 다소 회복한 후, 사위인 함열 현감도 문병을 왔다(『쇄미록』 갑오일록 12월 7일).
37) 『쇄미록』 갑오일록 11월 23일, 26일, 28일, 29일.
38) 『쇄미록』 갑오일록 12월 1일 ; 얼마 후 형편이 어려워지자, 어머니와 아내에게 맛있는 음식을 못해줘 걱정이라는 글을 남기기도 했다(『쇄미록』 갑오일록 12월 14일).
39) 『쇄미록』 을미일록 8월 18일, 19일, 20일.

들만의 즐거움이었을 것이다.

1596년 4월, 아내가 또 병에 걸렸다. 오희문은 점을 칠 줄 아는 이복령의 집에 가거나 사람을 보내 길흉을 물어보았으며, 무당을 불러 기도를 하기도 했다.[40] 이러한 풍속을 불신하던 그였지만 - 그래서 아내가 다시 아프자 언제나처럼 "무당이 헛것임을 역시 알만하다"라고 했지만- 도움이 될 만 한 일이라면 가리지 않던 그의 아내 사랑을 엿볼 수 있다. 첫째 딸은 어미를 걱정하여 먹고 싶어 하는 약밥과 웅어를 보내주었으며, 노루를 잡은 이에게 태(胎)를 얻어 아내에게 탕을 끓여 먹이기도 했다.[41] 오희문은 위를 보양해 주는 약을 해주고 싶은데 주변에 의원이 없다며 안타까워했다.[42]

이해 윤8월에는 손가락에 종기가 났다. 오희문은 의원 김준에게 가서 병세를 상담했더니 침을 맞으라는 진단을 내렸다. 곧 관비로 침술을 익힌 복지를 불러 침을 맞게 했다. 오희문이 군수에게 부탁을 하자, 3일의 말미를 주어 환자 곁을 떠나지 말고 간병하도록 했다.[43] 아내의 종기는 오랫동안 회복되지 못했다. 9월, 10월 11월에도 복지를 자주 불러 침을 맞았다.[44]

평강에서 살던 정유년 5월에는 소변을 볼 때 통증이 심한 병에 걸렸다. 오희문은 오랜 피란 생활 동안 냉방에서 거처하다 보니 발병한 것으로 보았다.[45] 의학적 지식에 근거하지 않은 평이기는 하나, 열악한 생활 환경이 병의 원인이 되었던 것은 사실일 것이다. 이 질환에서 조금 나아졌기 때문일까, 어느 날 아내와 집안 여성들이 동대(東臺)를 보고 싶어하자 가서 보기로 했다. 아내는 교자를 타고 다른 여자들은 걸어서 올랐다. 바람이 세게

---

40) 『쇄미록』 병신일록 4월 18일, 20일, 22일.
41) 『쇄미록』 을미일록 4월 21일, 23일 ; 그러나 웅어는 먹지 못했고, 노루의 태는 먹은 후 탈이 나고 말았다.
42) 『쇄미록』 을미일록 4월 24일.
43) 『쇄미록』 병신일록 윤8월 29일, 9월 1일, 5일, 15일, 16일, 17일.
44) 『쇄미록』 병신일록 11월 9일.
45) 『쇄미록』 정유일록 5월 16일.

불어 아내는 귀가했으나, 나머지 여성들은 바람이 잦아들자 이번에는 냇가를 보고 싶다고 하여 가서 놀았다. 물에 젖을 정도로 즐겁게 놀다가 돌아왔다고 한다.46) 며칠 후 아내도 냇가를 보고 싶어하고 다른 여성들도 찬성해서 또 외출을 했다. 이번에는 장막도 치고 물고기를 잡은 후 끓여서 갓 지은 보리밥과 함께 먹었다.47) 여성들을 배려한 외출은 『쇄미록』상에서 매우 드문 일이었다.

『쇄미록』에 따르면 오희문은 아내와의 관계가 매우 원만했던 것으로 보이나, 다툼이 없지는 않았다. 어느 날 부부싸움을 하였는데, "집사람과 아무상관도 없는 일을 말하다가 서로 따져가며 한참 말싸움을 했다. 매우 우스운 일이다"라고 평하였다.48) 어느 날 아침에는 가사를 돌보지 않는다고 아내와 한참 입씨름을 했다는 기사가 보인다. 오희문은 "한심하다(可歎可歎)"고 자평했다.49) 그러나 싸움의 원인이 심각하지 않았으며, 이외에 부부 사이의 다툼에 대한 기록이 없는 것으로 볼 때, 오희문 부부의 사이는 좋았던 것 같다.

『쇄미록』에는 꿈 이야기가 자주 보인다. 간절한 바람이나 애틋한 기억이 꿈에 자주 나타났는데, 전쟁 초반에는 아내와 막내딸, 어머니의 꿈을 자주 꾸고 있었다. 가족과 재회하기 전에는 아내가 꿈에 가장 많이 등장했는데, 아내 생각을 하며 눈물을 흘렸다는 기록을 보면, 부부 사이의 애정이 매우 깊었던 것으로 보인다.50)

---

46) 『쇄미록』 정유일록 5월 25일.
47) 『쇄미록』 정유일록 5월 27일.
48) 『쇄미록』 을미일록 11월 25일.
49) 『쇄미록』 병신일록 10월 4일 ; 가사를 주재하는 아내를 비롯한 여성 가족들이 모두 아픈 상황이었다.
50) 『쇄미록』 등 16세기 일기자료에 나타난 꿈 기록에 대해서는 신병주, 「16세기 일기자료에 나타난 꿈의 기록과 그 의미」, 『조선시대사학보』 74, 2015를 참조.

3) 관료의 아내로서의 삶

지방관의 아내로 해당 지역에 함께 거주하고 있는 여성의 삶은 비교적 안정적이었다. 관아에 거주할 수 있었고, 관아의 물품과 식료도 사용할 수 있었기 때문이다. 따라서 전쟁 중 어려운 사정에 처한 이들은 거주하는 지역의 지방관과 관계를 맺기 위해 노력했다. 그러나 관료의 가족이라고 하여 모두가 편안한 생활을 할 수 있었던 것은 아니었다. 예를 들어 체찰사와 함께 순회를 하는 관직자의 가족은 그와 떨어져 지낼 수밖에 없었다.[51]

장수현감 이빈과 그의 아내(오희문의 처제)는 오희문이 전쟁 초기 장수에 있을 때 많은 도움을 주었다. 그러나 이빈이 사망한 후, 그의 아내와 아이들의 처지는 급격히 나빠졌다.[52] 이빈의 처와 자식들은 진안에 있는 친적집으로 옮겼고, 이빈의 아들 이시윤의 처와 자식들은 장수의 처남 집에 있다가, 곤궁함이 심해져 각자 살길을 찾아 흩어졌다.[53]

어려운 삶을 살던 이빈의 부인은 네 아들을 데리고 한양으로 향하다가 임천에 있던 오희문의 집을 찾아왔다. 수원에 있는 이지(이빈의 동생, 1594년 사망)의 부인 거처에 있다가 가을에 이빈을 이장하려는 계획이었다. 이시윤의 처자식은 그의 아비가 살고 있는 곳에서 다음날 오기로 했다.[54] 이빈의 가족은 며칠 동안 이곳에 머물다가 길을 떠났다.

오희문은 1596년 8월 한성에 다녀오던 길에 수원에서 이지의 아내 집에 와 있는 이빈의 가족과 만났다. 두 제수씨가 거처하는 곳은 좁고 누추했다. 이빈의 아내는 자녀가 많아 생활고가 심해져서 소금을 팔아 근근이 살아가고 있었다.[55] 정유재란이 발발하자 이빈의 식구는 홍천으로 피란을 했는데,

---

51) 체찰사 정철의 부인은 강화도에 있다가 홍주로 피신했다. (『쇄미록』임진남행일록 12월 10일).
52) 『쇄미록』계사일록 12월 21일.
53) 『쇄미록』을미일록 2월 26일.
54) 『쇄미록』병신일록 4월 28일.
55) 『쇄미록』병신일록 8월 27일.

가까운 곳에 있던 오윤겸이 가서 돕기도 했다. 이빈과 이지의 처는 가마나 말을 타지 못하고 걸어다니고 있었다고 한다.56) 이후 이지의 아내가 수원 의 농막으로 갔다는 소식을 듣고 안타까워했는데, 아마 처지가 더 나빠졌기 때문일 것이다.57)

이빈의 처남 이경백도 전쟁 초 장수에서 오희문과 함께 피란 생활을 했던 이였다. 그의 아들은 일본군에게 포로로 잡혔다가 돌아왔는데, 이빈의 비 환이와 구월이 그를 이경백에게 데리고 가다가 오희문을 방문하기도 했다.58) 오윤겸 처가의 일족인 이광복은 오희문 일가가 처음 피란하던 시기에 도움을 줬다. 그러나 이광복이 곧 죽자 처와 자식들은 떠돌다가 정유년이 되어 평강으로 찾아왔다.59)

함열 현감으로서 오희문 일가에 많은 도움을 주었던 첫째 사위 신응구는 병신년(1596) 봄, 벼슬을 내놓고 남포(藍浦)로 가서 살 생각을 밝혔다.60) 오희문 일가는 근심에 빠질 수밖에 없었다. 더위 때문에 계획을 미루었던 그는,61) 이해 윤8월 1일에 관직을 그만두고 내려갔다. 남포에 먼저 간 딸은 편지를 보내 무사함을 알렸다. 그러나 신응구의 노가 전한 말과 같이 이제 권세도 없고 노비와 말도 부족한 삶을 살아야만 했을 것이다.62) 첫째 딸은 이전보다 넉넉하지 않은 상황임에도 물건을 보내곤 했다.63) 결국 형편이 어려워진 첫째 딸 식구는 거처를 옮기기로 했고, 평강의 오희문 일가를 방문했다. 그런데 이동 중 몸이 상했던 것인지 평강에 도착한 신응구의 모친이 위독해졌다가 결국 세상을 뜨고 말았다. 초상은 평강 현감인 오윤겸이

---

56) 『쇄미록』 정유일록 9월 26일.
57) 『쇄미록』 정유일록 11월 9일.
58) 『쇄미록』 병신일록 3월 16일.
59) 『쇄미록』 정유일록 9월 27일.
60) 『쇄미록』 병신일록 4월 2일.
61) 『쇄미록』 병신일록 6월 7일.
62) 『쇄미록』 병신일록 윤 8월 3일, 4일, 16일.
63) 『쇄미록』 병신일록 9월 19일,

많은 도움을 주었다. 오희문은 사위와 딸의 수척한 모습을 보고 안쓰러워했다.[64] 오희문 일가에 도움을 줬던 사위가 이제 관직자가 된 처남으로부터 도움을 얻고 있었다.

신응구 일가는 식량을 구하기 어려울 정도로 궁핍해졌다. 어쩔 수 없이 봉산에 있는 노의 집에 가서 얻어먹다가 이듬해 봄에 돌아올 생각으로 이동을 결심했고, 가는 길에 평산을 들렀다. 평산에도 머물만한 공간은 없어서 이웃집에 묵게 하고, 신응구와 딸만 집에 와서 묵게 했다. 며칠 후 이별을 할 때 슬퍼하는 딸의 모습을 보고 눈물을 흘렸다.[65]

이처럼 전쟁의 피해는 신분을 가리지 않았다. 그러나 양반 가문의 인적 관계망이 작동을 하면서 양반 여성의 생존률이 다른 신분에 비해 높아진 것은 사실이다. 그러나 관직자의 가족도 전쟁 중 남편이 관직을 잃거나 세상을 떠나면, 친인척의 도움이 없는 한 홀로 살아가기 어려웠다.

4) 피란 중 양반 여성의 일상

피란 중에는 양식이 떨어지는 일이 자주 발생할 수밖에 없다. 그날의 양식을 그날 마련하는 경우도 많았다.[66] 양식이 부족할 경우 가장인 오희문이 가장 양질의 음식을 먹었다. 어느 날 가족들은 죽을 먹는 데 자신만 밥을 먹은 적이 있었다. 이때 오희문이 두 아들도 죽을 먹으니 안타깝다고 말하는 장면에서는 남녀 간의 구분이라는 정서가 분명히 느껴진다.[67] 그러나

---

64) 『쇄미록』 정유일록 10월 8일, 27일, 28일.
65) 『쇄미록』 무술일록 7월 15일, 22일, 24일.
66) 본 글에서는 음식문화 자체보다 음식문화를 통해 보이는 남녀 간의 차이 부분에 초점을 맞추었다. 『쇄미록』에 보이는 음식문화에 대해서는 다음의 연구가 참조된다(김성진, 「『쇄미록』을 통해 본 士族의 生活文化 -음식문화를 중심으로」, 『동양한문학연구』 24, 2007 ; 주영하, 「전쟁과 피란 중의 식생활 : 임진왜란기 『쇄미록』을 중심으로」 (2020년 특별전 '오희문의 난중일기 『쇄미록』' 연계 학술심포지엄 『『쇄미록』을 통해 본 임진왜란기 조선의 사회상』, 국립진주박물관, 2020).
67) 『쇄미록』 계사일록 6월 7일.

노약자는 예외였다. 맛있는 음식을 구할 때면 반드시 어머니와 막내딸 단아에게도 먹였다. 어느 날은 7홉의 쌀로 오희문과 두 손자, 단아만 밥을 먹고 나머지는 소나무 속껍질과 상수리에 태두를 조금 섞어 쪄먹었다.[68] 오희문가 두 아들만 콩죽을 먹고 아내와 세 딸은 아무것도 먹지 못했던 날도 있었다. 둘째 딸은 지쳐서 일어나지 못하다가 나물국을 먹고 안정을 찾았다.[69] 오희문이 피란 중 가족을 위해 안팎으로 많은 활동을 하고 있었다는 점을 상기한다면 "차별"로만 치부하기는 어려울 수 있다.[70] 다만 노의 차례는 가장 마지막이었던 것으로 보인다.[71]

오희문은 피란 중 두 명의 자식을 결혼시켰다. 함열 현감 신응구와 첫째 딸이 혼인을 약조한 것은 1594년 6월 27일의 일이었다.[72] 결혼은 8월 13일로 예정된 듯하다. 오희문과 신응구는 학문적 동지로서 친분을 가지고 있던 사이였다. 그러나 혼인 당사자 둘 사이에서도 인연이 있었던 것으로 보인다. 오희문은 "혼인이란 하늘이 정해주는 법이니, 이번 혼사로 더욱 잘 알 수 있다"며 운을 뗀 뒤 사연을 들려주었다. 즉 전쟁 초기 두 가족은 함께 피란을 한 적이 있는데, 진위 땅에 이르러 헤어졌다고 한다. 그 뒤로도 인연을 끊지 않고 안부를 묻기는 했으나, 오희문 자신도 혼사까지 있을 줄은 몰랐다고 한다. "아무리 부모라도 그사이에 이러쿵저러쿵 할 수 없다"라고 한

---

68) 『쇄미록』 갑오일록 2월 23일 ; 넉넉히 받는 경우 순서는 신주-어머니-처자식-노복, 그리고 이웃이었다(『쇄미록』 을미일록 7월 25일).

69) 『쇄미록』 갑오일록 3월 1일 ; 3월 23일(오희문과 단아만 7홉으로 밥을 해먹음).

70) 양식이 떨어지자 오희문은 근처 지역을 돌아다니며 지인들에게 양식을 요청했다. 그 과정에서 어려움을 많이 겪게 된 오희문은 "편안히 앉아서 굶는 것만 못하다"며 탄식하기도 했다(『쇄미록』 을미일록 4월 11일).

71) 『쇄미록』 갑오일록 3월 3일 ; 평강으로 이동하며 들른 집에서 가족과 비 4인은 밥을 얻어 먹고, 노들은 가져온 것으로 밥을 먹은 예도 있었다(『쇄미록』 병신일록 12월 25일, 28일).

72) 신응구는 세 번째 결혼이었다. 앞의 두 아내와는 사별했다. 신응구는 42세, 오희문의 첫째 딸은 23세였다(김연수, 「『쇄미록』에 나타난 16세기 혼맥과 친족관계」, 『한국민속학』 75, 2022).

것을 보면, 부모가 일방적으로 상대를 정해준 것이 아니라 신랑과 신부 사이의 인연도 있었기에 가능했던 결혼으로 생각된다.[73]

『쇄미록』에는 전쟁 중임에도 딸의 결혼을 위한 물품을 꼼꼼히 챙기려는 오희문의 모습이 보인다. 여러 지인들에게 신부가 입을 옷을 몇 벌씩 빌렸고, 임천군의 인사들을 통해 관아에서 도구를 빌렸다. 다만 관아에 조도어사가 방문할 예정이었기에 혼사를 미룰 생각도 했으나, 신랑이 미루기를 꺼려 예정대로 치렀다. 필요한 도구는 함열에서도 보내주었다. 신부의 머리장식은 마침 근처에 피란하며 살고 있던 궁인에게 빌리기도 하는 등, 우여곡절 끝에 무사히 혼례를 마쳤다. 신랑이 신부집에 와서 혼인을 하였으며, 돌아간 뒤 며칠 후에 신부를 데리러 오기로 했다.[74] 혼례가 형식을 갖추고 예정대로 이루어진 것은 오희문의 교유관계와 현직 현감이었던 신랑의 덕분이었을 것이다.

신랑 신응구는 덮개가 있는 가마와 20명의 사람을 보내 신부를 데리고 갔다. 신부는 어머니, 동생과 헤어지며 슬퍼했다. 희문은 나루까지 배웅했으며 큰 오라비인 오윤겸은 계속 함께 했다. 오희문은 돌아온 후 딸이 앉아 있던 곳을 보며 눈물을 흘렸다.[75] 윤겸은 돌아온 후 신랑이 아내의 뜻을 소중히 여긴다는 말을 전했는데, 오희문은 이를 듣고 기뻐하면서도, "그러나 끝까지 그러할지는 모르겠다"는 말을 남겼다.[76]

피란 중에는 임천과 함열 간의 거리가 가까웠기에, 연락도 비교적 쉽게 통할 수 있었다. 딸이 친정을 돕기 위해 물건을 자주 보내면서 직접 친정을 방문하는 일도 있었는데, 떠날 때마다 딸은 어머니와 두 여동생을 붙잡고

---

73) 『쇄미록』 갑오일록 8월 21일.
74) 『쇄미록』 갑오일록 8월 6일~15일.
75) 『쇄미록』 갑오일록 8월 19일, 20일.
76) 『쇄미록』 갑오일록 8월 24일 ; 신응구는 첫 번째 결혼이 아니었으며, 첩도 두 명 있었다(『쇄미록』 병신일록 5월 30일). 그러나 오희문이 걱정한 이유가 이 때문이었다는 흔적은 보이지 않는다.

슬피 우는 모습을 보였다.[77] 오희문은 "여자가 시집을 가면 부모형제가 멀어지게 되니 어찌 슬프지 않겠는가. 몹시 가련하다"했으나, 임천과 함열 사이는 가까웠기에 두 가족의 교류는 비교적 잦은 편이었을 것이다.

사남 오윤성(인아)의 혼인을 준비한 것은 계사년(1593)년 윤11월 경이었다. 오희문은 사위인 신응구와 윤성의 혼인에 대해 의논하기도 했다.[78] 사돈이 될 봉사 김경이 혼인 건으로 편지를 보내는 등,[79] 이야기가 오간 끝에 병신년(1596) 5월에 혼사가 이루어졌다. 혼인은 함열에서 행했는데, 아픈 막내딸 외에는 모든 가족이 함께 했다. 사위인 신응구도 여러 도움을 주었다. 혼례 당일 오희문의 아내가 비 옥춘에게 신부를 보러 가게 했으나, 신부 측에서 거절하여 방에 들어가지 못하고 창틈으로만 볼 수 있었다고 한다. 다음날 잔치에는 여성들도 모두 참석했고, 신부의 얼굴도 볼 수 있었다. 오희문은 "행동을 보니 결코 어리석거나 용렬하지 않을 것 같다"는 평가를 내렸다.[80] 오윤성은 함열에서 결혼 생활을 시작했다. 윤성의 처는 집안 사람들에게 편지를 보내 안부를 물었다. 오희문은 함열에 갈 때 윤성의 처도 만났다.[81] 신응구가 함열 현감에서 물러난 후 윤성의 가족은 오희문의 집에서 함께 생활하기도 했다.

둘째 딸의 혼사 논의도 오갔다. 어느 날 이련이라는 지인이 찾아왔는데, 조존성 처남의 재혼 상대를 구한다는 것이었다. 조존성은 이련을 통해 편지를 전해왔다. 조존서의 처남은 고 정랑 이신충의 아들인데, 나이가 31세로 청양에 와서 임시로 살고 있다고 하였다. 오희문은 혼인을 긍정적으로 생각하였으나 자식들과 논의한 후 알려주겠다는 답장을 보냈다. 다만 집안 사정상 올해 안에는 힘들 것으로 보아 다시 의논을 하려 했는데, 아내가 절대

77) 『쇄미록』 을미일록 10월 17일.
78) 『쇄미록』 병신일록 3월 27일.
79) 『쇄미록』 병신일록 4월 26일.
80) 『쇄미록』 병신일록 5월 29일, 30일.
81) 『쇄미록』 병신일록 6월 20일, 27일.

부당하다며 반대 의견을 냈다. 전 부인의 아들이 둘이나 있다는 것이 반대 이유였다.[82] 가장 혼자서 자식의 혼인을 결정하지 않았다는 것, 결혼 상대와 전처 사이의 아들이 결혼 반대 사유가 될 수 있었다는 사실을 알 수 있다. 몇 년 후에는 백유항의 집안에서 혼사를 요청했으나, 궁합이 좋지 않다는 이유로 혼사를 진행하지 않았다.[83] 둘째 딸은 결국 경자년(1600) 3월에 작고한 김가기의 아들 덕민과 결혼을 했다. 덕민은 오희문의 아이들과 친하게 지낸 사이여서 큰 고민 없이 날짜를 정했다.[84]

첫째 아들 오윤겸은 한성에 갔을 때 첩을 얻었다. 이은신 숙부의 첩의 전 남편의 딸로, 사비(私婢)였는데, 여러 번 다른 사람과 살았던 이였다. 한성에서 평강으로 데려와 다른 집에 데려다 놓고 비를 하나 붙여준 후 매달 각각에게 3말씩 준다고 하였다.[85] 오희문은 이에 대해 별다른 평을 남기지 않았다. 그런데 다음 해, 윤겸은 첩을 본래의 돌려보냈다. 사비라서 속량(贖良)하기가 어려워 어쩔 수 없이 돌려보냈다고 한다. 오희문은 임신을 해서 만삭이 된 그가 아들을 낳고 죽지 않는다면 뒷날의 일이 걱정된다고 하였다.[86] 윤겸은 속량을 한 후 데리고 살 예정이었으나 소유관계를 해결하지 못해 무작정 데리고 살 수가 없었고, 따라서 본가로 돌려보낸 것으로 보인다. 오희문은 속량을 하지 못한 채 아이를 낳으면 손자의 신분에 문제가 생

---

82) 『쇄미록』 병신일록 10월 24일.

83) 『쇄미록』 무술일록 3월 1일.

84) 『쇄미록』 경자일록 3월 ; 둘째 딸에게는 앞서 세 번의 혼사 논의가 있었다. 첫 번째는 30살이라는 나이 차, 두 번째는 아들이 둘이나 있다는 이유, 세 번째는 궁합이 맞지 않는다는 이유로 거절했다. 김덕민에게도 전처와의 사이에서 아이가 있었으나 딸이었기에 문제 삼지 않은 것으로 보인다(김연수, 「『쇄미록』에 나타난 16세기 혼맥과 친족관계」, 『한국민속학』 75, 2022).

85) 『쇄미록』 정유일록 8월 4일.

86) "但懷孕滿月 若生子而不死 後日之事 極可慮也"(『쇄미록』 무술일록 4월 6일) ; 딸을 낳을 경우 주인이 자신의 소유로 삼아 속량해주지 않을 것이라고 판단했기 때문이다(정성미, 「조선시대 사노비의 사역영역과 사적영역-『쇄미록』에 나타나는 사례를 중심으로」, 『전북사학』 38, 2011, 95쪽).

길 것을 걱정한 것으로 생각된다. 그러나 이날 일기에서는 누구보다 어려운 상황에 놓였을 여성에 대한 걱정은 보이지 않는다.

오윤겸은 얼마 후 다른 첩을 데리고 왔다. 이지사(李知事)라는 이의 딸이 었는데,[87] 오희문이 그 행동과 말씨를 보고 만족했다. 윤겸은 며칠 후 첩을 데리고 현으로 돌아갔다.[88] 윤겸의 첩에 대한 오희문의 반응은 이전과 다소 다른 감이 있다. 그러나 현에서 윤겸의 처가 첩과 만났을지, 처가 첩에 대해 어떤 생각을 하고 있었을지는 알 수 없다.

오희문은 다른 집안의 결혼에 관여하기도 했다. 이웃에 사는 윤걸이 사촌 윤건의 딸 혼사를 상담했다. 윤건은 무인으로 임진년에 일본군과의 전투에서 전사했다. 그의 아내와 딸이 정산에 살고 있었는데, 윤걸을 통해 혼사를 의뢰한 것으로 보인다. 얼마 후 신랑 측에서 답이 왔는데, 윤건의 모친이 전쟁 초에 몸을 더럽혀서 할 수 없다고 했으며 정산 현감 또한 같은 의견이 었다고 한다.[89] 전쟁은 여성의 아들의 혼인에도 영향을 주었다.

전쟁 중에도 새 생명은 태어났다. 오윤겸의 아내는 임진년 12월 24일에 출산을 했는데, 아들 없이 네 번째 딸이었다. 오희문은 서운한 감정을 숨기지 못하면서도 무사히 출산해서 다행이라고 하였다. 윤겸의 아내는 1594년 5월에 아들을 유산했고, 1595년 6월 15일 다시 딸을 낳았다. 오희문은 아들이기를 바랐으나 딸이었기에 실망을 했다.[90] 1598년 5월, 윤겸의 아내가 드디어 아들을 낳았다. 오희문은 기뻐서 잠을 이루지 못할 정도였다.[91]

첫째 딸에게 태기가 보이자 남편인 신응구는 이복령을 불러 부인 해산에 대해 점을 쳤는데, 아들을 낳을 것이라고 했다.[92] 딸은 이듬해 1월에 남자

---

87) 이장성이라는 이의 첩과 친족사이였다고 한다(『쇄미록』 무술일록 12월 3일).
88) 『쇄미록』 무술일록 8월 17일, 10월 11일.
89) 『쇄미록』 병신일록 1월 21일, 2월 23일 "其母被汚於變初".
90) 『쇄미록』 을미일록 6월 25일.
91) 『쇄미록』 무술일록 5월 2일.
92) 『쇄미록』 을미일록 12월 27일.

아이를 낳았다. 출산을 앞두고 오희문의 아내가 함열에 가려고 했으나 일이 생겨 비 옥춘을 대신 보냈으며, 희문도 곧 함열로 향했다. 며칠 후 출산을 하자 오희문과 딸의 남편 신응구는 각자 자신의 집안 구성원들에게 편지를 보내 소식을 전했다. 오희문은 이틀이 지난 후 딸과 아이를 만나보았다.[93] 출산 직후 딸은 젖이 나오지 않아, 관비의 젖을 짜서 아기에게 먹여야 했다. 관비에게 젖을 짜게 하여 그릇에 담아 데워서 숟가락으로 아기에게 먹였는데 아기가 이내 토해버렸다. 신응구가 관비에게 직접 먹이게 하자 토하지 않았다고 한다.[94]

오희문의 가족이 평강에 자리를 잡은 후에는 어느 정도 삶의 여유가 생겼다. 윤해도 평강으로 왔는데, 오는 도중에 아내가 해산할 조짐을 보였으나 다행히 현에 도착해서 출산을 했다. 며칠 후에는 윤성의 아내가 딸을 낳았다. 오희문은 "아들이건 딸이건 무사히 쉽게 해산하는 일이 중요"하다고 했다.[95] 산모는 출산 다음날 복통이 왔는데 오희문은 궁귀탕을 먹였고 약재가 부족하자 구해오기도 했다. 아기는 3일째에 몸을 씻기고 옷을 지어 입혔다. 마침 이날 윤해의 가족도 왔고, 태어난 지 얼마 되지 않은 다른 외손녀도 함께 왔다.[96] 형편이 다소 나아진 상황이었기에 가능한 만남이었을 것이다.

비 향춘은 정유년 3월에 딸을 출산했다. 전날부터 진통이 있었고 밤새 극심한 진통을 겪었음에도 낳지 못했기에, 방에 사람이 많아서 그런가 하여 문밖의 흙집으로 내보내 방에 불을 지피게 했더니 곧바로 낳았다고 한다.[97]

---

93) 『쇄미록』 병신일록 1월 17일, 21일, 26일, 27일, 28일 ; 오희문은 2월 5일에 임천으로 돌아갔다가 열흘 후에 다시 함열에 가서 딸과 아이를 만났다.
94) 『쇄미록』 병신일록 1월 29일 ; 관비가 출산 직후였다면 관비의 아이가 먹을 젖은 부족해졌을 수도 있을 것이다.
95) 『쇄미록』 정유일록 8월 27일.
96) 『쇄미록』 정유일록 8월 28일, 29일 ; 오윤성의 딸은 어미의 병 때문에 남의 손에 길러져서 튼튼하지 않았다고 한다. 이름은 후임(後任)으로 지었다(『쇄미록』 정유일록 10월 3일).

비도 당연히 출산을 했겠지만 『쇄미록』에는 비의 출산에 대한 내용이 향춘의 사례 외에는 거의 보이지 않는다.[98] 출산한 날로부터 환산을 하면 향춘은 임천을 떠날 때 이미 임신한 상태였다. 임신한 몸으로는 아주 힘든 여정이었을 것이나, 『쇄미록』에는 향춘이 임신을 했다는 기록을 하지 않았으며, 그에게 특별한 배려를 해주었는지도 알 수가 없다. 신생아에 대해서도 특별한 언급을 하지 않았다.

전쟁 중에는 전염병이 발생할 가능성이 높아진다. 사람들이 모였다가 곳곳으로 흩어지며 병원체를 옮기는 한편, 피란 중에 허약해진 신체는 감염에 취약해지기 때문이다. 오희문의 가족도 자주 질병에 시달렸다. 평시보다 빈도가 얼마나 높았는지, 병의 종류는 얼마나 달랐는지를 계량화하기가 어렵다. 가장 가벼운 질병은 감기였고, 자주 등장하는 질병은 학질이었다. 보통 가족 중 한 사람이 감염이 되면 조심을 하더라도 결국 모두에게 퍼졌다. 마찬가지로 통계화하기는 어려우나 성별로 보면 여성, 연령으로 보면 노인, 어린아이의 경우 감염률이 높았고 회복률은 더뎠던 것으로 보인다.

5) 청소년과 어린이

오희문은 딸이 세 명 있었다. 오희문은 딸에게 엄하기보다는 자애로운 편이었다. 세 딸과 뒷산 봉우리에 올라 산나물을 뜯거나,[99] 단아와 추자놀이를 했다는 일화[100]를 보면 피란이라는 어려운 상황 속에서도 아버지와 딸들이 비교적 격의가 없는 일상을 유지하려 했다는 사실을 엿볼 수 있다. 오희문은 딸들의 교육에도 신경을 쓰고 있었는데, 딸들이 보고 싶어하는 『언

---

97) 『쇄미록』 정유일록 3월 8일.
98) 오윤겸이 과거에 급제하자 노비를 선물로 주었는데, 오희문의 모친(오윤겸의 조모)이 윤겸에게 복이와 복이가 전해에 낳은 딸 생수개를 주었다고 한다(『쇄미록』 정유일록 4월 21일). 그러나 병신년 일기에 복이의 출산에 대한 내용은 보이지 않는다.
99) 『쇄미록』 갑오일록 3월 29일.
100) 『쇄미록』 갑오일록 3월 19일.

해소학』을 윤겸에게 부탁했더니 빌려서 보내주었다는 기록이나,101) 첫째딸
이 『언해초한연의』를 원하기에 둘째딸에게 베껴 쓰게 했다는 일기를 통해
짐작을 할 수 있다.102)

오희문의 첫째 딸은 함열 현감 신응구와 결혼한 후, 지방관의 아내로 가
족에 많은 도움을 주었다. 시집을 간 지 열흘이 지나지 않아 편지와 함께
음식을 보내왔고,103) 이후로도 신응구가 현감을 그만두기 전까지 계속해서
지원을 해주었다. 음식을 보내는 주체가 딸인 경우도 있고 현감, 혹은 관아
인 경우도 있었다. 구분을 했던 것으로 볼 때, 특정 재산의 주체로서 딸의
위치가 분명했던 것으로 보인다. 신응구가 명나라 관원 접대로 자리를 비우
게 되자 자신의 뜻으로 장무(掌務)에게 명해 양식을 구해서 보냈다는 기사
도 보인다.104) 딸이 임천에 와 있을 때 함열의 장무가 물건을 보낸 일도 있
었다.105) 결혼 후 안정된 생활을 하게 된 첫째 딸은 동생들에게도 많은 것
을 베풀었다. 남동생(인아)의 결혼식에 입을 옷을 만들어주기도 했다.106)

오희문은 첫째 딸이 시집을 가서 함열에서 거주하기 시작한 후에도 자주
함열을 방문해 딸과 만났다.107) 오희문이 거주하던 임천과 함열이 가까운
거리였고, 어려운 상황에서 여러 지원을 얻기 위해서였을 수도 있다. 그러
나 오희문이 딸을 방문하는 빈도나, 딸과 만나 차를 마시고 대화를 나누는
장면을 보면, 부녀 사이가 매우 가까웠던 것은 분명해 보인다. 오희문은 함
열에 자주 갔고, 갈 때마다 딸과 만나 음식을 함께 먹으며 이야기를 나누었
다. 가까운 거리에 살았고, 오희문 일가가 양식을 얻어야 하는 사정은 분명

---

101) 『쇄미록』 갑오일록 9월 1일 ; 첫째 딸은 결혼을 했으므로, 둘째와 셋째딸일 것이다.
102) 『쇄미록』 을미일록 1월 3일.
103) 『쇄미록』 갑오일록 8월 29일.
104) 『쇄미록』 을미일록 6월 14일.
105) 『쇄미록』 을미일록 10월 15일.
106) 『쇄미록』 갑오일록 10월 3일.
107) 『쇄미록』 갑오일록 9월 17일~22일, 등.

특수했을 것이다. 그러나 평소에도 아들과 큰 구분 없이 딸을 사랑하는 모습을 보였다.[108] 어느 날 첫째 아들 오윤겸이 와서 가족이 모이게 되었을 때에 첫째 딸이 오지 못하자, 일기에 몇 차례나 안타까움을 표하기도 했다.[109]

신응구는 벼슬을 내놓기로 결심한 후 먼저 자신의 모친과 아내 및 자식을 남포로 보내기로 했다. 가까운 함열에서 자주 볼 수 있던 딸이 먼 곳으로 떠나게 되자 오희문은 매우 아쉬워했다.[110] 딸의 가족은 정유년 9월에 평강을 들렀다. 오희문은 첫째 딸을 만나 죽은 막내딸을 생각하며 함께 울었다. 희문은 딸은 오희문의 방에서 함께 잤으며 새벽에 일어나 서로 이야기를 하니 마음에 위로가 되었다고 한다.[111] 아버지와 딸 사이의 사랑은 전쟁 중이라서 더욱 돈독해졌을 수도 있을 것이다.

셋째 딸 숙단(淑端)은 가족의 막내로, 오희문의 사랑을 받고 자랐다. 서로 떨어져 전쟁을 맞이했을 때 그는 "얼굴이 곱고 깨끗하며 성품이 몹시 단아하여 내 사랑을 독차지했다. 어여쁜 모습이 자나 깨나 눈에 선하니, 『시

---

108) 『쇄미록』에는 가족관계, 제사, 상속 등 여러 장면에서 성리학적 예제 질서가 깊이 자리를 잡은 이후와는 다른 모습이 관찰된다. 이를 과도기적 양상으로 파악하기도 한다(박미해, 「조선중기 수령의 가족부양으로 본 長子의 역할과 家의 범위-오희문가의 평강생활(1596-1600년)을 중심으로」, 『사회와 역사』 75, 2007). 『쇄미록』에 나타난 외가(外家)나 매가(妹家)와의 빈번한 교류, 처가(妻家)·서가(壻家)와의 깊은 관계성을 통해 제도적 차이와 실제 생활과의 차이를 지적하기도 한다(김연수, 「『쇄미록』에 나타난 16세기 혼맥과 친족관계」, 『한국민속학』 75, 2022). 다만 박미해의 연구에서도 딸에 대한 사랑은 제도적으로는 가능할 수 없는 순수한 것이었으며, 『쇄미록』의 사례가 일반화 가능한 것인지, 아니면 전쟁이라는 비일상적 상황에서 발현한 것인지에 대해서는 검토가 필요하다고 하였다. 김연수의 연구에서도 오희문의 두 딸이 이른 시점부터 시가살이를 하게 된 이유로 전란으로 인한 오희문가의 경제상황 악화를 꼽았다. 요컨대 전쟁으로 인한 "제도"의 변용 가능성을 열어두어야 하며, 그것이 일시적인 것인지 후대에 영향을 주게 되는 것인지에 대해서도 고민을 해야 할 것이다.
109) 『쇄미록』 을미일록 12월 3일, 5일.
110) 『쇄미록』 병신일록 6월 12일, 14일, 27일, 등.
111) 『쇄미록』 정유일록 9월 24일, 25일.

경』의 '아름다운 막내딸'이라는 말이 내 마음을 표현한 것이리라. 이 두 구절을 쓰자니 서글픈 눈물이 저절로 흐른다"112)고 했다.

일기에서 주로 "단아"로 불렸던 오희문의 막내딸은 이처럼 오희문의 사랑을 듬뿍 받았다. 매번 오희문의 이불 아래에서 같이 잤다고 하며, 발이 아프다고 하자 오희문이 직접 주물러 주기도 했다.113) 병신년(1596)이 되어서야 다른 이불에서 따로 재웠다고 한다.114)

단아는 피란 초부터 병치레를 많이 했다. 기록된 병명은 학질,115) 두통,116) 종기117) 등이었다. 오희문의 가족들은 병에 걸리면 식욕이 떨어져 달거나 시원한 별식을 찾곤 했다. 어린 아이였던 단아의 경우 투정이 있었고, 오희문은 입맛에 맞는 음식을 구해주기 위해 더 노력했다.118)

단아는 막내 오라버니가 결혼을 할 즈음 종기가 나서, 혼례에 참석하지도 못했다. 오희문은 관청에 있던 의녀 복지를 불러와 치료를 부탁했다.119) 병신년(1596)에는 여성 가족들에게 두통 증세가 나타났다. 단아의 증세가 심했다. 인사불성이 되기도 했는데 오래된 청심환을 어린아이 오줌에 섞어 먹였더니 소생했다. 이후 관아와 임피 현감에게 부탁하여 청심환과 소합원을 얻어 두었다.

정신을 차린 단아가 석류를 먹고 싶어하자 지인에게 부탁하여 얻어주었는데, 기뻐하며 먹었다고 한다. 오희문은 병중의 단아가 그나마 먹을 수 있던 석류를 구하기 위해 일부러 지인의 생일잔치에 참석하기도 했다. 그의 노력을 안 이웃들이 석류를 구해주기도 했다. 석류 외에도 오이지와 가지,

---

112) 번역은 국역 『쇄미록』을 이용하였다.
113) 『쇄미록』 계사일록 윤11월 19일.
114) 『쇄미록』 정유일록 2월 1일.
115) 『쇄미록』 계사일록 5월, 『쇄미록』 갑오일록 9월 등.
116) 『쇄미록』 을미일록 10월.
117) 『쇄미록』 병신일록 5월.
118) 『쇄미록』 갑오일록 5월 21일.
119) 『쇄미록』 병신일록 5월 28일.

김치 등을 먹고 싶어 했는데, 아마 신맛이 입에 맞았던 것으로 보인다.[120] 피란 중임에도 동원할 수 있는 치료법은 모두 동원하려는 오희문의 노력을 볼 수 있다.

단아는 10월 말에도 두통이 심해져 식음을 전폐할 정도가 되었다. 오희문은 군수를 찾아가 상담을 했다. 군수는 침을 맞게 하라면서 의관 허임을 만나보게 했다. 허임도 침을 맞으라는 진단을 내렸고, 의녀 복지를 불러 점혈(點穴)을 해주었다. 복지는 오희문을 따라와 단아에게 침을 놓았다.[121] 오희문은 단아에게 좋은 음식을 먹이기 위해 지인에게 편지를 써서 비를 보내기도 했다. 종기가 다소 나은 오희문의 아내는 딸 단아를 위해 나섰다. 단아가 먹고 싶어하는 음식을 백방으로 구해다 먹이려 했고 밤낮으로 옷도 벗지 않은 채 단아를 부축하고 안아주었다. 오희문은 "자애로운 어미의 끝없는 은혜"라 하였다.[122]

오희문의 가족은 이해 12월 임천을 떠나 평강으로 향했다. 회복되지 않았던 단아가 먼 길을 이동하는 것은 위험한 일이었다. 그러나 계획했던 일이었고, 또 강화교섭 결렬과 일본군 재침 소문이 퍼지던 상황이었기에 이동을 서둘렀다. 아내는 경사(經師)를 불러 경을 읊어 잡귀를 쫓게 했다. 오희문은 헛일인 줄 알면서도 형세가 급하여 말리지 못했다고 하였다.[123] 12월 20일 단아는 작은 교자에 휘장을 치고 담요를 깔고 앉아 출발했다. 다행히 출발 후에는 차도가 있어보였다.[124] 그러나 곧 증세가 심해져 당분간 아산에서 머물러야만 했다.

아산에서 단아의 증세는 급격히 악화되었다. 이동하는 길이었기에 약을 구하기도 어려웠다. 1월 하순, 평강에서 단아의 오라비 오윤겸이 의원 양에

---

120) 『쇄미록』 병신일록 9월 20일, 24일~29일, 10월 1일, 3일.
121) 『쇄미록』 병신일록 11월 1일.
122) 『쇄미록』 병신일록 11월 16일.
123) 『쇄미록』 병신일록 12월 18일.
124) 『쇄미록』 병신일록 12월 22일.

수와 상담하여 보낸 약을 먹고 조금 나아졌다. 오희문 일가는 기뻐하며 다시 출발해서 수원을 지나 율전에 도착했는데, 단아의 증세가 다시 악화되었다.125) 그리고 오윤겸이 다시 보낸 약을 먹기도 전인 2월 1일 세상을 뜨고 말았다. 오희문은 매우 슬퍼하며 단아를 기억하는 글을 일기에 남겼다. 그는 객지로 떠도느라 의술과 약물을 모두 쓰지 못한 점을 통탄스럽게 여겼다.126) 이후 피란이라는 어려운 상황에서도 오희문은 좋은 상례 물품을 마련하기 위해 애썼다.127)

『쇄미록』에는 이후에도 단아의 죽음을 슬퍼하는 내용이 자주 등장한다. 오희문은 딸이 보고 싶어 한 장소나 사람을 볼 때마다, 딸이 남긴 글씨를 보면서, 꿈에 나타날 때마다, 그리고 꿈에 나타나지 않을 때도, 슬퍼했다. 아내도 마찬가지였다. 아내는 무술년(1597) 1월까지도 매일 딸을 위해 아침저녁으로 상식(上食)으로 밥과 국을 올렸는데, 오희문이 초하루와 보름에만 제사를 지내게 했다. 잠을 자다가 일어나 부부가 서로 울었다는 내용도 자주 보인다.

양반 가문의 여성들이 전쟁 중임에도 다른 신분에 비해 비교적 좋은 의료적 혜택을 받을 수 있었던 것은 사실이나, 영아나 어린이의 경우 병을 이기지 못하는 경우가 많았다.128) 1592년 12월 24일에 태어난 오윤겸의 딸은 이질에 걸려, 태어난 지 채 1년이 안 된 1593년 7월에 죽었다. 오윤겸의 아내는 1594년 4월에 임신 6개월의 몸으로 앓아누웠다. 이즈음 윤겸의 셋째 딸 효임도 죽었는데, 네 딸 중 셋이 죽고 막내만 남게 된 것이다. 희문은 "누가 딸이 많다고 했는가"라며 슬퍼했다.129) 임신하고 있던 아이도 결국

---

125) 『쇄미록』 정유일록 1월.
126) 『쇄미록』 정유일록 2월 1일.
127) 『쇄미록』 정유일록 2월 4일.
128) 전쟁이 아닌 평시에도 영아 사망률은 높았을 것이다. 그러나 평시에 비해 의료적인 혜택을 받을 기회와 영양 보충의 기회가 줄어들었다는 사실을 부정하기는 어려울 것이다.

태어나지 못하고 죽었다. 이 아이는 아들이었다고 한다.[130] 평강에 머무르던 정유년 3월에는 집안에 고뿔이 돌았는데, 태어난 지 얼마 안 되는 오윤겸의 막내딸 덕임도 고뿔에 걸렸다가 그만 죽고 말았다. 오윤겸은 과거에 응시하기 위해 부재한 상황이기에 작은 관에 넣어 빈소를 차려놓고 돌아오기를 기다렸다. 합격이라는 기쁜 소식과 함께 돌아온 윤겸은 슬픈 소식을 접해야만 했다.[131]

3. 낮은 신분의 여성의 삶

1) 주인과 함께 사는 비(婢)의 삶

전쟁이 일어나자 사람들은 피란을 준비했다. 그러나 예속된 신분의 경우 자유롭게 피란을 할 수는 없었다. 노비들의 피란은 어떤 모습이었을까. 오윤해 처가의 비 끗복은 양주에 있다가 한성의 집으로 들어갔는데, 1593년 1월에 일본군이 한성을 불태우고 사람을 죽이자 도망 나와서 진위의 상전 집으로 들어갔다가 오희문 일가에 합류했다. 상전의 집안에 의지하려는 움직임이었다.[132] 비 강춘(江春)은 희문의 처자식이 강원도에서 충청도로 갈 때 따라나섰으나 뒤처진 듯하다. 노들과 함께 피란을 하였으나, 비들은 또 다시 뒤처지고 말았고 결국 일본군에게 잡혔다. 강춘은 아이 때문에 도망치지도 못하다가 아이가 죽은 뒤에 나왔다. 그 뒤 진위에서 어떤 시각 장애인과 함께 살았으나 본처와 싸우고 나왔으며, 길을 가다가 오희문 일가의 소식을 듣고 찾아온 것이 1593년 3월 18일이었다.[133] 주인과 떨어져 홀로 남

---

129) 『쇄미록』 갑오일록 4월 13일.
130) 『쇄미록』 갑오일록 5월 25일.
131) 『쇄미록』 정유일록 3월 17일~19일.
132) 끗복의 아들 의수가 어미를 찾아 헤매다가 1595년 1월 20일에 오희문의 집을 찾아왔다(『쇄미록』 을미일록 1월 20일).

은 비의 가혹한 운명이었다.

비 천복(千卜)의 모친은 한성에 남아있다가 아들의 처와 함께 피살되었다. 그는 오희문의 친가 노의 처였다. 오희문은 어머니와 동갑인 그가 남편이 일찍 죽은 후에도 재혼하지 않고 살면서, 희문의 모친을 자신의 상전 모시듯 했고, 집안에 일이 있을 때마다 와서 음식 만드는 것을 도왔던 일을 기억하며 슬픔을 표했다.[134]

친가의 비 복이(卜只 혹은 福只)는 더 가혹한 운명을 겪었다. 당초에 그의 모친 및 가족과 함께 한성을 나왔으나, 아들이 잡혀가는 모습을 보고 남편이 다시 돌아갔다가 돌아오지 않았다. 복이는 모친 및 세 아들을 데리고 얻어먹으며 돌아다니기가 어려워 다시 한성으로 들어가 살던 집에서 생활하다가, 일본군이 한성 안의 조선인들을 죽일 때 다시 도망 나와서 중흥사라는 절에 있던 중 아들들과 함께 굶어 죽었다는 소식이 전해졌다.[135] 사실 복이는 살아있었다. 떠돌다가 오희문의 모친과 여동생이 있는 영암까지 찾아왔던 것이다. 자신의 모친과 둘째 아들의 생사는 모르고 막내딸은 중도에 죽었다고 했다. 복이는 오희문의 모친을 따라 태인에 갔다가 임천으로 왔다. 삼촌 집의 비 양이(良伊)도 떠돌다가 봄에 영암까지 왔는데, 오희문을 만나서야 모와 조모의 죽음을 알았다고 한다. 비들이 먼 길을 헤매면서도 주인을 찾아왔던 것은 홀로 살아남기 어려운 상황에 처했기 때문일 것이다. 노비가 주인에게 속해있다는 것은 생계를 해결할 수 있는 방책이기도 했다. 전쟁 중 유리걸식하는 양반 여성도 있었다는 점을 고려하면, 주인을 찾아온 것이 생존의 방편이었다는 점은 쉽게 짐작할 수 있다.

윤해가 양모 및 가족과 함께 피란한 후에도 한성에는 옥춘이라는 비가 남아있었는데, 그는 주인집의 신주를 챙겨서 땅에 묻었다고 한다. 혼란한

---

133) 『쇄미록』 계사일록 1월.
134) 『쇄미록』 계사일록 5월 8일.
135) 『쇄미록』 계사일록 5월 8일.

상황 속에서도 비는 상전을 위해 역할을 해야만 했던 것이다. 옥춘은 후에 주인의 피란처로 찾아왔다.

노비는 이른바 외거노비(납공노비)와 솔거노비(입역노비, 사환노비)로 구분하기도 한다. 외거노비는 신공을 제공하면 주인집에 예속되어 노동력을 제공할 필요는 없었으나, 신공을 바치지 않으면 주인은 이를 추쇄하기 위해 사람을 보내거나 직접 이동하기도 했다. 오희문이 한성을 떠나 있었던 이유도 신공을 걷기 위해서였다.

전쟁은 노비의 존재 형태도 크게 요동치게 만들었다. 사람들이 피난을 하면서, 노비의 삶에도 당연히 변화를 가져왔다. 외거노비라 해서 피란을 하지 않을 수 없다. 그러나 이들의 피난 생활은 타 신분에 비해 더 어려웠을 것이다. 그들이 가진 경제력, 인맥망, 사회적 대우에서 볼 때 다른 신분에 비해 부족한 점이 많았다. 당연히 여성은 더 어려웠을 것이다. 이들은 떠돌게 되고, 안정을 찾아 주인을 찾아오기도 했다. 그때부터는 사실상 솔거의 생활을 하게 되었다. 『쇄미록』에는 이러한 사례가 자주 보인다.

농사를 시작하고 첫째 딸이 함열 현감과 결혼한 후, 임천에서의 삶은 어느 정도 안정되었다. 희문은 모친을 모시고 왔고 거처하는 집도 수리하였다. 움집도 두 곳을 지었는데, 하나는 비들이 거처할 곳이었다고 한다.[136] "가세"가 확장되면서, 혹은 확장하기 위해, 노동력도 더 필요해졌다. 오희문은 두 명의 비를 샀다. 이들은 작고한 구례현감 조사겸의 첩이 산 이들이었는데 다시 내놓았다고 한다.[137] 오희문은 두 사람의 이름을 바꾸었는데, 삼각질개는 덕개, 아작개는 눌은개가 되었다. 삼각질개는 다음날 오희문의 집으로 왔고 바로 일을 시작했다.[138] 이 시점에서 오희문 가족과 함께 살았던

---

136) 『쇄미록』 갑오일록 10월 16일.
137) 『쇄미록』 갑오일록 10월 17일, 18일 ; 가격은 무명 13필이었다. 중개해준 이에게는 벼 13말을 주었고, 거래 증명서도 작성했다.
138) 『쇄미록』 갑오일록 10월 23일.

비는 향춘, 강춘, 어둔, 덕개, 눌은개 5명으로 생각된다.

비 분개(紛介, 分伊)는 노 막정139)의 처였다. 그런데 송이(송노)가 분개와 몰래 간통하였고, 송이가 먼저 도망친 후, 남편 막정이 나간 틈에 분개를 데리고 가려 했다가 들켰다.140) 아내가 조사해보니 의복 등을 이미 송이에게 주어 옮겨 놓았다고 한다. 분개를 규방에 가두고 강춘과 함께 자게 했는데, 송이가 분개가 있는 규방 밖에 와서 구들장을 파고 분개를 데려가려다 실패했다. 오희문은 분개를 함열의 관노에게 데려가서 감시하게 했다. 이 사실을 알게 된 막정은 분하여 밥도 먹지 않을 정도였다. 어쩔 수 없이 분개를 데려오니 몹시 기뻐했다고 한다.141)

그럼에도 분개는 결국 남편을 버리고 도망치고 말았다. 송이가 몰래 와서 데리고 가버렸던 것이다. 이후 막정은 병이 걸렸다며 나오기를 거부했으나 아내를 비난하지는 않았다고 한다. 그러나 주인인 오희문으로서는 그의 태도가 얄미울 뿐이었다.142) 막정의 병은 심각해졌고, 음식을 먹지 못하는 지경에 이르더니 결국 죽고 말았다.143) 오희문은 "근본을 어지럽힌" 분개를 원망했다.144) 전쟁이라는 어려운 상황 속에서도 분개는 자유를 찾아 도망

---

139) 막정은 평양에 살던 이로 14세에 붙잡아와서 일을 시킨지 37년째였다고 한다. 오희문에 의하면 막정은 일을 잘하여 피란 중에 집안이 그에게 의지하는 바가 많았는데, 전해부터 말을 듣지 않고 도망칠 생각만 하더니 분개가 도망친 후로는 더 심해져서 자신도 달아날 생각을 하다가 병이 들어 어쩔 수 없이 머무르다가 죽은 것이라고 하였다. 그러나 오랫동안 일을 많이 했고 타향에서 죽었기에 애통하다고 하면서 관을 준비해 묻어주고 술과 과일을 차려 제사를 지내 주었다(『쇄미록』 을미일록 12월 18일).

140) 오희문에 의하면 분개가 송노를 꾀어 도망쳤다고 한다(『쇄미록』 을미일록 12월 18일).

141) 『쇄미록』 을미일록 8월 7일, 8일, 9일, 11일, 13일, 15일.

142) 『쇄미록』 을미일록 9월 3일, 6일, 10일.

143) 『쇄미록』 을미일록 12월 12일, 16일, 18일.

144) 『쇄미록』 을미일록 12월 18일 ; 송노와 분개는 후일 발각되어, 분개는 오희문 일가가 있는 평강으로 돌아오게 된다. 분개는 신공의 일부를 바쳤고, 오희문은 괘씸하다면서도 참고 용서해주었다. 막정과 사이에서 낳은 두 딸은 죽었다고 한다(『쇄

을 택했고, 막정은 이러한 아내를 원망하지 않았다.

비 향춘은 비 옥춘의 딸이자 노 덕년과 형제였다. 오희문의 집에서 혼자 일을 하고 있었는데 나중에 강춘이 도착하자 기뻐했다고 한다. 향춘의 남편 은 관노인 상근, 문경례(혹은 가문의 인물), 이웃의 사노 만수의 아들, 만억, 춘이 등으로 기록되어 있는데, 모두 동일인은 아닌 것으로 보인다. 비의 경 우 처가 아닌 첩인 경우가 적지 않았으며, 여러 차례 혼인한 사례도 있는 것을 볼 때, 향춘 역시 비슷한 상황이었던 것으로 생각된다. 향춘은 오희문 의 첫째 딸이 결혼한 후에는 함열을 오가며 소식과 물건을 전하는 역할을 맡은 듯하다. 그는 남편의 본처에게 폭행을 당하는 일을 겪었는데,[145] 오희 문은 향소에 고해 가해자를 잡아 처벌하게 하고 향춘은 특별히 조리를 하 도록 했다.[146]

비 강춘은 계사년 3월에 오희문의 피란처로 왔다. 남편은 한복으로 삯을 받고 일하는 이였다. 문제를 일으키지 않고 오랫동안 오희문 일가의 일을 하던 강춘이 어느 날 도망쳐버렸다. 한복이 강춘을 데리고 도망간 것이 다.[147] 곧 사람을 보내 쫓아가서 잡아 온 후 한복은 큰 몽둥이로 발바닥 70~80대 때리고, 강춘도 50여 대를 때렸다. 그리고 한복은 관아에 보내 처 벌하게 했는데, 칼을 씌워 놓았더니 다음날 죽고 말았다.[148] 도망친 노비에 대한 처벌은 전쟁 중에도 가혹했다. 다음은 피란 기간 중 오희문 일가와 함 께 생활했던 비의 가족관계 및 특징을 표로 정리한 것이다.

미록』 신축일록 2월 16일).
145) 『쇄미록』 을미일록 4월 27일.
146) 『쇄미록』 을미일록 4월 30일.
147) 『쇄미록』 정유일록 6월 26일.
148) 한복은 성격이 사나워, 하인 중 싸우지 않은 사람 없었다. 그러나 오희문은 희문 의 집에 온지 4년이고 원래 죽을 죄도 아닌데 죽었기에 마음이 편치 않았다고 한 다. 오윤겸에 의하면 수일 전에 병이 나서 위중했고, 관원들도 싫어했기에 떠나라 고 했는데, 그것을 계기로 어떤 마음을 품었는지, 이런 일을 저질렀다가 죽음에 이른 것이다(『쇄미록』 정유일록 6월 26일, 27일).

〈표 1〉 피란 중 오희문 일가의 비

이름	가족관계	특징
분개 (분이)	노 막정 아내	송이와 간통. 송노와 함께 도망. 남편 막정은 화병으로 사망. 신축년(1601) 발각되어 돌아옴.
옥춘	노 덕년 모 비 향춘 모	아들 덕년과 함께 피란. 계사년 윤11월 임천에 옴.
향춘	비 옥춘의 딸 남편 :관노 상근, 사노 만수의 아들, 춘이 등	전쟁 초기부터 오희문 일가와 함께 함. 오희문 일가의 심부름을 주로 담당. 남편의 본처에게 폭행을 당함.
강춘	한복의 처	오희문 일가와 헤어졌다가, 계사년 3월에 합류. 집안의 식사를 담당. 한복이 강춘을 데리고 도망갔다 잡혀 옴. 한복은 사망.
어둔	노 한세 모	경기 광주의 오희문 집안 묘소에서, 오희문 일가를 찾아 옴. 도벽이 있음. 비들과 다툼이 있음. 갑오년 광주의 옛 집으로 돌아감.
열금		오희문 모친과 태인에 있다가 갑오년 10월에 복이와 함께 임 천으로 옴. 12월 사망.
복이 (복지)		오희문 일가와 헤어져 고난을 겪다가 영암으로 찾아옴. 갑오년 10월에 태인에서 임천으로 옴. 모친이 그와 그의 딸 생수개를 오윤겸에게 줌.
덕개 (삼각질개)		갑오년 10월에 구매. 첫째 딸이 데리고 감.
눌은개 (아작개)	오라비 대순	갑오년 10월에 구매. 모친, 오라비와 함께 농사일.

비들은 양반 가문의 심부름도 했다. 양반 여성들이 홀로 이동하지 않았
던 것과는 대비되는 모습이다. 심부름의 경우 대개 가까운 거리에 있는 양
반 지인들 사이의 안부와 함께 작은 물품을 건네는 일이었다.[149] 며칠씩 걸

---

149) 『쇄미록』 계사일록 6월 23일, 10월 20일(향춘 임참봉 집에 양식을 구함), 10월 20
일(빚은 술을 향비가 장에 가서 쌀로 바꿔옴), 10월 23일(향비 좌수 조희윤에 보내
양식 얻음), 10월 24일(향비 관아에 보냄. 군수 아내가 반찬), 갑오년 4월 12일(향
비 군수에 보내 양식 청함. 노가 없음), 4월 13일(향비 조한림 형제에 보내 양식

리는 거리를 오가거나 무거운 물건을 옮기는 일은 노들이 맡았다. 양반 여
성들이 이동할 때, 가까운 거리는 비가 함께 하기도 했다. 막내딸이 잠시 다
른 곳에 묵고 있는 어미를 찾아 비 향춘에게 데리고 가게 하려 했으나, 향
춘이 앓아누워 노가 대신했다는 기사도 있다.150) 단아가 돌아올 때는 두 비
(향춘, 강춘)를 보내 업고 왔다고 한다.151) 학질에 걸려 아픈 상황에도 군수
에게 가서 양식을 얻어온다던가, 술을 팔고 오는 일을 맡기도 했다.152)

 오희문 일가의 마지막 피란처인 평강에서는 비들의 거처를 제대로 갖추

받음. 아내가 억지로 권했다 함), 5월 12일, 13일, 15일(옥춘이 함열 현감에게 가서
갈치를 받아 시장에서 양식으로 바꿈), 5월 16일(향비가 장에 갔다가 도롱이를 잃
다. 사서 바치게 하다), 5월 17일(향비를 보내 윤해의 병세를 물어봄. 저녁에 직접
감), 5월 28일(향비에게 편지를 전하게 함), 7월 5일(말이 없어서 세 비(향춘·강
춘·어둔으로 보임)에게 환곡을 머리에 이고 오게 함), 8월 29일(옥춘을 함열에서
온 사람과 같이 보내 혼서함과 딸의 장옷을 보냄), 10월 23일(삼각질개(덕개)가 함
열에 감), 12월 9일(이웃 소지가 환자 일로 옥에 갇히자 비에게 편지를 가지고 관
아에 가게 함), 을미년 1월 29일 (지평댁의 비 천옥이 심부름을 옴), 을미 6월 14
일(일꾼을 얻기 위해 군수에게 보내는 단자를 향춘에게 맡겨 보냄), 6월 15일(향
춘을 관아에 보내 얼음을 구해 옴), 을미년 9월 13일, 27일(향춘을 관아에 보내 장
을 구함), 9월 28일(향춘을 군수 부인에게 보내 무를 얻어옴), 10월 10일(향춘이
함열에서 오는 딸을 맞이하러 감), 10월 19일(향춘이 함열로 돌아가는 딸을 따라
갔다 옴), 10월 20일(향춘에게 조훈도에게 젓갈을 가지고 가게 함), 12월 21일(향
춘을 관아에 보내 군수 부인이 주는 연어 알을 받아옴), 12월 29일(향춘을 시켜
군수에게 편지를 전함), 12월 29일(옥춘에게 두부 심부름), 병신 1월 17일(옥춘 함
열에 보냄. 딸이 해산을 앞두고 있어 아내 대신 보냄), 병신 3월 28일(눌은개에게
편지를 맡겨 볍씨를 구하는 심부름), 병신 4월 26일(눌은개에게 편지를 맡겨 볍씨
를 구하는 심부름), 9월 25일(향춘을 관아에 보내 청심환을 구함, 눌은비에게 편지
를 맡겨 석류를 구해오게 함), 11월 24일, 25일(비(눌은개?) 보내 오이지와 절인
무 구해오게 함), 11월 27일(향춘에게 오윤성 부부 전송하게 함), 무술일록 3월(평
강현에 있는 둘째 딸을 데리고 오기 위해 향춘을 보냄).
150) 『쇄미록』 계사일록 10월 26일.
151) 『쇄미록』 계사일록 11월 3일.
152) 『쇄미록』 계사일록 11월 20일 ; 향춘은 술을 팔아 산 쌀을 자루에 넣었다가 잃어
  버렸다. ; 윤 11월 12일에는 향춘이 정사과댁의 비 묵개와 함께 술을 팔러 갔다가,
  묵개가 넘어져 병을 깨버렸다. 병은 이웃집 물건이라서 사서 갚았다.

지 못한 듯하다. 비들은 찬 마루(冷堂)에서 거처하고 있었는데, 비들이 거처할 집을 짓지 못했기 때문이었다.[153] 비들은 겨울옷도 제대로 갖추지 못한 듯하다. 겨울철이 되자 오희문은 비들이 얇은 옷을 입고 일하는 것을 안타까워했다.[154] 그러나 옷감을 구해 겨울옷을 마련해주었다는 기록은 보이지 않는다.

노비에게도 가족이 있었다. 그러나 구성원마다 소유주가 다른 경우가 있었고, 피란으로 뿔뿔이 흩어질 경우 자신의 가족과 만나는 일이 더욱 어려워질 수 있었다. 가족을 만나고 싶어하는 마음은 사람으로서 당연한 일이었고, 주인이라고 할지라도 이를 무작정 막을 수는 없었다. 오희문도 노비들이 가족을 만나러 가겠다고 하면 허가해주는 편이었다. 피란길에서 양반 여성은 집안의 남성, 그리고 노비의 도움을 받을 수 있었겠으나, 비(혹은 노의 처나 모)는 그렇지 못했을 것이다.[155]

오희문 일가의 노비 중에는 장흥에서 신공을 바치는 이들이 있었다. 그런데 전쟁이 일어나자 역(役)을 칭탁하며 대부분 도망쳤고 비 무숭(武崇)만 집에 있었다고 한다. 그의 두 아들은 의병 혹은 수군으로 차출된 데다가, 집이 모두 불에 타서 타다남은 깨 5되만 신공으로 바쳤다.[156] 신공 외에도 별도의 역을 지고 있었던 노의 모습과 홀로 집에 남아 먹고 살 길이 막막해졌음에도 신공을 바쳐야 했던 비의 모습이 보인다. 오희문은 이후에도 노(막정)를 보내 신공을 걷었는데, 이때에도 두 아들은 노를 젓는 군사로 끌려갔기에 무숭만이 신공을 바쳤다. 비 사금은 남편이 죽은 뒤 어미를 데리고 달

---

153) 『쇄미록』 정유일록 8월 19일.
154) 『쇄미록』 무술일록 11월 22일, 12월 3일.
155) 송이(송노)가 어미를 보러 가게 해달라 간청하자, 내일 돌아오라면서 보내주었다 (『쇄미록』 임진남행일록 11월 11일). ; 송이가 부친의 무덤에 제사를 지내고 싶다며 간청하여 보내주기도 했다(『쇄미록』 갑오일록, 12월 21일). ; 김정자의 비 고서비가 어미를 만나기 위해 말미를 얻어 나주로 간 사례도 보인다(『쇄미록』 계사일록 8월 14일).
156) 『쇄미록』 계사일록 1월

아났다고 한다.157)

노 막정이 북쪽을 돌아보고 와서 평양 등지의 노비 현황을 보고한 바에 따르면, 그의 어미는 팔순이 넘었으나 살아있고, 친족 가운데 병으로 죽은 이가 40여 명이었다고 한다.158) 많은 노비들이 가족의 보호를 받지 못한 채 열악한 상황에서 목숨을 잃었던 것이다.

비 어둔은 오희문 집안의 묘소가 있는 경기 광주에 살고 있었는데, 아들과 함께 떠돌며 걸식하다가 오희문의 가족을 찾아 온 이였다. 어미는 전쟁 초에 일본군에게 죽었다고 했다. 한양에 있을 때 양지의 농사를 보러 왕래할 때면 그의 집에 머물렀다고 하니, 외거노비였거나 가문의 노비였던 것으로 생각된다.159) 원래 아들(노 한세)과 함께 있었는데, 아들이 아비를 찾겠다며 가서 오지 않자 찾아 나서기로 했고, 오희문은 마지못해 보내줬다. 어둔은 그 길로 광주로 돌아가겠다고 했고, 오희문은 이도 허락을 했다.160)

노비가 도망치면 그의 가족을 가두어 귀환을 유도하기도 했다. 송이가 도망치자 오희문은 그의 어미와 친척들을 불러와 가두고 관을 통해 칭념(稱念)했는데, 곧 아우와 함께 돌아왔다.161) 송이의 어미는 아들 때문에 옥에 갇힌 것이다.162) 가족을 데리고 도망치는 사례도 있었다.163) 요컨대 전쟁이 일어나자 고난을 헤치며 주인을 찾아와 의지하는 이가 있었던 한편으로, 더 큰 고난을 감수하고도 자유를 택한 이들이 있었던 것이다.

---

157) 『쇄미록』 갑오일록 2월 1일.
158) 『쇄미록』 갑오일록 6월 2일.
159) 『쇄미록』 계사일록 윤11월 20일.
160) 『쇄미록』 갑오일록 12월 21일 ; 오희문의 평에 의하면 집안의 물건뿐 아니라 마을의 물건을 자주 훔쳤으며, 자기들끼리 자주 다투기도 하는 거친 성격이었으나 꾸짖어도 고쳐지지 않아 옆에 오래 둘 생각은 없었다고 한다.
161) 『쇄미록』 을미일록 7월 16일.
162) 『쇄미록』 무술일록 6월 26일에도 비슷한 사례가 보인다.
163) 오윤해의 노 안손은 어미를 데리고 도망쳤다(『쇄미록』 갑오일록 2월 4일).

2) 비의 노동

비의 노동은 집안의 모든 일에 미쳤을 것이다. 그들은 농사일도 해야 했다. 그러나 집안의 일상적인 일은 일기에 기록하지 않았다. 오희문은 1594년부터 농사를 시작했다. 안정적인 생활을 위한 선택이었을 것이다. 오희문 외에도 양반들은 전쟁 시기에 농업과 노비 경영에 힘을 쏟는 모습을 보이는데, 경제력은 생존과 양반 위상을 유지하기 위한 필수불가결한 요소였기 때문이다.[164]

4월에는 비 어둔에게 박 모종을 심게 했다는 기사가 보인다.[165] 이후 어둔과 그의 아들은 김매기에 투입되었다.[166] 그런데 덕노가 김을 매던 중 어미와 다투었고 화가 난 어미는 집으로 돌아와 버렸다. 희문은 그를 혼내서 돌려보냈고 덕노는 때려서 혼을 냈다. 그러자 혼자 일하게 된 어둔은 일을 게을리했고 이에 대해 희문은 "괘씸하고 얄밉다"며 감정을 드러냈다.[167] 이러한 육체노동에는 당연히 노들도 동원되었으나, 이들에게는 다른 임무가 주어질 때는 비들만이 투입되는 경우도 있었다.

이해 9월에는 수확이 시작되었다. 노와 비가 모두 동원되었다.[168] 봄에는 김매기,[169] 가을보리 베기,[170] 가을에서는 추수,[171] 밭콩 뽑기[172]가 반복

---

164) 오희문은 생활을 유지하기 위해 관둔전과 차경지를 경작했다. 경작자로서의 오희문의 모습과 경작 방식 등에 대해서는 이성임, 「임진왜란기 해주 오씨 집안의 官屯田과 차경지 경작-吳希文의 『瑣尾錄』을 중심으로-」, 『조선시대사학보』 101, 2022를 참조.

165) 『쇄미록』 갑오일록 4월 9일.

166) 『쇄미록』 갑오일록 4월 14일, 17일, 18일, 19일, 22일, 6월 14일 등.

167) 어둔의 아들은 한세(한노), 옥춘의 아들은 덕년(덕노)이다. 그러나 이 기사에는 어둔의 아들이 덕노인 것으로 보인다.

168) 『쇄미록』 갑오일록 9월 12일, 10월 6일 등.

169) 『쇄미록』 을미일록 4월 (송노와 눌은개 등), 『쇄미록』 병신일록 3월~6월(눌은개와 여러 노, 품팔이).

170) 『쇄미록』 병신일록 5월 21일, 23일, 24일, 27일.

171) 『쇄미록』 을미일록 8월 25일, 9월 눌은개 모자, 강춘, 11월 8일 ; 『쇄미록』 병신일

되었다. 정유년(1597)년 평강으로 옮긴 뒤에는 밭작물 위주로 농사를 했으며, 누에치기도 규모를 키웠다. 물론 농사 시기에 따라 정해진 일을 해야 하는 것은 마찬가지였다.[173] 이때 집안에는 노가 적었기에 비가 농사일에 동원되는 비중이 더 커졌다. 비가 질병 등으로 일을 하지 못하고 노도 없을 때는 삯을 주고 사람을 쓰기도 했다.[174] 한편 품앗이로 도움을 받았을 때는 대가로 다른 이의 논에 가서 노동력을 제공하였다.[175]

농사에는 일정한 보수도 주어진 것으로 보인다. 수확을 한 후 비들에게 급료를 주었다는 내용이 보이며,[176] 집안의 노와 비 외에 일당을 주며 사람을 쓰기도 했다. 또한 김매기를 할 때 양식이 떨어져 송이에게만 일을 하게 했다는 내용을 보면, 일을 많이 할 때는 음식을 주며 일을 시켰으며, 양식이 한정될 때는 가장 양질의 노동력을 기대할 수 있는 노에게 먹였던 것으로 보인다.[177] 그러나 오희문은 농사일을 전담하는 노비가 없어 사람을 사도 부족하다며 한탄하기도 했다.[178]

농사철에 매일 같이 동원되다 보면 몸이 상하게 마련이었다. 몸이 아파서 일을 하지 못하는 이가 생길 때마다 오희문은 이를 기록했는데, 농사를

록 8월, 윤8월.
172) 『쇄미록』 병신일록 윤8월.
173) 파종(『쇄미록』 무술일록 3월, 5월), 조밭 매기 (정유일록 5월, 7월), 메밀밭 매기 (정유일록 6월). 깨밭 매기(정유일록 6월, 7월, 무술일록 7월), 콩밭 매기(정유일록 7월), 보리밭 갈기(정유일록 7월), 무씨 심기(정유일록 7월), 조 수확(정유일록 8월, 9월, 11월 무술일록 9월), 콩 타작(정유일록 9월), 녹두 수확(정유일록 9월), 콩 수확(무술일록 9월), 메밀 수확(무술일록 9월) ; 관비 매화에게 동아 종자를 심게 함(정유일록 4월).
174) 『쇄미록』 무술일록 4월 6일, 7일, 8일, 12일.
175) 『쇄미록』 병신일록 5월 5일.
176) 『쇄미록』 정유일록 11월 10일 ; 『쇄미록』 무술일록 7월 21일, 8월 5일 ; 병으로 도저히 일을 할 수 없는 상황이 아니라면, 매일 크고 작은 노동을 해야만 했지만, 절일에는 쉬기도 했다(『쇄미록』 무술일록 7월 15일).
177) 『쇄미록』 을미일록 5월 2일.
178) 『쇄미록』 병신일록 3월 21일.

책임져야 하는 가장으로서 안타까움도 담겨 있겠지만, 대개 이들의 병을 꾀병으로 보고 있었다.179) 늙은개는 이 때문에 종아리를 맞기도 했다.180) 전후의 기사를 보면 실제로 학질에 걸렸던 것으로 보이나, 주인의 입장에서는 그 정도 병세라면 일을 할 수 있다고 여겼던 것으로 보인다.

밭농사의 김매기가 한창일 때였다. 비들이 일을 잘 하고 있는지 살펴보러 갔더니 냇가 나무 그늘 아래에서 누워서 쉬고 있었다. 비들이 일이 많다고 하소연하여 품팔이꾼도 빌려 보내주었던 오희문이었다. 그는 화가 나서 두 비의 머리채를 끌어다 채찍으로 종아리를 40대씩 때리고 다시 김을 매게 했다.181) 가혹한 처사로도 보인다. 그러나 어려운 피란 생활 속에서 집안을 지탱해야 했던 오희문의 고민182)도 이해하지 못할 바는 아닐 것이다.

농사와 누에치기183) 외에도 비가 담당한 노동에는 나뭇잎을 긁어모아 땔감으로 삼는 일,184) 고사리 꺾기,185) 길쌈(방적)186) 등이 있었다. 이들은 일상적인 노동 중 하나였을 것이다. 그러나 『쇄미록』에 자주 등장하지는 않는다. 이러한 노동은 양반들의 음식 마련과 같은 일상적인 일이었기 때문일

---

179) 『쇄미록』 을미일록 5월 7일, 10일, 19일, 21일, 26일, 6월 5일, 6일, 7일 등.

180) 늙은개는 추수 때에도 게으름을 피웠다하여 매를 맞았다(『쇄미록』 을미일록 9월 19일). 다음해 김매기를 할 때 병으로 일을 못하자 품삯을 감하기로 했다(『쇄미록』 병신일록 5월 8일). 정강이가 아파 논을 매지 못하거나 (『쇄미록』 병신일록 7월 1일). 보리밭을 갈다가 발을 헛디뎌 다친 일도 있었다. (『쇄미록』 정유일록 7월 1일).

181) 『쇄미록』 무술일록 7월 13일.

182) 김매기 작업에는 품팔이를 써야만 해서 많은 식량이 소모되었다. 오희문은 비들이 "일가의 곤궁함을 헤아리지 않고 매번 먹을 것이 적다고 하면서 들에 나가면 놀고 쉬며 힘써 일하지 않으니 몹시 가증스럽다"고 하였다.

183) 『쇄미록』 을미일록 4월 22일, 『쇄미록』 병신일록 5월 13일, 『쇄미록』 정유일록 4월, 『쇄미록』 무술일록 5월(뽕잎 따기).

184) 『쇄미록』 계사일록 10월 24일 ; 땔감을 해 올 노가 없었기 때문이다.

185) 『쇄미록』 을미일록 3월 16일.

186) 『쇄미록』 무술일록 7월 11일 ; 오희문은 집안의 비들이 호랑이를 두려워하지 않아 밤마다 문밖에 횃불을 밝히고 둘러앉아 길쌈을 하는데, 말려도 듣지 않으니 밉살스럽다고 했다.

것이다.

비들의 노동이 전쟁 때문에 발생한 것은 아니다. 그들은 평시에도 주인 집을 위해 노동력을 제공해야만 했다. 그러나 전쟁으로 인해, 더 가중되고 중첩되었을 가능성이 높다. 주인은 평시라면 더 많은 노비, 그리고 연고지 에서 더 많은 노동력을 친인척, 양반 사족으로부터 제공받을 수 있었을 것 이다. 그러나 피란이라는 비일상적 상황 속에서 비들은 더 고된 농사일에 자주 동원되어야 했다.[187] 물론 노의 경우 노동력에서 더 많은 징발을 당했 을 것이다. 노의 사역 거부, 나아가 도망이라는 대응 형태는 이 때문에 더 자주 발생했을 것으로 생각된다.

3) 비의 질병과 죽음

질병은 신분을 따지지 않지만, 일반적으로 양반보다 열악한 생활환경에 놓이게 되는 노비들이 질병에 걸릴 가능성이 높았을 것이고, 적절한 치료를 받지 못하여 죽음에 이르는 경우도 더 많았을 것이다. 집안이나 지역에 질 병이 돌면 결국은 구성원 모두가 병에 걸리곤 했다. 앞에서 언급했듯이 병 에 더 일찍 걸리고 더 심하게 앓는 쪽은 여성이었고 노비 중에서는 당연히 비였다. 전염병에 걸린 이는 대체로 집이나 마을에서 격리되곤 했다. 양반 의 경우 격리된 거처가 양호하거나 간호할 이도 있었으나, 노비의 경우 당 연히 더 열악한 환경에 놓였다. 송이는 문밖의 장막에 있다가 증세가 나아 지지 않자 냇가로 옮겨지기도 했다.

가족과 상봉한 지 얼마 되지 않던 때, 집안의 비였던 춘비가 사망했다. 오희문은 송이에게 시신을 싸서 다음날 새벽에 묻어주라고 했다는 기술 외

---

187) 선행연구에서도 안정적인 노동력을 확보하지 못한 오희문이 노비의 노동을 채근했 고, 이는 그들의 이탈 내지 태업을 불러왔을 것으로 추정했다(이성임, 「임진왜란기 해주 오씨 집안의 官屯田과 차경지 경작-吳希文의 『瑣尾錄』을 중심으로-」, 『조선시 대사학보』 101, 2022, 84쪽).

에 감정의 동요를 보이지 않았다.[188] 1593년 1월 5일에는 비 동을비(冬乙非)가 병에 걸려 위독해졌다는 기사가 보인다. 그는 나이가 많은 비로 피란을 함께 한 듯한데, 길에서 부증(浮症)에 걸렸고 홍주에 온 뒤로는 온몸이 다 부어 움직이지도 음식을 넘기지도 못한 상태였기에 곧 죽을 것으로 예상하고 있었다. 오희문은 "선대로부터 내려온 늙은 계집종이 여기 와서 죽다니 그 불쌍함을 어찌 다 말로 하겠는가"라며 감정을 드러냈다.

오희문 가족이 임천으로 옮기는 과정에서 가족들이 병에 걸렸는데, 이번에는 동을비가 이질에 걸려, 누운 채로 설사를 할 정도였다. 오희문은 일어나지 못할 것으로 예상하기도 했다.[189] 동을비에게 어떤 음식을 주었는지는 기록하지 않았는데, 같은 시기 같은 병에 걸린 오희문의 아내가 받은 간호에 대비된다. 동을비는 끝내 자리에서 일어나지 못하고 9월 27일 세상을 떠났다. 죽은 곳은 소지의 집이었다.

동을비는 누워서 일어나지 못한 채 대변이 그치지 않았으며, 얼굴에는 붓기가 가득했다고 한다. 오희문은 "오랫동안 찬 곳에 거처하면서 바람을 막지 못해" 그럴 것이라고 하였는데, 병자임에도 좋은 환경에서 치료받지 못했음을 추측할 수 있다. 오희문은 그의 죽음에 대해 "선대의 늙은 계집종 가운데 동을비만 살아있었는데, 타향에서 객사했으니 애처롭고 불쌍한 마음을 이기지 못하겠다"며 슬픔을 드러냈다. 그의 시신은 노들로 하여금 묻게 했다.[190] 한편 같은 시기 조희보의 모친도 세상을 떠났는데, 온 고을의 품관들이 모일 정도였다. 두 여성의 대비되는 죽음의 모습이었다. 오희문 집안의 노들이 동을비를 묻느라 조희보 집안의 성복을 보러가지 못한 것에 대해 아쉬움을 표하기도 했다.[191] 물론, 그녀가 주인과 함께 있지 않았다면

---

188) 『쇄미록』 임진남행일록 11월 22일.
189) 『쇄미록』 계사일록 6월 26일.
190) 『쇄미록』 계사일록 9월 24일, 28일.
191) 『쇄미록』 계사일록 9월 27일, 28일 ; 10월 2일, 오희문은 조희보 모친의 상에 조문을 했다. ; 양반 여성의 상례 모습은 이후에도 등장한다(『쇄미록』 갑오일록 2월

전쟁 중에 이 정도의 치료도, 장례도 어려웠을 것이다.

　비 강춘이 온몸에 종기가 나서 움직이지 못할 정도가 되자, 침의 이기종을 불러 치료해주기도 했다.192) 당시 비가 둘 뿐인 상황에서 치료할 수 있는 병은 빨리 치료해주어야 집안이 돌아갈 수 있었을 것이다. 1594년 8월에는 강춘이 발에 종기가 나서 일을 못하게 되었다. 오희문은 이기종을 불러 침으로 찢게 했다. 한편 오희문은 밥할 사람이 없어서 어둔에게 맡기니 훔쳐 먹고 불결했다는 기록을 남겼는데, 식사를 담당한 비가 강춘이었던 것으로 추측된다.193) 어둔이 주로 김매기를 담당했던 것도 그 때문일 것이다.194) 강춘의 종기 증세는 이후에도 재발했다. 무술년(1598) 봄에는 허리 아래 여러 곳에 종기가 나서 일어날 수가 없었다고 한다.195)

　태인에 있던 모친을 모시고 올 때, 모친과 함께 있던 비 열금과 복이도 함께 왔다. 열금은 오는 길에 뒤처졌는데, 몸이 좋지 않았기 때문이었다.196) 열금은 어렸을 때 잡혀 온 비인데 이때 일흔이 넘은 나이였다.197) 열금은 오희문의 모친이 있던 함열의 관아에 와서 앓아누웠는데 증세가 심각했다. 허리 아래가 부어 움직이지 못하고 대소변을 가리지 못할 정도였다. 희문은 "불쌍하다. 죽으려나보다"는 덤덤한 문장을 남겼다. 희문의 모친은 다음날 임천으로 모셨으나, 열금은 여염집으로 옮겼다가 나중에 말에 태우고 부축해왔다.198)

　8일). 물론 양반 여성이라고 하여 모두 정상적으로 상을 치를 상황에 있었던 것은 아니었다. 양성정 이륜의 모친은 떠돌다가 병으로 죽었는데 피란처에서 임시로 장사를 지냈다(『쇄미록』 갑오일록 7월 19일). 부호였던 진사 이중영은 떠도는 신세가 되었고 모친이 병사한 후 장례도 치르지 못했다(『쇄미록』 갑오일록 8월 20일). 김지남도 모친상에 장사를 지내지 못했다(『쇄미록』 갑오일록 10월 21일).

192) 『쇄미록』 계사일록 윤11월 25일.
193) 『쇄미록』 기해일록 8월 16일.
194) 『쇄미록』 갑오일록 8월 17일, 20일.
195) 『쇄미록』 무술일록 4월 2일.
196) 『쇄미록』 갑오일록 9월 28일.
197) 『쇄미록』 갑오일록 12월 15일.

열금은 12월에 들어와 병세가 더 심각해졌고[199] 마침내 죽고 말았다. 오
희문은 한번도 도망치지 않고 길쌈을 잘하였으며 집안일에 부지런하고 한
번도 속이는 일이 없었는데, 타향에서 죽어 관에도 들어가지 못했다며 아쉬
워했다. 그러나 그의 성질이 급하여 험한 말을 내뱉고 상전 앞에서도 공손
치 않은 말을 하여 주위에서는 싫어한 듯하다. 그래서인지 그가 한창 앓고
있을 때 오희문은 흙집에 들어가 살면서도 평소와 같이 늘 술과 고기를 찾
고, 여의치 않으면 번번이 성난 말을 내뱉는다며 비난한 후, 병이 위중하지
만 빨리 죽지 않으면 우리 집에 곤욕을 끼치는 일이 많을 것"이라는 박한
표현을 남기기도 했다. 죽은 열금의 시신은 5리 떨어진 길가 양지바른 곳에
묻어주었다.[200]

김매는 철이 왔을 때 가족들 사이에 학질이 돌았고, 눌은개도 감염이 되
었다. 꾀병이라며 의심하던 오희문이었지만 가슴 통증이 여러 날 계속되어
차도가 없는 것을 보고 실제로 아픈 것으로 믿게 되었다.[201] 그러나 며칠
후 눌은개는 다시 김매기에 나서고 있다.[202]

무술년(1598) 1월에는 옥춘이 가슴을 앓는 병이 심각해졌다. 밤낮으로 아
프다며 소리치며 국물도 넘기지 못할 정도였다. 그러나 약을 구하거나 치료
할 방도가 없었다고 한다.[203] 옥춘의 아들 덕노는 동상에 걸려 발가락이 떨
어진 상황이었는데도 오고 싶어 하자 오윤해가 말에 싣고 데려왔다.[204] 같
은 시기에 눌은개도 앓아누운 지 여러 날이었고, 향춘도 다리가 부어 출입

---

198) 『쇄미록』 갑오일록 10월 13일.
199) 오희문은 열금이 다시 태인으로 갔다가 12월에 임천으로 온 것처럼 썼는데, 사실
    관계가 불분명하다. 임천의 흙집에 거처하고 있는 상황에서 태인을 오가고 있었
    는지 알 수 없다.
200) 『쇄미록』 갑오일록 12월 12일, 15일, 16일.
201) 『쇄미록』 을미일록 6월 8일.
202) 『쇄미록』 을미일록 6월 21일.
203) 『쇄미록』 무술일록 1월 20일.
204) 『쇄미록』 무술일록 2월 3일.

을 할 수 없었다. 오희문은 집안에 심부름할 사람이 없다며 아쉬워했다.205)
얼마 후 반찬이 떨어져 두 비에게 도라지를 캐서 삶아 나물을 만들게 했다
는 기사를 볼 때, 이들은 곧 자리에서 일어나 일을 했던 것으로 보인다.206)
같은 시기에 병에 걸린 둘째 딸은 현감인 오라비가 먹고 싶어하는 음식을
보내주었으며, 일을 하지 않고 온전히 몸을 회복할 수 있었기에, 당연히 훨
씬 나은 상황이었다.

　비 향춘이 앓아눕자 온돌이 있는 이웃집에 옮겨 머물게 한 사례도 있었
다. 온돌에 두꺼운 이불을 덮고 있자 점차 회복이 되었고 며칠 후 집으로
돌아올 수 있었다. 오희문은 "차가운 곳에 오래 있어서 찬바람에 거듭 상했
다가 땀을 내고 나니 곧바로 나은 것"이라 평했다.207) 피란 중 비들이 거주
하는 곳의 환경이 좋지 않았음을 알 수 있다. 향춘이 조금 더 나은 간호를
받을 수 있었던 것은 오희문 가족의 처지가 이전보다 나아졌기 때문일 수
도 있다. 그러나 향춘은 1595년 3월에 다시 병으로 누워버렸고, 여러 날이
지나도록 차도가 없자 전염이 우려되어 어쩔 수 없이 밖으로 내보냈다.208)
이후 곧 회복된 듯하다.

　1598년에는 향춘의 목에 종기가 나서 오랫동안 낫지 않았다. 걱정이 된
오희문은 평강현에 그를 보내어 이은신209)에게 상담을 하게 했다. 이은신
은 침으로 종기를 터트려 고름을 빼냈고 점차 나아지고 있다는 회신을 보
냈다. 이에 오희문은 기뻐했다.210) 그러나 종기의 고름이 멈추지 않았고 다
른 곳까지 부어 증세가 심상치 않았다. 걱정이 된 오희문은 경기도 광주의
묘소 아래에 부스럼을 잘 고치는 문억이라는 이에게 보내기로 했다. 덕년

205) 『쇄미록』 무술일록 2월 10일.
206) 『쇄미록』 무술일록 2월 28일.
207) 『쇄미록』 계사일록 10월 26일~30일.
208) 『쇄미록』 을미일록 3월 7일.
209) 이은신은 오희문의 친분이 있는 양인인데, 침을 놓을 줄 아는 인물이었다.
210) 『쇄미록』 무술일록 8월 7일, 10일.

(덕노)에게 현으로 가서 향춘과 그의 모친인 옥춘을 데리고 가게 했다.211) 다음 달에 덕년이 왔는데 향춘의 병세는 여전하다는 소식이었다. 오희문은 약값을 주어 보냈다.212) 이후에도 차도는 없었다. 종기가 아물지 않고 다른 곳에 더 생겼다는 것이었다.213) 나중에 들으니 향춘의 치료를 부탁한 의원은 돈이 적다며 힘껏 치료해주지도 않았고 바를 약도 주지 않았다고 한다.214) 몇 달 후 옥춘이 평강으로 돌아올 때까지도 향춘은 회복되지 않았다. 기해년 (1599) 10월에야 향춘은 옥춘과 함께 평강으로 돌아올 수 있었다.215)

향춘에 대한 처우는 다른 비와 차이가 있었다. 노비의 치료를 위해 이 정도의 노력을 보인 것은 『쇄미록』 상에서는 이례적인 일이다. 향춘은 오희문의 피란 생활 동안 집안의 중요한 심부름을 도맡아 했고, 특별한 문제도 일으키지 않았기에 집안의 신뢰를 받고 있었던 것으로 보인다. 따라서 발병하였을 때 그에 대한 걱정의 감정이 두드러지며, 적극적으로 치료 방법을 모색하기도 했던 것으로 생각된다.

영암에서 모친과 함께 있던 비 서대(西代)는 10살도 전에 모친이 데리고와서 부리며 떼어놓지 않았던 이였고 피란 중에도 늘 데리고 다녔다고 한다. 그런데 병이 나자 냇가에 움막을 치고 지내게 했는데, 돌봐주는 사람이 없었고, 목이 말라 물을 마시려 냇가로 기어가다가 가지도 못하고 죽고 말았다. 오희문이 "어머니께서 이로 인해 마음이 상하여 눈물을 그치지 않고 식사량도 갑자기 줄어 기운이 자못 편치 않다고 한다"고 기록한 것을 보면, 죽게 내버려 두었다기보다는 그를 도울 여력이 없었기 때문이 아니었을까 한다.216)

---

211) 『쇄미록』 무술일록 8월 17일, 22일.
212) 『쇄미록』 무술일록 9월 9일.
213) 『쇄미록』 무술일록 10월 16일, 11월 11일.
214) 『쇄미록』 기해일록 1월 6일.
215) 『쇄미록』 기해일록 10월 29일.
216) 『쇄미록』 계사일록 11월 5일.

4) 주인과 떨어진 비의 삶

죽은 동서 임면의 비 복금은 임면이 죽은 후 떠돌다가 임천군에 있으며 형리(刑吏) 남편을 얻어 자신의 어미 및 오빠와 함께 살고 있었는데, 어느 날 찾아와 소고기를 바쳤다. 희문은 아침을 먹여 보냈다.[217] 전쟁 중 떠돌 게 된 비가 정착하는 모습과 "주종 관계"를 잊지 않는 모습을 볼 수 있다. 복금은 이후 임무라는 이의 화처(花妻 : 천인 출신 첩)가 되었는데, 임무가 군수에게 죄를 지어 집안이 도망쳐버리자 의지할 곳을 잃어 이곳에[218] 오 게 되었다. 오희문은 군수에게 임무의 죄를 용서해달라고 부탁했으나, 군수 는 이를 거절했다.[219]

어느 날 외사촌 형 남경효의 사내종 내외를 만났다. 누더기 옷을 입고 쑥 대머리를 하여 알아볼 수 없을 정도였다. 들어보니 남경효가 식량을 구하기 어려워지자 노비들을 모두 놓아주었다고 하였다. 남경효의 아내는 초겨울 에 별세했다고 한다. 오희문이 어릴 때 업어주고 안아주던 친가의 비 흔비 (欣非)가 굶어 죽었다는 이야기도 들었다. 또 다른 친가의 비 옥금(玉今)은 난리 초에 흩어져 어디로 갔는지 모른다고 했다.[220]

『쇄미록』에는 떠돌아다니며 구걸하는 이들의 모습이 많이 보이는데 그 중에는 노도 있었다. 홍주에서 만난 노 두 명은 피리를 불며 구걸을 하고 있었는데, 피란을 했다가 다시 고향으로 돌아가는 길이라고 했다.[221] 그러 나 비의 사례는 보이지 않는데, 여성이 홀로 돌아다니며 걸식하기는 어려웠 을 것이다. 같은 신분이라도 남성과 여성의 생활은 다를 수밖에 없었다.

황해도 안악에 살던 비 복시(福是)의 이야기는 혼란했던 시기 불안했던 비의 삶을 말해주는 하나의 사례일 것이다. 그는 외할머니 소유의 비 혼대

---

217) 『쇄미록』 갑오일록 6월 25일.
218) 오희문의 거처를 가리키는 것인지 분명하지 않다.
219) 『쇄미록』 병신일록 11월 15일.
220) 『쇄미록』 계사일록 12월 7일.
221) 『쇄미록』 계사일록 5월 12일.

의 딸인데, 이산보 댁의 비 애덕의 딸로 잘못 불렸다. 소유권에 착오가 생긴 것이다. 그래서 우봉댁222)이 안악으로 피란했을 때, 소유권을 주장하여 복시의 재산을 빼앗고 아들들을 매질하여 아들 하나는 죽기까지 했다. 괴로움을 참다못한 복시는 중이 되어 의승군에 합류한 아들 하수를 오희문에게 보내 소유권을 바로 잡아달라고 요청했다. 며칠 후에 복시가 보낸 사람이 또 왔다. 우봉댁 때문에 떠돌아 다니게 생겼으니 직접 와서 구해달라는 것이었다. 오희문은 우선 자신과 모친의 편지와 패자(牌子)를 보내 우봉댁을 설득하려 했다.

을미년(1595) 4월에는 안악의 노 중이가 모친 모서가기 위해 말을 이끌고 왔다. 복시는 안악 노비들의 신공도 함께 보내왔다. 농사철인데도 말을 이끌고 왔으니 그 어려움을 짐작할 수 있으나 모친이 갈 수 있는 형편이 아니었다.223) 복시는 매번 요청을 할 때마다 편지와 물건을 바쳤다.224) 편지를 사용하는 한편 물건을 보내어 상전을 은근히 압박했던 것으로 여겨진다.

복시의 고난은 해결되지 못했다. 오희문이 평강으로 옮긴 후에도 복시는 남편 은광을 보내 오희문의 모친에게 신공과 선물을 바치면서, 여전히 신홍점에게 부림을 당하고 있는 데다가, 그의 매부까지 와서 복시가 그들을 대접하느라 고생하고 있다고 하였다. 그러니 오희문의 집안에서 사람을 보내달라며 호소했다. 오희문은 사람을 보내지는 못하고 오윤겸을 통해 윤중삼에게 어머니의 뜻을 전하는 한편, 안악 군수에게도 편지를 보내게 했다.225) 복시는 이후에도 신공을 납부했다.226)

어느 날 오희문의 첫째 여동생이 데리고 있었던 비 만화(萬花)가 찾아왔다. 오희문의 집에서 자랐고 첫째 여동생이 가까이 두고 부리며 자식처럼

---

222) 국역본 『쇄미록』에 의하면 우봉은 신홍점을 가리킨다.
223) 『쇄미록』 을미일록 4월 3일.
224) 『쇄미록』 을미일록 1월 9일, 17일, 18일, 19일
225) 『쇄미록』 정유일록 11월 8일.
226) 『쇄미록』 무술일록 6월 16일.

사랑했다고 한다. 오희문의 누이가 심수원과 결혼을 할 때 데리고 갔다가, 누이가 죽자 심수원이 첩으로 데리고 살면서 아이를 둘 낳았다고 한다. 그러나 심수원도 죽자 어미가 있는 낙안에 가서 다른 남편을 얻어 살다가, 부모가 죽은 후 살기가 어려워져 한성에 있는 상전(심수원의 아들 심열)의 집에 가기 위해 나섰고, 오희문의 소식을 듣자 그의 집을 방문한 것이었다.227) 만화가 겪은 삶의 곡절이 모두 전쟁 때문은 아닐 것이다. 그의 선택은 자의적인 것도 있고 어쩔 수 없는 것도 있었을 것이다. 그러나 양반 여성에 비해 다양한 삶의 길이 있었던 것만은 분명하다.

외거노비로서 자신이 원래 있던 곳을 떠나지 않은 채 살던 이들도 있었다. 오희문이 살던 한성 관동의 집에는 남은 사람이 있었다. 나이 많은 비 무심(武心)으로 추정이 되는데, 움직이기가 어려워 함께 피신하지 못했다고 한다.228) 경기도 광주에 있는 오희문 집안의 묘산은 비 자근개 모자만 남아 지키고 있었고, 집안 소유의 비 옥지는 죽었다고 하였다.229)

병신년(1596) 8월, 오희문은 전쟁이 일어난 후 처음으로 원래 살던 한성을 다녀왔다. 한성으로 가는 길에 집안의 묘역에 들러 묘지기인 비 마금을 만났는데, 그는 78세로 모친과 동갑이었다. 백발에 깡말랐지만 기력은 예전과 같았다. 그러나 전쟁에서 살아남은 강건한 그도 오희문을 만나 눈물을 그치지 않았다고 한다. 오희문은 묘에서 제사를 지낸 후 물린 제수로 마금과 덕노의 아비의 묘제 망제를 지내게 했다. 남은 음식은 마금 등에게 나눠 줬다.230)

어느 날 신공을 바치지 않는 비가 잡혀왔다. 결박해서 거꾸로 매단 다음 발바닥을 50~60대 때렸고, 장옷과 속치마도 벗기게 했다. 신공을 받으러 간

227) 『쇄미록』 을미일록 2월 30일.
228) 『쇄미록』 임진남행일록 9월 10일.
229) 『쇄미록』 을미일록 2월 15일 ; 자근개는 1597년 초 오희문 가족이 한성으로 가는 길에 여기에 이르자 저녁을 지어주었다(『쇄미록』 정유일록 2월 4일).
230) 『쇄미록』 병신일록 8월 14일, 15일.

이를 만나지 않고 피해다니는 등의 행위가 괘씸했기 때문일 것이나 가혹한 벌임에는 틀림이 없었다.[231] 이처럼 신체에 대한 처벌은 비에 대해서도 가해지고 있었다. 그러나 『쇄미록』만으로는 그가 왜 신공을 거부했는지는 알 수 없다.

4. 여성들의 능동적인 삶의 모습

1) 여성의 편지

본 장에서는 전쟁 중 여성들이 삶을 영위하기 위해 보여주었던 능동적인 행동들을 살펴보도록 하겠다. 먼저 전쟁 중 여성이 자신의 안부를 전하던 방법 중 편지에 주목해보았다. 『쇄미록』에서는 여성들이 편지라는 매체를 사용하는 모습이 자주 보인다. 편지는 남성도 사용했으며, 전쟁이 아닌 평시에도 여성들은 편지를 썼다. 다만 전쟁시에는 전에 없던 상황에서 절박한 사연들이 전달되고 있었을 것이다. 오희문이 가족을 걱정하고 있던 임진년 4월 30일, 오희문의 모친과 아내가 20일에 쓴 편지를 경저노(京邸奴)가 가지고 왔다. 그나마 전쟁 상황이 급박해지기 이전이었는데, 이때 이후로 소식이 끊겼다. 아내의 편지가 도착한 것은 9월 27일의 일이었다. 오희문의 모친이 영암에 있던 1593년 5월 8일에는 모친과 동생이 편안히 지내고 있다는 편지를 보내기도 했다.

여성이 주체적으로 나설 때, 직접 방문하는 외에는 편지가 사용되었다. 아들 윤해가 병을 앓던 중, 꿀을 먹고 싶어하자 친모인 오희문의 아내는 관아에 있던 현감의 딸에게 편지를 보내 요청을 했다.[232] 현감의 딸은 남편을 잃은 후 현감이 데리고 와 관아에 있었다. 희문의 아내가 그를 수신자로 한

---

231) 『쇄미록』 병신일록 12월 15일.
232) 『쇄미록』 갑오일록 5월 16일.

편지를 보낸 것은, 실제로는 관아의 힘을 빌려 꿀을 구하고자 한 것이다. 오
희문의 아내는 임천군수 부인에게 환자를 넉넉히 달라는 편지를 보내기도
했다. 환자의 수량 및 납부 기한 등의 일로 관아에 부탁할 일이 있을 때는
오희문이 직접 나설 때가 많았으나, 오희문의 아내와 군수의 부인이 친척(6
촌)이라는 특수한 관계였기에 가능했던 일로도 보인다.233) 오희문의 아내는
희문이 함열에 있을 때 군수에게 보리를 요청해서 얻기도 했다.234) 이때도
편지의 수신자는 군수의 딸이었던 것으로 생각된다. 이처럼 여성의 편지가
사적인 친분 목적을 넘어서는 사례가 보인다.

오희문 일가의 여성들은 떨어져 있는 가족들에게 편지를 자주 썼던 것으
로 보이는데, 오희문은 "온 집안 아녀자들이 각각 편지지 1장씩 쓰는 바람
에 1권의 종이가 다 소모되었다"며 우스워하기도 했다.235)

2) 경제활동

『쇄미록』에는 접대의 주체로 여성이 등장하는 경우 적지 않다. 여성이
물품의 소유자, 혹은 구매자이거나, 선물 대상이 여성인 경우도 보인다. 한
편 여성이 자신이 원하는 것을 성취하기 위해 남성을 만나 의뢰를 하기도
했다. 여성의 명의로 물품을 주는 사례가 적지 않은데, 남편이 없는 상황에
서 재산을 관리하는 주체로 등장하는 경우도 있고, 해당 재산의 소유자가
여성 자신이었기에 그러한 경우도 있었다.

여성이 음식물을 전달할 때는 대체로 순수한 호의가 많았던 것으로 보인

---

233) 『쇄미록』 을미일록 3월 16일, 26일 ; 26일에는 오희문이 아내에게 편지를 쓰게 했
　　 다는 내용이 보인다. 군수의 부인은 군수에게 알리겠다는 답장을 보냈다. 따라서
　　 이때의 여성들의 편지 이면에는 남성이 있었던 것으로 해석할 수 있다. 편지는 비
　　 분개가 들고 갔다. ; 7월 4일에도 환자를 구하는 편지를 보냈다.
234) 『쇄미록』 을미일록 7월 22일 ; 가을에는 군수 부인에게 편지를 보내 무를 요청하
　　 여 받아왔다(『쇄미록』 을미일록 9월 28일).
235) 『쇄미록』 병신일록 3월 2일.

다. 이웃 병리(兵吏)의 아내가 와서 오희문의 아내를 만나서 홍시를 주거나,
집주인 노파가 손자며느리를 데리고 와서 아내를 보고 갔다거나 할 때, 여
성들이 주체적으로 움직이는 모습이 눈에 띄는데, 이러한 모습을 두고 『쇄
미록』에서는 "조그만 물건이 있어도 빈번히 가져다주는 이웃이 있으니 후
하다고 할 만하다"고 하였다.236) 이와 같은 가까운 거리의 일상적 음식 전
달은 여성들이 직접 나서서 행하고 있었다. 노비를 동행하지 않았으며, 신
분의 차이도 부각되지 않은 듯하다.237) 오희문의 아내도 양인 이웃의 여성
들을 초청해서 음식을 대접하기도 했다.238) 이처럼 신분을 떠난 여성과 여
성의 교류 모습은 눈에 띈다. 물론 남성이 만들어둔 인맥망이 기반이 되었
을 것이나, 그들만의 네트워크를 완전히 부정하기는 어렵다.239) 물론 양반
여성들이 순수한 사교관계에서 음식을 나누어 먹는 사례는 많았다.240)

　한편 여성이 주체가 된 음식이나 물건 교류 중에는 목적이 있는 경우도
있었다. 오희문은 "까닭 없이 보내는 선물은 없다"는 말을 남기기도 했

236) 『쇄미록』 계사일록 10월 4일, 5일.
237) 이웃의 염모(染母)가 울타리 틈으로 밥을 한사발 줌(『쇄미록』 계사일록 10월 21일),
　　 이웃의 노제(老除) 아전의 후처가 양식을 가져와서 아내를 만나고 감(『쇄미록』 계
　　 사일록 11월 27일), 임천에서 오희문의 거처 마련 등을 도와준 소지의 처가 와서
　　 아내 및 딸들과 이야기하고 음식을 차려 올림(『쇄미록』 갑오일록 12월 5일).
238) 이웃 소지의 집에 사람과 말을 보내 그의 아내를 초청하여 대접했는데, 며칠 전 아
　　 내의 생일에 음식을 보내준 데 대한 감사의 표시였다(『쇄미록』 병신일록 1월 6일).
239) 조선의 여성들은 19세기 중반까지도 그 활동범위가 좁았다. 여성들은 집안이나
　　 친족을 벗어난 여성들만의 네트워크를 만들지 못했다고 한다. (김현숙, 『조선의
　　 여성 가계부를 쓰다』, 경인문화사, 2018) 친족 네트워크를 벗어난 여성들 사이의
　　 조직적 만남과 집단적 연대는 근대적인 것으로 보고 있다(소현숙, 「3·1운동의 정
　　 치주체로서의 '여성'」, 『한국학논총』 51, 2019(한국역사연구회 3.1운동100주년기
　　 획위원회, 『3·1운동 100년 : 5권 사상과 문화』, 휴머니스트, 2019)).
240) 19세기 중반 여성들의 언문일기 분석을 통해 여성들의 선물교환에 집중한 연구에 따
　　 르면, 대부분의 선물교환은 유대를 강화하기 위한 일상적 음식 교환과 상호부조, 즉
　　 의례적이며, 일상적인 성격을 보인다고 하였다(김현숙, 「조선 여성의 선물 교환 실태
　　 와 연망(緣網)-19세기 중반 호서지역을 중심으로-」, 『조선시대사학보』 75, 2015).

다.[241] 예를 들면 이웃의 사노 만수의 처가 와서 아내를 만나고 음식물을 바쳤는데, 며칠 후 날 꿩을 바치며 군수에게 간청할 일이 있다고 했고, 아내가 군수 부인에게 편지를 써주기로 하였다.[242] 어느 날 양윤근의 처와 아들이 청주를 들고 와서 아내가 나와서 보고 대접한 일도 있었다. 이미 여러 번 물건을 바친 이였다. 오희문은 긴급한 역을 면하려는 생각일 것으로 예상했다.[243]

1596년 7월에 일어난 이몽학의 난은 오희문의 피란 지역에 한 차례 큰 풍파를 일으켰다. 동네 여성들이 오희문의 집으로 피신을 했는데, 이때 난에 직간접적으로 관여했던 남성들의 가족들이 피해를 입을까 두려워 모여든 것이다.[244] 양반이며 관직자와 관계가 있는 집안이었기 때문일 것이다. 오희문의 집에 모여든 사람들은 조정에서 주모자 외에 용서를 한다는 통문을 내리자 비로소 집으로 돌아갔다.[245] 오희문이 살던 집의 주인이었던 최인복도 연루가 되어 처벌을 받았다.[246] 이웃에 살던 이광춘도 일에 엮여서 삼

---

241) 『쇄미록』 갑오일록 12월 7일 ; 그의 발언에 따르면 선물경제가 정확한 가치 환산보다 선물 제공에 따른 보상을 중요시하는 교환체계였다는 지적(최주희, 「16세기 양반관료의 선물관행과 경제적 성격」, 『역사와 현실』 71, 2009)은 유효하다고 할 수 있다. 『쇄미록』에서는 여성들의 선물 내지 부조도 그러한 성격을 지니는 경우가 있었음을 보여주고 있다.

242) 『쇄미록』 을미일록 3월 20일, 26일.

243) 『쇄미록』 을미일록 5월 9일 ; 남당진의 진부(津夫) 돌손이 와서 농어 3마리를 바친 일도 있었는데, 오희문은 까닭 없이 와서 바치는 것을 보면 이유가 있을 것이라며, 훗날 청하는 일이 있다면 어찌 응할지 걱정하는 모습도 보인다. 그러나 모친에게 음식을 올려야 해서 받았고, 탕을 끓여 드렸다고 한다(『쇄미록』 을미일록 7월 4일).

244) 『쇄미록』 을미일록 7월 13일. 오희문은 "인심이 시끄러워 동네의 어리석은 여자들이 모두 우리집으로 피난을 온다고 한다"하면서 내보내고 싶지만 궁지에 몰린 절박한 사정이 불쌍하여 그러지 못했다고 했다.

245) 『쇄미록』 병신일록 7월 15일.

246) 그는 형벌을 받은 후 병이 나서 죽고 말았다(『쇄미록』 병신일록 윤8월 3일) ; 최인복의 처자식과 집안 사람들도 유배를 가게 되었다. 최인복이 무덤을 파헤쳐 검

수로 유배를 가게 되었는데, 역리에 뇌물을 주고 말미를 얻어 처를 만난 후에 떠난 일도 있었다. 그는 자주 교류했던 오희문을 방문해 이를 알렸다.247)

임천에서 평강으로 옮긴 후에도 오희문은 주변 인물들에게 도움을 주었다. 오희문에게는 군역을 헐하게 해달라는 요청이 많았다.248) 전풍이라는 이가 수자리를 서고 일찍 돌아온 것을 감사하며 그의 처가 곡식을 갖다 준 일249)이나 김언신이라는 이의 모친이 좁쌀을 가지고 온 일,250) 업산의 처가 매를 잡는 역을 맡은 남편을 위해 꿩을 가지고 온 일251) 등이 군역과 관련하여 군역 담당자의 여성 가족이 부탁이나 감사를 한 사례이다.252)

오희문이 이웃에 폐를 끼친 후에 도움을 준 사례도 있었다. 어느 날 김언신의 모친이 머리를 풀어헤치고 달려와 울면서 호소했다. 김언신이 수미(收米)를 바치지 못해 독촉을 당하며 얻어맞기까지 했다는 것이다. 이는 오희문의 집에 양식이 떨어졌을 때, 김언신이 아직 수미를 바치지 않았다는 이야기를 듣고 부득이하게 가져다 먹었기 때문이었다. 그때 이미 평강 현감 오윤겸에게 편지를 보내 사정을 말하여 감해달라고 했기에 이런 일이 벌어질 줄은 상상하지 못했다고 한다. 오희문은 부끄럽고 무안해했다. 사실 수미는 감해주었으나 가미(加米)를 바치지 않았기 때문이었다고 한다.253) 군

시하라는 명령이 내려지자 아들 최연이 오희문을 통해 관에 부탁하여 취소를 얻어내기도 했다(『쇄미록』 병신일록 10월 10일, 14일).

247) 『쇄미록』 병신일록 10월 17일.
248) 오희문은 아들 오윤겸에게 이런 부탁을 하는 것을 미안해했다(『쇄미록』 정유일록 12월 16일).
249) 『쇄미록』 정유일록 9월 7일.
250) 『쇄미록』 정유일록 9월 8일.
251) 『쇄미록』 무술일록 1월 25일.
252) 전쟁이 이어지면서 서민에게 부과되던 군역과 부역은 중첩되고 있었다. 어떤 이는 견디다 못하여, 아내에게 자기 한 몸이 없어지면 편할 것이라고 하면서 목을 매고 죽은 일도 있었다고 한다(『쇄미록』 정유일록 12월 11일).
253) 『쇄미록』 무술일록 8월 16일, 17일 ; 오희문은 후일 김언신을 사역에서 빼주었다(『쇄미록』 무술일록 12월 28일).

역의 사례와는 다르나, 죄를 입은 남성의 여성 가족이 오희문에게 부탁을 하였던 또 다른 예라고 할 수 있다.

조선시대 여성들은 길쌈을 하여 옷을 만들거나 가산을 마련하곤 했다. 전쟁 중에도 여성들은 옷감을 만들거나 옷감으로 옷을 만드는 일을 했다. 만들어진 옷감이나 옷은 다른 물품을 얻기 위한 재화로, 선물로, 혹은 몸을 보호하기 위한 기본적인 의복으로 사용되었다. 『쇄미록』에는 옷을 만드는 주체로 혹은 주문을 받는 주체로 양반 여성이 등장하는데, 이들이 직접 길쌈을 했는지, 단지 제작(비용)의 주체였는지는 따져봐야 할 것이다.

오희문이 장수를 떠날 무렵, 처제(장수현감 이빈의 부인)는 처자식들에게 입히라며 솜옷 네 벌을 주고, 또 두꺼운 솜을 넣은 중치막을 따로 오희문에게 주었다.[254] 오희문의 아내가 떡이나 술을 만들어 장에 팔았다는 기록이 보인다.[255] 물론 혼자서 만들지는 않았을 것이다.

오희문의 딸들이 행전을 만들어 이웃에 팔아 재화를 마련하기도 했다. 파는 일은 비 향춘이 담당했다.[256] 그 외에 임극신(둘째 여동생의 남편)의 옷을 딸들에게 만들게 하여 영암으로 보낸 일,[257] 오희문의 모친이 김지남(넷째 여동생의 남편)이 입을 옷을 지어 보낸 일,[258] 첫째 딸이 함열의 관비를 시켜 무명을 짜서 보내게 한 일,[259] 받은 정목 1필을 두 딸에게 준 일,[260] 등이 보인다. 평강에서 오윤겸이 보낸 거친 포목 2필로 비에게 여름옷을 만들어주기로 했다는 기록은 눈에 띄는데,[261] 거친 포목이었기에 비

---

254) 『쇄미록』 임진남행일록 10월 5일 ; 관아의 재정으로 만들어 준 것으로 보인다.
255) 『쇄미록』 갑오일록 3월 11일(비가 와서 팔지 못하고 먹음), 3월 26일(떡을 팔아 작두와 끼우는 쇠를 사옴).
256) 『쇄미록』 계사일록 10월 20일 ; 오윤해의 노자를 마련하기 위한 일이었다.
257) 『쇄미록』 갑오일록 8월 1일.
258) 『쇄미록』 을미일록 1월 5일.
259) 『쇄미록』 을미일록 4월 15일.
260) 『쇄미록』 을미일록 11월 26일.
261) 『쇄미록』 병신일록 4월 29일.

의 옷감으로 사용하려는 마음을 먹었을 수도 있을 것이다. 다만 만든 옷을 입을 이가 비인 유일한 기사이기에 주목된다.

3) 삶을 개척하기 위한 여성들의 노력

전쟁 중이었지만 나라의 행정은 움직이고 있었다. 관에 소속된 노비들도 각자 주어진 역할을 수행해야만 했다. 『쇄미록』에는 오희문이 연회에 참여하는 모습이 자주 보이는데, 마을의 주요 인사들이 개최한 자리에서는 악기를 연주하거나 노래를 하는 노와 비들이 동원되곤 했다.[262]

어느 날은 상판관(尙判官)의 집에서 술자리가 있었다. 주인의 첩이 노래를 하였는데, 그는 한양 사가의 비로 거문고를 잘 타고 노래와 춤 솜씨도 뛰어난 이였다. 일찍이 참의 홍혼의 첩이 되었는데, 전쟁이 일어나자 떠돌다가, 권생원 사위가 부리는 노의 처가 되어, 손수 호미를 들고 김매는 일을 하고 있다고 하였다. 오희문은 재주 있는 사람이 상인(常人)의 처가 된 것을 아까워하는 평을 남겼다.[263] 양반 남성다운 아쉬움의 표현으로 생각된다.

허찬은 오희문의 서사촌 누이의 아들이다. 모친과 형제가 병들어 죽고, 부친 허탄은 진주성에서 죽었다. 아내는 홍주의 친척집에서 지내더니 호장과 간통하여 허찬을 내쫓기게 했다. 허찬은 빌어먹는 신세가 되어 떠돌아다니다가 고부에 있는 딸에게 의지하려 한다는 것이었다. 이 딸아이는 그의 적사촌 허현이 고부군수가 되었을 때 따라갔다가 관비와 혼인하여 낳은 딸

---

262) 좌수가 연 술자리에 노와 비들이 동원되어 노는 피리를 불고, 비는 가야금을 연주 (『쇄미록』 을미일록 11월 10일), 노래하는 비를 불러 술을 마심(『쇄미록』 병신일록 2월 1일), 술자리에서 비 금단이 가야금을 연주(『쇄미록』 병신일록 4월 15일), 관비 4~5명과 피리부는 사람을 초청함(『쇄미록』 병신일록 6월 23일), 오윤겸의 급제를 축하하는 잔치에 철원 관아의 비 다섯 명과 피리부는 이 한 명을 불러왔고, 근처에 피란하고 있던 이의 집에 노래를 잘하는 비가 있다는 이야기를 듣자 부탁해서 두 사람을 불러오기도 했다(『쇄미록』 정유일록 4월 21일).

263) 『쇄미록』 병신일록 10월 7일.

인데 18세라고 했다.[264] 허찬의 딸은 비였을 것이다. 18세의 관비의 삶은 당시 허찬의 삶보다 나았던 것이다. 한편 그의 아내는 의지할 곳 없는 남편을 버리고 자신에게 도움을 줄 만한 남성을 찾아갔던 것으로 보인다.[265]

오희문의 가족에게 침을 놓아주었던 의녀 복지는 임천 관아의 비였다. 복지는 군의 관아에 있으며 오희문 가족이 아플 때마다 요청하면 와서 침을 놓아주었다. 단아가 종기가 났을 때 오희문의 집에 왔고, 오희문 아내가 팔이 아플 때, 종기가 났을 때, 며느리가 귀에 병이 났을 때도 복지가 와서 침을 놓아 주었다. 그러나 오희문은 남성 의원을 더 신뢰했던 것으로 보인다.[266] 오희문은 이에 대해 특별히 답례를 하기도 했다. 한편 오희문이 지인과 모임을 가질 때 복지가 술을 가지고 오기도 했는데,[267] 단순한 호의일지, 어떤 대가를 바란 것이었는지는 알 수 없다.

첩의 "정절"에 대한 인식도 흥미롭다. 진사 이중영의 첩은 평강 출신의 기생이었다. 이중영과 첩이 다투었는데, 화가 난 이중영은 첩을 공주에 사는 그의 동생 집에 두고 가버렸다. 그런데 이중영은 첩이 보고 싶어졌고, 노를 보내 거짓으로 자신이 병들어 죽었다고 하였다. 그러자 첩이 소복 차림으로 머리를 풀고서 통곡하며 임천으로 왔다. 마침 장날이라서 모인 사람들이 모두 이를 보며 괴이하게 여겼다고 한다.[268]

오희문의 처남인 이빈에게는 첩이 있었는데, 무슨 이유에선지 버렸다고

---

264) 『쇄미록』 을미일록 2월 14일.
265) 허찬의 외조모(이응성의 딸)는 오희문 숙부(오경안)의 후처였다. 그는 전쟁 전에 남편을 잃었으며 자식도 없었으며, 실명까지 했다. 전쟁이 일어나자 동생 이의를 따라 해미에 살다가 정유년에 세상을 떠났다. 숙부 오경안은 정실 자식이 없었고, 천첩이 1남 1녀를 두었는데, 전쟁 초에 아들 가족은 모두 죽었다. 딸은 4남 2녀를 낳았으나 모두 병으로 죽고 남은 유일한 자식이 바로 허찬이었다(『쇄미록』 정유일록 3월 27일). 허찬의 이야기는 전쟁 중 양반 서얼 자손들의 삶의 일면을 보여준다.
266) 『쇄미록』 병신일록 6월 23일.
267) 『쇄미록』 병신일록 11월 23일.
268) 『쇄미록』 병신일록 12월 15일.

한다. 첩은 김화의 장언침의 집에 가 있는데, 장언침의 장인인 조희익의 첩이 이빈의 옛 첩과 자매였기에 피란하면서 몸을 의탁했던 것이다. 오희문은 사람들이 이빈의 옛 첩에게 개가하라고 부추겼으나 극구 반대했으며 강요하자 목을 매고 죽으려고까지 했다는 소문을 듣고, 이것이 진실이라면 "정절이라고 할만하다"며 칭찬했으나, 후일 행실이 달랐다는 것을 듣고는 실망했다.269) 이들 사례에서 보이듯이 전쟁이라는 혼란기, 남성이 버린 첩에게도 "정절"이란, 양반 여성과 같이 지키지 않으면 비난받는 것은 아니나, 지킨다면 칭송받는 윤리였던 것이다.270)

신분이 낮은 여성 중에는 무녀(巫女)도 있었다. 어느 날 걸식하는 무녀가 오희문의 집을 찾아왔다. 문밖에서 휘파람을 불어 자신이 왔음을 알렸다. 오희문은 이와 같은 무속적인 행위를 좋아하지 않았으나, 아내가 불러들여 말리지 않았다. 길흉을 물어보니 맞는 것도 있었고, 다른 방에 있는 오희문이 놀이를 하고 있는 것도 맞추었다. 오희문을 이를 두고 다소 불쾌해 하며, 이러한 무리가 돌아다니며 풍속을 현혹시킨다는 평을 남겼다.271) 원래 돌아다니며 무녀 일을 하는 이였는지, 전쟁으로 걸식하게 되었는지는 알 수 없다. 동행한 이에 대한 기록은 없는 것으로 보아 홀로 돌아다니는 이였을 수 있다.

친가의 노 수두지는 앞을 전혀 보지 못하는 장애인인데, 당시 직산에 있는 부친 종해의 집에 살고 있었다. 결혼을 세 번 했으며, 현재 아내는 무당

---

269) 『쇄미록』 무술일록 2월 25일 ; 후일 오희문이 한성으로 돌아왔을 때 그를 만나보았는데, 그때까지만 해도 뜻을 바꾸지 않을 것 같았다. 그러나 후일 광노와 결혼을 했는데, 이를 알게 된 오희문의 집에서 쫓아내게 했다. 그 뒤에 광노가 다른 이와 결혼을 하자, 그 집에 찾아와 질투하고 욕을 하였다는 것이다. 오희문은 "그때 바로 죽었다면 그 끝이 어떠했는가"라는 평을 남겼다(『쇄미록』 무술일록 잡기).

270) 양반 남성들의 첩의 정절도 기대했으나 강요하지는 못했던 상황, 양반 남성의 축첩 인식에서 읽히는 시대적 변화상에 대해서는 박미해, 「유교적 젠더 정체성의 다층적 구조」, 『사회와 역사』 79, 2008에서 언급한 바 있다.

271) 『쇄미록』 을미일록 1월 30일.

의 딸인데 장차 무당이 될 것이라고 하였다.[272] 이러한 모습은 전쟁이라는 혼란한 시기, 무속에 기대는 사람이 많아졌다는 사실을 방증하는 사례로 볼 수도 있을 것이다. 그리고 이러한 세태를 활용하여 적극적으로 자신의 삶을 열어가려는 모습이 보인다.

『쇄미록』비나 천인 신분의 여성 외에 평민 여성들의 모습도 보인다. 이들에게도 전쟁은 가혹했다. 전쟁이 가지고 온 극단적인 상황에 마주친 이들은 인륜을 저버리는 모습도 나타났다. 진주성 함락 직후 위기감이 고조되면서 사족과 상민 구분 없이 피란 행렬이 이어지던 때에, 오희문은 어린아이가 큰 소리로 통곡하고 여성이 얼굴을 감싸고 슬피 우는 모습을 보았다. 물어보니 남편이 아내와 아이를 버리고 간 것이었다. 세 사람이 떠돌며 구걸하며 살았는데, 구걸이 어려워지자 아내와 아이를 버렸다는 것이다. 오희문은 한탄했다.[273]

영암에 머물던 어느 날 울타리 밑에서 어린 아이가 어미를 부르며 울고 있었다. 전날 저녁 어미가 버리고 갔기 때문이었다.[274] 태인에서 임천으로 향하는 길에서는 거적에 덮인 굶어 죽은 시체를 보았다. 곁에는 두 아이가 앉아서 울고 있었는데, 물어보니 자신들의 어미라고 했다. 병들고 굶주리다 전날 죽었는데 시신을 묻으려 해도 두 아이의 힘으로는 옮길 수가 없고 땅을 팔 연장도 없다는 것이었다. 잠시 후 나물 캐는 여인이 호미를 들고 가는 모습을 본 두 아이는 저 호미를 빌린다면 땅을 파서 묻을 수 있겠다는 말을 했다고 한다.[275] 담담하게 기록된 문장에서 두 아이가 느낀 암담함과 함께 살아남으려는 의지가 느껴진다.

어느 날은 12~13세쯤 되는 여자아이가 오희문의 집에 구걸을 하러왔다. 사정을 물어보니 부모는 일본군에게 죽고 고모부 가족과 함께 걸식을 하였

---

272) 『쇄미록』병신일록 4월 25일.
273) 『쇄미록』계사일록 7월 15일.
274) 『쇄미록』갑오일록 1월 23일.
275) 『쇄미록』갑오일록 2월 14일.

는데, 이달 초에 아이를 버리고 가버렸다고 하였다. 오희문은 아이를 불쌍히 여겨 거두었는데, 며칠이 되지 않아 도망가 버렸다.[276] 오희문은 이를 두고 얄밉고 괘씸하다 했으나, 아이가 왜 도망쳤는지, 도망친 후에 어떤 삶을 살았을지는 알 수 없다.

이 시기까지만 해도 전쟁의 기근이 극심했던 때이기에 걸식하는 이들이 많았다. 1594년 6월에도 손에 표주박을 들고 보따리를 맨 채 걸식하는 남녀 아이가 집 문밖에서 어미를 부르며 통곡하는 장면을 목격했다. 여자아이는 13살, 남자아이는 10살이었는데, 아전 출신인 아비는 피란 중 병으로 죽어 겨우 매장했고, 어미와 함께 떠돌다가 이곳에 온 지 사나흘 정도 되었는데, 어미가 아이들 때문에 마음대로 걸식을 못한다며 핀잔을 주더니 이날 낮에 도망을 가버렸다는 것이었다. 아이들은 어미가 자신들을 버리고 갔으니 머지않아 굶어 죽을 것이라며 울음을 그치지 않았다.[277] 전날 한 숟가락을 얻어먹은 후 아무것도 먹지 못했던 이들의 운명은 어떠했을지 궁금해진다. 아이들과 함께 유리걸식하던 어떤 여성은 길에서 죽었고, 어떤 여성은 살아남기 위해 도망쳤다. 남은 아이들은 다른 이들의 호의로 살아남는 경우도 있었겠지만, 도움을 받지 못하는 사례가 더 많았을 것이다.

『쇄미록』에는 행상을 하는 여성도 보인다. 오희문의 집에 반찬이 떨어졌을 때 마침 굴을 파는 여인이 찾아왔다. 희문은 3되의 쌀을 주고 사서 국을 끓여 먹었는데, 쌀을 줄 때 여인이 들고 다니는 되를 사용한 것으로 보인다. 그는 여인의 되 크기가 두 되 크기였다고 회고했다. 그러나 비록 그때 알았더라도 사 먹지 않을 수 없었을 것이라며 자신의 상황을 안타까워했다.[278] 굴 장수 여성은 자신의 삶을 스스로 개척하기 위해 나름의 방법을 사용하고 있었던 것이다.

---

276) 『쇄미록』 갑오일록 5월 21일, 29일.
277) 『쇄미록』 갑오일록 6월 6일.
278) 『쇄미록』 병신일록 10월 23일.

5. 맺음말

이 글에서는 『쇄미록』을 대상으로 하여 임진전쟁 중 여성의 삶을 살펴보고자 했다. 이를 위해 여성의 삶을 신분, 연령, 가족관계, 노동 등의 요소로 나누어 구체적으로 살펴보았다. 전쟁으로 인해 조선의 여성들은 전에 없던 고난을 맞이해야만 했다. 그러나 여성의 신분에 따라, 그리고 보호자인 남성의 상황 -신분·지위·관직 등- 에 따라, 고난이 다른 모습을 보였다는 사실을 알 수 있었다.

전쟁 중 여성은 스스로의 삶을 개척하기 위해 노력했다. 원하는 것을 얻기 위해 편지를 보내거나 직접 방문을 하여 부탁을 하는 일 외에도, 상업, 무속, 의술, 기예 등과 같은 일을 하여 영리의 주체가 되었다. 그리고 비의 경우 도망이라는 적극적인 방법도 사용되었다. 이러한 행위가 전개되는 중에 여성들만의 공간과 만남, 다양한 교류방법도 눈에 띄었다. 이와 같이 전쟁 시기 여성은 활동적인 모습을 보이고 있었다. 물론 이러한 사례들은 전쟁으로 인한 특수한 상황에서 발생한 것일 가능성도 있다. 따라서 16세기 후반의 일상적인 상황에서는 어떤 모습이었는지 비교 검토가 필요하다. 나아가 전쟁으로 인해 어떤 변화가 발생했다면, 그것이 이후 영향을 미쳤는지, 일회적인 변동에 그쳤는지 살펴볼 필요도 있다. 한편 피란 지역에서도 삶은 이어지고 있었기에, 간혹 일상생활과 큰 차이가 없어 보이는 장면도 눈에 띈다. 그러나 일상과 비슷한 삶을 위해서 피란민들의 비일상적인 노력이 필요했음이 분명하다.

남성은 전쟁이라는 극한 상황에서도 유교적 여성관을 표출하고 있었다. 그러나 가족과 친지에 대해서도 그러한 윤리관에 입각한 선택을 강요했는지에 대해서는 고민이 필요하다. 나아가 여성관이나 여성과 관련한 여러 의례 시행 모습이 조선전기적 양태인지, 전쟁 중의 특이한 사례인지, 변화의 도중이었는지 확인할 필요가 있다. 본 글은 『쇄미록』만을 대상으로 했다는 한계를 지닌다.『쇄미록』만큼 상세한 기록을 남기고 있지는 않지만 여러 일기, 실기류는 물론, 야사 및 문학 작품도 폭넓게 검토하여 그 속에 살아있는 여성의 삶을 도출해 낼 필요가 있을 것이다.

참고문헌

1. 사료

『쇄미록』(국립진주박물관, 『쇄미록』, 사회평론아카데미, 2018).

2. 논저

정창권, 『홀로 벼슬하며 그대를 생각하노라』, 사계절, 2003.

정해은, 『조선의 여성. 역사가 다시 말하다』, 너머북스, 2011.

권내현, 『노비에서 양반으로, 그 머나먼 여정-어느 노비 가계 2백 년의 기록』, 역
　　사비평사, 2014.

김현숙, 『조선의 여성 가계부를 쓰다』, 경인문화사, 2018.

조원래 외, 『한중일공동연구 정유재란』, 범우사, 2018.

국립진주박물관 2020년 특별전 '오희문의 난중일기 『쇄미록』' 연계 학술심포지엄
　　『『쇄미록』을 통해 본 임진왜란기 조선의 사회상』, 국립진주박물관, 2020.

박주, 「임진왜란과 旌表」, 『한국전통문화연구』 8, 1993.

전경목, 「日記에 나타나는 朝鮮時代 士大夫의 일상생활-오희문의 『쇄미록』을 중
　　심으로-」, 『정신문화연구』 19-4(통권65), 1996.

이성임, 「조선중기 오희문가의 상행위와 그 성격」, 『조선시대사학보』 8, 1999.

정성미, 「『쇄미록』 연구」, 원광대학교 박사학위논문, 2003.

이성임, 「16세기 양반사회의 膳物經濟」, 『韓國史硏究』 130, 2005.

이정수, 「16세기 중반~18세기 초의 화폐유통 실태」, 『조선시대사학보』 32, 2005.

장미경, 「戰爭詩에 나타난 여성의 兩價性-壬辰倭亂과 丁酉再亂 詩材 한시를
　　대상으로-」, 『한국고전여성문학회』 11, 2005.

신동원, 「조선 후기 의약생활의 변화 :선물경제에서 시장경제로-『미암일기』, 『쇄미
　　록』, 『이재난고』, 『흠영』의 분석」, 『역사비평』 75, 2006.

김성진, 「『쇄미록』을 통해 본 士族의 生活文化-음식문화를 중심으로」, 『동양한문
　　학연구』 24, 2007.

박미해, 「조선중기 수령의 가족부양으로 본 長子의 역할과 家의 범위-오희문가의

평강생활(1596-1600년)을 중심으로」,『사회와 역사』75, 2007.

박미해,「조선중기 예송(例送)·증송(贈送)·별송(別送)으로의 처가부양-오희문의『쇄미록(瑣尾錄)』을 중심으로-」,『한국사회학』42-2, 2008.

박미해,「유교적 젠더 정체성의 다층적 구조」,『사회와 역사』79, 2008.

최주희,「16세기 양반관료의 선물관행과 경제적 성격」,『역사와 현실』71, 2009.

정출헌,「임진왜란의 상처와 여성의 죽음에 대한 기억-동래부의 김섬(金蟾)과 애향(愛香), 그리고 용궁현의 두 婦女子를 중심으로-」,『한국고전여성문학연구』21, 2010.

정성미,「조선시대 사노비의 사역영역과 사적영역-『쇄미록』에 나타나는 사례를 중심으로」,『전북사학』38, 2011

신병주,「16세기 일기 자료『쇄미록』연구」,『조선시대사학보』60, 2012.

조영준,「조선후기 조직의 賻儀와 경제적 성격」,『규장각』40, 2012.

김현숙,「조선 여성의 선물 교환 실태와 연망(緣網)-19세기 중반 호서지역을 중심으로-」,『조선시대사학보』75, 2015.

신병주,「16세기 일기 자료에 나타난 꿈의 기록과 그 의미」,『조선시대사학보』74, 2015.

이성임,「일기 자료를 통해 본 조선 사회의 또 다른 모습」,『장서각』33, 2015.

정해은,「임진왜란기 대구 수령의 전쟁 대응과 사족의 전쟁 체험」,『역사와 경계』98, 2016.

한성금,「미암 유희춘의 여성 인식」,『동아인문학』38, 2017.

전경목,「임진왜란 초기 장수현에 떠돌던 소문과 전달된 문서」(국립진주박물관,『『쇄미록』번역서 발간 기념 학술심포지엄』, 2018).

소현숙,「3·1운동의 정치주체로서의 '여성'」,『한국학논총』51, 2019.

이성임,「16~17세기 일기의 傳存 양상」,『조선시대사학보』89, 2019.

최은주,「조선시대 임진왜란 일기자료의 현황과 傳存 양상」,『한국민족문화』2020.

김경태,「『쇄미록』에 나타난 임진왜란 관련 정보의 전달 양상」,『역사와 담론』99, 2021.

김소연,「『쇄미록』에 나타난 오희문의 전란 체험과 가족애」,『가족과 커뮤니티』4, 2021.

송수진,「임진왜란기 사족(士族) 부형(父兄)의 형상화-『쇄미록』을 중심으로」,『국학연구』46, 2021.

정수환,「임진전쟁과 일상, 기록 그리고 텍스트 검토」,『한국사학사학회』44, 2021.

김연수,「『쇄미록』에 나타난 16세기 혼맥과 친족관계」,『한국민속학』75, 2022.

유재빈,「烈女圖에 담긴 폭력과 관음의 이중 굴레」,『대동문화연구』118, 2022.

이성임, 「임진왜란기 해주 오씨 집안의 官屯田과 차경지 경작-吳希文의 『瑣尾錄』
을 중심으로-」, 『조선시대사학보』 101, 2022.

패전 후, 제국 일본여성의 집단기억과 제국의식
- 경성제일고등여학교를 중심으로 -

송 혜 경*

1. 머리말
2. 식민지기 경성제일고등여학교의 위상
3. 동창회의 부활과 학교 역사의 재건
4. 동창회지 『백양』의 발간과 종간
5. 맺음말

1. 머리말

본 논문은 식민지 조선에 설립되어 운영되던 일본인을 위한 고등여학교가 일본의 패전과 함께 폐쇄된 후, 전후가 되어 일본에서 어떠한 방식으로 자신들의 학교를 계승하여 집단의식을 만들어 나갔는지 고찰하는 것이다. 특히 조선에서 최고의 명문 여학교로 일컬어진 경성제일고등여학교를 분석의 대상으로 하여 상기의 문제를 살펴보고자 한다. 이를 통해 학교를 매개로 한 재조일본인 여성의 집단기억의 형성 과정과 현재까지 무의식적으로 지속되는 제국의식의 일면을 확인할 수 있을 것이다.

경성제일고등여학교(이하 제일고녀)는 1908년 식민지 조선의 경성에서 가장 먼저 설립된 중등교육기관이다. "해외의 수백 리" 멀리 떨어진 지역에 있는 "종주국의 자녀"에게 "모국의 국민교육"을 그대로 받게 하면서도 "해외발전을 영원히 확실하게 하는 원조자"[1]로서의 역할을 수행하도록 지도하는, 식민지에서의 본국 일본 여성교육의 산실이었다.

---

* 고려대학교 글로벌일본연구원 연구교수
1) 「三浦理事官祝辭」, 『京城新報』152号, 1908.5.26.

제일고녀는 1945년 패전이 선언된 이후 8월 17일 "당국의 지시에 의해 수업 및 동원작업이 정지"되어 사실상 교육활동은 중지되었고 10월 5일 경성부 학무과장에게 "일체의 사무 인계"를 종료, 교지(校地), 교사(校舍) 등을 경성부에 인도하고 37년간의 학교 역사의 막을 내린다.[2] 그러나 학교가 사라져 종말을 고했음에도 불구하고 일본으로 돌아간 후 이들은 "백양혼(白楊魂)", "백양의 정신"을 추구하며 집단적 정체성으로서의 학교의 위상을 이어 나간다. 그렇다면 그들은 어떠한 방식으로 식민지기의 학교를 계승하였을까, 또 학교를 중심으로 한 집단의 기억을 만들어 나갔을까.

이제까지 귀환 후 재조일본인 여성의 조선에서의 체험과 기억에 관해서는 역사학, 사회학, 문학 방면에서 연구되어 왔다. 회고록, 앙케트, 수기 등 과거를 돌아보고 작성한 개인의 기억을 대상으로 하거나 귀환한 이후 작가가 되어 자신의 체험에 창작을 더하여 문화화한 귀환문학이 그 연구 대상[3]이었다. 그중에서 히로세 레이코(廣瀨玲子)의 『제국에 살았던 소녀들-경성제일공립고등여학교생의 식민지 체험(帝國に生きた少女たちー京城第一公立高等女學生の植民地体驗』은 경성제일고등여학교 출신 여성에 관한 연구로, 본고와 연구대상을 같이 하고 있다. 제국 일본여성 중에서 미혼 여

---

2) 元校長·石川賴彦, 「母校の沿革」, 『白楊』 6号, 1955, 5~6쪽.

3) 회고록이나 수기, 앙케트를 대상으로 한 연구로는 권숙인, 「식민지 조선의 일본인 화류계 여성-한 게이샤 여성의 생애사를 통해 본 주변부 여성식민자」, 『사회와 역사』 103, 2014 ; 이연식, 「해방 후 본토로 돌아간 일본인의 경성 인식-경성 태생 요시오카 마리코(吉岡万里子)의 사례를 중심으로-」, 『향토서울』 79, 2011 ; 다바다 가야, 「식민지 조선에서 살았던 일본 여성들의 삶과 식민주의 경험에 관한 연구」, 이화여자대학교 석사논문, 1996 ; 廣瀨玲子, 『帝國に生きた少女たちー京城第一公立高等女學校生の植民地経驗』, 大月書店, 2019 ; 咲本和子, 「『皇民化』政策における在朝日本人ー京城女子師範學校を中心に」, 津田塾大學修士學位論文, 1996 등이 있다. 한편, 귀환문학 여성작가의 연구로는 오미정, 「모리사키 가즈에 문학에 나타난 식민지조선-오사카 긴타로를 경유한 식민지 경험의 재구성」, 『일본어문학』 92, 2021 ; 송혜경, 「일본 여성작가의 식민지 조선 경험과 식민지 기억-호리우치 스미코(堀內純子)의 식민지 조선관련 작품연구」, 『한일군사문화연구』 23, 2017 등이 있다.

성이나 소녀 등의 계층과 세대에 대한 연구가 부족한 상황에서, 히로세의 연구는 인터뷰와 설문지를 통하여 제일고녀를 매개로 한 여성의 일상과 체험을 생생하게 재현했다는 데 그 의의가 있다. 그러나 식민지 출신 동창회가 전후 일본사회에 끼친 영향 등에 대한 비판적 시각이 부족하고, 이들 여성의 전후 식민자로서의 의식에 대한 분석이 너그럽고 또 일본 측에 경도되어 있다.

윤건차는 일본이 대만 조선 중국에 대해 식민지적 침략을 계속해 가던 중 '제국의식'이 형성되어 갔고, 그 기저에는 강한 민족적 차별감이 자라서 고정화되어 갔다[4]고 하여 재조일본인의 '제국의식'을 분석하고 있다. 본고는 제일고녀가 전전(戰前)의 위상을 바탕으로 전후 일본에서 어떠한 방식으로 식민지에서의 체험과 기억을 집단의 기억으로써 만들어 갔는지 고찰한다. 또 그 과정에서 드러나는 일본인 여성의 제국의식을 살펴보고자 한다. 이를 통하여 한국에 대한 일본의 무자각적, 무의식적 차별인식의 일면을 확인할 수 있을 것이다.

2. 식민지기 경성제일고등여학교의 위상

본고는 일본인을 위한 고등여학교가 전후가 되어 학교를 어떠한 방식으로 계승하고 집단의식을 키웠는지 살펴보는 것으로 이를 위해 본 장에서는 그 배경이 되는 식민지기 제일고녀의 위상과 동창회 활동에 대해 고찰하고자 한다.

식민지 조선에서는 일본인 여자를 위한 고등여학교가 일본인 남자를 위한 중학교보다 먼저 세워졌고 학교 수도 많았다.[5] 그 중 제일고녀의 전신

---

4) 윤건차 「식민지 일본인의 정신구조-'제국의식'이란 무엇인가」, 『제국과 식민지의 주변인-재조일본인의 역사적 전개』 보고사, 2013, 45쪽.

이라고 할 수 있는 경성고등여학교는 경성에서는 처음으로, 조선에서는 두 번째로 세워진 중등교육기관이었다. 구체적인 내용을 1921년 발간된『조선 제학교일람(朝鮮諸學校一覽)』의 자료를 토대로 살펴보면 다음과 같다.

〈표 1〉 일본인 고등여학교와 중학교 수(1921년 5월말 현재)6)

학교명	설립	연한	학생수	학교명	설립	연한	학생수
경성고등여학교	1908년	4년	1,008(6)	경성중학교	1910년	5년	621(7)
인천고등여학교	1913년	4년	182	부산중학교	1913년	5년	400(2)
대전고등여학교	1921년	4년	103	평양중학교	1916년	5년	404(6)
군산고등여학교	1921년	4년	101	용산중학교	1918년	5년	570(7)
목포고등여학교	1920년	4년	163	대전중학교	1918년	5년	295(15)
대구고등여학교	1916년	4년	347	대구중학교	1921년	5년	195(15)
부산고등여학교	1906년	4년	427	원산중학교	1921년	5년	97(1)
마산고등여학교	1921년	4년	142	-	-	-	-
평양고등여학교	1913년	4년	243	-	-	-	-
진남포고등여학교	1917년	4년	142	-	-	-	-
원산고등여학교	1921년	4년	125	-	-	-	-
나남고등여학교	1920년	4년	77	-	-	-	-
계 12교			3,060(6)	계 5교			2586(55)

* 1921년 조선총독부학무국에서 발행된『조선제학교(朝鮮諸學校)』를 토대로 재구성했다.
( )는 조선인 수를 가리킨다.

위의 표에서 보면, 일본인 여자를 위한 고등여학교는 일본인 남자를 위한 중학교에 비해 각 학교의 규모는 크지 않지만, 그 수가 많았고 전국 도

---

5) 송혜경은 식민지조선의 일본인을 위한 중등교육의 특징으로 고등여학교가 중학교보다 먼저 세워졌고, 수적으로 많았고, '산재'해 있는 점을 들고 있다. 또 그 이유를 식민지 본국 일본의 소학교 취학률과 고등여학교 상황과 연결지어 설명하고 있다 (송혜경, 「일본인의 한반도 이주와 여성중등교육의 형성-식민 초기, 경성고등여학교를 중심으로-」,『일본사상』42호, 2022, 114~117쪽 참조).
6) 朝鮮總督府學務局,『朝鮮諸學校一覽』, 1921, 13~20쪽.

시에 산재해 있었다. 그 중에서도 경성고등여학교는 부산고등여학교에 이
어 두 번째로 설립되었고 경성에서는 남학생을 위한 경성중학교보다 먼저
세워졌다. 게다가 학생의 수적 규모도 가장 컸다. 위의 1921년 자료에 근거
해서 보면 일본인 고등여학교의 총 학생 수가 3,000여 명이었는데, 그중
1,000여 명이 경성고등여학교 학생이었다. 학생 수의 증가로 인하여 경성고
등여학교는 1922년 경성제1고등여학교과 경성제2고등여학교로 학교가 나
뉘지만, 그 이후에도 경성고등여학교를 이어받은 제일고녀는 많은 학생 수
를 보유했다.

　제일고녀의 전신인 경성고등여학교의 시작은 경성에서 조직된 경성부인
회 사업의 일환에 있었다. 1906년 4월 경성부인회 부속으로 개설된 여학교
는 생도 불과 9명이었다. 1908년 경성거류민단에 의해 4개년 고등여학교
설립이 결의되어 4월 남대문 소학교 안에 가교사를 세우고 입학시험을 실
시했다. 총 84명이 합격하여 한 학년에 1개 학급씩 4개 학급을 갖춘 상태에
서 같은 달 4월 하순부터 수업을 시작했다[7]. 이렇게 시작한 제일고녀 각 졸
업 회차의 졸업인원을 살펴보면 다음과 같다.

〈표 2〉 경성제일고등여학교 졸업생 각 회별 인원[8]

졸업회차	1	2	3	4	5	6	7	8
졸업연월	1909.3	1910.3	1911.3	1912.3	1913.3	1914.3	1915.3	1916.3
인원	15	19	46	45	52	72	105	108
졸업회차	9	10	11	12	13	14	15	16
졸업연월	1917.3	1918.3	1919.3	1920.3	1921.3	1922.3	1923.3	1924.3
인원	106	135	129	168	151	135	173	171
졸업회차	17	18	19	20	21	22	23	24

---

7) 朝鮮總督府內務部學務局, 「朝鮮敎育要覽」, 『植民地朝鮮敎育政策史料1』, 大學書院, 1990,
　106~107쪽.
8) 재학생 5년생 198명과 4년생 229명은 앞당겨서 졸업하는 형태를 취했다.
9) 회우수(會友數)는 졸업은 하지 않았지만 백양회에 소속된 인원으로 1945년 8월 15

졸업연월	1925.3	1926.3	1927.3	1928.3	1929.3	1930.3	1931.3	1932.3
인원	185	217	188	193	197	50	142	183
졸업회차	25	26	27	28	29	30	31	32
졸업연월	1933.3	1934.3	1935.3	1936.3	1937.3	1938.3	1939.3	1940.3
인원	190	192	200	197	190	211	216	213
졸업회차	33	34	35	36	37	38	졸업회수	38
졸업연월	1941.3	1942.3	1943.3	1944.3	1945.3	1945.9	졸업생수	6,065
인원	213	200	206	196	198(5)/229(4)	229	회우수[9](會友數)	812

* 비고: 회우에는 1942년 3월 이전 회우 39명과 1945년 8월 15일 3년 이하 재학생 773명
을 포함한다.[10]

위의 표는 제일고녀의 마지막 교장이었던 이시가와 요리히코(石川賴彦)
가 귀환되어 일본으로 돌아간 지 10년이 되는 시점에서 작성한 각 졸업회
차 별 졸업생 수의 일람이다. 제일고녀는 37년 동안 총 6,065명의 졸업생을
배출했다. 표에서 주목되는 것은 개교 다음 해인 1909년부터 졸업생이 배출
되었다는 것이다. 이는 앞서 언급한 것처럼 제일고녀가 각 학년 학생을 모
집하여 4개 학년이 갖추어진 상태에서 학교를 시작했기 때문이었다. 이미
히노데(日の出) 소학교 앞쪽에서 운영되던 여학생을 위한 사설기관(塾)을
그대로 옮겨[11]왔기 때문에 가능한 것이었다. 게다가 제1고녀와 제2고녀로
나뉘는 1922년 이후에도 200명에 가까운 졸업생을 매년 배출하고 있었다.
배출하는 졸업생 수에서도 당시 최대 규모의 여학교였던 것이다.

당시 학생 수가 가장 많았지만, 그렇다고 입학이 쉬운 것은 아니었다.
1927년 대구에서 태어나 대구에서 소학교를 졸업한 아소 미호코(阿蘇美保
子)는 제일고녀의 입학시험에 임하면서 "경성에서는 물론 이름대로 최고

일 기점으로 재학생 1,2,3학년을 포함하고 있다.
10) 元校長·石川賴彦, 「母校の沿革」, 『白楊』 6号, 1955, 6쪽.
11) 大場勇之助, 「開校式の思い出」, 『白楊』 8号, 1957.11, 12쪽.

(第一), 명문학교라서 상당히 어려"울 것이라고 하여 "아버지도 어머니도
내심 걱정"[12]했다고 회고한다. 시험 과목은 국어, 작문, 산술, 상식 문제의
학과목뿐 아니라 체력 테스트까지 실시했다. 미호코는 아침에 등교해서 철
봉 매달리기를, 방과 후에는 투포환 던지기를 "매일같이 연습"했다고 한다.
1912년, '내지인' 여자의 고등보통교육을 위해 발포된 〈조선공립고등여학교
규칙〉에는 "체육은 덕육, 지육과 서로 경중(輕重)이 없게 할 것을 기대하며
항상 이를 장려하기에 힘쓰라"[13]는 조항이 있는데, 이러한 교육지침을 실
현하기 위해서인지 입학을 위해 학업과 체력 모두 평가하였고, 대구의 여학
생은 합격을 위해 매일 체력까지 단련해야만 했다. 몇 명이 지원에서 합격
했는지에 대한 자료는 확인되지 않아 정확한 지원율은 알 수 없지만, 조선
에 살았던 일본인 여학생은 제일고녀를 지향하고 있었다.

> 소학교 때 매일 아침 덕수궁 담장 주변에서 제일고녀 생도와 마주쳤거든.
> 하얀 선이 한 줄 그어진 제복 스커트를 입고 상쾌하게 걸어오는 것을 보고
> (나도) 여학생이 되면 저 제복을 입고 싶다고 남몰래 동경했지. 남대문소학교
> 에서 25명, 동대문, 용산소학교는 조금 떨어져 있으니까 2, 3명 정도씩 갔을
> 거야. 거의 경성중심부 소학교에서 입학했지만, 수원, 수색 부근에서 기차로
> 통학했던 사람도 있고, 춘천(서울 북동에 위치한 지방 도시)의 여학교 4년을
> 졸업하고 너무나도 제일고녀에 들어가고 싶어서 편입한 사람도 있었어.[14]

위의 인용은 1925년생 요시오카 마리코(吉岡万里子) 회고의 일부분이다.
소학교에 다닐 때부터 "(나도)여학생이 되면 저 제복을 입고 싶다"고 생각
할 정도로 식민지 조선에 살았던 일본인 여자아이들에게 제일고녀는 '동경'
의 여학교였다. 주로 "경성 중심부의 소학교" 출신들이었지만, 다른 여학교

---

12) 阿蘇美保子, 『生いたちの記』 個人伝記, 1977, 60쪽.
13) 「朝鮮總督府令第四十四号」, 『朝鮮總督府官報』 号外, 1912.3.27.
14) 澤井理惠, 『母の「京城」・私のソウル』, 草風館, 1996, 77쪽.

를 졸업했음에도 불구하고 편입이라는 형식을 통해서라도 제일고녀생으로서의 위치를 획득하고자 했다.

또한 제일고녀가 명문 여학교가 될 수 있었던 것을 학부모의 사회적 지위와도 관련지어 생각할 수 있다. 앞서 인용한 대구에서 제일고녀에 입학한 아소 미호코는 교실에서 앞 뒷자리의 친구들과 새로 사귀게 되는데, 그들은 병원장의 딸, 회사 중역의 딸, 총독부 고관의 딸들이었다. 제일고녀에서는 "학부형에 사회적 지위가 높은 사람들이 많았"[15]던 것이다. 제일고녀 학부모의 사회적 지위는 식민지기에 발표된 소설에서도 확인할 수 있다. 조선총독부의 기관지였던『경성일보』에는 경성고녀에 다니는 두 여학생을 주인공으로 하는「봄을 기다리며(春を待つもの)」(1936.5.9.~10.2.총 157회)라는 장편소설이 게재된다. 한강에서 펼쳐진 "경성제x고녀"의 스케이트 대회를 배경으로 시작하는 이 장편소설에서 두 소녀 주인공의 부친은 대선은행 이사와 대구의 광산 경영자이다.[16] 이 소설이 어떻게 전개되는지는 별도로 하더라도 제일고녀의 학부모는 높은 사회적 지위를 가진 계층으로 표상되고 있다. 당시 제일고녀의 학부모 계층에 대한 사회적 인식을 보여주는 것이다. 게다가 이들은 자녀의 학교교육에 지대한 관심을 쏟고 있었다. 1910년 제일고녀의 전신인 경성고등여학교를 방문한 기자는 이 여학교는 "일본(本邦)의 고등여학교와 같다(同樣)"[17]고 하면서도 그 차이를 다음과 같이 설명하고 있다.

> 교장이 말하기를, 일본(本邦)에서는 학교와 가정 사이가 아주 소원하여 아무리 학교 쪽에서 생도에 대하여 가정과 상담하려고 해도 가정 쪽에서는 아주 냉담하다. 예를 들어 뭔가 문답지를 보내도 여기에 답해서 보내오는 것은 1/3을 넘지 않는다. 하지만, 경성에서는 생도 가정이 열심히 학교의 상담

---

15) 阿蘇美保子,『生いたちの記』69쪽.
16) 山下ハル子,「春を待つもの」,『京城日報』1936.5.9.~10.2.
17) 天人兒「京城の諸學校一瞥」,『朝鮮』29号, 1910.6. 78쪽.

상대가 되어 준다. 교육하는 데 참고할 만한 다대한 조력을 받고 있어 아주 좋은 상황이다.[18]

교장은 식민지 조선에서 일본인 가정이 학생의 학교생활이 관심이 많아 "다대한 조력"을 받고 있다고 설명한다. 이는 일본에서 학교와 가정 사이에 소통이 없고, 학생에 대한 문제를 가정과 의논하려고 해도 그 반응이 "냉담"한 것과 비교되는 것이었다. 이처럼, 학부모의 사회적 지위가 비교적 높으면서도 학교 교육에 관심이 많았던 것은 제일고녀를 명문으로 만드는 하나의 요소로 작용했다. 이러한 분위기와 더불어 제일고녀가 식민지 조선에서 최고의 여성교육기관으로 인식될 수 있었던 것은 여성단체로 성장한 동창회에 있었다. 졸업생을 중심으로 하는 동창회는 어떠한 방식으로 운영되어 활동했을까.

제일고녀 졸업생을 위한 동창회는 '백양회'라는 이름으로 활동했는데 개교 초기부터 그러한 이름이 붙었던 것은 아니다.

> 쑥쑥 성장해 가는 조선 특유의 포플러에 비유하여 백양회라 이름 지은 것은 1914년이었다. 당시 동교(同校)의 졸업생 그룹은 동창회라고 칭하는데 불과했지만, 백양회라고 호칭한 이후 동교 졸업생 즉 동창회 회원의 활약은 훌륭했다.[19]

위의 인용은 『경성일보』에 실린 기사로, 동창회 이름이 백양회로 불린 시기와 이유를 설명하고 있다. 원래는 동창회라고 부르던 것을 1914년부터 백양회로 부르게 되었고 이는 "쑥쑥 성장해 가는 조선 특유의 포플러에 비유"한 것이었다. 식민지 조선에서 일본인 여성과 그 단체가 성장, 발전해가길 바라는 염원이 담겨 있는 것이다. 동창회는 체계가 갖춰지면서 회칙을

---

18) 天人兒, 「京城の諸學校一瞥」, 『朝鮮』 29号, 1910.6. 76~77쪽.
19) 「女のグループ(1)」, 『京城日報』 1927.11.9.

만들어 동창회지 『백양회지』에 공개했다. 그 1조를 보면 "본회는 경성제일 공립고등여학교 졸업생으로 조직"되어 "동창으로서의 정의(情誼)를 두텁게 하고" "부인으로서의 수양 향상을 도모"하는 것이었다. 하지만 "경성제일공 립고등여학교에 재학했던 사람으로 다른 고등여학교를 졸업한 사람"이나 다른 고등여학교 졸업생이라도 경성제일공립고등여학교 강습과, 보습과 혹 은 전공부를 수료한 사람도 "본인의 희망에 따라 본회에 입회할 수 있"[20] 었다. 즉 제일고녀에 다니다가 '내지'의 고등여학교로 전학을 간 학생[21]도 백양회의 회원으로 활동할 수 있었다. 그렇다면 백양회는 학교 조직을 기반 으로 하여 사회적으로 어떠한 활동을 하였을까.

『경성일보』에는 1924년 조선에서 활동하는 여성단체를 소개하는 기사가 실린다. 여기서 기자는 1920년대 당시 경성에는 18개의 여성단체가 활동하 고 있다고 하면서, 그 첫 번째로 제일고녀 특집을 싣고 있다.[22] 또 1927년 에는 제일고녀의 백양회를 최고의 여성단체로 소개하고 있는데, 기사를 확 인하면 다음과 같다.

> 현재 2천여 명의 회원을 가지고 매년 2백여 명의 신입회원이 나오는 백양 회, 그 모체가 부내 정동 제일고등여학교라는 것만으로도 앞으로의 조선에 있어 부인단체 중 아마도 제1위로 손꼽을 수 있다. (중략) 백양회라고 부른 이후 동교 졸업생 즉 동창회 회원의 활약은 훌륭했다. 부인을 위해서 강습 회, 요리회, 강연회 등등 세어본다면 한이 없다.[23]

---

20) 「京城第一公立高等女學校白楊會規則」, 『白楊會誌』 23号, 1927.7. 86쪽.
21) 1925년 '경성'에서 태어난 다카하시 기쿠에(高橋菊江)의 경우, 1938년 제일고녀에 입학해서 2년간 다니다 일본으로 돌아간다. 그녀는 제일고녀에서 졸업하지는 않았 지만 전후 일본에서 백양회 활동을 이어갔다(송혜경 「전후 식민자2세 여성의 '소녀 의 기억'과 식민지 조선-다카하시 기쿠에의 조선 관련 단편소설을 중심으로」, 『일본 학』 52호, 2020 참조).
22) 「女性禮讚 (1)」, 『京城日報』 1924.11.24.
23) 「女性禮讚 (1)」, 『京城日報』 1924.11.24.

위의 인용에서 보면 1927년까지 축적된 졸업생 즉 동창회원은 2천여 명
에 육박했다. 게다가 "정동 제일고등여학교"를 모체로 하였기 때문에 매년
"2백여 명의 신입회원"이 지속적으로 가입될 수 있었다. 일본인 사회에서
학교의 위상과 수적 세력을 생각해 볼 때 단연 "1위로 손꼽을 수 있을" 정
도의 여성단체였다. 앞서 〈표 2〉에서도 확인했던 것처럼 실제 제일고녀는
점차 졸업생 수가 증가하여 매년 200명을 넘었고, 학교라는 조직을 기반으
로 백양회는 매년 다수의 새로운 회원 유입이 가능했다. 이어서 기사는 백
양회의 "가장 의의 있는 기획"으로 재학생을 위한 재봉틀의 구입과 도서관
설립을 들고 있다. 특히 도서관은 1922년 남산에서 정동으로 학교가 이전할
때 "여자의 지식을 충족시킨다"는 의미에서 음악회를 개최하여 모인 기부
금으로 서양식 2층 건물의 도서관을 지었는데, 이는 "조선 내 여학교 중 처
음"24) 있는 일이었다. 제일고녀 졸업생으로 구성된 백양회는 학교 발전에
적극적으로 지원했던 것이다. 그러나 백양회에 대한 기대는 재봉틀 구입이
나 도서관 건립과 같은 조선 내에서의 사업에 머물지 않았다.

백양회의 회장인 본교 교장 나리타 다다요시(成田忠良)는 개교 10주년을
기념하는 『백양회지』에 "본 회원도 이미 7백여 명에 달했다"고 하면서 "현
재 세력은 아직 사회에서 인정받을 만한 정도는 아니지만", 앞으로 회원이
점차 증가함에 따라 "조선에서 부인계의 중견이 되고, 내지는 물론, 지나
(支那), 타이완 각 신영토의 광범위한 지역에서 활동"25)하게 될 것을 기대
하였다. 제일고녀에 거는 기대가 "현모양처로서" "해외 발전을 영원히 확실
하게 하는 원조자(援助者)"26)라 했을 때, 이들에게 식민지 조선에서뿐 아니
라 제국 일본의 세력이 미치는 지역에서 활동하며 일본 가정을 구현하라는
것이다.

24) 「女のグループ(1)」, 『京城日報』 1927.11.9.
25) 成田忠良「開校10周年にあたりて」, 『白楊會誌』 5号, 1918.6.
26) 「三浦理事官祝辭」, 『京城新報』 152号, 1908.5.26.

이러한 학교 측의 바람에 부응해서일까, 당시 『백양회지』에는 식민지 본국 일본은 물론 한반도의 나남, 회령, 대구뿐 아니라, 상하이, 펑티엔 등27) 제국의 영향이 미치는 동아시아 각 지역에 거주하는 동창들의 모임과 소식이 게재되었다.

제일고녀는 역사와 규모, 어려운 입학관문, 학부모의 지위, 동창회 활동 등으로 식민지기 명문 여학교로서의 위상을 만들어 나간다. 그러나 일본의 패전과 함께 막을 내린다. 이후 이들은 어떠한 방식으로 자신들의 전전(戰前)의 위상을 계승하며 집단의식을 만들어 나갔을까. 이는 다음 장에서 고찰하고자 한다.

3. 동창회의 부활과 학교 역사의 재건

패전과 함께 일본으로 돌아간 제일고녀생들은 전후 일본사회에서 식민지에서의 네트워크를 재조직했다. 처참한 패전의 잔해가 가시지 않은 1946년 5월 ○일 오전 11시, 음악 교사였던 오바 유노스케의 제창에 의해 "백양 재건의 뜻을 이루고자" 50명의 졸업생이 모였다. 이들은 "모교의 전통적 정신을 계승"을 목적으로 "회원의 단결"과 "상호 친목"28)을 도모하는 취지에서 백양회를 결성했다.

동창회가 재구성되고 나서 백양회가 가장 먼저 한 일은 사라진 학교의 역사를 재건하여 모교의 정신을 계승하는 것이었다. 백양회는 모교의 역사와 관련된 자료 및 증언을 모으고 모교에 관한 상징물들을 수집해 나간다.

---

27) 현재 식민지시기 간행된 『백양회지』는 총 9권의 소재만이 확인된다. 여기에는 매호에 여기에는 나남, 회령, 대구로부터의 동창회 소식뿐 아니라, 상하이, 펑티엔(奉天)으로부터의 모임 사진이 실려 있다.

28) 「會則」, 『白楊』 6号, 1955, 2쪽.

예컨대 「모교의 연혁」을 다시 세우고, 각 졸업 회차 별 졸업생 수, 교지(校地), 교사(校舍)의 현황도 새롭게 복원해 간다. "모교를 잃고 나서 해가 감에 따라 점차 뇌리에서 사라지는 모교의 모습을" "역사의 개관만"이라도 해야 할 필요를 "통감"[29]한 결과였다. 학교의 역사를 다시 세우기 위해 학교와 관련된 실물을 모으는 과정도 이어지는데, 이 과정에서 교기(校旗)와 대면했을 때의 감정은 흥미롭다.

> ① 이제 학교는 없어져 가고 생도도 졸업생도 전국으로 흩어져서 이 교기 아래 모일 날이 언제 다시 있을지. 무엇하나 남지 않고 사라져가는 학교에 영원히 남는 것은 이 교기뿐, 현실에 엄중하게 모습을 남기는 이 교기, 이렇게 생각하자 눈물이 흐르고 어떻게든 가지고 가아겠다.[30]
> ② 여러분 ! 교기는 혼고 선생님과 더불어 오사카 지부 여러분에게 안겨 있다가 다음해 봄 4월 28일, 우리들의 눈앞에 그 역사 어린 영자(英姿)를 빛낼 것입니다. 교기와 우리 백양회원의 극적 대면을 기대해 주세요.[31]
> ③ "교기"를 순수한 애정에서 류색 바닥에 몰래 가지고 오셨다. (중략) 그것을 바라보는 우리들은 가슴에서 밀려오는 뜨거운 눈물에 흐려진 눈을 깜박이면서 두 손이 빨갛게 되도록 마음으로부터의 박수를 보냈다.[32]

위의 인용문 ①은 마지막까지 남았다가 교기를 가져온 혼다(本田) 선생의 발언이다. 그는 교기를 선두로 해서 뭉쳤던 시절을 그리워하며 교기를 가져오는 과정을 설명한다. 제한된 짐만을 허락하는 귀환 여정에 교기를 가방 밑바닥에 숨기면서까지 가져오는 애착을 드러내는 것이다. 동창회원은 이렇게 가져온 교기를 보게 되는 순간을 인용문 ②에서처럼 역사 어린 영자를 드러낼 것이라면서 이를 "극적 대면"으로 표현하고 있다. 또한 인용문

---

29) 石川頼彦, 「「母校の沿革」のあとがき」, 『白楊』 6号, 1955, 11쪽.
30) 本郷鉦太郎, 「校旗と私」, 『白楊』 8号, 1957, 8쪽.
31) 「校旗はかえる」, 『白楊』 7号, 1956, 119쪽.
32) 遠山芳, 「五十周年記念總會の記」, 『白楊』 8号, 1957, 14쪽.

③에서는 "뜨거운 눈물"과 "박수" 속에서 교기를 바라본다. 교기를 "잃어버린 모교를 대신하는 유일한 유산"으로 인식하면서 모교와 연결될 수 있는 가시적인 상징물에 집단적인 동감 의식을 표현하는 것이다. 또한 식민지기 발간되었던 회원명부도 찾는다. 1943년 마지막으로 발간된 회원명부는 33회 졸업생이 소유하고 있었고 이를 동창회에 제공함으로써 최신의 동창회 회원 명단을 확보할 수 있었다. "'그런 쓸데없는 것!'이라고 말하는 사람도 있"겠지만, 이는 "인식 부족 때문"이라고 하면서 "한없는 기쁨"이라고 반기며 "더할 나위 없이 귀중한 자료"로서 그 귀환을 기뻐하고 있다. 더불어 잃어버린 학교 관련 자료를 찾는 기사도 게재되었다. 그중 제일고녀 강당에 걸려있었다는 액자를 들 수 있다. 이토 히로부미(伊藤博文)가 직접 썼다는 다다미 한 장 크기의 글자 『學而習之博文書』가 강당에 걸려 있었고, 학교가 폐쇄되는 상황에서 액자에서 글자를 빼내어 보관을 맡겼는데 그 행방을 알 수 없다[33]는 것이다. 제일고녀의 개교식에 이토 히로부미가 참석했었고[34], 그 사실은 제일고녀를 수식하는 표현으로 계속해서 사용되었다[35]. 초대 통감이면서 당시 동아시아에서 정치권력을 휘두르던 이토의 개교식 참석은 제일고녀의 위상을 보여주는 것이었다. 게다가 그의 글자를 계속해서 보고 자랐을 제일고녀에게 있어 그 글씨는 특별한 의미를 가졌고 따라서 학교의 역사를 복원하는 과정에서 그 행방을 찾고 있다.

역사의 복원은 한일국교정상화가 이루어지는 1965년 이후에도 계속되었

---

33) 石川賴彦, 「本會にとって大きな歡びと殘念なこと」, 『白楊』 12号, 12쪽.

34) 이토 히로부미의 제일고녀 입학식 참석은 일본어잡지 『조선』과 일본어신문 『경성신보』에 대대적으로 보도되었다(송혜경, 「일본인의 한반도 이주와 여성중등교육의 형성-식민 초기, 경성고등여학교를 중심으로-」, 『일본사상』 42호, 2022 참조).

35) 제일고녀를 수식하는 데 가장 먼저 등장하는 것은 이토 히로부미가 개교식에 참석했다는 것이다. 제일고녀 음악교사 오바 유노스케는 이에 대해 "더할 나위 없는 영광" "한없는 감격"으로 표현(『白楊』 19号, 1968, 18쪽)하고 있으며, 외부 기사에서도 개교식에 "이토 히로부미 한국통감부 초대 통감(당시)이 출석한" 것으로 제일고녀를 설명하고 있다(『白楊』 59号, 2008, 30쪽)

다. 한일국교정상화 이듬해에는 『백양』에 「"기뻐해 주십시오. 여러분의 학적부는 무사합니다"」라는 기쁨에 가득한 기사가 등장한다.

> 일한국교정상화가 실현되자 학적부의 안부도 확인할 수단을 강구하자고 염원하고 있었습니다. (중략) 경성제일고등여학교의 학적부는 지금 경기여자고등학교에 안전하게 보관되어 있습니다. 종전 직후 한국인계의 경기고등여학교가 일본인계의 경성제일고등여학교 교사로 옮겨와 제일고녀의 모든 것을 인수했습니다.[36)](#)

한일국교정상화가 실현된 후 백양회가 가장 먼저 한 일은 조선에 두고 온 학적부의 존재를 확인하는 일이었다. 인편이 가능하게 되자 조선인 제자를 시켜 학적부의 소재를 확인하게 했는데, 정동의 제일고녀 교사 자리로 이전한 경기여자고등여학교가 안전하게 보관하고 있다는 것이다. 기사는 이를 "기적"으로 표현하며 함께 "기뻐해" 달라고 하면서 잃어버린 학교 자료가 확인됐다는 기쁨에 대한 동감을 끌어낸다.

이처럼 전후 재구성된 백양회는 학교의 역사를 복원하고 학교와 관련된 자료들을 모으며, 학교 상징물들을 수집해 나간다. 학교가 더 이상 존재하지 않기 때문에 이러한 작업은 더욱 절실하게 이루어졌다. 동창회를 이끌었던 오바 유노스케 교사는 "교사(校舍)는 잃어버렸지만 모교(母校)는 건재"하다는 인식을 강조해 가는데, 학교 역사 복원 작업은 이에 대한 실천이었다. 이처럼 물리적인 교사는 없어졌지만, '모교'가 여전히 지속되고 있다는 이들의 인식은 동창회 모임을 통해서 더 강하게 발현된다. 백양회는 년 1회의 총회와 년 1회의 회지 발행을 주요 사업으로 하였는데, 총회 이외에도 대략 3년 주기로 '백양회 전국대회'를 개최했다. 일본에서 백양회가 지속되는 동안 개최되었던 백양회 전국대회의 내력을 살펴보면 다음과 같다.

---

36) 石川賴彦, 「"お喜び下さい皆様の學籍簿は無事です"」, 『白楊』 17号, 1966, 17쪽.

〈표 3〉백양회 전국대회 경과[37]

횟수	개최일	창립	주최지	참석인원
1	1957.04.28	50주년	도쿄	589
2	1962.05.20	55주년	교토	624
3	1967.05.04	60주년	후쿠오카	794
4	1972.05.21	65주년	나고야	940
5	1975.06.15	68주년	히로시마	945
6	1978.06.08	70주년	도쿄	654
7	1983.05.23	75주년	센다이	659
8	1986.05.26	78주년	교토	879
9	1988.05.23	80주년	도쿄	1,053
10	1990.05.30	82주년	가나자와	710
11	1993.05.24	85주년	후쿠오카	797
12	1996.05.27	88주년	고베	716
13	1998.05.25	90주년	도쿄	673
14	2000.05.23	92주년	나가사키	412
15	2001.05.24	93주년	도쿄	373
16	2003.05.22	95주년	도쿄	386
17	2006.05.25	98주년	오사카	253
18	2008.05.23	100주년	도쿄	382

백양회는 전후 1946년 50명의 히비야(日比谷) 모임을 시작으로 조직이 정비되어 전국대회, 총회, 각 회 모임, 지방 모임 등의 다양한 모임을 개최했다. 특히 1908년에 설립된 학교가 50주년이 되는 도쿄 전국대회를 시작으로 일본의 각 지방을 순회하면서 전국대회를 개최하는데, 위의 표에서 보면 첫 회 589명의 참석으로 시작한 전국대회는 그 인원이 점차 증가하다가 1980년대 말 1,053명을 정점으로 참석인원이 점차 줄어들었다. "고령화가 진행되어 동창회 운영이 곤란해지는 가운데, 2008년 '창립 100년'을 계기로

---

37) 「白楊會全國大會の步み」, 『白楊』 59号, 2008, 15쪽.

조직을 정리"하지만, 그럼에도 불구하고 마지막 행사에까지 수백여 명의 조
선 출신 일본인 여성들이 모였다.

이들 모임 중 동창회 총회는 개회식 인사에서 임원들 인사와 감사장 증
정[38]까지 보통 동창 모임에서 가능한 식순을 보여주는데, 주목할 것은 모
임 때마다 〈개교식 노래〉와 〈교가〉가 빠짐없이 불렸다는 것이다. 히로세 레
이코는 이 두 곡이 동창회 모임 때마다 반드시 불린 것을 보면 이 노래들이
"동창생의 기억에 강하게 새겨져 있"[39]는 것을 알 수 있다고 간단하게 언
급하고 있다. 학교생활 4, 5년에 걸쳐 계속 불렀으니 외우고 있는 것은 당
연하겠지만, 그러나 "강하게 새겨져 있"는 노래의 가사가 어떠한 의미를 담
고 있는지 확인해 볼 필요가 있다.

> 〈개교식 노래〉 나리타 다다요시(成田忠良) 작사
> 1. 한(韓)의 거친 들판에 심어 물들인 패랭이꽃 풀들이 가는 앞날이
>   아아, 영원하기를 기도하노라, 오늘 모인 자리의 즐거움이여
> 2. 초목이 무성하여 짙은 남산의 푸르른 소나무를 올려보면서
>   변하지 않는 색이 영원하기를, 뿌리 흔들림 없는 주춧돌로서
> 3. 유유히 흘러가는 맑은 한강의 여울을 멀찌가니 바라보면서
>   마르지 않는 물이 팔천 대까지, 빛나며 번성하길 본보기로서
> 4. 아아, 오늘부터는 봄가을 날의 단풍으로 장식한 예쁜 옷처럼
>   마음을 비단으로 장식하면서 나라(國)의 번성함을 축복하노라
>
> 〈교가〉 쓰보우치 다카시(坪內孝) 작사 | 오바 유노스케(大場勇之助) 작곡
> 1. 남산 위 소나무가 드리운 그늘 비추며 흘러가는 한강이어라
>   맑고도 정직함을 본을 받아서 매일매일 아침에 모여듭니다.
> 2. 달마다 날마다 발전해가는 천황 치세의 번영 우러러보며

---

38) 「白楊會六十周年記念總會」, 『白楊』18号, 1967, 20쪽.
39) 瀬玲子, 『帝國に生きた少女たち―京城第一公立高等女學校生の植民地経験』, 大月書
    店, 2019, 63쪽.

옳고 바른 길에서 어긋남 없이 다듬어야지 나의 배움과 덕을
3. 아아, 진정한 소녀라는 이름에 어울리도록 애써 힘을 쓴다면
천황 다스리는 나라 영광의 빛이 그 빛을 영원토록 더할 것일세.[40]

〈개교식 노래〉는 당시 교사였고 이후 2대 교장을 역임한 나리타 다다요 시가 작사한 곡이다. 한(韓)의 거친 들판은 당시의 한반도를, 패랭이꽃(撫子草)은 식민지 본국에서 이주해온 일본인 소녀들을 의미하는 것으로, 붉게 물들어 퍼져가는 패랭이꽃처럼 한반도에서 일본인 소녀들의 세력이 널리 확장되기를 기원하고 있다. 또한 "소나무"와 "한강물"은 조선을 상징하는 것으로 색이 "변하지 않는" 소나무와 "마르지 않는" 한강물처럼 이들 일본인 소녀들이 한반도에서 유구한 역사로 이어지기를 희망한다. 또한 〈교가〉에서는 남산과 한강이 있는 경성 땅에서 소녀로서의 본분을 다하여 천황의 나라 황국이 발전하는 데 기여하자고 다짐하고 있다. 식민지시기의 한반도를 "거친 들판" 즉 발전단계에 있지 못한 곳으로 표현하며, 한반도에서 이주자 일본인 여성들이 그 세력을 뻗어 천황의 나라가 존속하는 데 이바지할 것을 노래한 것이다. 이러한 식민지 조선이 "천황 다스리는 나라"로서 "영광의 빛이 그 빛을 영원토록 더할 것"을 기원하는 이 노래는 전후 동창회 모임 때마다 반복적으로 불렸다. 동창회를 통하여 일본인 여성들의 제국의식이 무자각적으로 지속되었던 것이다. 그렇다면 동창회의 회원 개개인은 동창회를 어떠한 인식에서 바라보았을까. 동창회 모임에 참석하면서 어떠한 소회를 밝히고 있을까.

①드디어 오늘을 위해 전국각지에서 멀리까지 오신 반가운 선생님들이 빼곡하게 단상에 늘어앉아 계시니, 한순간 도쿄에 있다는 것을 잊어버리고 머나먼 경성의 그 정동 언덕 강당에 있는 듯한 느낌에 휩싸인 것은 나 한 사람만이 아닐 것이다.[41]

---

40) 교가는 동창회지 『백양』에 매호 게재되었다.

② 경성제일고녀는 이 지상에서 더 이상 모습이 사라졌습니다. 그러나 이상하게 살아있다고밖에 나는 생각할 수 없습니다. 내가 그렇게 생각하는 것은 말할 필요도 없이 백양회가 열기로서 실제 존재하고 있기 때문입니다. 같은 피가 통하고 있는 백양회가 엄연하게 존재하기 때문입니다.[42]

③ 졸업생들을 만나면 계속해서 이야기가 끝이 없이 이어져서, 나이를 초월해서 그 시절 젊은 미청년으로 돌아가서 정동정(貞洞町)의 '홰나무' 아래 교사에서 수업하고 있는 듯한 즐거운 착각조차 일어납니다.[43]

위의 인용은 백양회 전국대회에 참석했던 회원들이 자신들의 소감을 표현한 『백양』 기사의 일부이다. 인용문 ①은 도쿄 프린스 호텔에서 개최된 50주년 기념모임에 참석한 후의 감상이 다. 단상 위에 정열해서 앉아있는 선생님들의 모습을 보면서 제일고녀가 있던 조선의 "정동 언덕 강당에 있는 듯한" '착각'에 빠졌다는 것이다. ②의 인용에서는 60주년 기념 후쿠오카 대회에 참가한 후의 소감으로 졸업생은 모교는 사라졌지만 실제 존재한다는 상상을 만들어간다. 그리고 그 이유를 "백양회의 열기"로서 증명하고자 한다. 동창회 모임이 "같은 피가 통"한다는 공동의 집단의식을 불러일으켜서 마치 학교가 여전히 존재하는 것과 같은 의식을 만들어간다. 이는 앞서 언급한 "교사(校舍)는 잃어버렸지만 모교(母校)는 건재"다는 인식의 발현이라고 할 수 있다. 한편 ③의 인용은 제일고녀에 재직했던 교사의 술회이다. 교사 역시 졸업생들을 만나면서 교사시절로 돌아간 듯한 "즐거운 착각"에 빠진다. 이들 졸업생과 교사는 동창회 모임을 통하여 식민지 시절의 학교를 불러낸다. 이들 동창회 모임은 회원들에게 식민지 시절을 상기시키고 현재도 계속되고 있다는 상상으로 동창회의 결속을 다지고 있다. 그렇다고 이들이 식민지 시절의 조선과 조선인을 상기하는 것은 아니었다.

---

41) 米倉菖浦, 「三十回たより」, 『白楊』 8号, 1957, 59쪽.
42) 水越實美, 「全國大會の盛況をきいて」, 『白楊』 18号, 1967, 45쪽.
43) 近藤喜助, 「私を語る」, 『白楊』 18号, 1967, 40쪽.

경중(경성중학교:인용자) 야마기시(山岸) 씨의 조선어 연설에 박수갈채를 보내는 것은 조선어의 리듬이 가져오는 향수 때문이라고 할 수 있을까. 안타깝지만 의미는 통하지 않는다. 의미가 통하지 않지만 즐거워해도 조금도 이상하지 않다. 다음으로 스도 씨의 부산 아리랑이 시작되자 무대로 올라와서 여기에 화합하는 두세 명. 도라지의 애조가 비에 흐른다. 문득 종로통이 황금정이 떠오른다. 작은 상 위에 놓인 소머리가, 김치 냄새가, 초가지붕 위에 늘어놓은 빨간 고추가, (중략) 거기 지나갔던 뿌이 씨! 행여 꿈에라도 착각하지 말아 주세요. 우리들은 한국인이 아니에요. 조선에서 교육받은 훌륭한 일본인이랍니다.[44]

위의 인용은 1955년 5월 개최된 제일고녀와 경성중학교와의 합동총회의 모습이다. 제일고녀 300여 명과 경성중학교 100여 명이 참석한 가운데 열린 이 모임에서 두 학교는 별도의 총회를 종료하고 야외에 모인다. 여기서 경성중학교 졸업생이 한국어로 연설을 하고 그 말을 알아들을 수는 없지만, 말이 주는 리듬 속에서 조선에 대한 향수가 후각으로 시각으로 이미지화되어 일어난다. 도라지의 애조가 향수를 불러일으켜서 소머리가, 김치 냄새가, 빨간 고추가, 떠오른다. 식민지 조선이 '풍경'화 되는 것이다. 하지만, 화자는 "문득 주변을 둘러보고는" 지나가는 호텔직원에게 "우리들은 한국인이 아니"고 "조선에서 교육받은 훌륭한 일본인"이라고 강조한다. 한국어가 들려지는 가운데 행여 한국인이라고 오해를 살까 우려하는 것이다. 자신이 생활한 조선이 '풍경'으로서는 그립지만, 외부의 시선을 의식하면서 자신의 정체성을 다시 찾아가는 것이다.

집단의 기억은 개개인이 커뮤니티에 잠입해서 공통의 전승을 나누어 가짐으로써 형성된다. 개인이 이러한 커뮤니티에 참가하여 공통의 의례, 상징물, 이야기를 만들어가는 가운데, 상호의 이야기가 쌓이면서 구축된다[45]고

---

44) 遠山芳, 「白楊會總會の記」, 『白楊』 6号, 1955, 15쪽.
45) アライダ アスマン 著, 安川 晴基 譯 『想起の文化: 忘却から對話へ』, 岩波書店, 2019, 12쪽.

했을 때, 제일고녀의 백양회는 동창회를 통하여 집단의 기억을 만들어 갔다. 교가를 부르고 학교를 호명하는 공통의 의례, 교기 등의 상징물을 통하여 공통의 전승을 공유하였다. 동창회라는 집단모임은 전전의 식민지 조선에서의 식민자로서의 삶을 무자각적으로 계승하고 있었던 것이다.

4. 동창회지 『백양』의 발행과 종간

백양회 모임이 제일고녀생에게 식민지기의 학교를 상기시키는 공간이었다면 동창회지 『백양』은 이러한 상기된 식민지의 기억이 상호 교류하면서 서사화되는 장이었다. 본장에서는 개인의 기억이 어떻게 집단기억으로 수렴되어 갔는지 살펴보고 그 과정에서 드러나는 제국의식을 고찰하고자 한다.

동창회지 『백양』은 본래 『추억(しのび草)』라는 제목으로 시작되었다. 1950년 창간호가 간행되어 2호까지 『추억』으로 발행되었으나 그 제목이 "감상적"(6호) 이라는 점에서 『백양』으로 바꾸고, 2008년 59호를 마지막으로 종간된다. 필진은 백양회의 회원 조직인 제일고녀 졸업생 및 재학생과, 객원으로서의 교사들로 구성되어 있었다. 이외 제일고녀와 동창모임을 같이 하기도 했던[46] 몇 편의 경성중학교 졸업생 기사가 게재되었다. 동창회지 『백양』의 목차를 살펴보면 다음과 같다.

목차-1999-백양 제50호
① 권두사진/ 회장인사/ 각 지부 소식/ 각 회 소식/ 신변잡기/ 단가/ 하이쿠/ 추억(偲び草)/ 사망자(物故者)/ 회칙/ 편집후기/
② 투고규정/ 백양회 회무보고/ 백양회 회비 납부표/ 백양회 결산보고/ 본부위원/ 백양회 간사명부/ 지방지부연락처/ 회원이동 정정명부/ 백

---

46) 「會誌發行」, 『白楊』 6호, 1955, 9쪽.

　　　　양회장 나가사키전국대회 알림[47)

　위의『백양』50호의 경우를 예로 들어 살펴보면, 목차는 보면 크게 두 부분으로 나눌 수 있다. ①의 권두 사진부터 편집후기까지는 매호 바뀌는 동창회지의 주요 내용이다. 한편 ②의 동창회지 투고규정 각 회 소식 등 지부나 각 모임에서 전달된 소식이 게재되어 있다. 이어서 각 회원이 보내온 수필 형식의 신변잡기와 운문의 문예란 코너가 마련되어 있었다. 동창회지에는 동창회 소식, 정보 등을 전하면서도 개인의 체험과 기억 등을 문학화한 작품 또한 게재되어 개인의 기억을 상호교환, 교류할 수 있는 공적 공간의 역할도 담당했다. 특히 눈에 띄는 것은 "추억"과 "사망자"란이다. "추억"에는 동창회 회원 중 죽은 사람을 추억하는 글이 게재되었고 사망자란에는 1년 동안 사망한 동창회원 이름이 올라왔다. 백양회는 "회원의 단결을 도모하고 상호 친목을 다지는 것을 목적"으로 한다는 점에서는 "다른 학교 동창회와 다르지 않지만," "불가학력으로 모교가 폐쇄"되어 "후속자가 끊어진"[48) 식민지 학교의 특수성을 보여주고 있다. 앞서 살펴보았던 제일고녀를 모체로 하면서 매년 200여명의 새로운 회원이 유입되는, 발전 선상에 있는 식민지기의 백양회와는 성격을 완전히 달리하고 있다. 이처럼 동창회지『백양』에는 새로운 회원이 유입될 수 없는 한정된 시간 동안 존속하는 식민지 학교 동창회의 특수한 상황이 드러나 있다.

　한편『백양』은 식민지기 학교를 둘러싼 기억들이 상호작용하는 공간이었다. 기억은 발화하는 시점에서의 사회적인 이슈나 이데올로그의 영향을 받으므로 시대적 상황을 염두에 두고 기사를 읽을 필요가 있다. 특히『백양』은 조선 출신 일본인 여성이 화자이면서 독자라는 점을 고려한다면 한일관계의 상황은 졸업생들이 자신의 기억과 인식을 발화하는 데 영향을 끼쳤다

---

47)「目次」,『白楊』50号, 1999, 1쪽.
48) 伊藤文治「聖なるもの」,『白楊』18号, 1967, 52쪽.

고 할 수 있다. 이러한 점에서 한일국교정상화를 경계로 나누어서 『백양』의
기사가 어떠한 차이를 보이는지 살펴보고자 한다.

한일국교정상화가 이루어지기 이전 시기의 글들은 조선에 다시 돌아갈
수 있을지가 미정인 가운데 한일협상이 순조롭게 진행되기를 바라고 있다.

① 그러나 현해탄의 파도 위를 평화롭게 연락선이 왕래할 날이 언제나 될
　까. 배의 난간에 기대어 물거품을 맞으면서 배를 쫓아 파도 사이를 가
　로지르는 날치로 즐거웠던 추억이 지금은 더욱 그립다.[49]

② 한일회담이 좀처럼 진전되지 않는 것은 역시 우월감을 포함한 체면문
　제인 것 같다. (중략) 우리들에게는 조선은 역시 하나밖에 없는 고향이
　니, 비행기로 단 3시간 서울과 간단하게 왕래할 수 있는 분위기가 빨
　리 만들어지기를 마음으로부터 기원한다.[50]

③ 8년 전 시작된 일한회담 초기에 '일본은 한국을 압박했다기보다 은혜
　를 베풀었다'는 취지의 발언을 했다고 하는, 이른바 구보타 발언이 회
　담 중단의 원인이 되었다고 하는데, (중략) 우리가 조선에서 교육한 재
　선(在鮮) 제자들과 안부를 묻는 편지교환도 생각대로 되지 않는 현상
　이 하루라도 빨리 타파되길 절망(切望)합니다.[51]

④ 어떻게든 하루라도 빨리 회담이 양 국민이 납득 가는 선에서 타결되어
　따뜻한 국교정상화가 실현되어 얼른 우리가 날아갈 날이 도래하기를
　바라마지 않는다.[52](『백양』 14호)

인용①에서 21회 졸업생 와타나베는 과거 연락선을 탔을 때의 기억을 상
기하면서 빨리 한일 간에 관계가 진전되어 연락선을 타고 "평화"롭게 왕래
할 날이 다시 오길 기대하고 있다. ②의 인용은 경성중학교 출신인 문학자
유아사 가쓰에(湯淺克衛)의 글이다. 그는 "한일회담이 좀처럼 진전되지 않

49) 渡辺由利子, 「玄海を越えて」, 『白楊』 8号, 1957, 25쪽.
50) 湯淺克衛, 「無題」, 『白楊』 9号, 1958, 13쪽.
51) 石川賴彦, 「日韓の親善を早く實現したい」, 『白楊』 10号, 1959, 12~16쪽.
52) 大場勇之助, 「韓人往來」, 『白楊』 14号, 1963, 13쪽.

는" 이유를 "우월감"이 표현되었기 때문이라 평한다. 이는 사소한 문제에
불과하니 이를 극복하고 "손쉽게 왕래할 수 있는 분위기"가 형성될 것을 바
라고 있다. ③은 마지막 교장이었던 이시가와(石川)의 「일한 친선을 빨리
실현하고 싶다(日韓の親善を早く實現したい)」의 일부이다. 이시가와는
'일본은 한국에 은혜를 베풀었다는 취지의 구보타의 발언이 한일관계 개선
의 걸림돌이 되었다는 것은 인정한다. 그러나 "내지와 외지 차별이 없는 교
육균등을 실시할 정도로 인정(仁政)을 베푼 나라가 과연 달리 있는가"라고
하여 식민지 근대화론의 입장에서 구보타의 발언을 적극 찬성하고 있다.
"조선민중은" "타이완 사람보다 배로 일본인에 대해 그리움을 품고 있을
거"라 하면서 재선 제자들과의 연락이 가능하도록 한일관계가 개선되기를
희망하고 있다. 인용문④는 동창회의 중심적인 인물이었던 교사 오바 유노
스케가 한일국교정상화 2년 전에 쓴 글이다. 그는 "일한회담이 개시되고 나
서 기록적인 세월이 소요되었는데도 아직 해결의 서광이 보이지 않는다"고
하면서 "양국민이 납득하는 선에서 타결"되어 "국교정상화가 실현"되기는
염원한다.

이처럼 『백양』의 초기 기사는 교장, 교사, 경중 졸업생, 제일고녀 졸업생
등 입장은 다르지만, 다양한 위치에서 한일국교정상화가 이루어지기를 희
망하고 있다. 한일회담이 진전되지 않고 다시 '고향'에 다시 갈 수 있는지에
대한 불확실성 속에서 고향에 대한 그리움은 더욱 강화되어 간다. 국교정상
화 2년 전에 열린 제일고녀와 경성중학교의 합동동창회의 모습은 그들이
얼마나 갈 수 없는 고향을 그리워하는지 잘 보여준다.

나라(奈良)에 모인 이들은 연회 시간에 모여서 슬라이드 사진 관람을 한
다. 경성중학교 출신 중 한 사람이 경성에 출장 가서 찍어온 새로운 경성의
모습-경성역에서 시작해서-남대문-선은(鮮銀)앞-우체국-히라타(平田)앞에서
본정-부청-황금정-종로-정동 교사-경중 교사-성대(城大)예과-창경원-을 사진
으로 관람한다. 이들은 사진이 한 장 한 장 바뀔 때마다 "와-하는 함성과

박수"53)를 터트렸다. 가지 못하는 고향에 대해 사진만으로도 감격해하는 것이다. 『백양』의 전반기 기사가 가지 못하는 '고향'을 그리워하는 글들로 채워졌다면, 한일관계가 정상화된 이후 『백양』의 기사에는 어떠한 변화가 있었을까.

한일국교정상화 이전 가지 못하는 고향을 토로했다면 국교정상화가 된 이후에는 다녀온 '고향' 여행기가 자주 등장한다. 한국여행을 권하는 여행사 광고도 게재되었다. "한국 여행 여행단 모집 중"을 "낭보!!"로 전하는 광고문에는 ①전전 한국에 살았던 사람, ②새로운 시장을 위해 한국을 시찰할 사람, ③자기나 골동품에 관심 있는 사람은 여행 신청을 하라고 광고했다. 한국에 살았던 사람으로는 "그리운 집과 학교, 신사를" 방문하거나 "성묘할 사람에게도 꼭 추천"이라는 문구로 한국으로의 여행을 권하고 있다.54)

한국을 방문한 동창생들은 먼저 자신이 살았던 한반도가 더 이상 식민지 조선이 아니라는 사실을 실감해야 했다. 한 졸업생은 김포공항에 착륙하고 나서 가장 먼저 한 경험으로 "우선 눈에 들어오는 것은 한글 문자였다."55)고 술회한다.

> 고향으로 돌아왔다고 하는 안도를 느꼈다. 전전의 경성은 전혀 알 수 없고 간판은 한국문자로 전혀 읽을 수 없고, 동행한 여성은 처음 한국 방문이고 단지 운전수가 일본어를 아는 정도, 이 점에서는 약간 불안했지만, 드디어 돌아왔다는 기분으로 가슴이 벅찼다.56)

위의 인용에서처럼 한국 땅을 방문하여 "고향으로 돌아왔다는 안도"를 느끼고 "가슴도 벅차"지만 한편으로는 이질적인 모습에 당황한다. "간판은

---

53) 紀伊國いく子, 「京阪神春の總會報告」, 『白楊』 14号, 1963, 20쪽.
54) 「韓國の旅 旅行団募集中」, 『白楊』 16号, 1965.
55) 井手宣子, 「京龍白常 訪韓ツアーの記」, 『白楊』 33号, 1982, 90쪽.
56) 赤荻弘子, 「ソールを行く」, 『白楊』 22号, 1971, 59쪽.

한국 문자라서 전혀 읽을 수 없"고 말도 알아들을 수 없다. 자신들의 고향이 이제는 완전한 독립국가라는 것을 피부로 인정해야 하는 순간이다. 다시 방문한 한국에서 "한국에는 전통의 문화가 있었다. 그러나 일본은 일본어를 강제하고, 그들의 전통문화에 눈길을 주지 않았"[57]던 것에 대해 반성하는 자세 또한 엿보인다. 소녀 시절 살았던 식민지 조선과의 차이에서 느끼는 반응이라고 할 수 있다. 따라서 한국으로 갈 때의 주의 사항으로 "'조선 경성'이라고 하면 싫어합니다. 반드시 '한국 서울'이라고 하세요"[58]라는 충고의 글 또한 등장한다. 동창생들은 이처럼 고향을 왔다는 안도감과 그럼에도 완전히 외국이 되어버린 이질감의 이중적인 상황에 당황한다. 게다가 이들에게 이질감을 느끼게 한 것은 한글이나, 한국어뿐이 아니었다. 한국의 발전상도 이들을 당황하게 했다. 지하철 건설, 고속도로, 한강 가교 건설을 보면서 "가까운 장래에 한국이 일본을 능가하는 것이 아닌가,"[59]하는 감상이 보이기도 하고, "완전히 변했다"고 하면서 한국인들이 "스스로 창조한 '자부심의 도시'에서 가슴을 펴고 살고 있다"고 하여 감상적인 향수로서 한국을 바라보았던 것에 대해 반성하기도 한다. 그러면서도 이들은 식민지 조선의 잔재가 남아있을 공간들을 찾아 나간다.

이들이 한국으로 갈 때 반드시 거치는 코스가 있으니, 모교 방문이었다. 그리운 모교를 방문해서 감격해하지만, 교사(校舍)가 작년에 불타서 사라진 것에 아쉬움을 드러낸다. 이들은 자신들의 재학시절 잔재인 운동장 한 가운데 서 있는 홰나무에 자신의 여고시절의 감상을 이입해 나간다.

> ① 드디어 왔구나, 하는 순간 알 수 없는 감동이 말할 수 없이 격렬하게 가슴에 차올랐습니다.(중략) 현관 앞 홰나무도 그대로, 푸른 잎사귀를 가득 펼치고 있습니다.[60]

---

57) 井手宣子, 「京龍白常 訪韓ツアーの記」, 『白楊』 33号, 1982, 90쪽.
58) 石川えい, 「韓國旅行」, 『白楊』 24号, 1973, 29쪽.
59) 松本喜代, 「南の山の松かげ」, 『白楊』 33号, 1982. 88쪽.

② 교사 중앙에 그리웠던 홰나무 고목이 서 있고 그 아래 오래된 연못이
  있고, 정말로 반가워서 잠시 서 있는 사이 옛날 여학교시절의 여러 추
  억이 머리에 떠올랐습니다.[61]
③ 교정의 노목 홰나무가 운동장 정중앙에 서서 '환영'이라고 우리들을
  맞아 주는 느낌이 들었습니다. 우리들은 눈이 뜨거워져서 교정, 운동장
  을 거닐면서 카메라 셔터를 눌렀습니다.[62]
④ 정동에 교사가 낙성되던 1922년에 우리들이 입학했을 때부터 '홰나무'
  라고 들었습니다. (중략) 빨간 표지에 작은 『홰나무 구집(槐樹句集)』은
  50년 정도 지났습니다만 지금도 선명하게 마음에 남아있습니다.

위의 인용에서처럼 졸업생들은 학교를 방문하고 변함없이 서 있는 홰나
무를 보면서 자신들의 추억을 상기한다. 여학교 시절 하이쿠 문집을 만들면
서 문집 제목에 나무 이름을 붙였던 것처럼 홰나무는 학교에 들어서면 볼
수 있는 제일고녀의 상징이었다. 따라서 『백양』에는 한국을 방문해서 모교
를 찾은 졸업생들에게 학교를 확인할 수 있는 키워드로서 홰나무가 자주
등장한다. 과거의 모교를 기억할 수 있는 상징물에 개인의 기억이 집단의
기억으로 수렴되는 것이다. 이들 동창회원은 과거 자신들의 학교 부지에 들
어선 학교와 학생들에 대해서도 특별한 감정을 드러낸다.

① 드디어 정동의 모교로 향한다. 경기여자고등학교라고 쓰인 문으로 들
  어섰다. 구교사는 작년 전소, 4층 건물의 신 교사에는 눈이 휘둥그레진
  다. (중략) 경중(서울중고등학교)과 나란히, 서울 최고의 명문학교라고
  이 씨는 몇 번이나 강조했다. 사진도 함께 찍었다. 우리 시대와 마찬가
  지로 명문학교로서 계속되고 있다는 것이 너무나 기뻤다.[63]
② 한국은 효행으로 노인을 존중하는 유교의 가르침이 철저하기 때문에

---

60) 菊地誠子, 「二十五回生韓國旅行記」, 『白楊』 24号, 1973. 52쪽.
61) 岡本多喜子, 「ソウル旅行記」, 『白楊』 24号, 1973, 54~55쪽.
62) 宇野かなめ, 「母校を訪れたよろこび」, 『白楊』 31号, 1980, 51쪽.
63) 黑岩花子, 「ソウルの空は碧かった」, 『白楊』 17号, 1966, 74쪽.

환상의 제일고녀도 경기여고로 이름은 바뀌었지만 전통을 중요하게 간직해서, 올해 졸업생은 71회라 하는데, 우리들을 선배로서 환영해 주어 감격했습니다.

제일고녀가 폐쇄되고 학생들은 일본으로 귀환된 후 이들이 사용했던 교사는 경기여자고등학교가 들어와서 사용했다. 이들 동창회는 자신들이 사용하던 교사에 들어선 학교에 대한 애착을 드러낸다. 경기여고가 명문학교라는 점에 "기뻐"하고 나아가 "선배로서 환영해 준 것에 감격"한다. 게다가 경기여고에 감정이입이 되어 이후 경기여고가 학교 부지를 미국에 넘겨주고 이사 간다는 사실까지 "안타까워한다." 제일고녀 동창생들은 경기여고가 국가와 민족을 달리하는 완전히 별개의 학교임에도 불구하고 공간을 같이 했다는 것만으로 공감의식을 발휘한다. 이들이 경기여고를 자신들 학교의 연장으로 생각할 수 있었던 것은 경기여고 교장의 태도에도 기인한다고 할 수 있다. 이들 동창생들은 자신들의 '모교'를 방문할 때마다 여러 차례 경기여고 교장과의 대담의 시간을 갖는다. 경성중, 용산중, 제1고녀, 제2고녀의 4개 학교가 함께 방문한 서울에서 교장 선생님과의 환담을 갖는데, 제일고녀 교장의 대리로 참석한 경기여고의 교장은 "유창한 일본어로 노신(魯迅)의 일본인 은사의 말씀을 인용해서 교육의 중요성을 설명"[64]하기도 하고 "가끔 구 제일고녀졸업생이 방문하는데 인사로 하는 말이 아니라, 여러분들은 뭔가 좀 다른 면이 있는 여성분들입니다. 꼭 전해 주세요"라며 제일고녀를 만나서 느낀 점을 피력하기도 한다.

여러 가지 일이 있었습니다. 지금 우리들은 여러분들의 부친과 모친의 노력의 결과를 소중히 하고 일본에 배우고 쫓아가고 뛰어넘기를 바랍니다. 만일 그 바람이 이루어지는 날이 온다면 일본 분들은 이웃나라가 애썼구나, 라고 기뻐해주시겠지요. 이 정도로까지 따뜻한 말씀을 들을 줄은 일동은 조용

---

64) 增田文子, 「三十七年振りふるさとを訪ねて」, 『白楊』 33号, 1982, 85쪽.

히 고개 숙이고 눈물을 머금었다.[65]

경기여고 교장 선생은 식민지기 일본인들의 행적에 대해 "여러분들의 부친과 모친의 노력의 결과"라고 표현하면서 "이를 배우고 쫓아가겠다"고 한다. 이러한 교장의 말이 위로가 되어 동창생 일동은 눈물을 흘린다. 경기여고 교장의 식민지기 일본인의 행적에 대한 옹호의 태도는 졸업생에게 과거 식민자로서의 삶에 대해 스스로 재단하는 것에 저해 요소로 작용[66]하기도 했다. 식민지기에 대한 단죄나 지적이 아니라 식민지 근대화론의 입장에서 이들 졸업생들의 선대의 행적을 공로로 인정해 주는 것이다. 이처럼 졸업생들은 사라진 학교에 대해 남아있는 상징물과 공간을 『백양』을 통해 공유하며 집단의 기억으로 만들어 나갔다.

『백양』은 2008년 59호를 마지막으로 종언을 고한다. 이미 사라진 무형의 모교를 상상력을 통해서 100주년을 기념한다. 이들은 「종간의 글」에서 식민지기 교장이 했던 말을 다시 상기시킨다.

> 회원이 광범한 지역에서 활동할 기회는 결코 멀지 않았다. 옛날 그리스도는 유다 들판에 서서 '천국은 가까웠다'고 외쳤다. 회원 여러분은 조선 부인계에서 대해 '우리 시대가 가까웠다'라고 외쳐야만 한다. 경성 아니 조선개발의 일면은 부인의 힘에 의지해야 한다. 그리고 그 대임을 달성하기 위해서는 신체의 힘과 정신의 힘, 힘의 부인이지 않으면 안 된다.[67]

---

65) 堀內純子, 「37Bソウル同窓會」, 『白楊』 35号, 1984, 58쪽.
66) 인용문의 필자인 호리우치 스미코(堀內純子)는 1983년 한국방문의 체험을 『서울은 쾌청(ソウルは快晴)』(けやき書房, 1985)의 아동문학으로 문학화한다. 여기서 필자는 식민지조선에서 식민자로 살았던 삶에 "족쇄"를 차고 있다고 괴로워한다. 그러나 '모교' 교장선생님과의 만남으로 이러한 족쇄에서 벗어날 수 있었다고 표현하고 있다(송혜경 「일본 여성작가의 식민지 조선 경험과 식민지 기억-호리우치 스미코의 식민지 조선관련 작품연구」, 『한일군사문화연구』 23, 2017, 참조).
67) 正木一七子, 「終刊のことば」, 『白楊』 59, 2008, 1쪽.

백양회는 경성고녀의 본래의 목적을 상기시키며 종언을 고하고, 『백양』은 폐간된다. 이들은 마지막에 이르러 식민지 조선에서 일본인 여성이 조선인 여성을 이끄는 계몽적인 위치에 서야하며 여성의 역할을 발휘하여 식민지 개발에 일조하라고 했던 교장의 발언을 상기시킨다. 과거 우월적인 식민자로서의 위치가 다시 재생되는 것이다. 가지무라 히데키(梶村秀樹)는 오늘날 일본의 여기저기에서 변함없이 옛날 거기에 살았던 사람들 모임, 어느 어디 학교 동창회라는 형태로 원래 재조일본인의 모임이 무수히 많은데, 여전히 일종의 독소를 일본사회에 방출하고 있는 것을 과소평가해서는 안 된다[68]고 지적하고 있다. 개개인들의 기억은 『백양』이라는 동창회지를 통하여 상호작용하며 재구성되어 학교를 둘러싼 집단기억으로 만들어져 갔다. 제일고녀 학생으로서 식민지 조선에서 우월의식 속에서 교육받은 이들의 집단기억은 『백양』을 통하여 무자각적으로 무비판적으로 재구축되었다고 할 수 있다.

5. 맺음말

본 논문은 식민지 조선의 일본인을 위한 경성제일고등여학교가 일본의 패전과 함께 폐쇄된 후, 전후가 되어 일본에서 어떠한 방식으로 자신들의 학교를 계승하여 집단의식을 만들어 나갔는지 고찰한 것이다. 이상에서 살펴본 바와 같이 제일고녀는 식민지기 학교의 역사와 규모 면에서 최고였고, 학부형의 사회적 지위와 학교에 대한 열성, 어려운 입학 관문은 제일고녀의 사회적 위상을 보여준다. 특히 동창생들은 일본인 세력이 미치는 동아시아 각 지역에서 여성, 주부로서의 활동을 전개해 나갔다. 이들 학교와 졸업생을 중심으로 조직된 여성 단체 백양회는 일본의 패전과 더불어 폐쇄된다.

---

68) 梶村秀樹, 『朝鮮史と日本人』, 明石書店, 1992, 240~241쪽.

  전후가 되어 제일고녀 졸업생과 재학생은 일본에서 동창회를 재조직하고 각종 모임을 통하여 학교의 정신을 계승해 간다. 학교의 역사를 복원하고 과거 학교의 의례를 무자각적으로 반복한다. 또한 동창회 회지인『백양』을 발간하여 자신들 개인의 기억을 상호 교류, 교차시키며 재구성하여 집단의 기억으로 만들어간다. 동창회인 백양회와 동창회지『백양』은 이들 집단기억을 상기시켰고, 이는 자신들 정체성의 근거로 작용했다.

  동창회지『백양』은 이미 사라진 학교를 상상력을 통하여 100주년을 기념하고 종언을 고한다. 이들은 식민지 조선에서 일본인 명문 여학교로서 조선인 여성을 이끌어 나갈 존재였던 사실을 상기한다. 이러한 제국의식은 백양회 모임과 동창회지『백양』은 통하여 무자각적으로 무비판적으로 반복, 재구축되었다고 할 수 있다.

참고문헌

『京城新報』
『京城日報』
『白楊』
『白楊會誌』
『朝鮮』
朝鮮總督府學務局, 『朝鮮諸學校一覽』, 1921.
朝鮮總督府內務部學務局, 「朝鮮敎育要覽」, 『植民地朝鮮敎育政策史料1』, 大學書院 1990.
阿蘇美保子, 『生いたちの記』 個人伝記, 1977.
アライダ アスマン 著, 安川 晴基 譯 『想起の文化: 忘却から對話へ』, 岩波書店, 2019.
梶村秀樹, 『朝鮮史と日本人』, 明石書店, 1992.
澤井理惠, 『母の「京城」・私のソウル』, 草風館, 1996.
권숙인, 「식민지 조선의 일본인 화류계 여성-한 게이샤 여성의 생애사를 통해 본 주변부 여성식민자」, 『사회와 역사』 103, 2014.
廣瀨玲子, 『帝國に生きた少女たち―京城第一公立高等女學校生の植民地経驗』, 大月書店, 2019.
송혜경, 「일본 여성작가의 식민지조선 경험과 식민지 기억-호리우치 스미코(堀內純子)의 식민지 조선관련 작품연구」, 『한일군사문화연구』 23호, 2017.
송혜경, 「일본인의 한반도 이주와 여성중등교육의 형성-식민 초기, 경성고등여학교를 중심으로-」, 『일본사상』 42호, 2022.
윤건차, 「식민지 일본인의 정신구조-'제국의식'이란 무엇인가」, 『제국과 식민지의 주변인-재조일본인의 역사적 전개』, 보고사, 2013.
이연식, 「해방 후 본토로 돌아간 일본인의 경성 인식-경성 태생 요시오카 마리코(吉岡万里子)의 사례를 중심으로-」, 『향토서울』 79, 2011.

재일한인 여성의 경제활동과 교육문제에 관한 소고
- 『민중시보』와 『여맹시보』 기사에 투영된 현실 -

박 미 아*

1. 머리말
2. 해방 이전 여성의 경제 활동과
   교육 환경
3. 해방 직후 급변한 경제 현실과
   교육 실태
4. 나가며

1. 머리말

일본의 패전으로 한반도는 해방되었고, 일본에 거주하던 재일한인들도 명목상 '해방민족'의 신분을 가지게 되었다. 하지만 '민족'의 '해방'은 연합국군의 점령기간 중 의미가 자의적으로 해석되면서 실질적으로 인정되지 않았다.[1] 식민지의 압박과 착취에서 벗어났다고는 하지만 탄광과 군수공장, 군 관련 토목업에 주로 종사했던 재일한인들은 일거에 실업자가 되었다. 여러 가지 사정으로 귀국을 못하거나 연기하게 되는 불안정한 일상 속에서 최소한의 '생존'을 위한 생계 방편을 구해야만 했고, 주변적 위치에 머물렀던 여성들도 남성들이 펼친 장에서 함께 활동해야 했다.

해방 후 일본에 잔류한 한인은 대략 60여만 명 정도였고, 비식자층, 무산

---

* 서강대학교 인문과학연구소

1) '해방민족'에 대한 정밀한 의미는 여러 담론을 통해 설명되고 있지만 주축국 일본을 상대로 승리를 거둔 국가가 이에 해당한다. 일본 식민지였던 타이완(중화민국)과 조선의 경우도 달랐다. 장개석 군대가 연합군 측에서 승리를 거두었으므로 타이완 성민에게는 해당이 되지만 엄밀하게 말하자면 조선인에게는 해당되지 않는다. 다만 식민지였고, 일본 거주 외국인 중 가장 비중이 높았던 것은(90%) 재일한인이었으므로 이런 신분 변화는 '해방민족'과 동일시하는 분위기로 수용되었다.

층 노동자들이 주류를 이루었다. 일부 식자층, 숙련 기술자, 상재에 뛰어난 이들은 전후 혼란상에서도 암시장 활동으로 자산을 축적하거나 민족단체의 정치투쟁 전면에 나서서 명망을 쌓기도 했다. 하지만 대다수는 경제적, 사회적으로 일본 사회의 말단에 머물렀고, 계층 변화를 이룰 만한 정규 교육과는 거리가 멀었다. 남성들조차 이러했던 까닭에 여성들은 교육과 기술습득, 자본축적 면에서 더욱 기회를 얻을 수 없었다.

하지만 전후라는 특수상황은 주변부의 여성들이 암시장 같은 가시적인 경제활동의 공간에 등장하는 계기로 작동하게 되었고, 한인 여성들도 이런 상황에 참여하게 되었다. 이 시기 재일한인의 경제활동은 현재 재일산업의 양대 대표 직업이라 할 수 있는 야키니쿠와 파친코 산업이 전개하는데 큰 영향을 미치게 된다. 암시장 행상, 밀주 제조와 판매, 영세 간이식당, 가내수공업 내직(內職) 등 재일산업의 주요 키워드라 할 수 있는 이러한 직업과 작업들은 재일한인 여성들의 노동력 없이는 설명할 수가 없을 정도다.

그럼에도 불구하고, 이들 여성들의 존재는 전면의 주역이었던 남성들의 활동에 가려 거의 주목받지 못했다. 최근 들어 젠더사, 구술사, 마이너리티 연구 등에서 그들의 역할에 대해 관심이 확산되고 있지만 이 시기를 입체적으로 보완해 줄 기록의 절대적 부족으로 인해 학술적 구명이 용이하지 않다. 재일여성들의 교육과 노동에 대한 연구는 크게 재일한인에 대한 개괄적 연구와 젠더사, 교육사, 생애사 등으로 나눌 수 있을 것이다. 다만 연구에 따라 개괄적 내용 속에 이러한 사안들이 함께 거론되고 있는 경우도 있다. 도노무라 마사루2)는 해방 전후 방대한 기록을 중심으로 치밀한 재일한인 연구를 진행하였다. 다만 풍부한 통계 자료를 인용하였음에도 여성에 대한 각종 통계가 적다는 것은 일본 통치 시스템에서 재일여성의 '활용도'가 높지 않았다는 것을 역설적으로 보여주는 것이라 하겠다. 김찬정은 개괄적

---

2) 도노무라 마사루 저, 신유원·김인덕 역, 『재일 조선인 사회의 역사학적 연구』, 논형, 2010

인 재일한인의 역사[3] 및 여공들의 실태[4]를 르포 형식으로 남기는 작업을 수행했다. 재일연구자의 관점에서 재일여성 문제를 접근하는 것은 재일 사회 내에서도 그리 오래 된 것은 아니다. 민족과 계급 투쟁에 우선권을 두었던 남성 연구자들과 달리, 여성으로서 복합적 차별에 문제를 제기하는 여성 연구자들이 등장하기 시작한 것이다. 송연옥[5], 송혜원[6] 등은 문학사와 운동사 중심으로, 김부자[7]는 일제 강점기 조선의 여성 교육 문제를 '포섭과 배제 그리고 동화'의 지배의도, 민족·계급·젠더 문제가 복합적으로 작용한 '불취학자'들에 주목하였다. 그리고 이러한 '불취학자' 문제를 재일한인 여성들에 대한 시점으로 이동하기도 하였다. 서아귀[8]는 이러한 오사카의 야간 학교 문제를 중심으로 한인 여성들의 교육 문제를 분석하였다.

가와다 후미코[9], 박일분[10]은 르포 기사를 통해 하위계층에 머무를 수밖에 없었던 대다수 재일한인 1세대 여성들의 목소리를 생생하게 전달하였다. 그 외 다양한 구술집 등도 여성들의 목소리를 수록하고 있다. 그 중에서 가와사키 후레아이관의 여성 구술 모음집[11]은 일제강점기와 해방 이후를 살아간 비식자층 재일한인 여성들의 현실을 고스란히 전달해 준다.

3) 김찬정 저, 박성태·서태순 역, 『재일 한국인 백년사』, 제이앤씨, 2010.
4) 金贊汀·方鮮姬, 『風の慟哭 : 在日朝鮮人女工の生活と歷史』, 田畑書店, 1977 ; 金贊汀, 『朝鮮人女工のうた』, 岩波新書, 1982.
5) 송연옥, 「在日」女性の戰後史」, 『環』 Vol.1, 2002 11 ; 「在日朝鮮人女性にとっての戰後30年」, 『歷史學硏究』 第807号, 2005 ; 「植民地主義が創出した「在日」朝鮮人女性」, 『「韓國倂合」100年と日本の歷史學』, 靑木書店, 2011.
6) 송혜원, 『'재일조선인 문학사'를 위하여: 소리 없는 목소리의 폴리포니』, 소명, 2019.
7) 김부자, 趙慶喜·金友子 역, 『학교 밖의 조선 여성들 젠더사로 고쳐 쓴 식민지 교육』, 일조각, 2009 ; 「HARUKO : 재일여성, 디아스포라, 젠더」, 『황해문화』, 겨울호, 2007.
8) 『할머니들의 야간중학교 : 재일조선인 여성, 삶과 투쟁의 주체가 되다』, 오월의봄, 2019.
9) 川田文子, 『ハルモニの唄 : 在日女性の戰中·戰後』, 岩波書店, 2014.
10) 朴日粉 編, 『生きて, 愛して, 鬪つて : 在日朝鮮人一世たちの物語』, 朝鮮靑年社, 2002.
11) かわさきのハルモニ·ハラボジと結ふ2000人ネットワーク生活史聞き書き·編集委員會 編, 『在日コリアン女性20人の軌跡』, 明石書店, 2009.

필자는 일본의 전후 암시장 연구를 진행하면서 재일한인 비식자층, 무산층 여성들의 다이내믹한 역할에 대해 지속적으로 주목하였다. 특히 에스니시티 배경이 가장 부각되는 양대 산업이라 할 야키니쿠와 파친코의 형성과 전개과정에서 여성의 역할이 거의 부각되지 않는 점은 남성 중심의 기록들조차 풍부하지 못한 까닭이기도 하지만 여성들이 '마이너리티 안의 마이너리티'라는 존재인 사실도 간과할 수 없을 것이다.

본 연구는 이러한 점에 주목하여 해방 전후 비식자층, 빈곤층 재일한인 여성들을 중심으로 이면에 존재한 그들의 교육과 노동 현실을 고찰하고자한다. 각 사안들은 별도의 장에서 심층 연구가 이루어져야 하는 주제이지만 본 연구는 이에 대해 소략하게 살펴보는 것에 그 의미를 두고자 한다. 전전의 내무성 경보국 작성 통계 등은 재일한인들의 실태를 보여주는 자료이지만 통계 작성의 근본적 이유가 주로 재일한인 남성에 대한 통제와 감시였다는 점을 감안하면 여성들의 상황은 단순 통계만으로 현실을 파악하기는 쉽지 않다. 이러한 자료 부족으로 인해 재일한인 여성들의 주체적, 능동적 생활 양태를 포괄적으로 고찰하기는 어렵지만 생활밀착형 언론『민중시보』와 여성단체 기관지『여맹시보』등을 통해 그 일단을 살펴보고자 한다.

2. 해방 이전 여성의 경제활동과 교육 환경

1920년대에는 도항조건이 까다로왔고, 임금이 싸고 신체가 튼튼한 육체노동 위주의 수요였으므로 남성들의 도일 인력이 많을 수밖에 없었다.[12] 초기에는 젊은 남성들의 단신 도일 비중이 높지만 시간의 추이에 따라 여성 비중이 높아지는 경향을 보인다. 노동력의 핵심이 되는 15~34세 사이 남

---

12) 19세기 말부터 이미 해녀들의 도항이 있었고, 20세기 초부터 여공 수요는 있었으나 도항 인구 전체에서 보면 여전히 점유율이 낮았다.

성이 1920년에는 약 75%, 1930년에는 약 50%, 1940년에는 약 30% 정도[13])의 비율을 보이고 있는데 청장년층 남성 이외의 인구가 점점 증가했음을 알 수 있다. 가족 동반 도항, 결혼 등으로 재일한인의 구성비가 다양해진 것이다[14]).

재일한인 거주자가 가장 많았던 오사카의 경우, 1923년 4월 말 현재 남자 15,222명, 여자 2,969명[15])이었지만 1931년 말에는 전체 311,247명[16]) 중 여자는 90,388명으로 전체 3분의 1에 채 못 미치고 있다. 가정을 이루고 거주하는 이들은 16만 7천여명, 이 중 여성은 64,671명[17])이다. 직업군 분포를 보면 자유노동자 92,007명, 각종 공장직공이 51,457명, 기타 30,930명, 고용인부가 18,225명으로 상위를 차지하고 있다. 이중 40%에 달하는 80,275명이 무직이었다. 직업군 중에 상위를 차지한 것은 수입이 박한 경제적 하층 직업이고, 무직이 자유노동자에 이어 많은 숫자라는 것은 재일한인의 불안정하고, 빈곤한 경제적 현실을 반영한다.

이 통계에서 여성 종사자들의 분포는 알기 어렵지만 진입 장벽이 높은 고강도의 육체노동을 제외한다면 공장직공, 상업자 중 여성 인력이 포함되었을 것이다. 직업군 중 여성의 '독점적'인 직업으로 명확한 것은 '예창기' '창기 및 작부'라고 할 수 있다. 내무성 경보국의 통계자료를 보면 1925년 예창기 종사자는 0.14%, 1930년 0.02%로 집계되어 있다[18]). 비록 수치상으로는 적지만 별도의 직업구성비란에 포함되어 있고, 이런 성격의 직업은 집

---

13) 도노무라 마사루 저, 신유원·김인덕 역, 『재일 조선인 사회의 역사학적 연구』, 논형, 2010, 107~108쪽.
14) 다만 1940년대 이후에는 전시동원으로 인해 남성의 비중이 다시 높아지는 경향을 보인다.
15) 오사카 직업보도회의 재일조선인 생활조사 보고. 이 조사는 남자 1,000명만을 대상으로 한 것으로 여성 조사는 무의미하다고 여겼던 당시의 의식을 반영하고 있는 듯하다. 일본 전체의 재일조선인은 1923년 말 약 8만명으로 집계되었다. 하지만 이 해는 관동대지진이 있었고, 도항 조건이 보다 까다로와지는 등 변수가 있다.
16) 통계 미반영자를 포함하면 거의 48만 명 선으로 추정하고 있다.
17) 한 가구를 구성하지 못하였어도 한 지역에 90일 이상 거주한 여성은 16,560명이다.
18) 도노무라 마사루 저, 『재일 조선인 사회의 역사학적 연구』, 논형, 2010, 100~101쪽.

계에 잘 포착되지 않는다는 점을 감안하면 실제로는 이보다 많았을 것이다. 1930년대 재일한인 최대의 집주지구였던 오사카 조선시장에는 조선유곽만 37곳에 팔십수명의 소녀가 취업하였다[19]. 조선요리점이라고 알려진 곳들의 영업 방식은 요정에 가까웠다. 1930년대에 조선시장에는 약 200여개의 점포가 있었다고 하는데 채소 등을 파는 여성 노점상이 적지 않았다[20].

1930년대 중반, 오사카 재일한인의 일상을 잘 알 수 있는 자료로 『민중시보』[21]를 들 수 있다. 『민중시보』는 사상적 동지의식으로 규합한 단체들의 기관지나 동인지에 비해 주거, 통항, 소비조합, 야학, 직업 문제 등 재일한인의 일상과 밀착된 사안들을 중심으로 보도하였고, 관련된 운동을 직접 전개하기도 하였다.

『민중시보』 1935년 6월 15일

제주도 출신자들이 신문 발행의 주체였던 까닭에 해녀 관련 몇몇 기사는 일반적인 여성 공장노동자 관련 기사와는 관점에서 차이를 보인다. 남성의 부속적 존재가 아니라. 이주노동자로 월경한 해녀들은 재일여성들 중에서도 독특한 위치를 차지한다 할 수 있다[22]. 해녀와 관련한 이하의 기사들은 『민중시보』의 입장이 투영되기도 한 것이다.

이 기사의 해녀들은 주업무인 물질이

---

19) 같은 책, 171쪽.

20) 『민중시보』, 1935년 12월 15일

21) 1935년 6월~1936년 9월 21일 사이 발간된 한글 신문. 발행주체는 김문준을 비롯한 제주도 출신자들이 중심이 되어 있기에 제주도 관련 기사가 많고, 민족의식과 결부된 좌경적 성향이 강했지만 한인의 권익옹호와 '민중' 지향적이라는 점에서 이 시기 재일한인의 생활사 일반을 알려주는 대표성을 가진다 할 것이다.

22) 김영·양징자, 『바다를 건넌 조선의 해녀들』, 각, 2017. 재일 2세 여성인 작가들이 취재한 '출가물질' 재일해녀들의 이야기로 주로 치바현 해녀들을 중심으로 다루었다.

아니라 수중 정지(整地) 공사에 투입되었다. 고강도의 육체노동은 남성들이 주로 종사했던 반면, 수중작업이라는 특수성은 해녀의 '전문분야'에 해당했기 때문일 것이다. 일급 80전에 교통비는 고용주가 부담하는 조건인데 후술하게 될 도쿄의 여공 일급이 70전이었음을 감안하면 나쁜 조건은 아니지만 남성들의 영역인 정지 작업, 그것도 수중 작업이라는 전문성에 비해 후한 급여는 아닌 것으로 보인다.

그런가 하면 1935년 9월 15일에는 해녀들의 노동 문제와 관련한 기사가 세 건이나 게재되었다. 첫 번째 기사는 '보라!! 천인공노할 해녀 브로커의 죄악을!'이라는 제목이다. 제주도 출신 해녀들은 계절 노동자인 까닭에 조선과 일본 각지를 오가면서 물질을 하게 된다. 기사에 의하면 도쿄 팔장도에서는 해초 채집을 위해 제주도 해녀들을 대대적으로 모집해 왔다. 일을 하고 난 후 매달 임금을 지급하지 않아 해녀들이 이에 대해 문의했는데 귀국시 일시 계산이라는 것이었다. 하지만 이들을 모집한 조선인 브로커들은 5개월치 임금을 미리 선금으로 받아서 횡령하였고, 계절 작업이 끝나자 일본인 고용주들은 모두 섬을 떠나버려 해녀들은 임금을 고스란히 떼이고 오도가도 못하게 되었다. 이에 책임감을 느낀 마을의 촌장이 해녀 대표자 두 사람과 함께 도쿄로 와서 사태 해결을 하고자 하였으나 보도 내용으로 보아 제대로 해결되지 못했던 상태였다.

같은 면에는 일본 해초 양식업의 발달로 제주도 출가 해녀들이 해마다 늘어나고 있다는 내다른 내용의 기사가 있다. 이 기사에서는 해녀들이 인간의 기만과 착취, 자연의 위험성과 싸우고 있는 처지임을 강조하고 그들의 귀국 경로까지 소상하게 기술하고 있다.

한편 지면의 절반을 할애해 한 해녀가 보낸 투고 내용을 소개하기도 하였다. 편집자는 긴 내용과 제주도 방언이 가득해서 원문을 해석하는 데만도 세 시간이 걸렸다는 설명을 하였는데 내용을 보아 상기 두 기사와 무관하지 않은 해녀노동자의 현실로 여겨진다. 투고에 의하면 우뭇가사리 채취를 전문으로 하는 해녀들은 계약 초기였던 1931~32년 사이에는 상당한 삯을 받을 수 있었으나 어느 시기부터는 전주들의 이익만 취하고 해녀들에게는 4분의 1도 주지 않았다고 한다.

어느 날 광고를 통해 해녀들은 그해 우뭇가사리[23]의 시세가 좋다는 것을 알게 되고, 가격 지정시 30전 정도를 기대하였으나 단 10전만 제시받았다. 이에 작업을 중지하고 전주에게 항의하면서 마침 제주도에서 파견 온 해녀 주재원[24]에게 이 사정을 호소하였다. 하지만 그는 50명에 달하는 해녀들의 기세에 눌려 이런저런 변명만 하고 조선으로 떠나 버렸다. 해녀들은 휴업을 다짐하였으나 휴업을 만류하는 전주와 인솔자에 의해 본격 휴업은 못하고 조업을 계속하게 되었다. 결국 한달이 지나서야 10전에서 11전으로 1전을 올려 받게 되었는데 착취와 기만이 일상화된 상황에서 통일된 조직화를 이루지 못하고, '작은 승리'에 머물러야 했던 현실을 볼 수 있다.

하지만 『민중시보』에 소개된 해녀들은 '해녀노동자' '해녀대중' 같은 표현에서도 보여주듯이 여공 노동자들과는 다른 노동 환경을 가지고 있었음을 염두에 두어야 할 것이다. 해초 시세에 대한 정보를 습득하고, 상대방이 이해하기 어렵다고 해도 제주도 사투리로 장문의 편지를 썼다는 것은 적어도 문자를 읽고 쓸 수 있는 기초적 지식이 있고, 신문사 투고라는 효율적 방식을 알고 있다는 것이다[25]. 해녀는 희소하고 특이한 직업군으로 여성들만의 영역이라는 점에서 남성 중심의 직업세계에서 종속적인 존재이자, 경제적 자율권이 제한적이었던 일반 여성들과는 환경이 달랐다. 식민지 국민의 하위 계층성, 전근대적이고 봉건적인 구습이 지배하는 복합적 착취환경

---

23) 전쟁이 본격화되면서 우뭇가사리는 비행기 도장제, 각종 접착제 등 군수산업의 원자재로 활용 범위가 넓어졌다.

24) 원문에는 (제주도 해녀조합 특파원?)이라고 물음표를 두었다. 투고된 원문을 추리고, 풀어쓰기를 한 내용임에도 이해하기 어려웠던 부분이 많았던 것 같다.

25) 팔장도 외에도 해녀들이 작업했던 각 지역에서 파업 및 투쟁이 있었다고 알려져 있다.

에서 나름의 생활공간을 확보해 나갈 수 있었던 직업군이기 때문이다.

이 시기 여성 노동자라고 하면 주로 공장 여공을 의미했고, 여성 노동운동도 이들이 중심이 되어 있었다.『민중시보』편집진은 동향 출신의 '해녀노동자'들에 대해 관심과 평가는 높았지만 그 외 여성 노동자 일반에 대해서는 관점이 달랐다. '일하는 여성'이 현저하게 적다고 해도 해녀에 비해서는 그 숫자가 많지만 여성 노동자들을 비주체적이고, 남성 노동자의 하위적 존재로 보는 의식이 반영된 것일지도 모른다. 그렇다고 『민중시보』에 여성과 관련된 기사가 적었던 것은 아니다. 다만 노동자로서의 여성이 아닌, 가정소비의 주체라는 점에 방점을 두었고, 소비운동에서 계몽의 대상으로 중시하였다[26].

생활권 옹호와 계몽을 중심으로 내걸고, 의식주 관련 협동조합 문제 보도와 실제로 관련 사업을 실시하기도 하였다. '물건을 헐케 사려면 공동구입이 필요합니다 직장여성들이 먼저 실행하시오'[27]라는 기사에서는 가정부인들이 에누리 잘하는 것이 물건을 싸게 사는 유일한 방법으로 알고 있다면서 영리한 상인들의 교활한 상술에 속지 말고, 공동구매조합의 필요성을 강조하고 있다[28].

여성을 비주체적 존재이자 남성의 기생적 존재로 보는 것은 독자가 보낸 '고민상담'란에서도 나타난다. 고베의 한 공장 직공은 아내가 고무공장에서 품팔이하며 하루 1엔 내외를 벌지만 공장에 일이 없는데도 고급의복과 화장품에 돈을 많이 쓰는 허영심이 걱정이라는 하소연을 하고 있다. 신문사는

---

26) 발행취지문에서 조선인의 생활 개선과 문화적 향상 촉진, 생활권 확립과 그 옹호 신장에 투자한다는 점이 명시되어 있다.

27) 『민중시보』, 1935년 8월 15일.

28) 공동구매 요령, 소비조합 이용법이 기고나 문답형식을 통해 자주 등장하고, 주택 임대차와 관련한 차가쟁의 보도도 큰 비중을 차지한다. 『민중시보』의 설립자인 김문준은 신문 발간 이전에 동아통항조합을 설립하기도 하였다. 뱃삯 폭리를 취하는 일본 기선회사에 대항해 제주도민을 중심으로 한 '자주운항운동'을 전개한 것이다.

이에 대해 '타일러 보다 안 듣거든 경제권을 빼앗으라, 여공은 여공다와야 한다'29)는 답을 주었다. 어려운 형편에 맞지 않는 소비생활을 하는 여성은 그 나름대로 문제라고 하겠지만 그녀 역시 가정 경제의 일부를 지탱하고 있는데 '경제권' 박탈 운운과 '여공다와야 한다'는 가치관의 주입은 노동자의 권리를 주장하던 언론사의 논조와 비교해 보면 모순으로 보이기도 한다. 이는 『민중시보』가 남성 중심의 언론사, 동향 출신에 대한 온정적 태도, 동포 일반에 대한 계몽적 관점이 반영된 것이라 할 수도 있다.

여공의 임금은 일본인들도 남녀차별이 심했고, 저임금에 혹사 당한다는 것이 일반적 인식이었다. 1936년 도쿄 한인의 생활 상태에 대해 기고 내용을 보면 일본인 남자 직공은 2엔 20전, 여자 직공은 88전을 받는데 비해 한인 남자는 90전, 여자는 70전 정도를 받는다고 하였다. 하지만 실제로는 남자들도 이보다 훨씬 못한 50~80전, 여자들은 30~40전이 많을 것이라고 보았다. 문제는 그런 일조차도 없어서 못하기 때문에 모두 걸레행상을 하는 현실이라고 보도하고 있다30).

한편 광고면을 보면 여성의 존재가 전무하다. 신문사 재정을 지탱해주는 광고는 의약 관련 내용이 가장 많고, 그 외 의류, 식당, 소규모 공장, 중소 상공업 업태 등이 광고주로 등장하고 있다. 광고 형식은 상호명과 업태, 대표자의 이름, 주소, 연락처 등으로 구성되어 있는데 이 광고들을 보아도 여성으로 보이는 이름은 없다. 한인 언론에서 여성 경영자가 드물게나마 대표자로 나타나는 것은 해방 후의 경향으로 실제 여성이 운영했다 하더라도 '암탉이 울면 집안이 망한다'는 관념이 당연시되었던 당시의 분위기상 쉽게 나설 수는 없었을 것이다.

재일한인의 계몽을 중시했던 『민중시보』는 교육 문제에도 관심을 기울였다. 다만 일본 제도교육보다는 문턱이 낮은 야학에 관한 보도가 많은 편

---

29) 『민중시보』 1935년 8월 15일.
30) 『민중시보』 1936년 2월 1일.

이다. 기사는 야학 운영에 있어 내부 갈등, 재정 문제, 일본 경찰의 탄압으로 인한 어려움 등이 주 내용을 이루고 있어 구체적인 학습 내용이나 남녀 성비 등을 파악하기는 어렵다.

한편 가와사키시 후레아이관이 중심이 되어 발간한 구술집은 해방 이전 재일여성의 교육환경을 실증적으로 이해하는 자료가 된다. 후레아이관은 재일한인 고령자 여성들을 대상으로 '식자학습(識字學習)' 과정을 실시하였는데 참가자 중 20인의 오럴 히스토리를 엮어 기록으로 남겼다. 특히 이 구술집은 '문맹여성'들이 대상이 되었기에 일반적인 생애사와 더불어 이들의 교육 경험이 질문 사항으로 제시되었다. 이를 통해 교육 경험이 극히 적었던 해방 전후 재일여성 1~1.5세대의 교육적 환경을 이해할 수 있다[31]. 식자 교육은 일본어 문맹 여성들이 대상이지만 수강자들은 한국에서도 제도교육을 받은 이들이 많지 않아 '조선어' 역시 문맹에 가까웠다. 이 구술집에 수록된 교육 경험 사례를 살펴보자[32].

일본에서 살아가려면 기본적인 일본말과 글을 익혀야 했지만 대다수 재일한인 1세 여성들은 그조차도 힘겨웠다. '조선글'도 제대로 익히지 못한 그녀들의 생활반경은 '조선말'이 가능한 곳이어야 했다. 1912년생 김두래는 징용에 동원된 남편을 찾아 1940년대에 도일했다. 성인이 되어 일본에 와서 일본어는 제대로 배우지 못하고, 몇십년을 살다가 식자학급에서 이름 정도는 쓸 수 있게 되어 관공서에서 일을 볼 수가 있었다. 1915년생인 손분옥은 조선에서는 "여자가 시집 가면 고향에 편지만 쓰기 때문에 안 된다"고 해서 공부를 한 적이 없다고 한다. 다만 그녀는 '조선글'은 조금 배웠다.

1924년생 이외재도 같은 상황이었다. 네 살 때 일본에 왔던 그녀는 일본

---

31) 구술자들은 출생지가 각각 조선과 일본인 경우, 부모와 함께 유년 시절 도항, 혼인 이후 도항, 취업 도항, 밀항, 한일협정 이후 도항자를 포함하고 있고, 출생지와 성장지에서 다양한 분포도를 보이고 있다.

32) かわさきのハルモニ・ハラボジと結ぶ2000人ネットワーク生活史聞き書き・編集委員會 編, 『在日コリアン女性20人の軌跡』, 明石書店, 2009.

학교에도 다니지 못했다. "여자에게 공부는 필요 없다, 시집 가서 괴로운 생각을 편지로 써 보내면 부모가 곤란해지니까" 교육을 받지 못했다고 한다. 심지어 여자는 밖에 돌아 다니면 안 된다고 해서 외출도 별로 하지 못했다. 1925년생 윤을식도 마찬가지였다. 남동생 세 명은 전문학교까지 갔고, 여동생도 3학년 정도까지 다녔지만 그녀와 언니는 학교에 가지 못했다. "옛날부터 여자를 학교에 보내면 시집가서 편지를 쓰고는 해서 좋지 않다고 생각"하는 어른들 때문이었다. 다만 여동생의 경우는 아버지가 생각을 바꾸어 여자도 학교에 보낸 것이라고 한다.

1921년생 하덕룡은 조선에서는 시골이어서 학교가 멀기도 했지만 여자는 학교에 보내주지 않았기 때문에 갈 수 없었고, 아이들을 돌보야 했다. 12살에 일본에 온 이후 학교에 가고 싶어서 근처 아이들이 등교할 때 문앞까지 따라가서 학생들 체조 모습을 지켜 봤을 정도였다. 정규 교육을 전혀 받지 못한 그녀는 학교에 다니는 동생의 책을 어깨 너머로 보면서 히라가나와 가타가나를 익혔다고 한다. 전술한 윤을식도 남동생이 공부하는 것을 보면서 히라가나와 가타가나를 익혔다.

1926년생 서유순도 형제자매들의 어깨 너머로 기본 문자를 익혔다. 부모에게 배려받지 못했지만 손위 오빠가 오히려 그녀를 교육시키고자 했던 특이한 사례였다. 그녀의 부모 역시 "여자는 공부 안 해도 된다"고 했으므로 학교에 가본 적이 없었다. 하지만 학교에 다니던 두 살 터울 나는 오빠가 "공부 안 하면 나중에 곤란해져"라면서 자신이 낮에 공부해 온 것을 밤에 동생에게 가르쳐 주려 하였다. 그녀는 피곤해서 오빠의 가르침을 못 받아들였던 자신이 '바보'였다고 한탄하고 있다.

1926년생 변을순은 재일한인이 많이 거주하는 오사카에서 학교를 다녔다. 외동딸이었던 그녀를 아버지가 귀여워했기에 가능했을 것이다. 하지만 학교 학생들은 '조선인, 마늘냄새 고약해'라고 놀리면서 어린 소녀에게 돌멩이를 던지기도 했다. 그렇게 당하는 그녀를 보고 이웃집 여성들이 '여자니까 자기 이름과 주소만 알면 되는데 그렇게 싫은 이지메를 당하는 학교에 가는 건 그만 둬도 되잖아'라고 해서 흔쾌히 그만 두었다. 전술한 여성들이 부모에 의해 교육 기회를 박탈당한 것에 그녀는 일본인의 차별에 의해 교육에서 배제된 셈이다. 차별로 인해 교육에서 이탈한 것은 1929년생 하현필도 마찬가지였다. 그녀는 1930년대 후반 한국에서 학교를 다녔지만 이미 교실 내에서 한국어가 전면 금지된 상황이어서 항상 체벌을 받았다. 부모는 자주 호출을 당했고, 그러는 사이에 학교가 싫어져서 2학년 때 그만 두었다고 한다. 그녀는 그때 교육을 그만 두었기에 일본 땅에서 고생을 겪는 것이라고 회고했다.

1924년생 김복순도 시골 출신에다 여자라고 학교에 갈 수 없었다. 일본행 배 안에서 배표를 떨어뜨렸는데 표를 주운 사람이 자신의 이름을 불러도 전혀 몰랐다. 집에서 부르는 이름과 다르기도 했지만 문맹이기 때문에 표를 보아도 자신의 이름도 읽지 못했던 것이다.

식자교육을 통해 글을 익힌 여성들은 '이름 쓰기'에 대한 회한과 감격을 자주 언급한다. 1930년대 오사카 다이헤지 야간중학교의 사례33)는 교육권의 독립과 관련된 운동의 성격을 보이고 있지만 이러한 전개도 학습을 통해 글을 익힌 여성들의 자각과 각성에 의한 것이었음을 유념해 두어야 할 것이다. '여자라서 이름을 쓸 일이 없었'지만 '학교에서는 본명을 쓰는' 기회를 누릴 수 있다는 점은 해방과 무관하게 '식민지 출신 여성'의 현실이라고 할 수 있다.

1929년생 김두포의 한탄은 비식자 여성들의 일상적인 고통과 부끄러움을 보여주고 있다. 일본어로 이름과 주소 정도는 쓸 수 있는 그녀지만 청소

---

33) 서아귀는 『할머니들의 야간중학교 : 재일조선인 여성, 삶과 투쟁의 주체가 되다』를 통해 일본 교육행정에 맞서 저항하는 재일 1세와 2세 여성들의 주체적이고, 적극적인 투쟁을 전하고 있다. 대부분이 정규 교육에서 배제되었던 그녀들은 문자를 익히고, 투쟁하는 방법을 배우면서 교육을 통한 '성장'을 이루게 된다.

부로 일하는 회사에서 계약서를 내밀면 어느 부분에 이름과 주소를 써야 하는지 몰라서 항상 고통스럽고 부끄러웠다고 한다. 회사에서 매달 알려주는 공지사항도 이해하지 못했고, 직원들에게 나누어주는 선물도 신청하는 법을 몰라 손해를 보기도 했다.

노년기에 가능했던 식자학급조차도 청소일이 없을 때나 겨우 시간을 내서 갔을 정도로 생활의 여유도 없었다. 그녀는 "벌써 이 나이가 됐지만 조선말도 잘 모르고, 이쪽 말도 잘 모르고, 어중간해. 학문도 없으니까 어중간해. 조선의 관례 같은 건 전혀 모르고 부끄러울 정도"라고 말하는데 이는 세대 재일한인 비식자층 여성들의 공통적인 감정일 것이다.

구술에서 나타난 재일한인 여성들의 교육실태는 가부장제에 기인한 여성천시와 빈곤한 가정환경 문제도 있지만 조선총독부의 교육정책과도 무관하지 않다. 조선총독부는 1911년에 제1차 조선교육령을 발표했지만 이는 4년제 보통 교육 실시에 관한 것으로 의무교육은 아니었다. 일본에서 이미 메이지기에 의무교육이 실시되었던 것을 감안하면 식민지에서는 속보이는 선심행정을 베푼 것이라 할 것이다[34].

지배자 입장에서는 '똑똑한 조선인'이 아닌 '기본 정보 정도나 해독할 수 있는 노동자' 수준이어야 지속적 통치를 이어갈 수 있기 때문이다. 손분옥은 이런 상황을 "일본 사람도 조선인을 별로 공부시키지 않았어. 공부하면 훌륭해지잖아. 자기들보다 훌륭해지면 곤란하니까 공부 안 시킨 거야"라고 정곡을 찌르고 있다.

---

34) 김부자는 『학교 밖의 조선여성들: 젠더사로 고쳐 쓴 식민지교육연구』에서 교육에서 배제된 조선여성들을 통해 오히려 교육 문제를 역설적으로 탐구하였다.

〈조선국세보고의 남녀 문맹률〉35)

읽고 쓰기 정도(숫자는 백분율, 조사대상 인구 20,438,108명)			
	남	여	합계
일본어·조선어 모두 읽고 쓰기 됨	11.4	1.9	6.7
일본 가나만 읽고 쓰기 됨	0.04	0.01	0.03
조선어만 읽고 쓰기 됨	24.5	6.0	15.4
일본어·조선어 모두 읽고 쓰기 되지 않음	63.9	92.0	77.7

상기의 표는 1930년 당시 조선에서의 남녀 문맹률 현황이다. 일본어와 조선어에 모두 문맹인 이들은 77.7%이다. 비슷한 시기에 행해진 1931년 내무성 경보국 조사(1,404,848명 대상)에서는 이에 해당하는 문맹률은 57.5%로 나타난다. 한편 재일한인의 교육 정도는 '대학 졸업 정도 0.4%, 전문학교 졸업 정도 0.4%, 중등학교 졸업 정도는 2%, 소학교 졸업 정도 37%, 문맹자 57.5%, 불명 2%'로 집계되었다36). 여성은 소학교 졸업 정도의 일부, 문맹자에 많이 포함되었을 것이다. 같은 조사에서는 야학에서 배우는 아동들에 대한 통계도 있는데 남녀 각각 주간부는 3,164명 대 1,222명, 야간부는 2,248명 대 259명이다. 주간부는 남자가 여자에 비해 2.5배 이상, 야간부는 거의 10배에 가까운 불균형을 보이고 있다.

내무성 경보국이 조사한 전국 및 주요 도도부현에서의 재일조선인 교육 정도를 보면 남녀 합산해 1935년 74.64%, 1938년 72.18%, 1940년 73.42%로 문맹률이 비율이 절대적으로 높다. 조사방식과 대상이 다른 관계로 두 통계를 단순 비교하기는 어렵지만 적어도 이 시점을 기준으로 하면 일본어와 조선어에 관한 문맹률은 조선에 사는 이들의 비율이 훨씬 높다. 하지만 조선 여성들의 문맹률은 92%로 문맹률을 따져 묻는 것이 의미가 없을 정도로 절대 다수이다. 한국에서도 교육에서 배제되었던 여성들이 일본에서 교

35) 東京都立朝鮮學校教職員組合宣伝部, 「民族の子…朝鮮人學校問題」, 1954. 11. 30, 10쪽.
36) 위의 자료, 11쪽.

육의 기회를 얻기는 더욱 어려웠을 것으로 보인다.

조선총독부의 교육령은 4차까지 진행되면서 이에 따라 취학률도 높아지게 되지만 1943년에 시행된 4차 교육령은 이미 '충량한 황국신민' 양성과 총력전에 투입할 병력을 염두에 둔 것이므로 이를 100년 대계의 시혜적 교육정책이라고 평가할 수는 없다. 이런 추세에 따라 일제 강점기 후반에는 여성들의 교육도 권장되어 교육 기회도 확대된 것은 사실이다. 하지만 재일 여성들의 경우, 조선에서의 교육 경험이 없는 것은 물론, 일본 사회와 가정 내의 차별이라는 이중고 속에서 조선과는 다른 현실을 마주하고 있었을 것이다.

3. 해방 직후 급변한 경제 현실과 교육 실태

일본의 패전으로 재일한인의 지위는 표면상으로는 일본인과 동등한 층위에 서게 되었다. 하지만 제국주의 국가권력이 일거에 붕괴되고, 민족과 국가 차원의 거대 변동이 일어났다고 해도 일상적인 재일사회의 유교적, 봉건적 가부장제와 바로 연동되는 것은 아니었다.

다만 전쟁 수행의 주도적 위치였던 남성들의 권위가 흔들리고, 전후 암시장이라는 공간이 출현하면서 여성들의 정치적, 경제적 주체성이 가능해지는 계기가 마련되었다고는 할 수 있을 것이다. 서론에서 언급한 것처럼 필자는 암시장을 오늘날 재일산업의 근원으로 파악했고, 암시장에서 발전하게 된 야키니쿠 식당은 재일산업의 대표업종이자 여성 인력 없이 구동될 수 없는 사업이라는 점을 주목하였다.

이 장에서는 재일산업의 초기 태동 단계에서 경제활동에 참여한 여성들과 해방 후 일변한 교육환경에 대해 고찰하고자 한다. 당시 실태를 이해하기 위한 입체적인 자료로 재일한인 단체의 보고서와 언론, 민족학교의 생산

자료 등을 참고할 것이다.

해방 직후 최대의 재일한인 단체는 재일조선인연맹(이하 조련)이었다. 조련은 귀국 원조, 동포의 생명과 재산 보호, 일본인과의 우호적 친선 관계 등을 내걸고 해방 직후 가장 빨리 대규모로 조직된 민족단체였다. 초기에는 다양한 경향성과 이해 관계를 가진 이들로 구성되었으나 남북 분단과 재일사회 내의 친일파 문제, 점령군과의 관계 설정 등 여러 가지 의제를 두고 좌경적인 색채가 짙어지면서 1949년 GHQ에 의해 강제해산 당했다.

조련에는 직능별, 분과별로 다양한 산하단체가 있었는데 재일본 조선민주여성동맹(여동 혹은 여맹, 본글에서는 여맹으로 통일)의 존재는 여성에게도 역할을 부여하고자 했던 해방 후 재일한인 사회 내의 시대 분위기를 반영하고 있다. 그렇다고 해도 여맹의 각종 보고서는 조련이나 민전의 구호와 보고 내용이 눈높이를 낮춘 채로 동일하게 반복되는 종속성을 보이고 있다. 사상과 계급에 중점을 둔 남성 중심의 투쟁 현실에서 여성들은 전략적 연대의 대상에 그치는 것이 현실이기는 하였으나 정치 투쟁의 일환인 생활옹호권 투쟁은 여성들의 각성과 협조는 중요한 동력이었기 때문에 세부적인 면에서 보고 내용은 차이를 보이기도 한다.

한국전쟁 휴전 직후 개최된 여맹 제 5차 정기대회[37]의 보고서에는 '미제 팟쇼' '반동 요시다 정권' '참혹한 남조선'에 대한 정세보고가 가장 앞장 서고 있다. 미국의 '파쇼성'과 남한의 '참혹한 현실'은 재일한인 여성들이 직접 체감하는 문제라고 보기 어렵지만 요시다 정권의 차별적, 배타적 재일한인 정책은 일상을 좌우하는 중요한 사안이었다. 재일한인의 높은 실업률은 여성들의 직접적 문제이기도 하였다. 보고에는 '재일 60만 동포 중 중소상공업자 4만 명을 제외한다면 실업자와 반실업자가 전부라고 볼 수 있는 실정'이고 이 중소상공업자조차 일본산업의 변화에 따라 사업 유지가 힘들다고 하였다.

---

37) 1953년 10월 25일 개최.

일부 중소상공업자를 제외하면 재일한인들의 생업은 '술장사, 가이다 시38), 바타야39), 고물상, 행상, 숯굽기, 담배, 엿 만들기, 군고구마 장사, 린타쿠(輪タク)40), 직안(職安)41), 토방(土方:막노동), 피생보(생활보호대상)' 등이었다. 해방 이전에도 재일한인의 직업은 자유노동, 육체노동 종사 비율이 가장 높았는데 해방 이후에도 그런 경향은 계속되고, 오히려 전후의 '만성적 실업 상태, 사회 하층의 기생적 직업'은 더욱 증가했다. 그리고 이러한 상태는 '조선사람이 일본 사회를 문란시킨다'는 '반동 요시다 정부'의 탄압 구실로 작용하기도 하였다.42)

남성들은 주로 토목 노동자가 되어 전국 각지에서 진행되는 전원개발공사, 군사기지 및 군사도로, 하천 삼림의 길 확장, 보수공사, 군수산업의 건설공사 등에 종사하는데 이는 해방 이전과 큰 차이가 없는 형태이다. 남편이 부재한 상태에서 여성들은 빈곤한 가정을 지키며 아이를 돌보느라 말할수 없이 비참한 처지이고, 소수의 중소상공업자도 자금, 판로 문제를 비롯해 어음 부도 등이 이어지고 있다고 한다.

각 지역 단위에서 올라오는 생활투쟁 보고는 대부분 밀주43) 문제와 관련한 것이다. 1953년 연말에서 1954년 초반까지44) 일본 공권력에 의해 압수

---

38) 전후 통제경제 시기 농촌에서 식량이나 물자를 구입하는 일. 상행위나 자가소비 등을 위한 것이지만 본문에 소개된 내용은 암시장 거래용인 듯하다.

39) 넝마주이.

40) 자전거를 개조해 택시처럼 탈 수 있게 만든 교통수단. 시클로 같은 형태로 의자전거의 뒤나 옆에 손님이 탈 수 있는 자리를 만든 탈것으로 전쟁 후 한때 택시로 대용하였다.

41) 公共職業安定所의 준말로 한국의 공공근로에 해당한다.

42) 대표적인 것이 법으로 금지되어 있는 술을 제조하고 판매하는 밀주 문제였다. 재일한인 마을을 표적으로 삼아 폭력적인 검색과 압수가 행해졌다.

43) 보고에서는 밀주에 관해 술 만드는 사람, 술 만드는 일로 표현하고 있다. 밀주 제조는 일본에서는 범법 행위이므로 이를 굳이 명시하지 않으려는 의도로 보인다.

44) 탄압 시기를 '53년 11월 30일-53년 3월 30일'로 표기하였는데 후자는 54년의 오기인 듯하다.

당한 재일한인의 재산은 14개현 11,110,000엔, 검거당한 이들은 242명으로 보고되었다. 단속을 위해 출동한 무장경관 및 세무서원은 9202명이었다. 재산 피해액은 3개월 동안의 수치로 해방 이후 누적된 피해는 모두 수억엔에 달할 것으로 추산하고 있다.

보고에는 압수당한 재산을 별도로 언급하지 않았지만 『해방신문』이나 기타 보도를 보면 압수품은 주로 밀주재료와 제조 및 보관 도구 등이다. 재일한인의 직업군 중 밀주, 마약, 매매춘 관련 업종은 범법행위였고, 만성적 빈곤에 시달리는 재일한인들은 구조적으로 종사율이 일본인에 비해 높았다. 직업 안정성이 현저하게 떨어지는 부동(浮動)생활자 대부분은 그나마 현금을 바로 손에 쥘 수 있는 밀주를 만들었고, 마을 단위로 제조하는 공동작업도 많았다. 재일한인들의 집주 경향이 높아서 밀주 단속시 일본 공권력의 좋은 표적이 되었다.

밀주 투쟁은 어느 지역이든지 단속과 투쟁이 거의 유사했다. 술 만들기에는 남녀 모두가 동참했지만 여성들의 비중이 높았다. 경찰과 세무서원의 습격은 남성들이 일하러 나가는 낮에 주로 행해졌고, 여성과 아이, 노인 같은 약소자들이 이에 대처해야 했다. 재산 압류는 물론이고, 물리력에 저항하다가 부상을 입는 경우도 부지기수였다. 여기에 벌금형까지 받기도 하는데 납부하지 않으면 강제추방한다는 협박도 횡행했다.

한번 단속이 휩쓸고 가면 쌀, 고구마, 누룩 등의 재료는 물론 술을 만드는 기구나 항아리 등도 압수당했기 때문에 재산상 피해가 막심했다. 재일한인들은 밀주 제조가 현행법 위반이라는 것을 알면서도 생계 수단이 딱히 없었기 때문에 악순환은 반복되었다. 보고에서는 실업자, 노동자, 양복업자, 밀주업자 중에서 자살자들이 나왔고, 매매춘을 위해 여성들이 미군기지로 가는 상황을 알리고 있다.

보고 가운데 어느 소학교 6학년 여학생이 작성했다는 작문이 있다. 내용은 '비오는 날 우리 어머니는 걱정이 많다. 세숫대야로 천장의 빗물을 받는

다. 빵집에서는 빵을 외상으로 먹는다. 어머니는 비가 오면 가이다시를 못 간다. 날씨가 좋으면 나는 학교를 쉴 때가 있다. 세 살 동생이 병이 나면 아이를 데려갈 수 없어 내가 집을 보며 동생과 놀아준다. 비가 오면 엄마는 한숨을 쉰다. 울기도 한다'고 하여 재일모녀 2대의 교육과 경제적 현실을 묘사하고 있다. 다만 이 작문의 결론은 '그래서 엄마를 보며 좋은 사회를 만들겠다는 결심을 한다. 학교에서 들은 소비에트나 중국 이야기를 하면 어머니는 힘없이 고개를 끄덕끄덕한다'고 하여 체제찬양으로 귀결되는 논리 구조를 보인다.

한편 전업주부의 상황 역시 노동 여성과 별 차이가 없었다. '일터도 없이 얽매여 있는 남편과의 사이에는 생활 곤란에 인한 분쟁만 일년 열두달 할 것 없이 벌어지고 있다'는 현실을 보고하는 한편, 그 여성들이 '한숨만 쉬고, 신세타령을 하거나 보잘 것 없는 가정사로 분쟁'에만 세월을 보낼 것이 아니라 행복에 대한 권리를 쟁취해야 한다고 주장한다. 하지만 행복에 대한 권리란 '30만 재일여성은 소위 동방예의지국, 남존여비시대가 아니므로 생활권을 지키고, 노동권리 쟁취, 자녀 교육을 위해, 자기들의 계몽을 위해, 애국자의 구원을 위해 평화를 지키는 투쟁, 일본 재군비반대투쟁을 펼쳐야 한다'는 막연한 이상론으로 이어지고 있다. 구호가 생활과 밀착하지 않고, 초월적 거대담론의 나열에만 그치게 되는 것이다. 해방 후 도쿄 에다가와초에 파견된 조련 활동가들에 대한 평가 중에도 '설교가 많아서 물에 뜬 기름 같은 존재'라는 표현이 있는데 실생활과 유리된 지식층 청년 활동가들의 문제점은 정치투쟁을 앞세운 민족단체 모두의 공통점이었다.

여맹은 이런 '장밋빛 전망'이 이상론에 그친다는 것도 인지하고 있다. 실무 차원에서 지역 단위의 생활투쟁 보고가 없어 계량화된 통계작성에 어려움이 있다는 점, 여성들의 일상적 요구인 육아, 가정의 봉건제, 내직(內職), 출산, 병 등의 문제에 대해 파악하고 도와주는 면이 부족하다는 것도 지적하고 있다.

생활 안정을 위한 투쟁은 ①술 만들기 탄압 투쟁, ②생활보호법 획득투쟁, ③직장획득 투쟁으로 크게 나누어 투쟁방식과 성공 사례를 소개하기도 했다. 이 중에서 ①의 경우는 민족을 대표하는 단체로서 표리부동의 태도를 보여야 하기도 했다. 조련 시기부터 지도층은 밀주 제조는 민족의 자존심이 훼손되므로 지양을 주장했지만 범법행위조차도 하지 않으면 생계를 이어갈 수 없는 재일한인의 현실과 동떨어진 의견이었다. 밀주의 대체업종으로 공동 양돈업을 장려하기도 하고, 부분적으로 술 제조의 합법화를 추진하고자 하였지만 이렇다 할 결실을 보지 못했다[45]. 여맹의 술과 관련된 투쟁은 검거, 입건, 벌금형을 받은 동포들에 대한 법적 제재를 감경해 달라고 집단 압력을 행사하는 방식이 주를 이루었고, 밀주 제조를 반대하지도 장려할 수도 없는 입장이었다.

②의 투쟁은 이러한 밀주조차도 주고객인 노동자, 농민 고객이 점점 줄어 수익이 감소하는 상황에서 재난 보조금, 생활보조금 등 복지 혜택을 확대해 달라고 요청하는 것이었다. 다만 이러한 방식은 일본인들에게 재일한인들은 범법을 일삼고, 자신들의 세금을 축내는 기생적 집단으로 보이게 할 우려도 있었다. ③의 투쟁은 보다 적극적인 개선방법으로 제시되었다. 그렇다고 해도 이러한 투쟁 끝에 얻어내는 직업이라는 것은 저학력, 비숙련자들이 종사하는 경제적 하층부의 불안정한 직업에 그쳤다.

여맹은 기관지로 『여맹시보』[46)를 월간 단위로 발간하였다. 『여맹시보』의 창간 취지는 '조국의 민주독립과 인민생활의 향상과 우리 여성의 여러 권리를 옹호하고 또 발전시켜 파시즘과 침략전쟁을 절멸시키고, 세계평화의 항구유지를 그 중대한 사명으로 탄생했다. 20만 여성대중의 조직인 재일본 조선민주여성 동맹은 신년초두부터 기관지 『여맹시보』를 창간하게 되었

---

45) 조련 시기부터 공산당과 연대해 합법적 방식으로 양조사업을 벌일 것을 논의한 바가 있기는 하였다.
46) 1947년 12월 29일 창간호가 발행되어 1949년 7월 25일 16호까지 발간되었다.

다'라는 것이었다[47].

창간호는 등사판, 2호부터는 활판 인쇄로 발간하였고, 한글 전용으로 한 자는 측면에 한글로 루비(ルビ)를 달아 구독자들의 눈높이에 맞추고자 하 였다. 『여맹시보』는 조련 산하 단체 기관지의 한계가 있지만 해방 공간 재 일여성의 일상을 보여주는 보기 드문 자료이다. 정치 기사를 제외하면 전반 적인 경향은 계몽성이 강했고, 특히 문맹퇴치를 중시하였다. 창간호 기사 중 다음 기사는 여맹이 지향하고자 하는 바를 설명하고 있다.

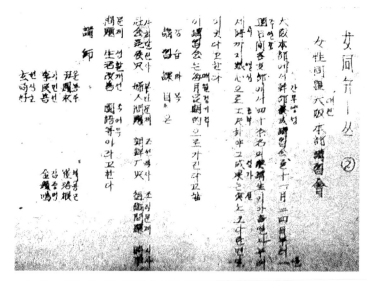

1947년 12월 29일 『여맹시보』

---

47) 『여맹시보』는 선전활동을 적극적으로 펼치는 기관지였고, 이상론적인 구호와 논리 전개에 많은 지면을 할애했기 때문에 여맹 활동 범위 이외에 존재하는 재일한인 여성들의 실태에 대한 심층적인 취재나 분석 내용은 접하기 어렵다. 여맹은 1949 년 조련과 산하단체들이 강제해산될 때에도 그 적용을 받지 않고 존속할 수 있었 던 소수의 민족단체였다. 조련이나 그 외 단체처럼 물리력을 동원한 활동을 펼치지 않았고, 여성 단체였기 때문에 존속할 수 있었다.

오사카 본부 개최의 간부 양성 강습회를 소개하는 내용으로 강습회에서 가르치는 과목은 '사회발전사, 부인문제, 조선역사, 조직문제, 시사문제, 생활문제, 국어 등'이다. 조직 내 간부 양성을 위한 교육이므로 일정 정도 교육을 받은 여성들을 대상으로 삼았을 것이다. 기사 말미의 강사진 명단이 나와 있는데 여성계 내부에서는 아직 충분한 인력이 양성되지 못한 까닭에 남성들로만 구성되어 있는 것으로 보인다. 후술하겠지만 몇 년 후에는 이런 경향도 변화하게 된다.

『여맹시보』는 교육 교재로 신문이 활용될 것을 염두에 두었던 것 같다. 매회 기초한글과 한자 교육을 연재하였는데 여성 계몽과 교육이라는 여맹의 취지에 걸맞는 것이기도 하다. 하지만 그 내용은 프로파간다를 기초로 한 것이다.

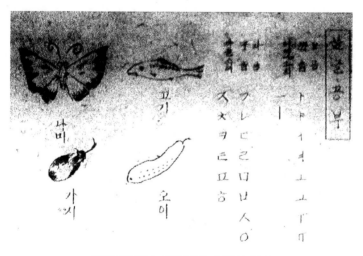

창간호(1947년 12월 29일)의 한글 공부란

『여맹시보』 2호(1948년 2월 1일)의 한글공부와 한자 연습

상기의 『여맹시보』 2호에 수록된 한글공부는 한글 입문자용의 자음, 모음 조합이지만 한자 연습의 내용이 흥미롭다. '여성, 주부, 인생, 완전, 남자, 조선, 동포, 노예적, 입장, 해방' 등의 단어는 여맹 활동의 키워드를 나열한 것처럼 보인다. 다만 아직 한글 초성도 익히지 못한 여성들이 이러한 단어를 읽을 수 있을지는 의문이다. 한자 연습용 단어들은 글자 공부보다 개념 주입용으로 기획된 것이 아닌가 한다.

전후 물자 부족 상황에서 인쇄용지도 부족했으므로 동포 언론은 마을 단위에서 윤독되었는데 『여맹시보』 역시 그러했다. '부탁'란을 보면 '여맹시보는 문화계몽지도자요 조직선전자라! 용지 부족으로 맹원 전부 손에 못 가오나 분회 단위로 들여 보시기 바랍니다'라는 호소문이 있다. 여성들의 문맹률이 높았기 때문에 조련이나 여맹에서 파견된 '문화공작대'는 신문을 읽어주고 이를 통해 교육하는 방식으로 학습을 진행한 것으로 보인다. 여성 조직의 '소프트파워'를 활용한 계몽운동이라 하겠다.

한편 초기 교육에 남성 강사진이 주를 이루었던 것에 비해 시간이 지나면 여성 활동가의 역할도 증가한 것으로 보인다. 1949년 '전원이 선생으로'

라는 제목의 기사에는 '여성운동에서 열렬히 싸우는 투사의 양성을 위해서
지난 4월 6일부터 10일까지(5일간) 간부양성을 받은 동무 23명이 각 분회
어머니 학교의 문맹퇴치 사업을 수행시키고자 강사로 나섰다. 여성의 입장
은 서로 협력하자고, 전문적 남선생을 받들어 배우자면 부끄럽고 주저하기
때문에 나오지 않은 것을 잘 인식하자 너도나도 배우자고 집집마다 호별
방문하여 그 성과도 지금 어머니 학교 7곳, 202명이 참석하여 열심히 강습
을 받고 있다 한다'[48]고 오사카 이쿠노 지부의 활동을 전하고 있다. '남녀
칠세 부동석'이라는 인식을 가지고 있는 여성들은 배울 의지가 있어도 남성
강사를 꺼려하거나 가장이 이를 제지하는 경우도 있었으므로 '여성에 의한
여성 교육'이라는 측면에서 여성 강사를 적극 활용한 것이다.

하지만 재일한인 대다수는 하루 벌어 하루 먹고 살기 바빴고 여성들은
살림까지 전담했기 때문에 계몽, 문화공작을 통해 여맹 참가자가 증가한 것
은 아니다. 그보다 남녀노소에게 가장 절박했던 생계 문제, 그중에서도 일
본 정부와 끊임없이 갈등을 빚었던 암시장과 밀주 단속, 직업획득 운동 등
에 대해 공동투쟁하고, 운동의 방향성을 이끌었던 실용적 노선 덕분에 이러
한 계몽운동도 호응을 얻을 수 있었을 것이다.

조선학교와 관련한 활동도 이러한 경향성과 밀접한 관련을 가진 것이었
다. 해방 직후, 조련이 주도해 전국적으로 개설한 한글강습소는 이후 조선
학교로 발전하고, 북한의 지원을 받으면서 유치원부터 대학교까지 과정을
갖춘 통합적 교육기관으로 성장하게 된다. 조선학교 연구는 상당하게 축적
되어 있으므로 본 연구에서는 이를 별도로 언급하지 않고, 여성 교육과 관
련한 내용만을 간단하게 살펴보고자 한다.

이하의 내용은 1948년 4.24 한신교육투쟁[49] 이후 협상의 결과물로 나타

---

48) 『여맹시보』 1949년 4월 25일.
49) 1947년 일본을 점령하고 있던 GHQ는 재일한인들이 일본의 교육법을 따르도록 지
    령을 내렸다. 조선학교는 일본 교육법이 정하는 교육 내용, 교원들로 구성되지 않

난 도쿄 도립조선학교(이하 도립교)[50]의 자료를 참조했다. 도립교는 일본 교육법에 따르는 학교 시스템이기는 하였으나 재일한인들의 민족교육에 대한 갈망은 여전히 높았고, 남녀 성비, 특히 초급교육 면에서 해방 이전과는 비교할 수 없을 정도로 여성 비중이 높아졌다. 1952년 도쿄도내 조선인 학교 일람표에서 각 초등학교와 중고급 학교의 남녀 성비는 다음처럼 나타나고 있다.

1952년 4월 10일 현재 도쿄도내 도립조선학교 현황과 재학생 통계[51]

교명	학급수	1학년		학급수	2학년		학급수	3학년		학급수	4학년		학급수	5학년		학급수	6학년		계		총계
		남	여		남	여		남	여		남	여		남	여		남	여	남	여	
제1소	2	45	52	1	36	26	1	35	31	2	43	49	2	40	42	2	47	50	246	250	496
제1분	1	6	3		1	3	1	8	3		4	3	1	3	2		4	3	26	17	43
제2소	1	21	9	1	13	14	1	9	18	1	21	8	1	11	9	1	17	13	92	71	163
제3소	1	20	22	1	21	14	1	19	17	1	23	20	1	22	12	1	31	16	136	101	237
제4소	1	21	29	1	28	24	1	25	25	1	27	26	1	27	27	1	25	34	153	165	318

았으나 이러한 지령은 민족의 독립성을 말살한다고 보는 재일한인들은 반발했다. 지역 조선학교가 이를 거부하자 1948년부터 각 지역에서 무리하게 학교 폐쇄령이 떨어졌다. 학부모들은 이에 격렬하게 항의하였고, 그 정점을 이룬 것이 4월 24일 최대 한인 거주지역인 오사카와 고베에서 일어난 교육투쟁이다. 무장경찰의 발포에 의해 한인소년 한명이 사망했고, 이 일대에는 비상선언이 선포되었다. 일본인을 포함한 시위 참가자 수천명이 검거되고 조선학교는 폐쇄되는 절차를 밟게 된다.

50) 1948년 한신 교육투쟁 이후 조련이 중심이 되어 재일한인 교육 문제에 관해 지역 교육위원회와 협상을 벌이게 된다. 도쿄도의 경우 1949년 말부터 도쿄도립조선인 학교 설치규칙에 의해 도내 조선학교를 도립화했다. 일본 교육법에 따르는 것을 원칙으로 하고 있어 일본인 교장과 교사가 파견되었고, 교원자격이 없는 한인 교사는 강사로서만 인정했다. 교육은 일본어로 행해졌고, '조선어'는 외국어, 그 외 민족교육 관련 과목은 과외로 취급했다. 한국전쟁 당시에는 학교에서 이념문제로 갈등을 빚게 되고, 일본 정부는 이념교육을 금지했다. 1954년 도교육위원회는 사립학교로 이관할 방침을 밝혔으나 한인 교육계는 이를 거부하고 독자적인 도쿄조선학원을 설립해 1955년부터 독립적 교육을 실시하게 되었다.

51) 在日本朝鮮人學校PTA全國連合會·東京都立朝鮮人學校教職員組合, 「教育の自由を守るために-在日青少年教育問題について」, 31~32쪽, 1952.6.

교명	학급수	1학년		학급수	2학년		학급수	3학년		학급수	4학년		학급수	5학년		학급수	6학년		계		총계
		남	여		남	여		남	여		남	여		남	여		남	여	남	여	
제5소	1	23	24	1	21	23	1	15	15	1	31	22	1	21	25	1	13	30	124	139	263
제6소	1	26	32	1	16	21	1	24	26	1	24	26	1	25	30	1	26	32	141	167	308
제7소	1	27	24	1	18	12	1	8	11	1	18	15	1	20	9	1	25	23	116	94	210
제8소	1	16	12	1	18	7	1	9	15	1	15	14	1	15	13	1	10	8	83	69	152
제9소	1	4	7		11	5	1	8	7		7	5	1	5	6		7	9	42	39	81
제10소	1	17	13	1	17	9	1	12	15	1	18	9	1	18	12	1	19	9	101	67	168
제11소	1	12	18	1	10	11	1	15	12	1	14	13	1	16	14	1	16	9	83	77	160
제12소	1	8	9	1	7	11	1	8	8		9	10	14	7	12		8	9	47	59	106
계	14	246	254	11	217	180	13	195	203	11	254	220		230	213	11	248	245	1,390	1,315	2,705
중학교	8	252	210	6	201	128	5	173	124										626	462	1,088
고등학교	4	175	67	3	128	31	2	62	10										365	108	473
총계	26	673	531	20	546	339	20	430	337	11	254	220	14	230	213	11	248	245	2,381	1,885	4,266

일람표를 보면 도립교에 재학 중인 학생은 전체 4,266명이고 이중 남학생은 2,381명, 여학생은 1,885명으로 남학생이 500명 정도 더 많지만 여전히 잔존하고 있는 여성 천시 경향을 감안하면 실질적으로 거의 대등한 상태라고 할 수 있을 것이다. 특히 초등교육 전체를 보면 남:여 비율이 1,390:1,315명으로 거의 동등한 성비를 이루고 있고, 1학년과 3학년은 여초 현상을 보이기도 한다. 하지만 중학교에서는 626:452, 고등학교는 365:108로 여학생의 비율이 현저하게 감소하고 있다. 여성에게 초급교육 정도는 시키지만 중등 이상까지는 필요하지 않다는 인식을 반영한다고 하겠다. 하지만 어려운 경제적 현실에도 불구하고, 해방 이전처럼 여성들이 교육에서 절대적으로 배제되는 상황은 아닌 것이다.

조련이나 여맹은 정치투쟁과 생활옹호투쟁 등 재일한인들의 환경 개선을 위해 가장 선도적으로 나섰고, 실용주의 노선으로 교육과 계몽운동을 동시에 펼쳤다. 이런 과정을 통해 '조선어'와 민족교육이 일상 속에 스며들 수 있었고, 특히 학부모로서의 여성들은 조선학교 보호와 유지에 있어 핵심적인 역할을 수행했다. 정치 투쟁에서 민족단체의 구호와 방향성이 이상론과

과도한 사상논쟁에 치중했다면 대중계몽의 가장 적극적 방식인 학교 설립과 운용에 있어서는 세계적으로 유사한 예를 보기 드문, 지속 가능한 교육 시스템을 구축했다는 점은 부정할 수 없다. 적어도 조선학교만의 범위로 한정해서 본다면 '민족어' 습득의 기회를 창출하고, 여성교육의 확대에도 기여한 것만은 분명하다고 할 것이다.

4. 맺음말

이상으로 해방 전후 시기 재일한인 여성들의 경제활동과 교육 현황에 대해 살펴보았다. 상기의 주제들은 별도의 장에서 각각 심화 연구로 진행될 가치가 있는 것이지만 본 연구처럼 개괄적이고, 통합적인 고찰도 무의미한 것은 아닐 것이다.

각종 통계를 보면 해방 이전에는 조선과 일본 양쪽에서 한인여성들은 제도교육의 수혜를 거의 받지 못한 채 높은 문맹률을 보이고 있고, 이 중에서 재일한인 여성들은 조선어와 일본어 교육 모두에서 배제된 이중의 굴레에 갇혀 있었다. 일반적으로 교육은 직업 선택과 연결되지만 주변부 경제활동에 머물러야 했던 해방 이전 여성들은 그런 상관관계조차 기대하기 어려웠다. 본고에서 예시로 든 해녀들의 경우, 독특한 직업군이므로 이를 재일여성 일반의 모습으로 유형화하기는 어렵지만 독자적인 경제활동과 직업 권리에 대한 주장 등 시대적인 한계 안에서 선도적인 존재였던 것만은 분명하다.

해방은 여성들의 교육기회를 확대하는 계기가 되었다. 민족단체가 설치한 조선학교에서 여성들도 여건이 허락하는 한 '조선어'를 비롯한 기초교육을 배울 수 있었다. 본고에서는 별도로 거론하지 않았지만 일본의 의무교육을 받게 되는 재일여성도 늘어났다. 급변한 정치적 상황과 달리 남녀차별적인습이 지속되어 인식의 변화는 더뎠지만 적어도 교육이라는 측면만 본다면 민족과 국가를 초월한 기회의 확대가 이루어진 것이다.

노동면에서도 전후라는 특수 환경은 여성들이 생존을 위한 '생활전선'의 전면에 나서는 계기를 마련해 주었다. 여성들 중에는 암시장에서 행상이나 간이식당을 하면서 실질적인 가장 역할을 하는 경우도 적지 않았다. 하지만 재일사회 전체를 보자면 성공한 사업가나 자산가로 전면에 부각되는 것은 남성들이 압도적이다. 배우자나 자녀들과 공동 사업으로 성공하였다고 하더라도 여성들은 좀처럼 드러나지 않는다. 특히 필자가 대표적 재일산업이자 '여성 주도 산업'이라고 생각하는 야키니쿠 산업 초창기에는 여성 인력이 거의 절대적이었지만 이들의 역할은 좀처럼 알려지지 않았다. 재일한인은 일본 사회의 대표적 마이너리티로 흔히 부르지만 재일한인 여성들은 마이너리티의 하층적 지위에 머무를 수밖에 없었던 현실을 반영하는 일면이라 하겠다. 이상에서 해방 전후 재일한인 여성들의 교육과 경제활동을 소략하게나마 개괄적으로 살펴보았다. 역사의 이면에서 좀처럼 주목받지 못했던 '못 배우고, 가진 것 없는' 재일한인 여성들의 역할과 의미는 민중사적 측면에서 향후에도 지속적으로 탐구되어야 과제라고 할 것이다.

참고문헌

1. 사료

內務省 警保局, 『社會運動の狀況』
在日本朝鮮人學校PTA全國連合會·東京都立朝鮮人學校敎職員組合, 「敎育の
　　自由を守るために-在日靑少年敎育問題について」, 1952.6.
東京都立朝鮮學校敎職員組合宣伝部, 「民族の子…朝鮮人學校問題」, 1954. 11. 30.
『朝聯中央時報』
『解放新聞』
『여맹시보』
『민중시보』

2. 단행본

박미아, 『재일조선인과 암시장-전후 공간의 생존서사』, 선인, 2021.
송혜원, 『'재일조선인 문학사'를 위하여 : 소리 없는 목소리의 폴리포니』, 소명,
　　2019.
서아귀, 『할머니들의 야간중학교 : 재일조선인 여성, 삶과 투쟁의 주체가』, 오월의
　　봄, 2019.
양지연, 『보통이 아닌 날들 : 가족사진으로 보는 재일조선인, 피차별부락』, 사계절,
　　2019.
오문자, 『봉선화, 재일한국인 여성들의 기억』, 선인, 2018.
김영·양징자, 『바다를 건넌 조선의 해녀들』, 각, 2017.
청암대학교 재일코리안연구소 편, 『재일코리언의 생활문화와 변용』, 선인, 2014.
이지치 노리코 지음, 안행순 옮김, 『日本人學者가 본 제주인의 삶 : 생활체계의
　　창조와 실천』, 景仁文化社, 2013.
도노무라 마사루 저, 신유원·김인덕 역, 『재일 조선인 사회의 역사학적 연구』, 논
　　형, 2010.
김찬정 저, 박성태·서태순 역, 『재일 한국인 백년사』, 제이앤씨, 2010.
이붕언, 『재일동포 1세, 기억의 저편』, 윤상인 옮김, 동아시아, 2009.

김부자, 趙慶喜·金友子 역,『학교 밖의 조선 여성들 젠더사로 고쳐 쓴 식민지 교육』, 일조각, 2009.

川田文子,『ハルモニの唄 : 在日女性の戰中·戰後』, 岩波書店, 2014.

かわさきのハルモニ·ハラボジと結ぶ2000人ネットワーク生活史聞き書き編集委員會 編,『在日コリアン女性20人の軌跡』, 明石書店, 2009.

『在日のくらし-ポッタリひとつで海を越えて-』, 昭和のくらし博物館, 2009.

小熊英二·姜尙中 編,『在日一世の記憶』, 集英社, 2008.

朴日粉 編,『生きて, 愛して, 闘つて : 在日朝鮮人一世たちの物語』, 朝鮮靑年社, 2002.

內藤正中,『日本海地域の在日朝鮮人 : 在日朝鮮人の地域硏究』, 多賀出版, 1989.

前川惠司,『韓國·朝鮮人 : 在日を生きる』, 創樹社, 1981.

金贊汀,『朝鮮人女工のうた』, 岩波新書, 1982.

金贊汀·方鮮姬, 『風の慟哭 : 在日朝鮮人女工の生活と歷史』, 田畑書店, 1977.

エドワ-ド·W·ワグナ-,『日本における朝鮮少數民族 : 1904年~1950年』, 湖北社, 1975.

森田芳夫,『在日朝鮮人處遇の推移と現狀』, 湖北社, 1975.

朴在一,『在日朝鮮人に關する總合調査硏究』, 新紀元社, 1957.

3. 논문

川瀨愛舞璃,「조선학교 어머니회에 대한 연구 : 총련계 커뮤니티의 재생산과 젠더 역할」서울대학교 국제대학원 석사논문, 2019.

홍양희,「제국 일본의 '여공'이 된 식민지 조선의 여성들」,『여성과 역사』제29집, 2018, 겨울호.

이한정,「재일조선인 여성의 자기서사」,『한국학연구』40집, 인하대학교한국학연구소, 2016.

송연옥,「재일조선인 여성의 삶에서 본 일본 구술사 연구 현황」,『구술사연구』제6권 제2호, 2015.

김부자,「HARUKO : 재일여성, 디아스포라, 젠더」,『황해문화』, 겨울호, 2007.

李杏理,「「解放」直後における在日朝鮮人に對する濁酒取締り行政について」, 『朝鮮史硏究會論文集』51, 2013.

藤永壯・高正子, 伊地知紀子 他, 『解放直後・在日濟州島出身者の生活史調査』, 大阪産業大學論集, 人文・社會科學編, 2000.10-2015.11.

金榮, 「解放直後の女性同盟が目指した「女性解放」」, 『戰爭と性』28号, 2009.

제2부

한일관계사학회 30년,

회고와 전망

<기조강연>

한일관계사학회의 회고와 전망

현 명 철*

1. 머리말   4. 우리 학회의 과제와 전망
2. 〈한일관계사연구회〉의 창립과 현황   5. 맺음말
3. 16대 회장단 30년의 족적

1. 머리말

2022년 올해는 우리 한일관계사학회가 창립된 지 30주년을 맞이하는 해이다. 어느덧 한 세대가 지났고 이제는 우리 학회의 역사를 정리해서 남겨두어야 할 시점이 되었다. 인간의 기억은 점차 희미해지기에 기록이 필요하다. 발표자에게 주어진 「회고와 전망」이라는 과제 역시 우리 학회의 역사를 간략하나마 정리해서 훗날 자료로 삼자는 현 김문자 회장님의 취지로 받아들였다. 실제로 우리 학회의 5대 회장이셨던 오성 선생님과 12대 총무 김강일 선생님, 그리고 오랫동안 연구이사를 맡아주셨던 김보한 선생님은 타계하셨다. 언제나 각 기수 회장단의 지난 이야기를 들을 수 있을 줄 알았는데 현실은 그렇지 않음을 깨닫게 된다. 그리하여 발표자는 손승철 선생님의 회고[1]를 근거로 우리 학회 30년의 역사의 뼈대를 세워보고자 한다. 부회장 장순순 선생님의 기억에 많은 도움을 받았다. 각 기수 회장단의 기억을 통

---

* 전 한일관계사학회 회장

1) 학회의 역사에 대한 회고록으로는 손승철, 「한일관계사 25주년을 맞이하여」(『한일관계사연구의 회고와 전망』(한일관계사연구총서65, 경인문화사, 2018, 11~20쪽)를 우선 참고하였다.

해 살을 붙이는 작업이 이루어지고 사진 자료가 첨부되면 좋겠다.

발표자는 창립 멤버는 아니지만 1992년 10월 일본에서 귀국하자 바로 손승철, 정재정 두 분 선생님의 부름을 받고 얼떨결에 창립 멤버들 자리에 슬쩍 끼어들어 초기 윤독회와 월례발표회에 참여할 수 있었다. 참으로 행복한 시절이었고 좋은 선생님들을 많이 만날 수 있었다. 월례발표회 후의 술자리는 유학생활로 단절되었던 국내 연구정보를 얻는 소중한 시간이었고, 일본사(明治維新史)를 전공한 필자가 한일관계사로 방향을 바꾸는 운명적 만남이었다고 기억한다. 1996-1997년에는 제3대 총무, 그리고 2009~2010년 제10대 2총무로 활동하였다. 그 후 수석편집위원으로 2014년까지 학회지 관련 업무를 총괄하였다. 그리고 제15대 회장(2019~2020)으로 선임되어 임무를 수행하였다.

돌이켜 생각해 보니 일본 유학에서 돌아온 지 꼭 30년이 지났고, 환갑을 훌쩍 넘어버렸다. 학회와는 가족과 같은 인연을 맺어왔고, 또 학회의 발전에 따라 내 학문도 발전하였다는 생각이 든다. 본 발표에서는 현 김문자 회장님의 요청에 따라 필자의 경험을 토대로 가능한 객관적인 서술에 노력하면서 우리 학회의 역사와 현황 그리고 전망을 피력해 보고자 한다.

2. 〈한일관계사연구회〉의 창립과 현황

우리 학회는 〈한일관계사연구회〉라는 명칭으로 1992년 7월 창립되었다. 창립의 계기는 한일관계사 연구 부족에 대한 사회적 자각과 이에 따른 학문적 요청에 창립 멤버들이 부응한 것이었다고 이해한다. 창립 멤버들의 선구적 의식과 실천은 존경할만하다.

돌이켜 보면, 필자가 유학 중인 1990년 노태우 대통령이 방일 연설에서 아메노모리 호슈(雨森芳洲)의 성신지교를 언급하고 미래 지향적 한일관계를 제시한 이후 한일 양국에서 한일관계사에 관한 관심이 급격히 증가하였음을 기억한다. 국사편찬위원회에서는 90년 『對馬島 宗家文書 記錄類 目錄集』, 뒤이어 91년 『對馬島 宗家關係文書 書契目錄集』을 간행하였다. 이를 기념한 심포지움이 일본 도쿄에서 개최되었는데 이때 모인 한국 학자들 사이에서 학회 설립이 처음으로 논의되었다고 한다. 마침 『通信使謄錄』 윤독회2)가 진행되고 있었는데 그 구성원들이 중심이 되어 1992년 7월 발빠르게 〈한일관계사연구회〉가 발족하였고, 그해 9월 첫 월례발표회를 개최하여 우리 학회의 설립을 알릴 수 있었다. 더욱이 이 시기는 『對馬島 宗家文書』 연구를 위해 일본의 젊은 학자들이 한국에 들어와 국사편찬위원회에서 자료를 조사하던 때였으므로 창립은 참으로 시의적절하였다고 생각한다. 만일 우리 학회의 창립이 늦어졌다면 일본인에 의한 한일관계사 연구가 훨씬 오래 지속되었을 것이고 식민지 사관에서의 탈피나 이후의 여러 시대적 과제(독도, 교과서, 한일역사공동위원회) 등을 수행하기도 어려웠을 것이라 생각한다. 당시 국사편찬위원회에 근무하셨던 이훈, 정성일 두 분 선생님은 일본 초서로 기록된 『對馬島 宗家文書』를 해독하는 최일선에서 활약하여 한일관계사 연구의 질을 크게 높여줌과 동시에 일본 학자들과의 교류를 담당하는 학문의 외교관 역할을 하였다고 나는 생각한다.

우리 학회의 현황에 대해 살펴보자. 창립 회원 17명으로 시작한 우리 학회는 30주년이 지난 지금 회원 366명(대학교원 94, 연구원 85, 기관회원 22, 기타 165명)을 거느린 중견 학회로 성장하였다. 20배의 성장이다.

학회의 가장 중요한 일이 월례발표와 학술대회, 학회지의 발간, 그리고 한일 양국 간 현안이 발생하였을 때 대중이 선동에 휩쓸리지 않도록 연구를 진행하고 학문적 정보를 제공하는 일이라고 생각한다.

창립 이후 2022년 9월까지 월례 발표회는 201회, 학술대회(심포지움)는 38회를 개최하였다. 산술적으로 년 평균 8회의 발표기회를 꾸준히 가져왔

---

2) 이 윤독회는 초대 회장인 하우봉 선생님 주도로 이루어졌다고 한다.

으니 기본에 충실한 학회라 자부할 수 있겠다. 특히 한일 양국 간의 역사 현안에 대한 학술적 대응에 노력하여 수차례 워크샵을 가지기도 하였다. 학술지는『한일관계사연구』74집(2021.12)까지 29년간 발표된 논문 수가 601 편으로 호당 평균 8편의 논문을 싣고 있다. 산술적으로 년 평균 20편이 조금 넘는다. 초기 학회지는 년2회 발간을 목표로 삼았지만 투고논문이 없거나 심사에서 통과하지 못한 경우가 있어서 때로는 1회 발간에 그치기도 하였다. 그러나 98년부터는 꾸준히 매년 2회 발간하였다. 점차 회원이 증가하고 논문 투고 수가 늘어나 2007년부터는 년 3회 발간으로 그리고 2018년부터는 년4회 간행으로 발행 횟수를 늘렸다. 이는 우리 학회의 성장 모습을 단적으로 보여준다. 발표논문 수를 5년 단위로 나누어 표와 그래프로 보면 다음과 같다.

년도	1993-97	98-2002	03-07	08-12	13-17	18-21(22)	계
호수	1-7집	8-17집	18-28집	29-43집	44-58집	59-74집(4)	
권수	(7)	(10)	(11)	(15)	(15)	(16+4?)	74+(4)
논문수	35	59	82	137	150	138(+32?)	601(+32?)

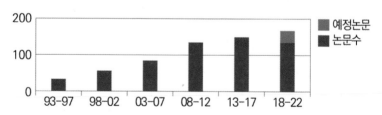

발표 논문 수가 꾸준히 증가하고 있음이 두드러진다. 발표논문 외에 서평과 연구노트, 자료 소개 등도 30년을 합하면 100여 편에 이른다.

시대의 흐름에 발맞추어 연구윤리의 제정과 논문 심사의 엄정함, 온라인을 활용한 투고 등이 이루어졌음은 물론이다. 또한 올해 학회 홈페이지도 새로 단장하였으며, 작년에 학술지 평가에서는 99.3이라는 가장 높은 점수를 획득하였다. 조만간 학진 우수학술지로 선정될 것이라 기대한다.

학회의 창립과 현황을 우선 살펴보았다. 다음으로는 창립에서 현재에 이르기까지 한 세대를 보낸 우리 학회의 족적을 1~16대 회장단 임기를 기준으로 시대 상황과 심포지움 개최를 중심으로 개략적으로 살펴보고자 한다. 발표자의 기억에 한계가 있으므로 많은 보완이 필요함은 물론이다.

3. 16대 회장단 30년의 족적

초대 : 1992년 초대 하우봉 회장(1992~92, 총무 홍성덕)이 선임되었다. 7월 학회가 발족식을 거행하고 9월 대우재단 세미나실에서 제1회 월례발표회를 개최하였다. 우리 학회가 힘차게 첫울음을 토해낸 것이다. 뒤이어『한일관계사 논저목록』[3]을 펴내어 당시까지의 한일관계사에 대한 목록을 정리·수록하여 연구의 시작을 알렸다. 창립의 기반이 되었던 윤독회는『통신사등록』의 뒤를 이어 당시 여론의 관심을 모았던 아메노모리 호슈(雨森芳洲)가 작성한『交隣提醒』을 강독하였으며, 이어『朝鮮外交事務書』,『分類紀事大綱19,26』,『御鷹に付館守裁判方より之書狀』,『동래부사례』,『館守日記(1870.09-윤10)』등으로 이어져 오늘날까지 우리 학회의 일꾼을 양성하는 역할을 수행하고 있다. 총무가 윤독회에 참여하고 있기 때문에 학회에 일꾼이 필요할 때 쉽게 동원할 수 있는 인맥이 되고 있기도 하다. 이중『交隣提醒』은 탈초·역주 작업을 거쳐 국학자료원에서 2001년 간행하였다[4].

2대 : 손승철 회장(1993~1995, 총무 정성일)은 초대회장이 연구년을 맞이하여 도일하였기에 1993년 7월, 창립 1년만에 자리를 이었다. 이때에 학술

---

3) 한일관계사연구회편,『한일관계사 논저목록』, 현음사, 1993.
4) 한일관계사학회편,『역주 交隣提醒』, 국학자료원, 2001.

지『한일관계사연구』창간호가 현음사에서 간행되어 학회의 얼굴을 내보일 수 있었다. 학회의 명칭과 목적, 사업 등 회칙과 규정이 정비되었다. 당시 회장과 총무 두 분 선생님의 헌신적인 활동이 눈에 선하다. 전국에 회원이 산재해 있었으므로 우리는 전국 학회지의 위상에 걸맞게 각 지역을 돌면서 월례발표회를 개최하였다. 춘천, 전주, 부산 등 토요일 월례발표회와 일요일 답사라는 참으로 유익하고 행복한 시간을 가질 수 있었던 것은 모두의 좋은 추억이 되었다. 초기 학회는 서울의 회원들과 부산대, 전북대, 강원대의 회원들이 핵심이 되어 열성적으로 참여하였다고 기억한다. 월례발표회는 주로 서울역 근처의 대우재단 회의실에서 개최하였다.

95년 〈일본사연구회〉(지금의 〈일본사학회〉)가 창립되었다. 80년대 후반에 도일하였던 유학생들이 차례로 귀국하여 지일(知日)의 시대적 요청에 부응한 것이다. 일본사 전공자들이 귀국하게 되면서 무엇보다 사료 해독 능력이 신장되었다. 지금도 〈한일관계사학회〉와 〈일본사학회〉는 자매학회처럼 회원을 공유하고 심포지움을 함께 하기도 하면서 서로의 연구에 도움을 주고 있다. 이후, 일본 원 사료를 읽을 수 있는 인재들이 늘어났고, 귀국한 유학생들이 그간의 연구 성과를 학회에 보고하고 논문으로 발표하기 시작하면서 종전의 한국사의 시각에서만 바라보던 한일관계를 양측의 입장에서 동시에 바라보았으며, 연구의 객관화를 가능하게 하였음은 학문의 발전에서 큰 성과라 하겠다.

3대 : 정재정 회장(1996-1997, 총무 현명철)이 취임하였을 때에 독도 문제가 여론의 주목을 받게 되었다. 학회는 국민 요구에 부응하여 1996년 처음으로 제1회 심포지움 〈한일 양국 간 영토인식의 역사적 재검토〉를 전쟁기념관에서 크게 개최하였으며, 사진전도 열었다. 사진전은 홍성덕 선생님이 담당하여 수고해 주었다. 심포지움 결과로『독도와 대마도』5)를 간행할

---

5) 한일관계사연구회편,『독도와 대마도』, 지성의 샘, 1996.

수 있었다. 이 심포지움은 시대적 요구를 우리 학회가 수행하였다는 의미를 갖는다. 또한 이때의 학술대회는 매스컴에 크게 보도되었고 이후 한동안 우리 학회의 학술대회는 신문 지상을 통해 공지되어 학회의 위상을 대중에게 알리는 데에 큰 역할을 하였다. 拙者는 이때 총무로 활동하면서 정말 많은 것을 깨닫고 배울 수 있었다. 무엇보다 일을 두려워하지 않는 우리 회원들의 적극적인 자세와 학회에 대한 열정을 배웠다. 이 적극적인 자세와 열정은 지금까지 우리 학회의 저력이 되고 있다고 생각한다. 제2회 심포지움 〈조선 유구 관계사〉는 대우재단의 지원을 받아 수행된 것으로 훗날 『조선과 유구』6)로 간행되었다. 1997년 제3회 〈역사적으로 본 한일 양국인의 상호인식〉7)은 국제심포지움으로 수행되었다. 한국과 일본이 서로 어떻게 바라보고 있는지 일본 학자들을 초대하여 개최한 것이었다. 제4회 심포지움 〈한국과 일본 21세기를 위한 역사교육〉은 서울시립대에서 일본 東京學藝大와 공동으로 개최한 것으로 우리 학회의 기반을 굳게 하였으며 일본 학자들이 회원으로 많이 가입하는 계기가 되었다.

97년 학회의 이름을 〈한일관계사연구회〉에서 〈한일관계사학회〉로 바꾸었다. 이는 한국학술진흥재단 등재학술지를 향한 첫걸음이었다. 당시 월례발표회는 시립대학에서 진행하였다. 월례발표회 안내는 우편으로 보내던 시절이었음을 기록해 둔다. 내용을 프린터로 출력한 후, 제일 위에 수신자 성명을 손으로 기록하고 봉투에 넣어 수신자 주소와 우표를 붙여서 보냈던 추억이 남는다. 물론 학회지도 학회 봉투에 넣어서 수신자 주소와 우표를 붙여 보냈었다. 라벨인쇄를 할 줄 몰라서 한글파일로 뽑아서 오려내어 정성껏 봉투에 풀로 붙였던 추억이 있다. 지금 메일로 월례발표회 안내를 하고, 출판사에 의뢰하여 학회지를 송부하게 된 변화는 너무 자연스럽게 찾아온

---

6) 하우봉·손승철·이훈·민덕기·정성일, 『朝鮮과 琉球』, 대우학술총서450, 도서출판 아르케, 1999.
7) 한일관계사학회편, 『한일양국인의 상호인식』, 1998.

듯싶어서 언제까지 우편으로 안내문을 보냈는지 기억에 없다.

4대 나종우 회장(98~99, 총무 홍성덕) 때에는 지금까지의 활동을 정리하여 『한국과 일본, 왜곡과 콤플렉스의 역사1,2』[8]를 출간하였다. 이는 양국관계에서 쟁점이 되는 54가지 주제를 선정하여 일반인이 이해할 수 있도록 기획한 것이어서 호평을 받았다. 고대에서 현대까지 회원들이 골고루 분포하였기 때문에 가능한 일이었다. 한일관계라는 분야에서 이렇게 36명의 학자들이 공동으로 집필하여 책을 발간한 것은 국내에서는 처음이었고, 한일관계사 연구 부족을 질타하는 사회적 요청에 부응한 것으로, 한일간의 역사인식의 차이와 연구의 현황을 대중에게 알리는 쾌거였다. 이는 동시에 학회의 첫 수익사업이었고, 앞으로 우리 학회가 이런 주제를 명확하게 밝혀내겠다는 스스로의 이정표이기도 하였다. 당시 저자들의 동의하에 인세 수입이 몇 년간 학회로 들어온 것은 모두가 아는 비밀이다. 당시 총무 홍성덕 선생님의 노고가 눈에 선하다. 1999년 제5회 심포지움 〈조선시대 표류민을 통해 본 한일관계〉를 개최하였다. 점차 한일관계사의 범위와 시야가 확대되고 있었다. 그 시기 월례발표회 장소 문제가 대두되었었다. 그리하여 서울교대 등 이곳저곳 장소를 찾아다녔고 총무의 고생이 많았다고 기억한다.

5대 오성 회장(2000~2001, 총무 김세민)이 되면서 월례발표회 장소는 세종대로 안정되었다. 이 시기 『한일관계사연구』 12집부터 현음사를 떠나 국학자료원에서 발간하게 되었다. 이유는 비용의 문제였다고 한다. 2000년 제6회 심포지움 〈사상사적 측면에서 본 한일관계〉가 개최되었으며, 제7회 〈유길준과 한일관계〉 국제심포지움은 하남시의 유길준 후손(유상덕 氏)의 협조를 얻어 개최하였다고 기억한다. 제8회 국제심포지움은 〈일본의 역사

8) 한일관계사학회 지음, 『한국과 일본, 왜곡과 콤플렉스의 역사(1. 사회·문화편, 2. 정치·경제·군사편)』, 자작나무, 1998.

왜곡과 교과서 검정〉이었다. 이 심포지움은 2000년 일본 후쇼샤(扶桑社) 교과서 파동으로 한일관계와 교과서 기술에 대한 분석 여론이 높아진 시기에 개최된 것이었다. 당시 우리 학회는 교육부의 교과서 분석팀에 합류하는 등 시대적 요구에 적극 부응하였고 그 경험을 정리하여 개최할 수 있었다. 이는 당시로서는 국내 처음으로 일본 교과서를 분석하는 심포지움이었기에 여론의 주목을 받았다. 또한 잠시 국내에 온 일본 학자들을 발표자로 선정하여 적은 비용으로 국제학술대회를 행할 수 있었음을 기록해 둔다. 일본 교과서에 잘못 기술된 우리 역사상을 구체적으로 지적하여 비판한 것은 우리 학회의 위상을 올리는 데 큰 역할을 하였다. 2001년에는 학회창립 10주년을 기념하여 제9회 〈한일관계사연구의 회고와 전망〉 심포지움을 개최할 수 있었다. 이는 『韓日關係史硏究의 回顧와 展望』[9]으로 간행되었다. 5대 회장이셨던 오성 선생님은 안타깝게도 타계하셨다.

6대 민덕기 회장(2002년, 총무 한문종) 때에는 2002 월드컵 공동개최기념으로 제10회 심포지움 〈조선통신사〉를 개최하였다. 이는 교과서 문제로 인하여 반일·반한 여론이 높아질 수 있는 상황에서 대립과 갈등을 넘어 우호와 교린의 시대를 재조명하여 균형 잡힌 역사 연구를 지향하자는 학회의 취지를 천명한 것이었다. 이는 적절한 기획이었고, 이 심포지움을 통하여 일본에도 우리 학회의 모습을 부각시킬 수 있었다고 판단한다. 뒤이어 제11회 〈한일관계사의 제문제〉, 제12회 국제학술대회 〈조선시대 한일관계와 왜관〉등 학술대회를 개최하였다. 월례발표회를 송파문화원을 임대하여 개최하기 시작하였다.

7대 손승철 회장(재임, 03~04, 총무 신동규)은 6대 민덕기 회장이 연구년을 맞이하여 출국하게 됨으로 1년 만에 선임되었는데 2대 회장에 이어 재

---

9) 한일관계사학회편, 『韓日關係史硏究의 回顧와 展望』, 국학자료원, 2002.

임한 것이다. 손승철 선생님은 언제나 궁할 때마다 우리 학회의 기둥이 되어주고 있다. 이 시기에 특이한 점은 총무 신동규 선생님이 홈페이지 작성에 재주가 있어서 우리 학회 홈페이지를 점차 실용화시켰다는 점이다. 다른 학회보다 한 발 앞선 시대의 변화를 체감하는 일이었다. 학회 홈페이지에 들어와 학회의 활동을 확인하고 발표문을 다운받아 미리 읽어보는 시대로 접어들고 있었다. 2003년 제13회 〈『조선왕조실록』속의 한국과 일본〉, 2004년 제14회 심포지움 〈한일 도자 문화의 교류양상〉등 활발한 발표가 이루어졌다.

학회지 『한일관계사연구』가 국학자료원을 떠나 논형에서 간행되었다. 발간비를 절약하기 위함이었다. 이 시기에는 제1기 한일역사공동위원회가 개최되어 역사문제로 인한 갈등을 바로잡기 위한 양국 역사학자들의 노력이 진행되었다. 이러한 시절 일본 교과서 기술과 한일관계사 및 우리 학회에 대한 대중의 관심과 기대가 증가한 것은 당연한 일이었으며, 이는 우리 학회 발전의 자양분이 되었다.

8·9대 연민수 회장(2005~2008, 총무 남상호)은 연임하여 4년간 임무를 수행하였다. 학회지 『한일관계사연구』가 22집부터 논형 출판사를 떠나 경인문화사에서 간행되게 되었다. 한편, 2005년 제1기 한일역사공동위원회가 마무리되어 『한일역사 공동연구 보고서』 전6권이 배포되었다. 보고서의 내용이나 공동위원회의 결과에 대한 갑론을박이 일어나, 한일관계사에 관한 관심이 높아졌고, 우리 학회에 대한 관심도 높아졌다. 이러한 사회적 관심이 우리 학회 성장의 자양분이 되었음은 물론이다. 2006년에는 우리 학회지 『한일관계사연구』가 한국연구재단의 학술등재지가 되어 학술지의 격이 높아졌다. 회원들이 더욱 늘었으며 발표와 투고를 원하는 사람도 많아졌다. 이에 따라서 학회지 『한일관계사연구』를 1년에 3회 발간(2007)하게 되었으며, 학회의 위상은 더욱 높아졌다.

2005년 제15회 〈충숙공 이예의 역사적 재조명〉 학술대회는 울산광역시의 지원을 받아 울산에서 개최하였으며 이예의 후손들의 협조를 받아 좋은 답사를 행할 수 있었다. 『통신사 이예와 한일관계』10)를 발간하였다. 제16회 〈동아시아 속의 고구려와 왜〉 학술대회가 개최되어 좋은 발표가 이루어졌으며 『동아시아 속의 高句麗와 倭』11)를 발간하였다. 2006년 우리 학회는 『한일관계 2천년, 보이는 역사, 보이지 않는 역사』12) 3책을 출간하였다. 이는 98년 발간하였던 『왜곡과 콤플렉스의 역사』의 증보개정판이라고 보아도 좋겠다. 54명의 연구자가 90가지 주요 쟁점들을 다루었다. 역시 일반인들이 읽을 수 있도록 노력하였기에, 이 책은 고등학교 현장에서 많이 활용된 것으로 안다. 2006년 제17회 〈동아시아의 영토와 민족문제〉를 개최하였으며, 『동아시아의 嶺土와 民族問題』13)를 발간하였다. 2007년 제18회 〈전쟁과 기억의 표상으로서의 한일관계〉를 개최하여 『전쟁과 기억 속의 한일관계』14)를 발간하였으며, 2008년 제19회 〈일본 역사교과서 서술과 문제점〉 학술대회와 결과물 『일본역사서의 왜곡과 진실』15)을 발간하였다. 또 이 시기에 제2차 한일역사공동연구 위원회가 활동을 시작하였다.

10대 이훈 회장(09~10, 총무 장순순, 현명철) 때에는 2인 총무제를 도입해 보았다. 이는 총무의 업무가 과중하다는 의견에 따라 분담이 이루어진 것인데 당시 2총무의 역할이 주로 지금의 편집위원장 역할이었다. 원래 학회지 담당 업무는 편집이사가 담당해야 하는데 투고료, 심사료, 게재료 등

---

10) 한일관계사학회, 『통신사 이예와 한일관계』, 새로운 사람들, 2006.
11) 한일관계사학회편, 『동아시아 속의 高句麗와 倭』, 경인문화사, 2007.
12) 한일관계사학회편, 『한일관계 2천년, 보이는 역사, 보이지 않는 역사』(고중세·근세·근현대 3책), 경인문화사, 2006.
13) 한일관계사학회편, 『동아시아의 嶺土와 民族問題』, 경인문화사, 2008.
14) 한일관계사학회·동북아역사재단편, 『전쟁과 기억 속의 한일관계』, 경인문화사, 2008.
15) 한국사연구회·한일관계사학회 편, 『일본역사서의 왜곡과 진실』, 경인문화사, 2008.

비용문제가 연동된 일이기에 창립 이래 편의상 총무가 담당해 왔던 것이며, 총무의 업무가 과중되는 이유가 되었었다. 그래서 제2총무를 두어 논문의 수합, 심사의뢰, 심사서 수합, 편집위원회 개최, 출판사 송부 및 학회교정 등을 담당하게 하여 총무의 부담을 줄이도록 시도하였다. 이 시도는 효과적이어서 拙著는 14년까지 이 일을 담당하였다. 그 후 나행주 선생님이 규정을 정비하여 정식 편집위원장이 되었다. 나행주 선생님은 연구윤리, 투고규정 등 당시 사회적 문제가 되었던 표절 문제 등에 선제적으로 대응하여 규정을 정비함으로 학회 회칙에 합당한 체계를 갖추었으며 지금까지 편집위원장의 역할을 마다하지 않고 담당해 주고 있다. 학회에 대한 사랑과 열정에 고마움을 표하지 않을 수 없다.

2010년 제20회 〈한일 역사 속의 전후처리〉 학술대회를 개최하여 시대별 화해의 조건을 검토해 보았다. 2010년에는 제2차 한일역사공동연구 위원회 활동이 마무리되어 『제2기 한일역사 공동연구 보고서』(2010) 전7권이 간행 배포되었다. 한일관계사에 대한 관심과 수요가 또한 증가하여 우리 학회 발전의 자양분이 계속 공급되고 있었다고 생각한다.

11대 한문종 회장(11~12, 총무 장순순) 때에는 2011년 제21회 〈일본 역사교과서의 분석과 역사교육의 실태〉, 2012년 제22회 국제학술대회 〈조선시대의 한국과 일본〉을 개최하여 『조선시대의 한국과 일본』[16]을 간행하였다. 이때의 학술대회는 학회 창립 20주년을 맞이하여 계획된 것이며, 강원대에서 한일관계사학회의 주관으로 일본의 '조선왕조실록강독회(일본 東京 자역의 연구모임)'와 '세종실록강독회(일본 九州지역의 연구모임)'와 공동으로 개최한 국제학술대회였다. 우리 학회는 학회 초기부터 일본 연구자들과 학문적 연구의 장을 만들어 왔고 학문적 교류를 많이 해왔는데, 국제학술대회의 공동 개최는 그 노력의 결과물이라고 하겠다. 제23회 학술대회는

---

16) 한일관계사학회, 『조선시대의 한국과 일본』, 경인문화사, 2013.

〈임란직전 경인통신사행과 귀국보고 재조명〉을 주제로 개최하였으며 결과물로 『1590년 통신사행의 귀국보고 재조명』[17]을 발간하였다.

12대 정성일 회장(13~14, 총무 김강일) 때에는 2013년 제24회 〈왕인(王仁)박사를 둘러싼 한국과 일본의 역사인식〉 심포지움을 영암군, 왕인문화연구소와 함께 개최하여 지방사의 연구에 도움을 주었다. 2014년 제25회〈조선의 대외관계와 국경지역 사람들〉 학술대회는 동북아 역사재단에서 개최하였다. 월례발표회는 주로 경기대에서 열렸다. 12대 총무 김강일 선생님은 이후 학회 정보이사로 활동하면서 홈페이지 관리에 오랫동안(2018년까지) 수고를 마다하지 않으셨는데, 2019년 안타깝게도 타계하셨다.

13대 남상호 회장(15~16, 총무 이상규) 때에는 2015년 제26회〈한일수교 50주년 상호 이해와 협력을 위한 역사적 재검토〉 국제심포지움을 개최하였는데, 이 대회는 이틀에 걸쳐 The K-Hotel에서 성황리에 개최되었다. 학술대회 후 『한일수교 50년, 상호이해와 협력을 위한 역사적 재검토1·2』[18]가 발간되었다. 이어 제27회 〈일본의 패전과 한국-역사교육, 민중의 시점에서-〉, 그리고 2016년 제28회 〈동아시아 3국 간의 사신(使臣) 외교〉 심포지움을 개최하였다.

14대 김동명 회장(17~18, 총무 이상규, 허지은) 때에는 2017년 제29회 〈정유재란과 동아시아〉국제심포지움을 경기대에서 개최하였고, 제30회 심포지움은 한일관계사학회 창립 25주년 기념 국제심포지움으로 〈한일관계사 회고와 전망〉을 2대 및 7대 회장이었던 손승철 선생님 정년기념을 겸하여

---

17) 한일관계사학회편, 『1590년 통신사행의 귀국보고 재조명』, 경인문화사, 2013.
18) 한일관계사학회편, 『한일수교 50년, 상호이해와 협력을 위한 역사적 재검토1·2』, 경인문화사(총서19-20), 2017.

강원대에서 개최하였다.[19] 2018년에는 제31회 〈조선후기 대일관계, '교린의 길'을 묻다〉라는 제목으로 초대 회장이었던 하우봉 선생님의 정년을 기념하여 전북대에서 개최하였다. 회원들은 오랜만에 전주 답사를 할 수 있었고 전주의 명물 콩나물국밥을 먹으며 추억에 잠겼다. 이때 하우봉 선생님은 후학의 연구를 위해 1000만원을 쾌척해 주셨다. 이를 기회로 가능하다면 정년을 맞이하는 회원들의 학문을 기념하는 학술대회를 갖자는 의견이 대두하여 제32회〈메이지 유신과 한일관계의 변용〉[20]을 선문대 이기용 선생님 정년 기념 기획심포지움으로 선문대에서 개최하였다. 제33회 〈고대 한일관계와 도래인〉의 학술대회는 연민수 전 회장님의 노력에 힘입은 바가 크다고 기억한다. 이 시기에 등재지 계속신청이 있었는데, 서류를 작성하기 위해 국민대에 모여서 작업을 하였고 행정적 실수가 있었으나, 등재지로 계속 선정되어 안도하였던 추억이 있다. 또 우리 학술지가 1년에 4회로 발행 횟수가 증가하였다. 이는 우리 학회 회원이 증가하고 투고 논문이 늘어났기 때문이었다. 인문학이 어려운 환경에 처하게 되는 상황에서 우리 학회지가 발행 횟수를 늘리게 된 것은 매우 고무적인 현상이었다.

15대 현명철 회장(19~20, 총무 허지은) 때에는 2019년 제34회 〈역사교육과 한일관계사〉를 교원대 김은숙 선생님의 정년을 기념한 기획심포지움으로 교원대에서 개최하였다. 이 때에도 김은숙 선생님이 기부금을 쾌척해 주셨다. 월례발표회는 서강대에서 개최하였지만 코로나로 말미암아 이후는 zoom을 이용하여 온라인상에서 개최하였다. 제35회 〈역사적으로 본 한일 양국의 갈등과 화해〉, 제36회 〈근세 한일관계의 실상과 허상-불신과 공존, 전쟁과 평화〉 등의 학술대회도 온라인 상에서 Zoom을 이용하여 개최되었다. 한편 이 시기는 한일관계가 가장 어려운 시기였다고 기억한다. 위안부

---

19) 한일관계사학회편, 『한일관계사연구의 회고와 전망』, 경인문화사, 2018
20) 한일관계사학회편, 『메이지 유신과 한일관계의 변용』, 경인문화사(67), 2019.

합의 파기와 일본의 수출 금지로 야기된 양국의 갈등은 양국의 교류 자체를 어렵게 만들었으며, 반일여론이 극에 달하였다. 일본 학자들과의 교류도 사실상 중단되었다. 한일 간의 하늘길이 막혔기 때문이었다. 2020년 제36회 학술대회 〈교린의 길, 한일간의 무역을 묻다〉는 이러한 갈등을 객관적으로 파악하고자 한 기획이었다. 또한 이 학술대회는 부산대 김동철 선생님과 영산대 최영호 선생님의 정년을 기념하여 부산에서 성대하게 개최할 계획이었다. 그러나 역시 covid19로 말미암아 온라인 상에서 Zoom을 이용한 모임에 그쳤으며, 동북아재단 지원비를 일부 반납하였다.

이 시기에 타 학회에서 시행하는 것과 마찬가지로 학술지 송부 방식이 바뀌었다. 즉 회원의 요청에 따라 필요한 사람에게만 책자를 우송하고 나머지 회원들에게는 pdf 파일로 전송하는 시스템이 정착되기 시작하였다.

현 16대 김문자 회장(21~22, 총무 이승민) 때에 새롭게 개정된 등재지 규정에 의해 계속 신청을 하였다. 상명대에서 모여서 등재지 계속 신청 서류를 작성하였다. 총무가 탈진할 정도의 열정을 기울인 결과 99.3점이 넘는 좋은 점수로 등재지가 유지되어 조만간 우수학술지 선정을 기대하게 되었다. 한편, 2021년 해양대학교와 공동으로 37회〈해양 해역으로 본 한일관계 : 갈등과 공생의 동아시아〉를 개최하였다. 또한 학회창립 30주년을 맞이하여 2022년 오늘의 심포지움이 기획되었다.

이상 1992년 창립 이후 2022년 오늘에 이르기까지 우리 학회의 역사를 개략적으로 살펴보았다. 정리하면서 벌써 기억과 기록에 차이가 있는 점을 발견하고는 깜짝 놀랐다. 내 자신의 기억이 검증되어야 한다는 사실에서 역사를 공부하는데 겸손함이 필요함을 절감하게 된다.

앞으로 각 회장단별로 시대적 문제과 활동을 사진을 첨부한 기록을 모아 학회 역사를 정리할 수 있기를 소망한다.

4. 우리 학회의 과제와 전망

이하는 필자에게 부여된 우리 학회의 과제와 전망에 대해 감히 자유롭게 서술해 보겠다.

'성신지교'를 언급하고 미래 지향적 한일관계를 추구하였던 시대 상황에서 창립된 우리 학회는 일본 역사교과서 문제와 일본의 우경화 경향, 그리고 독도 문제 등의 현안에 지혜롭게 대처하면서 성장해 왔다. 한일역사공동위의 출범 등도 우리 학회의 존재 의의를 부각시켰다고 생각한다. 또한 국내적으로 한국근현대사 과목의 개설과 동아시아사 과목의 개설 등 역사에 대한 관심의 증가, 일본사와 한일관계사의 수요 증대도 학회 성장의 자양분이 되었다.

그러나 covid19의 창궐과 한일간의 정치·외교적 단절은 우리에게 새로운 과제를 던져준다. 우리 학회 창립회원 강창일 선생님은 주일대사로 일본에 부임하였는데 한국 정부에 불신을 갖는 일본 정계에서 냉대를 받아 성신 우호의 뜻을 이루지 못하였다.

이제 우크라이나 전쟁이 발생하였고, 대만 해협을 둘러싼 갈등이 표면화된 요즘, 권위주의 체제의 국가와 민주국가와의 대립이 가시화되고 있으며, 일본과의 우호 협력은 더욱 중요성을 띠게 되었다. 마치 30여년 전의 한일관계를 보고있는 듯한 기시감이 든다. 한일 양국 정상이 오랜만에 만났다는 소식을 전해 듣는다. 우리 학회는 다시금 반일의 시대를 극복하고 우호의 시대를 여는 데에 일조해야 하며, 동시에 과거를 정확히 이해하고 전하는 역할을 충실히 수행해야 할 시점에 되돌아 온 것이 아닐까 생각한다. 학회 창립의 원점에서 다시 생각하고 고민해야 할 과제가 주어진 것으로 파악해 본다.

앞으로의 과제에 대해 개인적 견해를 피력해 보고자 한다.

1) 회원 확보와 개방성, 연구의 대중화

학회의 가장 큰 과제로 회원의 확충 문제를 들고 싶다. 인문학의 위기 속에서 전체적으로 역사학을 전공하는 연구자(석, 박사) 층이 줄어들고 있고, 인구 감소에 따라 고령화 사회로의 진입이 가시화되고 있다. 대학에 취직하기가 어려워지면서 유능한 인재가 학문의 길을 떠나는 경우도 보인다. 거대한 흐름을 우리 학회가 바꿀 수는 없다. 이를 극복할 방안은 개방성과 연구의 대중화에 있지 않을까 생각해 본다.

첫째는 아마추어 향토사가들 혹은 중고등학교 선생님들을 모아 사료 모임을 많이 만들고 학술논문이 아닌 준논문(?)을 발표하게 해서 회원을 확보하는 방안은 어떨까 생각한다. 대중이 흥미롭게 읽을 수 있는 스토리텔링의 역사서를 만들어 내는 데에 우리 연구자가 참여하여 도움을 주는 스터디 그룹을 형성하여 이 연구모임에서 책을 발간하는 것이다. 근세를 예로 들어 보면 〈임진왜란 이야기〉, 〈왜관 이야기〉, 〈표류민 이야기〉, 〈통신사 이야기〉 등 대중과 공유할 수 있는 책을 발간할 수 있도록 학회가 연구모임을 만들어 집필자들을 사료적으로 지원하고 집필자들을 학회 회원으로 받아들이는 방안이 있지 않을까 한다. 기존 윤독회를 발전시켜 사료 번역 작업을 통해 그 결과물로 사료집, 자료집을 발간하는 것도 연구 대중화를 위한 방안이라 생각한다. 장기적 과제와 전망으로 제시해 둔다.

둘째는 학문적 입장에서 우리 학회는 〈동아시아 대외관계사〉를 지향해야 한다고 생각한다. 일본만을 시야에 넣게 되면 편협될 우려가 있으며 반일과 친일의 프레임에서 자유롭기 어렵다. 각 시대의 외교 행태를 공동 연구로 이해하려는 노력이 필요하다고 생각한다. 이미 학회 회원 중에는 대명외교, 대청외교, 대여진외교 전문가들이 있어서 우리의 시야를 넓히는 데에 많은 도움을 받고 있다. 이러한 경향은 더욱 장려되어야 할 것으로 생각한다.

셋째는 인터넷 검색이 일반화 되는 시대에 위키백과 등에 한일관계사 연구 결과를 꾸준히 업데이트 시키는 일이다. 가끔 검색을 해 보면 아직도 일제 강점기의 인식이 반영된 연구가 그대로 남아 있다. 이런 연구들을 학회 차원에서 수정하여 일반에 제공할 필요가 있다.

2) 재정

현재 우리 학회의 재정은 타 학회와 비교하여 탄탄하다는 평을 받는다. 앞으로도 지금 그대로 절약하면서 운영하면 부족함이 없으리라고 생각한다. 처음 창립되었을 때, 우리는 가난한 신생 학회임을 충분히 자각하고, 학회 재정 마련에 힘을 기울였다. 주요한 것은 각 회장단의 솔선수범이다. 경우에 따라서는 심포지움의 발표비의 일부를 기부받기도 하였고, 앞서 언급한 바 수익 사업으로 책 발간, 월례발표회 다과를 회장의 사비로 충당 등은 역대 총무님들의 꾸준한 노력의 결과 효과를 얻을 수 있었다. 학술지 지원을 받은 것과, 학술 대회 개최에 한국연구재단, 동북아역사재단의 지원을 충분히 받을 수 있었던 것, 그리고 손승철 선생님을 통한 한일문화교류기금의 후원을 받은 것 등도 많은 도움이 되었다. 어려움에 처했을 때 굳게 뭉칠 수 있는 학회가 우리 학회가 아닐까 한다. 특히 학술상을 위한 경비가 확보되어 있다. 학술상 제정을 위한 전임 회장단의 기부금은 이후 후임 회장단들이 교체시 학술상을 위한 기부금을 내는 전통으로 남게 되었다. 일본 회원인 나카무라슈야 선생님도 이에 동조하여 기부금을 낸 바 있다. 초대 회장인 하우봉 선생님은 정년퇴임 학술대회에서 후학들의 학술 연구에 도움이 되기를 바란다는 뜻과 함께 기부금을 쾌척해 주서서 학술상 기금이 더 충분히 확보되었다.

앞으로도 수익사업을 다양하게 전개하여 학회의 자금이 더욱 풍성해지도록 노력해야한다.

3) 신진연구자를 위한 대책

우수 학술상을 수상을 위한 경비가 확보되어 있는데 발표자는 이 경비의 일부를 학위과정 연구원들의 게재료 지원으로 활용하는 것을 제안한다. 어느새 논문을 쓰는 것도 돈이 드는 세상이 되었다. 학위과정 투고자의 경우 심사료는 그대로 두고 심사에 합격한 경우 게재료 만큼은 학회에서 지원하는 방안이 강구된다. 이를 투고 규정에 삽입하여 알리면 학회의 광고가 되기도 하겠고 타 학회에서 따라 하게 될 것이며, 사소한 지원이지만 학위과정 연구자들에게는 도움이 되고 그들이 우리 학회의 일꾼으로 성장할 것이라고 조심스럽게 제안한다.

5. 맺음말

이상 우리 학회 30년의 역사를 창립과 현황, 회장단 30년의 족적, 그리고 과제와 전망으로 나누어 발표하였다. 우리 학회의 역사를 개략적으로 정리하면서 벌써 기억과 기록에 차이가 있는 점을 발견한 부분이 많았다. 개인의 기억은 사방에서 검증되어야 한다는 사실을 확인하며, 역사를 공부하는 데 겸손함이 필요함을 절감하게 된다. 앞으로 각 회장단별로 시대적 문제과 활동을 사진을 첨부한 기록을 모아 학회 역사를 정리할 수 있기를 소망한다.

'성신지교'를 언급하고 미래 지향적 한일관계를 추구하였던 시대 상황에서 창립된 우리 학회는 한일간의 현안에 지혜롭게 대처하면서 성장해 왔다. 한일역사공동위의 출범 등도 우리 학회의 존재 의의를 부각시켰다고 생각한다. 일본인 학자들을 회원으로 받아들여 공동연구를 진행하는 등 한일 양국에서 최고의 학회가 되도록 노력해 왔다.

그러나 covid19의 창궐과 한일 간의 정치·외교적 단절은 우리에게 새로운 과제를 던져준다.

식민지 사관과 반일민족주의를 학문적으로 극복하여 올바른 관계사를 정립하고자 하였던 학회 창립의 원점에 다시 입각하여 새로운 시대를 생각하고 행동해야 할 과제가 창립 30년이 지난 오늘 우리 회원들에게 주어진 것은 아닐까 생각하며, 회고와 전망을 가름하고자 한다.

<기조강연> 번역본

한일관계의 과거와 현재

기무라 나오야*

1. 머리말
2. 전근대 대외관계사연구회와
   한일관계사학회
3. 에도시대의 일본과 조선왕조

4. 막말유신기의 조일관계의 전회
5. 근년의 한일관계
6. 쓰시마
7. 맺음말

1. 머리말

한일관계사학회가 창립 30주년을 맞이한 것을 진심으로 축하드립니다. 아울러 이 30년간, 월례발표회·학술회의·국제학술심포지엄을 계속적으로 개최하고, 의미 있는 활동을 정력적으로 전개하여 학계를 이끌어온 점에 대해 커다란 경의를 표합니다.

2. 전근대 대외관계사연구회와 한일관계사학회

일본에서는 전근대대외관계사연구회(통칭 「대외사연」)가 40년 남짓의 활동을 계속해오고 있다. 대외사연은 1977년에 도쿄대학사료편찬소 교수였던 다나카 다케오(田中健夫) 선생님을 대표로 하여 같은 장소에서 근무했던 대외관계사 연구자(아라노 야스노리(荒野泰典)·무라이 쇼스케(村井章介)·

---

* 일본 릿쿄대학교 교수

이시이 마사토시(石井正敏)·가토 에이이치(加藤榮一) 등)가 중심이 되어
시작되었다. 사료편찬소에서 연구회를 개최하여 각 방면에서 연구자가 참
가했다.[1] 이 모임은 학회로서 조직화되지 않고, 느슨한 모임이었다. 출신대
학·연령·국적 등을 불문하고 자유롭게 참가 및 발표를 할 수 있는 연구회
이며, 젊은 연구자도 발표의 기회를 부여받아 위대한 연구자들과 접촉하며
조언을 얻을 수 있었다. 대외사연은 1983년의 역사학연구회대회에서 있었
던 아라노 야스노리 발표를 지원 및 준비하고, 이때 아라노씨는 「쇄국(鎖
國)」을 재검토하여 해금(海禁)·화이질서론(華夷秩序論)을 탄생시켰다.[2] 또
한, 논집 작성을 위해 연구발표회를 열어 그 성과로 다나카 다케오 편 『일
본 전근대의 국가와 대외관계(日本前近代の國家と對外關係)』[3]와 『전근대
의 일본과 동아시아(前近代の日本と東アジア)』[4]로 결실을 맺었다.

이 대외사연과 쌍둥이 관계에 있는 것이 1978년에 발족한 조선왕조실록
(朝鮮王朝實錄)을 읽는 모임이다. 도요토미 히데요시(豊臣秀吉)의 조선침
략을 연구하는 기타지마 만지(北島万次) 선생님이 중심이 되어 히데요시의
침략이 시작된 1592년(선조 25년, 분로쿠(文祿) 원년)부터 『선조실록(宣祖
實錄)』을 읽기 시작하여 도쿄대학사료편찬소를 연구회 장소로 거의 격주로
열렸다. 실록을 읽는 모임은 그날의 담당자가 분담부분에 대해 먼저 전문을
읽은 뒤에 현대어로 번역해나가는 기본적인 방식으로 진행했으며, 거의 10년
동안 1년 분량의 기사를 읽어가는 속도였다(현재 선조 29년 11월까지 완료).

대외사연과 실록을 읽는 모임은 도쿄 주변 대학에 유학하고 있던 각국으

---

1) 필자 자신은 1981년부터 참가했다.
2) 荒野泰典, 「日本の鎖國と對外意識」(『歷史學研究別册特集 東アジア世界の再編と民衆
   意識』, 1983年).
3) 田中健夫編, 『日本前近代の國家と對外關係』(吉川弘文館, 1987年). 다나카 선생님의
   60세 도쿄(東京)대학 퇴임을 계기로 편찬되었다.
4) 田中健夫, 『前近代の日本と東アジア』(吉川弘文館, 1995年). 다나카 선생님의 70
   세 토요(東洋)대학 퇴직을 계기로 편찬되었다.

로부터 온 유학생들도 참가했다. 특히 한국에서는 대단히 많은 분들이 참가하였고, 귀국한 이후 그분들은 한일관계사학회에서 활동하고 계시며, 역대 회장 가운데에서도 많은 분들의 이름을 찾을 수 있다.

그 이후 전근대대외관계사연구회(조선왕조실록을 읽는 모임)와 한일관계사학회는 각각 창립부터 기념이 되는 해에 기념심포지엄을 개최하여 상호교류를 하고 있다. 예를 들면, 2007년(대외사연·실록을 읽는 모임의 30주년)에 「아시아 속의 조일관계사」(규슈국립박물관)5), 2012년(한일관계사학회 20주년)의 「조선시대의 한국과 일본」(강원대학교)이 개최되었고, 그 외에도 몇 차례의 국제심포지엄이 열리고 있다. 그러한 기회에 한일 양국의 연구자들이 의견을 교환했는데, 모두 실증적인 연구성과에 기초하여 같은 기반 위에서 논의를 지속하면서 상호인식을 확인하는 좋은 기회가 되었다. 또한 대외사연·실록을 읽는 모임의 멤버들은 한일관계사학회분들과 함께 한국에서의 사적조사 여행을 자주 갔다. 한국 측의 협력으로 충실했던 답사가 되었던 동시에 술자리도 활기찼으며 젊은 분들을 포함해, 연구자들 사이의 활발한 교류를 경험할 수 있었다. 이러한 기회를 통해 양국 연구자들이 교류한 의미는 컸다고 통감한다.

그리고 대외사연은 초기 무렵은 논집 준비도 있었기에 거의 매달 열리고 있었지만, 근래에는 보고희망자가 있는 경우에만 여는 형태로 진행하여 1년 몇 차례 정도만 개최하는 것으로 되었다. 게다가 2020년 2월 이후에는 신형 코로나바이러스 감염으로 도쿄대학을 사용할 수 없게 됨에 따라 대외사연·실록을 읽는 모임은 모두 어쩔 수 없이 중지하게 되었다. 온라인 개최도 감행하지 못한 채 3년 가깝게 지나고 말았다.6) 확고한 학회 조직인 한일관계

---

5) 九州國立博物館의 「朝鮮通信使400年記念國際심포지엄」으로 열리고, 10周年을 맞은 규슈대학을 중심으로 하는 世宗實錄研究會도 참가했다. 그 성과는 北島万次·孫承喆·橋本雄·村井章介編著『日朝交流と相克の歷史』(校倉書房, 2009年)로 출판되었다.
6) 조선왕조실록을 읽는 모임(朝鮮王朝實錄を讀む會)은 2023년 1월부터 활동을 재개.

사학회와는 달리, 느슨한 모임이기 때문에 나타난 약점인지도 모르겠다.

3. 에도시대의 일본과 조선왕조

일본에서 에도시대(조선후기)의 일본과 조선왕조의 관계는 과거에는 「쇄국」 아래에서의 예외적인 것으로 취급되어 일반 사람들의 관심은 거의 희박했지만, 1970년대부터 통신사 등에 의한 활발한 교류나 무역의 실태가 밝혀져 점차 주목받게 되었다. 전근대대외관계사연구회가 발족한 것은 바야흐로 그러한 시기였다. 1980년대가 되면 아라노 야스노리(荒野泰典)씨나 로널드 토비(ロナルド·トビ)씨 등이 「4개의 창구」(나가사키·쓰시마·사쓰마·마쓰마에)의 존재를 근거로 에도시대는 「쇄국」 이라고 말할 수 없다는 견해를 제기했다.[7] 현재 적어도 일본 근세사연구자들에게는 단순한 국제적 고립으로서의 「쇄국」 인식을 가진 사람은 없으며, 조일관계도 일본의 막번체제 혹은 동아시아 국제관계에 구조적으로 편입된 것으로 인식하는 것이 일반적이다. 학교 교과서의 경우도 여전히 「쇄국」이라는 표현을 남겨두고 있기는 하지만, 에도시대의 조일관계에 대해 페이지를 할애해 설명하고 있다. 근래에는 더욱 근세 조일관계에 대한 치밀한 연구가 진행되면서 아라노 학설에 대한 비판·수정의 논의도 보인다.

그러한 상황 속에서 에도시대의 조일관계에 관한 서적도 다수 간행되어 일반 사람들에게도 풍부한 조일교류에 대한 이해가 퍼져 나갔다. 「2천여 년에 걸친 조일관계의 역사에서는 오히려 평화적인 관계인 편이 길었다」라고 하여 역사의 재발견을 가져오는 듯한 인식도 생겨났다. 다만 유의할 것은 에도시대의 조일관계를 오로지 우호적이었다고 하는 단순한 이해방식으

---

7) 荒野泰典『近世日本と東アジア』(東京大學出版會, 1988年). ロナルド·トビ『近世日本の國家形成と外交』(速水融·永積洋子·川勝平太譯, 創文社, 1990年, 英文原著는 1984年).

로 좋은 것인가, 라는 점이다.

이 문제를 생각하는 사례로, 양국의 우호적 관계의 상징으로 거론되는 경우가 많은 아메노모리 호슈(雨森芳洲, 1668~1755)에 대해 보고자 한다.[8]

호슈는 쓰시마번에 출사한 유학자로, 번의 문교(文敎)를 담당한 외에 조선외교문서·기록에 관한 업무에 종사하여 2차례나 통신사 진문역(眞文役)으로서 수행하였으며, 또한 부산 왜관(倭館)에서의 외교교섭에 관여한 적도 있었다. 스스로 조선어를 배우고 조선통사 양성제도의 창설이나 『교린수지(交隣須知)』 등 조선어 습득을 위한 교과서 편찬에도 힘썼다. 현덕윤(玄德潤) 등 조선 측의 역관과의 인간적인 교류도 있었지만, 호슈는 치열한 외교교섭의 현장에도 서 있다. 통신사 일행으로서 일본에 온 신유한(申維翰)과의 교류는 유명하지만, 신유한의 『해유록(海游錄)』[9]에서는 통신사 일행과 쓰시마번주와의 면회형식이나 일본 측이 일행을 교토의 호코지(方廣寺; 도요토미씨가 건립, 근처에 귀무덤(耳塚)이 있음)에 데리고 가는 것을 둘러싸고 호슈가 조선 측과 격렬한 논쟁을 한 일도 기록되어 있다.[10]

아메노모리 호슈의 저작으로 유명한 『교린제성(交隣提醒)』(1728년)은 조선 통교에 대한 그의 의견을 54항목으로 정리하여 번에 제출한 것으로, 종래의 조선 통교의 방식이나 쓰시마번 사람의 조선인식에 대해 비판적인 시점에서 구체적으로 논하고 있다. 이 책 전체에서 상대(조선 측)의 인정(人情), 시대 상황, 일본과의 정치체제·사회의 차이를 인식하는 것이 중요하다고 강조하고 있지만, 단지 상대를 이해해야만 한다고 말하는 것이 아니라, 그렇게 하지 않으면 외교가 원활하게 추진되지 않고 자신들의 이익을 그르치게 된다고 주장하고 있는 것이다. 이미 「난후의 남은 위세(亂後之余威)」

---

8) 雨森芳洲의 경력에 대해서는 泉澄一 『對馬藩藩儒 雨森芳洲の基礎的研究』(關西大學出版部, 1997年)가 상세하다.

9) 申維翰 『海游錄』(姜在彦譯注, 平凡社東洋文庫, 1974年).

10) 雨森芳洲 『交隣提醒』(田代和生校注, 平凡社東洋文庫, 2014年).

(도요토미 히데요시의 침략 후에 남은 일본의 위세)가 남아있지 않은 현상에 대해 여전히 조선에 강압적인 태도를 취해도 상대에게는 통용되지 않고 오히려 불이익을 받는다는 점을 곳곳에서 서술하고 있다.

『교린제성(交隣提醒)』의 최종항목에서 서술하고 있는 「성신지교(誠信之交)」는 빈번하게 인용되어 널리 알려져 있다. 그러나 이것은 단순한 양국 우호를 주장하고 있는 것이 아니다. 이 항목의 서두에는 「성신지교(誠信之交)」는 사람들이 잘 언급하는 것이지만, 대체로는 그 한자의 뜻을 이해하지 못하고 있다고 지적하고, 「성신이라고 하는 것은 진실된 마음(實意)이라는 뜻을 가지고 있으며, 서로 속이지 않고 다투지 않으며 진실을 가지고 교제하는 것을 성신이라고 한다」고 설명한다. 그러나 정말로 성신의 교제를 행하는 것이라면, 쓰시마에서 사절을 보낸 일본인을 포섭하려는 의도를 가지고 조선에서 내린 은혜를 받는 것 같은 현재의 통교 형태를 고쳐야만 한다고 주장한다. 그러나 그것은 쉽게 실현할 수 없으니, 일단은 종래대로의 통교를 진행하면서 실의(實意, 참된 마음)를 잃지 않도록 하여, 조선의 도서나 조일통교의 문서·기록을 자세히 살펴보고, 조선의 사정을 자세하게 안 뒤에 대처해야만 한다고 서술하고 있는 것이다.

여기에서 엿볼 수 있듯이, 아메노모리 호슈는 결코 장밋빛의 이상론·우호론을 서술하고 있는 것이 아니다. 양국 사이에 뜻이 맞지 않거나, 곤란한 문제를 잘 이해한 뒤에, 마땅하고도 바람직한 통교의 모습을 모색했던 것이 아닐까.

같은 태도는 쓰시마번의 조선통사로 통신사쓰시마역지빙례(通信使對馬易地聘禮, 1811년)를 위한 교섭에 깊게 관여했던 오다 이쿠고로(小田幾五郎)의 『통역수작(通驛酬酢)』[11]에도 보인다. 이 책은 쓰시마 통사와 조선 측 역관 사이의 대화 형식으로, 조선의 지리·제도·문화 등에 대해 상세히 해설함과 동시에, 일본과 조선의 차이에 대해서도 논하고 있다. 조일통교의

---

11) 小田幾五郎『通譯酬酢』(田代和生編著, ゆまに書房·近世日朝交流史料叢書, 2017年).

현장에 있는 사람은 서로의 사정이나 차이를 잘 이해해야만 한다는 강한 인식을 엿볼 수 있다. 오다 이쿠고로는 역지빙례를 둘러싼 교섭에 있어서 문서위조를 포함해 조선 측 역관과 결탁한 것으로 되어 있지만, 양국의 요구가 충돌하는 중에 어떻게든 타협점을 찾기 위해 통사·역관끼리 모색하여, 합의 형성에 최선을 다했던 것일 것이다.

요컨대, 에도시대의 평화적·안정적인 조일관계는 모든 것이 우호적이고 원활하게 실현된 것이 결코 아니다. 항상 양국의 이해와 체면이 부딪히는 가운데 통교 관계 유지를 도모했던 것이다. 일본과 조선이 「순치(脣齒)」의 관계에 있는 이웃나라이기 때문에 공통의 가치관에 기초하여 활발한 교류도 있는 한편, 서로의 가치관의 차이도 드러낸다. 쓰시마번 소씨(宗氏)는 막번제 국가 속에서 도쿠가와 쇼군에 신종(臣從)한 다이묘이지만, 마치 조선 국왕에 조공하고 있는 것과 같은 형식을 동반하면서 조일통교를 담당하고 있었다. 그렇게 한 것이 굴욕적이며 문제라는 인식도 쓰시마번의 내외에 통주저음(通奏低音)처럼 존재하고 있었다. 그러나 이러한 모순·갈등을 안고 있으면서도, 각 방면의 노력으로 양국관계는 2세기 반에 걸쳐 평화적·안정적으로 유지되었던 것이다.

4. 막말유신기의 조일관계의 전회

막말유신기(19세기 중반)가 되면 조일관계는 소위 「교린(交隣)」에서 「정한(征韓)」으로 크게 바뀐다.[12] 이러한 변화는 어떻게 하여 일어난 것일까.

---

12) 근세의 조일관계와 幕末維新期의 전환에 대해서는 木村直也 「近世中·後期의 國家와 對外關係」(『新しい近世史2 國家と對外關係』, 新人物往來社, 1996年), 同 「近世の日朝關係とその変容」(關周一編 『日朝關係史』, 吉川弘文館, 2017年), 同 「江戸時代の日朝關係とその変容-對馬の動向を中心に」(『アジア人物史』第8, 集英社, 2022年)등을 참조. 한국에서는 현명철, 심기재, 김흥수 등의 연구가 있다.

크게 말하면 두 가지 요인이 있다.

먼저, 구미열강의 동아시아 진출에 따라 대외의식이 변화하여 종래의 국제관계의 재편이 의도되었던 점이다. 일본에서는 19세기에 들어서면서 구미제국에 대한 경계감·위기의식이 높아져, 종래 대외관계의 4개국 한정의 상태를 「쇄국」이라 부르게 되며 그와 동시에 동아시아 국제관계는 상대적으로 경시되었고, 더 나아가 구미에 대한 일본방위의 관점에서 인근 모든 국가·지역으로의 진출·침략을 구상하는 사람이 늘어났다. 1850년대에 구미제국과 조약을 맺어 개항하면서 일시적으로 양이운동이 활성화되지만, 개항·통상노선이 우위로 바뀌자 서양 근대 국제관계에 입각하면서 종래의 동아시아에서의 국제관계를 재편하는 것이 도모되었다. 개항·통상한지 얼마되지 않은 1861년 3월에 막부의 오오메쓰케(大目付)·메쓰케(目付)의 상신서13)에서 조일관계의 방식을 재검토해야 한다고 주장하고 있는 것은 그 이른 예이다. 한편, 마찬가지로 구미열강의 압력을 받고 있던 조선에서는 1860년대부터 대원군 정권이 크리스트교 탄압을 철저하게 하면서 배외양이주의를 명확하게 내세워 병인양요(1866년)·신미양요(1871년)로 대처했다.

또 하나의 요인은 조일관계를 담당해왔던 쓰시마번의 재정 궁핍으로 인한 태도 변화이다. 에도시대 중기 이후, 일본에서는 금·은·동의 수출규제와 수입물자의 국산화, 국내시장의 활성화에 따라 「4개의 창구」를 통한 무역의 동향에 변화를 보였다. 쓰시마번을 통한 조선무역은 공무역 중심으로 유지는 되었지만, 사무역은 쇠퇴경향이 보여 쓰시마번 재정은 점차 궁핍화되었다. 18세기 이후, 쓰시마번은 때때로 막부에서 원조를 받으면서 조일관계를 유지했지만, 막말이 되어 1861년에 러시아 함선 포사드니크호가 반년에 걸쳐 쓰시마 아소만 일부를 점거한 사건이 일어나자, 쓰시마 방비의 불비도 드러났다. 1862년에 번의 실권을 쥐고 있던 존왕양이파는 막부에 대해 대형 원조를 요청함과 동시에 쓰시마가 조선 쌀에 의존하고 있는 것 등 종래의

---

13) 『大日本古文書 幕末外國關係文書』52, (東京大學出版會, 2013年), 408~411쪽.

조선통교 방식을 굴욕적이었다 하여 그 변혁을 호소하고, 이에 더해 열강이 조선에 진출하기 전에 일본이 확보해야 한다고 하는 조선진출론을 제기했다. 그 움직임은 1867년 막부가 사절을 조선에 파견하려고 했던 계획14)으로 이어져 나간다.

막부가 쓰러지고 메이지신정부가 성립되면서 쓰시마번은 기도 다카요시(木戸孝允) 등을 통해 신정부에 조선 통교 쇄신을 건의하였고, 협의 결과, 1868년 쓰시마에서 보낸 신정부 수립 통고 사절이 가져온 서계(외교문서)는 종래의 형식을 일방적으로 바꾸는 것으로 되었다. 그 서계(예고 서계를 포함)는 일본의 천황에 관해 「황(皇)」「칙(勅)」의 문자를 사용해 천황과 청국 황제를 같은 위치로 두고(=조선을 일본의 아래 위치로 둠), 쓰시마가 조선에 신속(臣屬)하는 것 같은 모양의 형식을 부정하고 있는 것이었기 때문에 조선은 거절했다. 그 결과, 일본의 조야는 정한론이 높아져 가, 조일관계는 바뀌게 되었던 것이다. 조선은 막말 이후의 일본 측의 대응에 시의심을 품고 또 1873년의 왜관 앞의 알림판15)에 보이듯이, 조선은 구미제국에 접근한 일본을 부정적으로 인식하고 있었다. 결국, 강화도사건을 계기로 조일수호조규가 맺어지고(1876년), 그리고 임오군란·갑신정변이나 청일전쟁 등 그 후의 동향과 미디어의 보도 양상을 통해 일본 민중의 대조선의식도 변화되어 가게 된다.

19세기에 동아시아를 둘러싼 국제적 환경이 크게 변화한 것이 배경으로 작용했다고는 해도, 한쪽 편의 이익과 논리를 전면으로 내세워 행동함에 따

---

14) 丙寅洋擾(1866年)의 정보를 받은 막부는 조선과 프랑스·미국과의 사이를 調停하는 사절을 조선에 파견하려고 하였다. 막부의 사절 파견은 에도시대에는 없었던 이례적인 일로 조선 측은 거부했다. 곧 막부가 무너졌기 때문에 사절 파견 계획은 소멸했다.

15) 조선 측이 내린 釜山倭館에 출입하는 조선인에 대한 게시이며, 구미제국과 교류하여 풍속 등이 이전과 달라지게 된 일본을 「無法之國」으로 경계하도록 요구하였다. 이것이 일본 정부 안에서 문제가 되어 사이고 다카모리(西郷隆盛) 등의 「征韓論」주장과 征韓論政変으로 이어지게 되었다.

238 『여성'과 '젠더'를 통해 본 한일관계사

라 평화적·안정적으로 유지되고 있던 양국관계가 극적으로 악화되고 말았
다는 사실을 마음에 새겨두고 싶다.

5. 근년의 한일관계

1945년에 일본이 패전하여 식민지 조선(한반도)이 해방되고 대한민국이
건국된 후, 일제시대를 중심으로 하는 역사인식 문제는 한일 양국 사이에 현
재까지도 악영향을 미치고 있지만, 한일관계에는 몇 가지의 변화가 보였다.

한국에서는 박정희·전두환의 군사정권 후에 경제발전·민주화가 진행되
었다. 김대중 정권에 들어서는 오부치 게이조(小渕惠三) 내각과의 사이에서
「21세기를 위한 새로운 한일 파트너십 공동선언」이 합의되고(1998년), 대담
한 문화수출전략이 전개되어 한국문화가 세계에 진출하는 동시에 한국에서
일본문화가 해금되고 월드컵 축구의 한일공동개최도 실현되었다(2002년). 「한
일 신시대」라고 왕성하게 언급되며 한일관계는 양호해졌다. 다음의 노무현 정
권에 걸쳐서는 일본에서 「겨울의 소나타(겨울연가)」의 대히트(2003~04년)를
계기로 한 한류 붐이 일어나, 한국의 드라마(현대물, 역사물)·영화·K-pop이 인
기를 끌고 한국어 학습열도 높아져 도쿄 신오쿠보의 코리아타운도 번영했다.
그 이후, 한류 붐은 유행을 타면서도 현재까지 계속되어 한국문화의 세련·
고도화는 일본뿐만 아니라 널리 세계에서 인정받고 있다. 또한 한국에서도
일본의 애니메이션이나 게임이 인기를 끌고 일본어를 배우는 젊은 사람도
늘어 일본식(음식)·일본술의 붐도 일어났다. 3년 전까지는 많은 관광객이
상호 방문하고(일본에 등산하러 오는 한국인도 많았다) 문화교류나 스포츠
교류도 활발했다. 민중 차원의 교류는 확고한 것이 되었다고 말할 수 있다.
앞에서 언급한 전근대 대외관계사연구회와 한일관계사학회의 교류를 비롯
해 양국 간의 역사 연구의 학술교류도 이 시기에 급속하게 진전되었다.

　그러나 유감스럽게도 2012년경부터 정치적인 의미에서의 한일관계는 악화의 방향으로 향했다. 이명박 정권 후반, 제2차 아베 신조 내각 발족의 시기부터이다. 박근혜 정권과 아베 내각 사이에는 위안부 문제에 관련한 합의도 이루어졌지만, 문재인 정권과 아베 내각 사이에서는 한일관계는 더욱 악화되었다. 2019년에는 징용공에 관한 한국 대법원판결에 대응해 일본 정부가 한국에 반도체 소재 등 수출 절차를 엄격하게 하고, 한국은 GSOMIA의 파기를 결정하는 등 한일관계는 「전후 최악」이라고 부를 정도에 이르렀다. 실제로 관광객의 왕복은 줄고 한국에서는 일본제품의 불매운동도 일어났다. 더욱이 엎친 데 덮친 격으로, 2020년에 들어서 신형 코로나 바이러스의 감염 확대로 인해 양국 사이의 인적 왕래가 거의 없게 되었다. 올해(2022년)에 들어서 윤석열 정권이 발족하여 양국 관계의 개선을 목표로 하는 자세를 보이고 있지만, 예단할 수는 없다.

　이러한 정치적인 양국관계의 악화에도 불구하고, 민중 차원의 동향은 다르다고 생각된다. 코로나로 도항이 엄격히 제한되어 있지만, 올해(2022년)가 되어 한국으로의 입국조건이 완화되자 도쿄의 한국영사관에는 비자 취득을 위한 행렬이 장사진을 이루었고, 게다가 비자면제, 입국 전 PCR 검사 면제 등 완화가 진행되어 한국으로의 도항을 마음먹고 있던 사람들이 도항을 시작하고 있다. 내가 가르치고 있는 학생들 중에도 관광 도항하는 학생뿐만 아니라, 어학유학으로 한국으로 건너가는 학생도 있다. 일본에서는 K-pop팬이 뿌리 깊게 존재하여 한국의 식품·화장품은 여전히 인기를 끌고 있으며, 최근 화제가 되었던 한국 영화·드라마도 왕성하게 시청되고 있다. 젊은이들 상호 간의 SNS를 통한 교류도 활발한 듯하다. 물론 일본에서는 소위 혐한서(嫌韓書)가 다수 출판되고 있으며, 한국인의 일본에 대한 상반된 의식도 지적되고 있다. 그러나 나로서는 이러한 민중 차원의 교류에 커다란 기대와 신뢰를 품고 있다.

6. 쓰시마

마지막으로 내가 연구 분야로 삼고 있어서 때때로 방문하고 있는 쓰시마에 대해 이야기하고 싶다. 쓰시마는 일본의 규슈와 한반도 사이에 있어, 예로부터 양국 지역을 잇는 역할을 하고 있었다. 일본 안에서는 「국경의 섬」으로 자리매김되어, 중앙에 의존하는 주변·변경적 성격을 가지고 있지만, 그 한편으로는 경계영역으로서 국가·민족을 초월한 교류의 가능성을 지닌 경계적 성격도 가지고 있었다. 그 두 가지 측면의 성격은 고대부터 계속 시대의 변화에 따라 양상을 바꾸면서도 유지되어, 국가 권력이 강대해진 근현대가 되어서도 그것은 변하지 않는다.[16)]

패전 후의 쓰시마는 국경방어를 위해 자위대가 주둔하고, 또 정부로부터 이도진흥(離島振興)을 위한 특별예산을 받아 도로 정비 등이 진행되었다. 그 한편으로, 1990년대부터 많은 한국인 관광객이 방문하게 되어 쓰시마는 그것을 적극적으로 받아들였고, 지역의 경제진흥에 기여하도록 해왔다. 예를 들면, 요리점의 여주인(오카미)이 한국어를 배우고 한국의 방문객에게 일본무용을 선보이는 등의 노력도 했으며, 한국인 상대의 호텔, 음식점, 물산점 등도 만들어나갔다. 쓰시마시 이즈하라에 있는 쓰시마고등학교에는 국제문화교류과가 설치되어 한국어를 본격적으로 가르치고 있다.[17)] 쓰시마 출신의 학생뿐만 아니라 일본 각지에서 부모가 사는 곳을 떠나 쓰시마에 와서 배우는 학생도 많으며, 졸업 후에 한국의 대학으로 유학하는 학생도 있다.

에도시대와 마찬가지로 쓰시마는 한국과 인접해 있기 때문에 활발한 교류가 있었던 한편, 종종 문제가 발생하는 경우도 있다. 2008년에는 쓰시마

---

16) 쓰시마의 역사적 변천에 대해서는 木村直也 「對馬-通交·貿易における接觸領域」(『岩波講座日本歷史 第20卷·地域論』(岩波書店, 2014年)을 참조.
17) 長崎縣立對馬高等學校 홈페이지 https://tsushima-h.jp

의 자위대시설이 있는 인접 지역에 한국자본의 관광시설이 세워졌던 것을 계기로 일본의 보수계 미디어가 「쓰시마가 점령되고 있다」는 캠페인을 전개하여 국회의원이 참여하는 사태가 되기도 했다. 2020년의 쓰시마시장선거에서는 쓰시마가 한국인 관광객에 의존하지 않도록 원자력발전소 폐기물의 매립시설을 만들어 보조금을 얻어야 한다고 주장하는 우파계 후보가 쓰시마 밖에서 왔다(낙선). 또한 2012년에는 쓰시마의 고쓰나칸논지(小綱觀音寺)의 불상 등이 한국인 절도단에 의해 도둑맞는 사건이 일어났다. 범인들은 한국에서 체포되어 처벌을 받았지만, 이 불상의 태내에 한국 부석사에서 만들어졌다고 하는 문서가 있어서 부석사는 중세에 왜구에게 빼앗긴 것이라고 소유권을 주장하여, 한국 법원은 쓰시마에 건너간 경위가 증명되지 않으면 불상을 쓰시마에 반환하지 않아도 된다는 판결을 내렸다. 이 사건은 쓰시마 사람들에게 적지 않은 충격을 주었다.

2018년에는 인구 약 3만 명의 쓰시마에 41만 명의 한국인 관광객이 방문했지만, 앞에서 언급한 것처럼 2019년의 한일관계 악화로 말미암아 한국인 관광객은 격감하였고, 게다가 다음 해의 코로나 사태로 인해 내방한국인은 거의 제로가 되었다. 이러한 상황은 쓰시마의 경제에 심각한 타격을 주었다. 실제로 쓰시마에는 예전부터 이즈하라의 거리 중심에 넘쳐났던 한국인들의 모습은 자취를 감추어 한산해졌고 망한 가게들도 조금씩 보인다. 언젠가 코로나 사태가 수습되었을 때, 한국인 관광객이 부활할 것을 기대하고 있다. 올해(2022년) 4월에는 쓰시마박물관[18]도 개관되었기에, 여러분의 쓰시마 방문을 권하고 싶다.

---

18) 對馬博物館 홈페이지 https://tsushimamuseum.jp

7. 마치며

　에도시대의 조일관계는 여러 가지의 모순·갈등을 안고 있으면서도 관계를 유지하려고 하는 힘이 우세했기 때문에 양국 관계자의 노력에 의해 2세기 반에 걸쳐 평화적·안정적인 관계가 어떻게든 유지되었다. 그러나 막말유신기에는 일본 측에서 종래의 관계를 바꾸어 자신에게 유리한 관계를 구축하고자 하는 힘이 우세하여, 조일관계는 크게 바뀌었다. 위정자의 태도가 양국관계의 방향을 결정짓고, 그것에 민중도 속박되게 된다. 돌이켜 보아 근년의 한일관계의 급속한 악화를 생각해 볼 때, 막말유신기의 상황과 겹쳐 보이는 것은 필자만일까. 다만, 막말유신기와 현재가 크게 다른 것은 훨씬 더 광범위한 민중 차원의 교류가 있다는 것이다. 나로서는 한일관계의 미래를 위하여 그 점에 기대를 걸고 있다.

　최근 30년간, 한일 역사연구자들 간의 교류도 크게 진전되었다. 교류 기회의 양적인 확대만이 아니라, 이전의 논의와 비교해 최근에 이르러서는 훨씬 치밀하게 사료에 기초한 실증적 연구성과를 전제로 한 논의가 전개되고 있다. 양국관계의 현상과 미래를 생각하는 데 있어서도 한일관계사의 연구에서 얻을 수 있는 것은 많다. 앞으로의 연구 교류가 한층 더 진전되기를 진심으로 기대한다.

번역: 박성주(동국대)

日韓関係の過去と現在

木村 直也*19)

1. はじめに

　韓日關係史學會が創立30周年を迎えられたことに、心よりお慶び申し上げる。また、この30年間、月例發表會・學術會議・國際學術シンポジウムなどを継續的に開催し、有意義な活動を精力的に展開して學界を牽引されてきたことに、多大な敬意を表したい。

2. 前近代対外関係史研究会と韓日関係史学会

　日本では、前近代對外關係史研究會(通称「對外史研」)が40年余り活動を續けている。對外史研は、1977年に東京大學史料編纂所教授であった田中健夫を代表として、同所に勤めていた對外關係史研究者(荒野泰典・村井章介・石井正敏・加藤榮一ら)が中心となって始まった。史料編纂所で研究會を開催し、各方面から研究者が参加した1)。この會は、學會として組織化することなく、ゆるやかな集まりであった。出身大學、年齢、國籍などを問わずに自由に参加・發表できる研究會で、若手研究者も發表の機會を与えられ、偉大な研究者たちと接して助言を得ることができた。

---

* 日本 立教大學校 教授
1) 筆者自身は1981年から参加した。

對外史硏は、 1983年の歷史學硏究會大會における荒野泰典報告を支援·準備し、 同氏による「鎖國」の見直し、 海禁·華夷秩序論を生み出した[2]。 また、 論集作成のために硏究發表會を開き、その成果は田中健夫編の『日本前近代の國家と對外關係』[3]と『前近代の日本と東アジア』[4]に結實した。

この對外史硏と双生兒的な關係にあるのが、1978年に發足した朝鮮王朝實錄(李朝實錄)を讀む會である。 豊臣秀吉の朝鮮侵略を硏究する北島万次が中心となり、 秀吉の侵略が始まった1592年(宣祖25年、 文祿元年)から「宣祖實錄」を讀み始め、東大史料編纂所を會場として、ほぼ隔週で開かれた。實錄を讀む會は、その日の担当者が分担部分について、まず全文を讀み下したうえで口語譯を付けていくという地道なもので、 ほぼ10年間で1年分の記事を讀んでいくペースであった(現在、宣祖29年11月まで讀了)。

對外史硏と實錄を讀む會には、東京周辺の大學に留學していた各國からの留學生たちも參加した。とりわけ韓國からはたいへん多くの人々が參加し、歸國後は韓日關係史學會の活動を担っていて、また歷代會長にも多くその名が見いだせる。

その後、 前近代對外關係史硏究會(朝鮮王朝實錄を讀む會)と韓日關係史學會とは、それぞれ創立から區切りのよい年に記念シンポジウムを開催し、相互交流をしている。例えば、2007年(對外史硏·實錄を讀む會の30周年)に「アジアのなかの日朝關係史」(九州國立博物館)[5]、 2012年(韓日關

---

2) 荒野泰典「日本の鎖國と對外意識」(『歷史學硏究別册特集 東アジア世界の再編と民衆意識』、1983年)。

3) 田中健夫編『日本前近代の國家と對外關係』(吉川弘文館、1987年)。田中の60歳の東大退官を契機に編まれた。

4) 田中健夫編『前近代の日本と東アジア』(吉川弘文館、1995年)。田中の70歳の東洋大學退職を契機に編まれた。

5) 九州國立博物館の「朝鮮通信使400年記念國際シンポジウム」として開かれ、10周年を迎えた九州大學を中心とする世宗實錄硏究會も參加した。その成果は、北島万次·孫承喆·橋本雄·村井章介編著『日朝交流と相克の歷史』(校倉書房、2009年)として出版された。

係史學會の20周年)に「朝鮮時代の韓國と日本」(江原大學校)が開催され、他にもいくつか國際シンポジウムが開かれている。　それらの機會に日韓双方の研究者たちが議論を交わしたが、いずれも實証的な研究成果に基づき、同じ基盤に立って議論しつつ、相互の認識を確認し合うよい機會となった。また、對外史研・實錄を讀む會のメンバーたちは、韓日關係史學會の人々と共同で、韓國での史跡調査旅行をたびたび行った。韓國側の協力により充實した踏査となるとともに、酒席でも賑わい、若手を含め、研究者どうしの豊かな交流を経驗することができた。こうした機會による兩國研究者の交流の意義は大きかったと痛感する。

　さて對外史研は、初期の頃は論集準備もあったので毎月のように開かれていたが、近年は報告希望者があれば開く形なので、年に數回の開催になっていた。さらに2020年2月以降は、新型コロナウイルス感染で東京大學が使用できないことにより、對外史研・實錄を讀む會ともに休止を余儀なくされ、オンライン開催にも踏み切れないまま3年近くが過ぎてしまった6)。確固たる學會組織である韓日關係史學會とは異なり、ゆるやかな集まりであるがゆえの弱みなのかもしれない。

3. 江戸時代の日本と朝鮮王朝

　日本において、江戸時代(朝鮮時代後期)の日本と朝鮮王朝との關係は、かつては「鎖國」のもとでの例外的なものとして扱われ、一般の人々の關心はほとんど希薄だったが、1970年代から通信使などによる豊かな交流や貿易の實態が明らかにされ、しだいに注目されるようになった。前近代對外關係史研究會が發足したのは、まさにそうした時期である。1980

---

6) 朝鮮王朝實錄を讀む會は、2023年1月から活動を再開。

年代になると荒野泰典氏やロナルド・トビ氏らが「四つの口」(長崎、對馬、薩摩、松前)の存在を踏まえ、江戸時代は「鎖國」とは言えないとの論を提起した7)。現在、少なくとも日本近世史研究者においては、單純な國際的孤立としての「鎖國」認識をもつ者はおらず、 日朝關係も日本の幕藩体制、あるいは東アジア國際關係に構造的に組み込まれたものと捉えるのが一般的である。學校教科書でも、いまだ「鎖國」という表現を殘しているものの、 江戸時代の日朝關係についてページを割いて說明している。近年では、さらに近世日朝關係の精緻な研究が進められつつ、荒野說への批判・修正の議論もみられる。

そうした狀況の中で、江戸時代の日朝關係に關する書籍も多數刊行され、 一般の人々にも豊かな日朝交流への理解が廣がっていった。「二千年余りにわたる日朝關係の歷史では、 むしろ平和的な關係の方が長い」とする、歷史の再發見をもたらすような認識も生まれた。ただ留意すべきは、江戸時代の日朝關係をひたすら友好的であったとする單純な捉え方でよいのか、という点である。

この問題を考える例として、兩國の友好的關係の象徴として取り上げられることが多い雨森芳洲(あめのもりほうしゅう)(1668~1755)についてみてみたい8)。

芳洲は、對馬藩に仕えた儒者で、藩の文教のほか、朝鮮外交の文書・記録のことに携わり、

2度の通信使に眞文役として隨行し、 また釜山倭館での外交交涉に關与することもあった。みずから朝鮮語を學び、朝鮮通詞養成制度の創設

---

7) 荒野泰典『近世日本と東アジア』(東京大學出版會、1988年)。ロナルド・トビ『近世日本の國家形成と外交』(速水融・永積洋子・川勝平太譯、創文社、1990年、英文原著は1984年)。
8) 雨森芳洲の経歴については、泉澄一『對馬藩藩儒 雨森芳洲の基礎的研究』(關西大學出版部、1997年)が詳しい。

や、『交隣須知』など朝鮮語習得のための教科書編纂にも盡力した。玄徳潤ら朝鮮側の譯官との人間的な交流もあったが、芳洲は熾烈な外交交渉の現場にも立っている。通信使一行として來日した申維翰との交流は有名だが、申維翰『海游錄』[9]の中には、通信使一行と對馬藩主との面會形式や、日本側が一行を京都の方廣寺(豊臣氏が建立、近くに「耳塚」がある)に連れて行くことをめぐり、芳洲が朝鮮側と激烈に爭ったことも記されている。

　雨森芳洲の著作として有名な『交隣提醒』(1728年)[10]は、朝鮮通交についての彼の意見を54項目にまとめて藩に提出したもので、従来の朝鮮通交のありかたや對馬藩人の朝鮮認識などについて、批判的な視点から具体的に論じている。同書全体で、相手(朝鮮側)の人情、時代狀況、日本との政治体制・社會の違いを認識することが重要だと強調しているが、單に相手を理解すべきだと言っているのではなく、そうしないと外交が円滑に進まず、自分たちの利益を損ねるのだと訴えているのである。すでに「亂後之余威」(豊臣秀吉の侵略後に殘る日本の威勢)が殘っていない現狀において、相変わらず朝鮮に強壓的な態度をとっても相手には通用せず、かえって不利益を蒙ることを隨所で述べている。

　『交隣提醒』の最終項目で述べられる「誠信之交」は、頻繁に引用され、廣く知られている。しかしこれは、單純な兩國友好を謳ったものではない。この項目の冒頭には、「誠信之交」は人々がよく言うことであるが多くはその字義が分かっていないとあり、そして「誠信と申し候は實意と申す事にて、互いに欺かず爭わず、眞實をもって交わり候を誠信とは申し候」と説明する。だが、ほんとうに誠信の交わりを行うのであれば、對馬から使節を送り、日本人を手なずける意図による朝鮮からの恩惠を受

---

9) 申維翰『海游錄』(姜在彦譯注、平凡社東洋文庫、1974年)。
10) 雨森芳洲『交隣提醒』(田代和生校注、平凡社東洋文庫、2014年)。

けるような、現狀の通交形態を改めなければならないとする。しかしそれは容易に實現できないから、とりあえず從來通りの通交をしつつ實意(誠の心)を失わないようにし、朝鮮の書物や日朝通交の文書・記錄を熟覽して、朝鮮の事情を詳しく知ったうえで對處すべきだと述べるのである。

ここから窺われるように、雨森芳洲は決してバラ色の理想論・友好論を述べているのではない。兩國間の齟齬や困難な問題をよく理解したうえで、あるべき通交の姿を模索したのではなかろうか。

同じような態度は、對馬藩の朝鮮通詞で、通信使對馬易地聘礼(1811年)に向けての交涉に深く關わった小田幾五郎(おだいくごろう)の『通譯酬酢』11)にもみられる。この書は、對馬の通詞と朝鮮側譯官との會話の形をとり、朝鮮の地理・制度・文化などについて詳細に解說するとともに、日本と朝鮮との違いについても論じている。日朝通交の現場に立つ者は互いの事情や相違をよく理解していなければならない、という強い認識が窺われる。小田幾五郎は易地聘礼をめぐる交涉において、文書僞造を含めて朝鮮側譯官と結託したとされるのであるが、兩國の要求が衝突する中で、何とか妥協点を探って通詞・譯官どうしが模索し、合意形成に盡力したのであろう。

要するに、江戶時代の平和的・安定的な日朝關係は、すべてが友好的に、かつ円滑に實現したわけでは決してない。つねに兩國の利害と体面がぶつかり合うなかで、通交關係維持が図られたのである。日本と朝鮮が「唇齒」の關係にある隣國であればこそ、共通の価値觀に基づく豊かな交流もある一方、互いの価値觀の違いも露呈する。對馬藩宗氏は幕藩制國家の中で德川將軍に臣從する大名であるが、朝鮮國王に朝貢している

---

11) 小田幾五郎『通譯酬酢』(「酢」の字は「酉」+「作」)(田代和生編著、ゆまに書房・近世日朝交流史料叢書、2017年)。

かのような形式を伴いながら日朝通交を担っていた。そうしたことが屈辱的であり問題であるという認識も、對馬藩の內外で通奏低音のように存在していた。しかし、こうした矛盾・葛藤を抱えながらも、各方面の努力によって、兩國關係は2世紀半にわたって平和的・安定的に維持されたのである。

4. 幕末維新期における日朝関係の転回

　幕末維新期(19世紀半ば)になると日朝關係は、いわば「交隣」から「征韓」へと大きく轉回する[12]。　こうした変化はどのようにして起こったのであろうか。大づかみに言えば、2つの要因がある。

　まず、歐米列强の東アジア進出に伴い、對外意識が変化し、從來の國際關係の再編が意図されたことである。日本では、19世紀に入ると歐米諸國に對する警戒感・危機意識が高まり、從來の對外關係における４か國限定の狀態を「鎖國」と呼ぶようになり、それとともに東アジア國際關係は相對的に輕視され、さらには歐米に對する日本防衛の觀点から近隣諸國・地域への進出・侵略を構想する者が增えていった。1850年代に歐米諸國と條約を結んで開港すると、一時的に攘夷運動が活性化するが、開港・通商路線が優位に轉じると、西洋近代國際關係に立脚しつつ、從來の東アジアにおける國際關係を再編することが図られた。開港・通商して間もない1861年3月に、幕府の大目付(おおめつけ)・目付(めつけ)の上申書[13]

---

12) 近世の日朝關係と幕末維新期の轉回については、木村直也「近世中・後期の國家と對外關係」(『新しい近世史2 國家と對外關係』、新人物往來社、1996年)、同「近世の日朝關係とその変容」(關周一編『日朝關係史』、吉川弘文館、2017年)、同「江戸時代の日朝關係とその変容-對馬の動向を中心に」(『アジア人物史』第8巻、集英社、2022年)などを参照。韓國では玄明喆、沈箕載、金興秀らの研究がある。

で日朝關係の方式を見直すことが主張されているのは、その早い例である。一方、同様に歐米列強の壓力を受けつつあった朝鮮では、1860年代から大院君政權がキリスト教彈壓を徹底しつつ、排外攘夷主義を明確に打ち出し、丙寅洋擾(1866年)・辛未洋擾(1871年)に對處した。

　もう一つの要因は、 日朝關係を担ってきた對馬藩の財政窮乏による態度の変化である。江戸時代中期以降、日本では金銀銅の輸出規制と輸入物資の國産化、 國內市場の活性化により、「四つの口」における貿易の動向に変化がみられた。 對馬藩による朝鮮貿易は公貿易中心で維持されるものの、私貿易は衰退傾向がみられ、對馬藩財政は窮乏化していった。18世紀以降、 對馬藩はたびたび幕府から援助を受けながら日朝關係を維持したが、 幕末になり、1861年にロシア艦ポサドニック号が半年にわたって對馬淺茅湾(あそうわん)の一部を占據する事件が起きると、 對馬防備の不備も露呈した。 1862年に藩の實權を握った尊王攘夷派は幕府に對して大型援助を要求するとともに、 對馬が朝鮮米に頼っていることなど、 從來の朝鮮通交のありかたを屈辱的だとしてその変革を訴え、 さらに列強が朝鮮に進出する前に日本が押さえるべきだとする朝鮮進出論を提起した。 その動きは、 1867年に幕府が使節を朝鮮に派遣しようとした計畵14)につながっていく。

　幕府が倒れて明治新政府が成立すると、對馬藩は木戸孝允らを通じて新政府に朝鮮通交刷新を建議し、協議の結果、1868年に對馬から送られた新政府樹立通告使節がもたらした書契(外交文書)は、 從來の形式を一方的に変えるものになった。 その書契(予告書契を含む)は、 日本の天皇

---

13) 『大日本古文書　幕末外國關係文書』52(東京大學出版會、2013年)、408~411頁。

14) 丙寅洋擾(1866年)の情報を受けて幕府は、朝鮮とフランス・アメリカとの間を調停する使節を朝鮮に派遣しようとした。 幕府使節派遣は江戸時代にはなかった異例なことであり、朝鮮側は拒否した。まもなく幕府が倒れたため、使節派遣計畵は消滅した。

に關して「皇」「勅」の文字を使って天皇と淸國皇帝を等位に置き(=朝鮮を日本の下位に位置づけ)、 對馬が朝鮮に臣屬しているかのような形式を否定するものであったから、朝鮮は拒絶した。それを受けて日本の朝野で征韓論が高まっていき、日朝關係は轉回してしまうのである。朝鮮は幕末以來の日本側の對応に猜疑心をいだき、 また1873年の倭館前の揭示15)に見られるように、朝鮮は歐米諸國に接近した日本を否定的に捉えていた。結局、江華島事件を機に日朝修好條規が結ばれ(1876年)、そして壬午・甲申事変や日淸戰爭など、 その後の動向とメディアの報道姿勢を通じて、日本の民衆の對朝鮮意識も変化していくことになる。

　19世紀に東アジアを取り巻く國際的環境が大きく変化したことが背景となったとはいえ、一方の側の利益と論理を前面に出して行動することにより、 平和的・安定的に維持されていた兩國關係が劇的に惡化してしまったことを、心に刻んでおきたい。

5. 近年の日韓関係

　1945年に日本が敗戰して植民地朝鮮(韓半島)が解放され、大韓民國が建國されたのち、 日帝時代を中心とした歷史認識問題は日韓兩國間で現在までもくすぶり續けてはいるが、日韓關係にはいくつか変化がみられた。
　韓國では朴正熙・全斗煥の軍事政權ののち、經濟發展・民主化が進んだ。金大中政權においては、小渕惠三(おぶちけいぞう)內閣との間で「21世紀に向けた新たな日韓パートナーシップ」が合意され(1998年)、 大胆な文

---

15) 朝鮮側が釜山倭館に出入りする朝鮮人に向けた揭示で、歐米諸國と交流して風俗などが以前とは異なってしまった日本を「無法之國」として警戒するよう求めた。これが日本政府內で問題化し、西鄕隆盛らの「征韓論」主張と征韓論政変に結びついた。

化輸出戰略が展開されて韓國文化が世界に進出していくとともに、韓國で日本文化が解禁されていき、サッカー・ワールドカップの日韓共催も實現した(2002年)。「日韓新時代」とさかんに言われ、日韓關係は良好化した。次の盧武鉉政權にかけて、日本では「冬のソナタ(キョウル・ヨンガ)」の大ヒット(2003~04年)を契機とした韓流ブームが起こり、韓國のドラマ(現代物、歴史物)・映畫・Kポップが人氣を呼び、韓國語學習熱も高まり、東京新大久保のコリアタウンも榮えた。その後、韓流ブームは波を伴いながら現在まで續き、韓國文化の洗練・高度化は日本のみならず、廣く世界で認められている。また韓國でも、日本のアニメやゲームが人氣を呼び、日本語を學ぶ若者も增え、日本食・日本酒のブームも起きた。3年前までは多くの觀光客が相互に訪問し合い(日本に登山に來る韓國人も多かった)、文化交流やスポーツ交流も活發であった。民衆レベルの交流は、確固たるものになっていたといえよう。前述した前近代對外關係史研究會と韓日關係史學會との交流をはじめ、兩國間の歷史研究の學術交流もこの時期に急速に進展した。

　しかし殘念なことに、2012年頃から政治的な意味での日韓關係は惡化の方向に向かった。李明博政權の後半、第2次安倍晋三內閣發足の頃からである。朴槿惠政權と安倍內閣の間では慰安婦問題に關する合意も行われたが、文在寅政權と安倍內閣の間では日韓關係はいっそう惡化した。2019年には、徵用工に關する韓國大法院判決に對して、日本政府が韓國への半導体素材など輸出手續を嚴格化し、韓國はGSOMIAの破棄を決定するなど、日韓關係は「戰後最惡」と呼ばれるほどに至った。實際に觀光客の往復は減り、韓國では日本製品の不買運動も起こった。それに追い打ちをかけるように、2020年に入って新型コロナウイルスの感染擴大により、兩國間の人の往來がほとんど無くなった。2022年に入って尹錫悅政權が發足し、兩國關係の改善を目指す姿勢をみせているが、予斷を許

さない。

　こうした政治的な兩國關係の惡化にもかかわらず、民衆レベルの動向
は異なるように思われる。　コロナによって渡航が厳しく制限されてい
たが、2022年になって韓國への入國條件が緩和されると、東京の韓國領
事館にはビザ取得のために長蛇の列ができ、　さらにビザ免除、　入國前
PCR檢查免除と緩和が進むと、　韓國への渡航を心待ちにしていた人々が
渡航している。筆者が教えている學生の中にも、観光渡航する學生のみ
ならず、語學留學に韓國に渡った學生もいる。日本ではKポップファン
が根強く存在し、韓國の食品・化粧品は相変わらず人氣を呼んでおり、最
近話題になった韓國映畫・ドラマもさかんに視聴されている。　若者どう
しのSNSでの交流も盛んなようである。もちろん日本ではいわゆる嫌韓
本が多數出版されているし、韓國人の日本に對するアンビバレントな意
識も指摘されている。しかし筆者としては、こうした民衆レベルの交流
に大きな期待と信頼をいだいている。

6. 対馬のこと

　最後に、筆者が研究フィールドとし、たびたび訪れている對馬につい
て述べておきたい。對馬は日本の九州と朝鮮半島(韓半島)との間にあり、
古くから兩國地域をつなぐ役割を果たしていた。　日本の中では「國境の
島」と位置づけられ、　中央に依存する周縁・辺境的性格を有しているが、
その一方で、　境界領域として國家・民族を越えた交流の可能性をもつ境
界的性格ももっていた。この兩方の性格は、古代からずっと、時代の変
化によって様相を変えながらも維持され、國家の權力が強大になった近
現代になってもそれは変わらない[16]。

　戦後の對馬は、國境防衛のために自衛隊が駐屯し、また政府から離島振興のための特別予算を与えられて道路整備などが進められた。その一方で、1990年代から多くの韓國人觀光客が訪れるようになり、對馬はそれを積極的に受け入れ、經濟振興に寄与させようとしてきた。例えば、料理店の女將(おかみ)が韓國語を學び、韓國からの來訪客に日本舞踊を披露するといった努力もしていたし、韓國人相手のホテル、飲食店、物産店などもつくられていった。對馬市嚴原(いずはら)にある對馬高校には國際文化交流科が設置され、韓國語を本格的に教えている[17]。地元對馬の生徒だけでなく、日本各地から親元を離れて對馬に來て學ぶ生徒も多く、卒業後に韓國の大學に留學する生徒もいる。

　江戸時代と同様、對馬は韓國と隣接しているがゆえに、豊かな交流の一方で種々の問題が生じることもある。2008年には、對馬の自衛隊施設の隣接地に韓國資本の觀光施設が建てられたことをきっかけに、日本の保守系メディアが「對馬が乗っ取られる」キャンペーンを展開し、國會議員が乗り込んでくる事態にもなった。2020年の對馬市長選擧では、對馬が韓國人觀光客に依存しないよう、原子力發電所廢棄物の受け入れ施設をつくって政府から補助金を得るべきだと主張する右派系候補が島外からやってきた(落選)。また2012年には、對馬の小綱觀音寺(こつなかんのんじ)の仏像などが韓國人窃盗団によって盗まれる事件が起こった。犯人らは韓國で逮捕されて處罰されたが、この仏像の胎内に韓國の浮石寺でつくられたとする文があることから、浮石寺は中世に倭寇により奪われたものとして所有權を主張し、韓國の裁判所は、對馬に渡った経緯が証明されなければ仏像を對馬に返還しなくてよいとの判断をした。こ

---

16) 對馬の歴史的変遷については、木村直也「對馬-通交・貿易における接触領域」(『岩波講座日本歴史 第20卷・地域論』(岩波書店、2014年)を参照。

17) 長崎縣立對馬高等學校ホームページ https://tsushima-h.jp

の一件は、對馬の人々に少なからぬ衝撃を与えた。

2018年には、 人口約3万人の對馬に41万人の韓國人觀光客が訪れていたが、前述のような2019年の日韓關係惡化により韓國人觀光客が激減し、さらに翌年のコロナ禍で來訪韓國人はほぼゼロになった。こうした狀況は對馬の経濟に深刻な打撃を与えている。實際に對馬では、かつて嚴原の街中にあふれていた韓國人たちの姿はなくて閑散としており、 つぶれた店も散見される。いずれコロナ禍が收束し、韓國人觀光客が復活することが期待されている。2022年4月には對馬博物館[18]も開館したので、對馬訪問をお勸めしたい。

7. おわりに

江戸時代の日朝關係は、 さまざまな矛盾・葛藤をかかえつつも、 關係を維持しようとする力がまさっていたため、兩國の關係者の努力により2世紀半にわたって平和的・安定的な關係が何とか維持された。しかし幕末維新期には日本側で、從來の關係を変えて、みずからに有利な關係を築こうとする力がまさり、日朝關係は大きく轉回した。爲政者の態度が兩國關係を方向づけ、そのことが民衆も縛っていくことになる。ひるがえって近年の日韓關係の急速な惡化を考えるとき、幕末維新期の狀況と重なって見えるのは筆者だけであろうか。ただ幕末維新期と現在が大きく異なるのは、はるかに廣範な民衆レベルの交流があることである。筆者としては、日韓關係の未來に向けて、そのことに期待をかけている。

この30年間、日韓の歴史研究者どうしの交流も格段に進んだ。交流機會の量的な擴大だけでなく、かつての議論に比べて、最近でははるかに

---

18) 對馬博物館ホームページ https://tsushimamuseum.jp

精緻に、史料に基づく實証的研究の成果を踏まえた議論が展開されている。兩國關係の現狀と未來を考えるためにも、韓日關係史の研究から得られることは多い。今後の研究交流がよりいっそう進展することを心から期待している。

<30주년 기념간담회>

한일관계사학회, 30년을 돌아보며...

손 승 철*

1. 학회 창립

한일관계사학회 창립은 1991년 10월, 국사편찬위원회에서 『대마도종가 관계문서 서계목록집』 발간이 계기가 되었다. 국사편찬위원회에서는 이를 기념하기 위해 그 이듬해 1월 말, 일본 동경에서 일본 국회도서관·아사히신 문사와 공동으로 심포지엄 및 순회강연회를 개최했다.

나는 당시 동경대학 사료편찬소에 1년간 객원연구원으로 유학을 하고 있 었다. 정확한 날짜는 기억나지 않지만, 2월 초 이 행사에 참석했던 이원순 국편위원, 신재홍 편사부장과 하우봉·정성일교수가 메구로에 있는 나의 숙 소(동경대 인터내셔날 로치)에서 저녁 식사를 하면서 두 나라의 한일관계사 연구현황에 대해 담소를 나눈 적이 있었다. 이 자리에서 이야기 끝에 한국 에서 학회창립의 필요성이 거론됐고, 내가 곧 귀국을 앞두고 있었기 때문에 귀국 후 공식적으로 학회를 발족하기로 약속했다.

1992년 3월, 귀국 후에 나는 하우봉교수를 만나 학회 창립에 관한 구체 적인 논의를 시작했다. 하교수는 역사학회 중진들을 참여시켜 발족을 하자 고 했고, 나는 순수하게 한일관계사 전공자들 중심으로 시작하자고 했다.

하교수는 내 의견을 받아들였고, 5월에는 대우재단에서 규장각에 소장되 어 있던 『통신사등록』을 대상으로 독회신청을 하여 1년간의 지원을 받으면

---

* 강원대학교 명예교수

학회 발족의 기초작업을 시작했다. 참여자는 나를 비롯하여, 하우봉·나종우·최덕수·김은숙·여박동·김동철·강창일·이훈·정성일·구선희·민덕기·유재춘·한문종·홍성덕·장순순·송한용 등 17명이다. 그야말로 학회발족의 개국 공신들이다. 윤독모임은 그 후, 1993년 5월부터 94년 6월까지 24회에 걸쳐『交隣提醒』윤독회를 했고, 2001년 2월, 국학자료원에서 역주본을 간행했다. 전공자들이 중심이 되어 학회가 발족하고 함께 윤독회를 거듭한 일은 지금 생각해도 참 잘한 일이다. 그 후에도 윤독모임은 현명철·장순순·허지은·이승민·이상규 등 일부회원들을 중심으로 지금까지 꾸준히 계속되고 있으며, 이러한 전통은 우리 학회의 큰 학문적 저력의 기틀을 유지하며, 그 정체성을 유지해 가고 있다.

1992년 7월에 이들을 중심으로 강창일교수(전 국회의원 및 주일대사)가 재직했던 대전 배재대학교에 모여 학회 발족식을 했고, 학회 명칭을 '한일관계사연구회'로 정했다. 이러한 준비 끝에 드디어 1992년 9월 5일, 서울역 앞에 있는 대우재단빌딩 18층 세미나실에서 제1회 월례발표회를 했다. 첫 번째로 내가 '조선후기 교린체제의 탈중화적 성격'을, 두 번째로 홍성덕교수가 '조선후기 차왜의 등장과 외교실무운영'을 발표하고 토론했다. 그리고 발표회가 끝난 다음에는 길 건너 연세재단 빌딩 뒤에 있는 우미정에서 회식을 하면서 토론을 계속해갔다. 지금도 월례발표회가 끝나면 회식과 함께 이루어지는 2차·3차의 열띤 토론회는 이때부터 만들어진 우리학회의 전통이다.

학회의 초대회장은 하우봉교수가 맡았으나, 하교수가 그 이듬해 연구년으로 일본 동경대학에 가면서, 내가 2대 회장을 맡았다. 내가 회장을 맡으면서 1993년 10월, 학회지『한일관계사연구』창간호와《한일관계사논저목록》을 발행했다. 학회지 영문제호는 'THE KOREA-JAPAN HISTORICAL REVIEW'로 했다. 학회지를 발간하면서 학회의 회칙과 규정을 정비했다.

〈학회 창립 기념사진, 1992.7 배재대에서〉

회칙 제1장 총강에서는 학회의 명칭과 목적, 사업을 명시했고, 회원자격과 기구, 임원, 재정 등에 관해 규정했다. 그리고 회칙은 1993년 8월 1일부터 시행하도록 했다.

이 규정에 의해 우리 학회는 '한국과 일본에 대한 역사연구를 통하여 두 나라 사이의 올바른 관계사 정립을 목적으로 한다'는 것을 명시했다. 그리고 이 목적을 달성하기 위하여 연구발표 및 강연회, 학술지 및 연구 자료의 간행, 국내외 관련학계와의 교류, 기타 본 학회 목적에 부합하는 사업을 하도록 했고, 지금까지 이를 성실하게 수행하고 있다.

연구발표는 1학기 4회, 2학기 4회의 월례발표회와 하계 동계 연수회를 지방을 돌며 개최했고, 횟수를 거듭할수록 한국사학계에서 차별성과 전문성을 담보한 굴지의 학회로 발전해 갔다. 1993년 8월에 회원 수는 38명으로 늘어났고, 전원이 한일관계사 내지 일본사 전공자였다. 2022년 8월 현재, 학회 회원은 교수 94명, 연구원 85명, 기관회원 22명, 기타 165명으로 총 366명이다. 그리고 모두가 유료회원이다.

학회 창립 1년 만에 학회지 『한일관계사연구』를 발간했으며, 창간사에서는 회원들의 중지를 모아 다음과 같은 창간사를 펴냈다.

"1992년 7월 「韓日關係史硏究會」를 발족하면서 우리가 해야 할 일은 너무도 많았다. 해방 후 50년이 가까워지고 있는 지금, 이제야 비로소 공동연구를 시작하였다는 자책감과 함께, 우리는 모여서 무엇을 어떻게 공부하여야 하는가부터 논의하였다. 그 과정 속에서 우리들의 첫 번째 결실이 『한일관계사논저목록』이었고, 두 번째 성과가 학회지인 『한일관계사연구』의 창간이다.

돌이켜 보건데, 「韓日關係史」는 우리의 역사 현실과 늘 밀착되어 있음에도 불구하고 그동안 너무나 외면되어 왔다. 더구나 과거 한일관계사의 연구가 주로 일본인에게서 시작되었고, 그것도 식민사학을 정당화시키기 위한 왜곡된 목적에서 출발하였던 만큼 그 문제점이 적지 않은 것이 사실이다.

東아시아 속의 한국사, 나아가 세계사 속의 한국사를 재구성해야 하는 지금, 우리의 역사연구는 그 전제가 되는 대외관계사 연구에 너무 미흡하였고, 이를 특수사로만 취급하여 한국사를 총체적으로 구성하는 데에 매우 소홀했던 것도 사실이다. 外政이 內政의 연장이며, 동시에 外政은 內政의 국제적 표현임을 상기할 때, 內政과 外政의 연구 어느 한 쪽이라도 소홀해서는 안 될 것이다.

우리 연구회의 대주제인 「韓國」과 「日本」의 역사적 숙명관계는 더 이상 설명할 필요가 없다. 그러나 21세기를 맞이해야 하는 지금 이 순간에도, 양국은 여전히 대립과 갈등의 수렁속에서 헤어나지 못하고 있다. 그러면서도 항상 「가깝고도 먼 나라」라는 말이 사람들에게서 회자되고 있다. 共存의 時代를 준비해야 하는 지금, 이 굴레를 벗어나지 못하는 이유는 어디에 있을까. 그래서 우리 「韓日關係硏究會」에서는 「한국과 일본에 대한 역사연구를 통하여 두 나라 사이의 올바른 관계사 정립」을 목표로 설정하였고, 이를 위해 각자의 연구 분야에서 혼신의 열을 다 바치고자 한다.

『韓日關係史硏究』는 이러한 의지의 표현으로 창간하는 것이며, 이 뜻을 가진 연구자들에 의해 영원히 지속되어 갈 것이다."

학회가 제자리를 잡는 데는 무엇보다도 출판사의 도움이 컸다.

학회지는 처음에는 현음사에서 년2회(4월 10월)로 발간하였으나, 12집 (2000.4)부터는 국학자료원, 18집(2003.4)부터는 논형, 22집(2005.4)부터는 경인문화사, 57집(2017.8)부터는 도서출판 온샘에서 발간하고 있으며, 2007 년부터는 년 2회에서 년3회(4월, 8월, 12월)로, 2018년부터는 년4회 발간하고 있다. 1997년 3월에는 학회명칭을 「한일관계사연구회」에서 「한일관계사학회」로 바꾸었고, 학회지『한일관계사연구』는 2006년 등재학술지가 되었다. 2003년 내가 두 번째로 학회장이 되었을 때 신동규 교수와 함께 작업을 하여 후보지가 된 지 3년 만의 쾌거였다.

한일관계사학회는 30년이 지난 그동안 201회의 월례발표회를 했고, 36회의 학술심포지엄을 했는데, 그 가운데 12회는 국제학술심포지엄을 개최했다. 학회지는 76집을 발행했고, 학술단행본을 총 15권을 발행했다. 그리고 등록한 학회회원이 국내외를 합쳐 250여명이다. 역대회장은 하우봉(1대), 손승철(2,7대), 정재정(3대), 나종우(4대), 오성(5대), 민덕기(6대), 연민수(8, 9대), 이훈(10대), 한문종(11대), 정성일(12대), 남상호(13대), 김동명(14대), 현명철(15대), 김문자(16대) 등으로 이들의 헌신적인 노력과 봉사로 학회의 오늘의 모습을 갖추게 되었다.

2. 학회지 발간과 학술행사

1993년 10월, 창간호부터 2022년 5월, 제76집까지 총 614편의 논문이 수록되었다. 학회지 1집 당 평균 8편의 논문이 수록되었는데, 수록논문을 시대별로 분류해 보면 다음 표와 같다.

〈학회지 수록논문 시대별 일람〉

시대별	선사	고대	중세 (고려)	조선 전기	조선 후기	개항기	일제 강점기	현대	기타	합계
편수	4	68	7	67	198	65	101	43	61	614

선사시대에는 고고학에 관한 논문은 없었고, 다만 단군에 관한 논문이 4편 실렸다. 시대별로는 조선후기가 가장 많았고, 일제강점기, 조선전기, 개항기, 현대의 순으로 정리된다. 조선 전후기를 합치면 265편이고, 개항기까지 합치면 330편으로 전체의 절반을 넘는다. 이 시기의 논문이 상대적으로 많은 것은 학회 회원들이 조선시대 전공자들이 많고, 또 1980년대 이후 조선통신사 연구의 붐이나 2002년 이후 '한일역사공동연구위원회'의 활동과 무관하지 않다고 생각한다.

특히 주제별로 보면, 고대사에서는 백제관련 논문이 가장 많았고, 고구려·신라·발해 관계 논문들이 눈에 띄었다. 고려시대 논문이 상대적으로 아주 적고, 왜구, 여몽군의 일본침입, 수월관음도에 관한 논문이 한편씩 있는 정도다.

고려시대에 비해 조선시대는 전기의 경우 왜구, 교린체제, 『해동제국기』 등에 관한 주제들이 많았고, 후기에는 임진왜란과 의병을 비롯하여, 강화교섭, 회답겸쇄환사와 통신사, 문위행, 왜관 및 각종 약조, 피로인, 표류민 등의 논문과 함께 울릉도 독도에 관한 논문도 주제로 삼고 있다.

개항기에는 일본의 조선침략과 관련된 주제들이 주류로 이루고 있고, 개화사상이나 수신사관련 주제, 왜관의 변화 등이 많이 다루어졌다.

또한 일제강점기는 역시 일본의 식민정책과 제도, 동화정책 등에 관한 주제가 주류를 이루었다. 반면 의료나 차문화, 오락 등에 관한 생활사나 문화사에 관한 주제들도 주목을 끈다.

해방 이후 현대사 분야에서는 2000년대 이후 일본의 우경화에 그에 따른 역사교과서문제, 독도, 일본군 위안부, 징용 징병에 관한 주제들도 많이 다루어졌다.

이들 수록논문들을 기준이 주관적이지만, 정치·외교·군사·경제·침략(일제)·문화·사상·사료 등으로 분류하면, 역시 외교 분야가 가장 많았고, 양국인의 상호인식이나 경제, 문화, 양국의 정치상황, 기록(사료) 등 다양하게 다루어졌다.

〈학회지 수록논문 분야별 일람〉

분야별	정치	외교	침략 (일제)	사상	군사	경제	문화	기록	기타	합계
편수	68	152	78	62	53	52	47	44	58	614

한편 한일관계사학회에서는 1996년 3월 제1회 학술심포지엄을 개최한 이래, 매년 1회 이상 총 36회에 걸쳐 학술대회를 개최하였다. 그 가운데 자체 학술행사가 19회, 국제학술행사가 14회, 워크샵 3회를 개최했는데, 다음과 같은 주제를 다루었다.

〈학술행사 목록〉

1996년 03월 학술심포지엄	한·일 양국간 영토인식의 역사적 재검토
1996년 12월 학술심포지엄	조선·유구 관계사
1997년 03월 국제학술심포지엄	역사적으로 본 한일 양국인의 상호인식
1997년 05월 학술심포지엄	한국과 일본 21세기를 위한 역사교육
1999년 04월 학술심포지엄	조선시대 표류민을 통해 본 한일관계

2000년 05월 학술심포지엄	사상사적 측면에서 본 한일관계
2000년 06월 국제학술심포지엄	유길준과 한일관계
2000년 10월 국제학술심포지엄	일본의 역사왜곡과 교과서 검정
2001년 06월 창립10주년 국제학술심포지엄	한일관계사연구의 회고와 전망
2002년 5월 월드컵공동개최 기념	조선통신사 한·일학술대회
2002년 11월 학술심포지엄	한일관계사의 제문제
2002년 12월 국제학술심포지엄	조선시대 한일관계와 왜관
2003년 10월 국제학술심포지엄	『조선왕조실록』속의 한국과 일본
2004년 12월 국제학술심포지엄	한일도자문화의 교류양상
2005년 07월 국제학술심포지엄	충숙공(忠肅公) 이예(李藝)의 역사적 재조명
2005년 10월 국제학술심포지엄	동아시아 속에서의 고구려와 왜(倭)
2006년 11월 학술심포지엄	동아시아의 영토와 민족문제
2007년 12월 국제학술심포지엄	전쟁과 기억의 표상으로서의 한일관계
2008년 06월 하계워크샵	일본역사교과서 서술과 문제점
2010년 07월 하계워크샵	한일 역사 속의 '전후처리'
2011년 08월 학술대회	일본 역사교과서의 분석과 역사교육의 실태
2012년 05월 창립 20주년 국제학술심포지엄	朝鮮時代의 韓國과 日本
2012년 09월 학술심포지엄	임란직전 경인통신사행과 귀국보고 재조명
2014년 06월 학술심포지엄	조선의 대외관계와 국경지역 사람들
2015년 09월 국제심포지엄	한일수교 50주년, 상호 이해와 협력을 위한 역사적 재검토
2015년 10월 학술심포지엄	일본의 패전과 한국 -역사교육, 민중의 시점에서-
2016년 10월 학술심포지엄	동아시아 삼국간의 사신(使臣)외교
2017년 6월 학술심포지엄	정유재란과 동아시아
2017년 8월 국제학술심포지엄	한일관계사연구의 회고와 전망
2018년 3월 기획학술회의	조선후기 대일관계, '교린의 길'을 묻다
2018년 10월 학술심포지엄	메이지유신과 한일관계의 변용
2018년 11월 학술심포지엄	고대한일관계와 도래인
2019년 4월 기획심포지엄	역사교육과 한일관계사
2019년 6월 학술회의	역사적으로 본 한일양국의 갈등과 화해
2019년 10월 국제학술회의	근세 한일관계의 실상과 허상 -不信과 共存, 戰爭과 平和-

| 2020년 10월 학술회의 | 교린의 길, 한일간의 무역을 묻다 |
| 2021년 12월 학술회의 | 해양 해역으로 본 한일관계 : 갈등과 공생의 동아시아 |

* 색 표시 해놓은 것은 국제심포지엄임.

학술심포지엄 가운데, 국제학술회의는 특히 10주년과 20주년에는 일본 대외관계사연구회(北島万次)·조선왕조실록윤독회(村井章介)·세종실록연구회(佐伯弘次)와 합동으로 개최하였으며, 개최 후에 단행본『한일교류와 상극의 역사』,『조선시대의 한국과 일본-같은 점과 다른점, 교류와 상극의 역사』를 발간했고, 특히 25주년에는『한일관계사연구의 회고와 전망』을 발간하여 최근까지의 연구사를 정리하여 회고와 전망을 제시했다.

한편 학회에서는 학술심포지엄의 결과와 학회회원들의 저술활동을 돕기 위하여, 경인문화사와 협정을 맺어 2025년까지『경인 한일관계 연구총서』100권을 발간하기로 했으며, 현재 84권을 발간했다.

지난 30년간의 학회 활동을 돌이켜보면, 다사다난했다. 특히 상업사를 전공하고 제5대 회장을 역임했던 오성 교수, 왜관을 전공한 김강일 박사(2019년), 왜구사를 전공한 김보한 교수(2021년)가 우리 곁을 떠난 일은 참으로 안타깝다. 학회에서는 이들의 학문적 업적을 기리기 위해 추모단행본을 경인한일관계 연구총서로 발간하기도 했다. 또한 신진연구자들의 공로와 연구촉진을 위해 학술상을 수여하여 연구의욕을 고무하기도 했다.

짧지 않은 세월이지만, 이제 학회가 창립한 지 30년, 한세대가 지나가고 있다. 그동안 학회활동에 참여했던 모든 회원들에게 감사하며, 향후 제2세대의 도약을 기대하며 30년의 역사를 간단히 회고하면서 새로운 세대의 설계도를 전망을 해보고 싶다.

<30주년 기념간담회>

한일관계사학회, 30년을 말한다
- 역대 회장단 간담회 -

장　　소 : 한성백제박물관
일　　시 : 2022년 8월 25일 오후 3시~6시
참　　석 : 김문자, 장순순, 나행주, 이승민
역대회장 : 하우봉, 손승철, 연민수, 이훈, 정성일,
　　　　　 남상호, 김동명, 현명철, 한문종(서면)
녹　　취 : 신태훈, 민채윤
촬　　영 : 이지훈, 이준석

〈1부〉 개회

장순순 부회장 안녕하세요. 선생님들 오래간만에 뵙게 되어 대단히 반갑습니다. 오늘 저희가 학회 창립 30주년을 맞이하여 역대 회장님들을 모시고 '한일관계사학회 30주년을 말한다.'라는 주제로 간담회를 시작하도록 하겠습니다. 원래 참석하기로 예정된 분들이 14분의 회장님들이셨는데 이 가운데 민덕기, 한문종 선생님은 코로나 때문에 못 나오셨고, 정재정 선생님 경우에는 일본 출장 중이셔서 이분들을 빼고 현 김문자 회장님까지 아홉 분이 참석해 주셨습니다. 궂은 날씨에도 불구하고 간담회를 위해서 멀리, 특히 정성일 회장님 경우 광주에서까지 와 주셨는데 아마도 이러한 힘이 우리 학회의 힘이 아닌가 그런 생각을 해봤습니다.

　이 자리에는 학회 창단 멤버가 상당히 계시는데요. 우리 학회는 1992년 5월 30일에 창립했습니다. 이에 관련된 사항은 잠시 후 손승철 선생님께서 말씀이 있겠습니다. 학회 30주년 행사는 전체 진행 과정을 기록으로 남길

예정입니다. 따라서 녹취도 하고 촬영을 해서 영상으로 남기려고 합니다. 이 행사를 준비하는데, 김문자 회장님 나행주 선생님 이승민 총무님이 많이 애쓰셨습니다. 아울러서 오늘 기록을 위해서 녹취도 하시고 촬영도 해주시는 분들이 있습니다. 촬영에는 상명대 재학생 두 분께서 애써주시겠습니다. 그리고 녹취에서는 또 강원대 대학원생 두 분이 오셨습니다. 잘 부탁드립니다.

순서는 이제 1부 2부 3부로 이어질 텐데요. 먼저 1부를 시작하도록 하겠습니다. 먼저 회장님의 인사말 및 환영사가 있겠습니다.

김문자 회장 네 안녕하세요. 김문자입니다. 올여름은 무척 덥기도 했고 최근에 코로나가 너무 극성을 부려서 많이 좀 염려스러운 그런 상황이었음에도 오늘 이렇게 많이 참석을 해주셔서 정말 진심으로 감사드립니다. 아시다시피 올해가 30주년인데요. 우리 학회에서 그동안 10주년, 20주년 때마다 학술대회도 하고 단행본도 만들고 이제 그렇게 해왔습니다.

그런데 이번에 30주년을 이제 준비하다 보니까 좀 다른 점이 하나 있었던 것은 이제까지 창립 멤버이셨던 중요한 역할을 해 주셨던 선생님들께서 그동안 퇴임들을 많이 하셔서 이런 학술대회가 아니면 참 뵙기가 좀 힘들어졌네요.

그래서 이제 이번 기회에 한번 학회장님 하셨던 분들을 한자리에 모셔서 얼굴이라도 한번 보자는 그런 순수한 그런 생각에서 좌담회를 기획하게 되었습니다. 그다음에, 그동안 우리 학회에서는 많은 학술대회와 단행본을 냈지만, 영상 관련해서 중요한 학회 자체 행사 등을 영상화했던 작업은 한 번도 없었던 것 같아요. 그래서 이번 좌담회부터 우리 학회도 영상 기록을 남기는 게 어떨까 이런 생각이 들었습니다.

그리고 마지막으로는, 이제 30주년이 됐는데 손승철선생님께서 30년 전에 쓰신 창립사를 다시 보내주셨습니다. 그때나 지금이나 한일관계가 큰 변화없이 어려운 상황인 건 마찬가지인 것 같고, 또 유례없이 어렵고 악화일로에 들어서고 있는 것 같습니다. 그래서 우리가 이제 30주년이 되면서 한 번 좀 되돌아보고, 한일관계사를 전공하시는 연구진 선생님들이 이런 관계를 좀 더 나아지게 하는 개선할 수 있는 방향이랄까, 그런 좋은 의견을 좀 들어보고 이러한 의견을 향후에 학회에도 반영해서 또 우리 학회의 역할을 조금 더 높이는 데 많은 도움을 받지 않을까 하는 생각에서 오늘 좌담회를 계획하게 됐습니다. 그래서 시간은 길지 않지만 짧은 시간이라도 좋은 얘기 많이 나눠주시면 저희가 경청하고 또 기록을 해서 학회 발전의 토대가 될 수 있도록 노력하겠습니다.

오늘 좋은 시간 보내시고요. 또 끝나고 나서 또 뒤풀이 시간이 있어서 지금 공식적으로 나누지 못한 말씀은 그때 나누시면서 좋은 시간 갖기를 부탁드리겠습니다. 이상입니다.

장순순 이어서 나행주 편집위원장님께서 그동안 학회의 현황 보고를 하시겠습니다.

〈제2부〉 학회 현황보고

나행주 나행주입니다. 우선 무엇보다도 건강하신 우리 역대 회장님들 모습을 뵐 수 있어서 다행이라 생각하고 제가 학회지 발행에 몇 년 동안 종사한 관계로 오늘 학회 현황 보고를 말씀드리도록 하겠습니다.

크게 네 가지 사항을 간단하게 오늘 이 자리에서 말씀드리겠습니다. 지난 30년의 한일관계사의 역사를 되돌아보고 그 바탕 위에서 앞으로의 30년, 50년을 전망하는 그런 간담회 자리가 되었으면 좋겠습니다. 우선 학회의 현재 상황을 회원 수 그다음에 월례 발표회 및 학술지 그리고 국내외 학술대회에 관련된 내용을 중심으로 말씀을 드리겠습니다.

이미 여러분들이 가지고 계신 우리 학회에 큰 역할을 해주신 손승철 교수님이 작성해 주신 자료집에도 잘 나와 있습니다만, 먼저 현재 회원 수입니다. 그래서 손 교수님 자료 잠깐 보니까, 1992년 당시 17분이 학회를 시작해서 그다음 해에 38명 정도로 회원 수가 2배 증가를 했는데, 그걸 기준으로 보면 2022년 현재 여기 계신 교수님들하고 전문적으로 학계에서 연구자라고 할 수 있는 연구기관에 계시는 분들은 약 200명 정도 되는 것 같아요.

그래서 전체 366명 회원 중에서 3분의 2 정도가 전문 연구자이고, 또 절반 정도가 일반인들이라고 하는 통계를 알 수 있고요. 회원 수로 학회의 발전상을 비교한다면 1992년 당시에 17명이 20배 정도의 양적 증가, 1993년을 기준으로 하면 약 10배 정도의 양적 증가, 그래서 다른 여타의 학회에 비교해도 손색이 없을 정도의 약 400명 가까운 회원들이 있다고 말씀드릴 수 있겠습니다.

다음 무엇보다도 우리 학회의 연구 활동입니다만, 학술논문을 발표할 수 있고 연구할 기회를 제공하고 그걸 모아서 또 학회지로 발행해서 우리 연구자뿐만 아니고 일반 대중들한테도 정보를 전하는 것이 학회의 큰 역할이자 임무 중 하나라고 한다면, 『한일관계사연구』가 1993년부터 창간호가 시작되는데, 올해로써 78집이 발행됩니다. 현재 76집까지는 이미 발행이 됐고 올해 8월에 77집이 발간되겠습니다. 그리고 10월에 30주년 행사 이후에 78집이 특집호로 발행될 예정입니다.

그리고 무엇보다도 최근 4~5년 동안 우리가 학회지를 발행하면서 중점을 뒀던 것이 각종 주제의 특집호를 일반 논문뿐만 아니고 특집호를 내는 데 중점을 둬서 다음 화면에서 이제 보여드리겠지만 다양한 주제의 기획논문들을 싣고 있습니다. 그리고 특히 학회지의 발행이 처음에는 연간 2회 발행으로 시작해서 3회로 증간이 됐고, 2018년부터는 4회 발행으로 현재 진행 중입니다. 그리고 무엇보다도 4회를 발행하면서 편집의 시대별, 주제별 전문화를 위해서요. 편집 및 연구 이사들의 구성을 대폭적으로 늘렸다고 하는 점을 말씀드릴 수 있겠습니다.

그리고 무엇보다도 학진 평가와도 크게 관련이 됩니다만, 비회원 혹은 일반 사람들도 언제든지 학회에 접근해서 학회 홈페이지를 통해서 학회의 공유 자산을 마음껏 이용할 수 있도록 온라인으로 논문을 무료로 제공하고 있는 점에 큰 방점을 두고 지금 운영이 되고 있습니다.

다음 학회 홈페이지입니다. 오래전에 동아대 신동규 교수님이 만든 학회 홈페이지를 바꾸어, 2021년에 완전 전면 개편을 했습니다. 보시는 분들이 아주 신선하게 느끼셨을 건데 가장 큰 변화는 우선 회원 가입, 지금 화면 상으로 작아서 잘 안 보입니다마는 누구라도 쉽게 회원 가입을 할 수 있도록 오른쪽 그림에 4개 중에 가운데 하나를 클릭하면 회원 가입을 쉽게 할 수 있게 돼 있고요.

그 다음에 이제 돋보기 모양은 누구라도 쉽게 아이디 없이 일반 사람들도 논문 제목만 넣으면 논문을 검색해서 이용할 수 있도록 했다고 하는 게 특징입니다. 무엇보다도 과거에는 논문 투고를 어디에 가서 투고해야 하는지 걱정을 했습니다만 이제는 바로 이쪽 화면을 누르면 곧바로 논문 투고가 쉽게 될 수 있게 됐고요. 그다음에 무엇보다도 재정하고 관련되는 문제입니다만, 입회할 때. 회비를 어디다 내야 하는지 어떤 계좌를 써야 하는지 모르는 분들이 많았는데, 이제는 바로 한눈에 함께 계좌를 볼 수 있도록 개편하는 데 중점을 뒀습니다.

그리고 마지막은 잘 안 보이시겠지만 제일 밑에 우리 학회하고 관련되는 인접 학회 그다음에 관련되는 국사편찬위원회랄지 아니면 한국학중앙연구원 등 관련된 기관들의 사이트를 링크할 수 있도록 이렇게 되어 있습니다. 이게 지금 최근 개편된 홈페이지의 가장 중요한 특징이다. 이렇게 말씀을 드릴 수 있겠습니다.

그리고 기본적으로 홈페이지는 현재 DBpia에서 관리합니다만, 이제 일반인들도 무상으로 이용할 수 있고, 그밖에 KCI나 Riss를 통해서도 얼마든지 우리 학회지의 논문을 마음껏 무료로 조건 없이 이용할 수 있도록 홈페이지가 구축돼 있어서 일반 대중화에도 크게 기여하고 있다고 말씀드릴 수 있겠습니다.

다음은 2019년부터 최근 4~5년 동안, 학회지 4회 발행 이후의 논문 게재 편수입니다. 손 교수님 정리해주신 부분에도 나와 있는 것처럼 창간호에서부터 76집까지 평균적으로 학회지 한호수마다 8편의 논문이 기본적으로 실리고 있어서 타 학회지와 비교했을 때 상당히 많은 논문을 싣고 있다고 하는 점을 충분히 이해하실 것으로 생각합니다. 그리고 현재 2022년 8월 호(77집)를 준비 중입니다만 8월 호에도 8편이 지금 교정 중에 있습니다. 앞서 말씀드린 것처럼 이제 11월에 발행하는 30주년 기념 특집호는 상당히 중량감 있는 아주 볼륨 있는 학술지가 나오리라고 생각을 합니다.

그다음에 이제 특히 앞서 말씀드린 것처럼 기획논문입니다만, 그때그때 트렌드, 이슈 혹은 사회적인 요청에 응할 수 있는 주제의 특집호를 싣는 것을 가장 큰 목표로 하고 있습니다. 지난번 62집 같은 경우는 한일관계사학회 25주년 기념 학술대회에서 '고대에서 근현대까지의 회고와 전망'으로 25주년을 되돌아보는 학술대회가 있었습니다만 그 결과물들을 두 차례에 걸쳐서 기획했고요. 그 이하는 각 시대 메이지 유신이라든지, 고대 한일관계라든지, 그다음에 근세한일관계의 허와 실, 그리고 우리 한일관계의 갈등과 해소, 문제점과 방안 이런 것들을 주제로 한 특집들이 있었고, 또 한편으로는 일본의 역사 교육의 현주소를 알아보는 의미에서 일본의 역사 교과서를 분석하는 내용 등의 기획논문을 게재해 왔습니다.

다음에는 임원진들입니다. 지금 화면으로 정리한 것은 회장님, 부회장님 그다음에 총무님은 여기에 없고, 주로 월례 발표회, 국내 학술대회 그리고 편집하고 관련되는 편집위원, 편집이사 관련 혹은 발표에 관련되는 연구이사 분들의 표만 제시했습니다. 무엇보다도 고대 중세 그다음에 근세 근현대 가능하면 많은 전문 인력들을 편집 위원으로 모시고 있고요. 다양하게 편집 일을 할 수 있도록 하고 있는데, 다만 인적 구성상으로는 중세 부분에 약간 부족함이 있습니다만 필요가 있다면 중세의 전문가 이미 고인이 되신 김보한 선생님도 그동안 애쓰셨는데 그 빈자리를 다시 채워야 하지 않을까 생각합니다. 아무튼 전체적으로는 밸런스 있게 편집 위원회를 구성해서 지금 학술지 발간 일을 계속하고 있습니다.

그 다음에 이제 편집 이사 뿐만 아니라 연구이사 같은 경우는 학기마다 네 번 열리는 월례 발표회 혹은 국내외 학술대회 준비에 큰 역할을 해주시고 계십니다. 무엇보다도 정보 이사이신 김영미 선생님, 오늘 이 자리에 참석하지 않으셨습니다만 김영미 선생님이 우리 학술지를 발간하고 최종적으로는 학진에 업로드가 되어야 하는데 그 일을 지금 꾸준히 잘 해주고 계십니다.

지금까지 손 교수님이 자료 정리하신 거 보니까 37~8회에 걸친 국내 학술대회가 있었습니다만, 최근 5년 동안의 주요한 학술대회의 주제들입니다. 보시면 시대적으로 고대에서 근현대까지를 망라하고 있고요. 특히 최근에 이제 트렌드라고 할 수 있는 해양 바다, 그리고 또 올 10월에는 여성 처음으로 시도하는 여성과 젠더라고 하는 이런 주제로 삼았고, 그리고 그 이전에는 주로 근세 주제가 중심이 돼 있었구요. 여기에 근대 한일관계를 전망해 보는 근대 메이지유신, 고대의 도래인 이런 키워드를 중심으로 지금까지 국내 학술대회를 했습니다. 다만 여기에 최근에 5년 정도의 내용을 정리하다 보니까 2015년에요. 나중에 남상호 회장님께서도 말씀하시겠지만 뜻하지 않게 2015년에 한일 국교 정상화 50주년 기념 국제학술행사를 우리 학회 사상 가장 큰 인원수로나 경제적 재원적인 측면에서도 가장 큰 학술대회가 있었습니다. 다만 자료상에는 올리지 못했습니다.

그다음은 앞으로의 우리 학회의 과제입니다만 1번, 2번, 3번은 지금 학진에서 추진하고 있는 학회지 학술지 평가입니다. 학회에서도 가장 중점을 두는 부분이고요, 지금 사회적으로 문제가 되고 있는 저작권 문제와 표절, 논문 표절 심의 등 그런 부분에 대해서 좀 더 엄격하게 해야겠습니다. 사실

학술 활동을 하는 사람들이 모이는 학회의 기본 마인드라고 생각됩니다만 1, 2, 3번은 그와 관련된 내용이고 4번, 5번은 손승철 교수님하고 연민수 선생님 계시지만 우리 학회 전문가들뿐만 아니고 일반 사람들에게도 학회의 연구 성과를 공유하는 사회적인 일종의 기여라고도 할 수 있겠습니다. 그런 부분에 관련된 내용입니다. 그다음에 이제 앞으로 우리 학회가 지속해서 지금까지의 발전상을 계속 유지하려면 6번, 7번, 8번 그래서 많은 회원을 적극적으로 확보하고 특히 최근에 다들 고민하는 바와 마찬가지로 신진 연구자들과 후속 연구자들이 없어서 그런 부분에 좀 아쉬움이 있습니다. 그런 측면에서 우리 한일관계사뿐만 아니고 일본사나 중국사 혹은 인접 고고학이나 인접 경제사도 좋습니다마는 인접 학문 분야하고도 조인하면서도 넓혀가는 게 중요하지 않을까 생각합니다.

그리고 마지막 9번은 경제적으로 안정이 돼야 사업도 독자적인 사업도 하고 어떤 외부 기관의 지원을 받지 않더라도 자체적으로 국내 혹은 국제 학술대회 같은 이런 대규모 행사를 진행할 수 있습니다. 그런 차원에서 학회 재정 측면에서 지속적으로 여러 가지 노력을 해야 하지 않을까 이런 생각을 해보게 됩니다.

그래서 재정 부분입니다마는 지금 역대 회장님들하고 총무님들이 아주 잘 운영해 주셔서 표에 보시면 우리 학회 부자구나, 한눈에 알아볼 수 있습니다마는 현재 일반 적금 ○○○○만 원이 은행에 들어 있고요. ○○○○만 원 이외에 일반 통장에 ○○○○만 원 가까운 돈이 있어서 ○○○○원 정도입니다. 이제 ○○○○원 부자 학회인데, 물론 ○○○○이면 더 좋겠습니다. 그리고 이어 3부 간담회에서도 많은 말씀이 있겠지만 그런 부분이 있으시고요. 또 하나는 이제 4번하고 6번에 초대 회장님이신 우리 하우봉 교수님 그다음에 2대, 7대 회장님이신 우리 손승철 교수님이 30년 전부터 오늘날까지 끊임없이 아주 꾸준하게 학회를 위해서 크게 애쓰신 결과가 바로 4번, 6번에 나와 있습니다. 그래서 이 자리를 빌려서 다시 한 번 깊이 감사를 드리고 그래서 잠깐 박수 한번 주실까요. 지금 결과만 말씀드리고 그래서 두 분이 크게 힘써주셨던 덕분에 올해 30주년 10월 15일 예정되어 있는 30주년 행사를 아주 성대하게 아주 알차게 꾸릴 수 있지 않을까 생각을 합니다.

그리고 이제 5번의 연구 재단 지원비입니다만 최근까지는 500만 원 정도 학술지 발행 지원금을 받아왔다가 재작년, 작년에는 800만 원 정도를 받았고, 올해도 한 800만 원 정도 지금 신청을 했는데 아직 그 결과를 받지 못했습니다만 크게 기대를 하고 있고요. 이런 정도로 재정 상태를 말씀드리도록 하겠습니다.

그다음에 이 마지막 화면은 우리 학회 회원들의 기본 마인드라고 할 수 있고요, 또 학회를 꾸리고 있는 현직 임원단들의 마음가짐이라고도 할 수 있습니다만 이 말씀을 듣기 전에 한 가지만 더 말씀을 드리면 우리 학회의 이상은 학진의 평가 결과로써 말씀을 드릴 수 있는데, 예컨대 김동명 회장님 재임 시절에 학진 평가를 90점을 받아서 3년 동안 등재지 유지가 지속되었습니다. 그런데 약간의 해프닝이 있어가지고 96~7점 받아야 하는데 실수를 해서 90점을 받았고, 아무튼 이번 3년이 지나서 김문자 회장님 때에 다시 5년 평가를 받았습니다. 그런데 그 5년 평가에는 99점 차마 심사위원들도 100점은 줄 수 없었나 봅니다. 그래서 99점 평가를 받아서 당분간 5년 동안은 학진이 인정하는 학회로 자리매김이 됐다고 말씀드릴 수 있습니다. 그리고 무엇보다도 김동명 회장님이 4회 발행을 밀고 나가셔가지고 우리 최종적인 목표는 이제 99점의 우수학술지, 지금은 등재지 상태에 머물러 있습니다만 우수학술지가 바로 눈앞이다. 이렇게 말씀을 드리고 마지막 우리 학회의 임원진들이 이제 기본 마인드로 해나가야 할 부분에 대해서는 오늘 사회를 맡아주신 우리 장순순 부회장님이 이 말씀을 대표해서 해주시길 부탁드리면서 저의 현안 보고를 마치도록 하겠습니다.

장순순 앞에서 나행주 선생님께서 현황보고를 해주셨는데 정말 고속 성장이라고 하는 표현이 가장 맞지 않을까 싶습니다. 이런 성과를 거두는 데는 여기에 참석해 주신 여러 회장님들의 노고가 큰 바탕이 되었다고 생각하고요. 아울러서 또 그 옆의 임원진들도 그 수고에 정말 감사하다는 말씀을 드립니다. 저는 이제 앞으로 우리 학회가 나아갈 방향을 한번 제가 읽으면서 2부를 마치도록 하겠습니다.

"앞으로도 우리 학회는 한일 양국의 평화와 공존의 시대를 대비할 수 있는 바람직한 한일관계의 역사적 상황 정립이라는 학회설립의 취지에 적합한 연구 결과를 다양한 계층의 연구자와 일반인에게 전함으로써 학문의 대중화를 달성하고자 합니다."

이것으로 제2부는 마치도록 하겠고요. 잠시 5분 정도 휴식을 하고 제3부에서는 저희가 이제 '학회의 과거를 돌아보다'라고 하는 주제와 '학회의 미래를 바라보다'라고 하는 두 가지 주제를 중심으로 본격적으로 여러 회장님들의 말씀을 듣는 시간을 갖도록 하겠습니다. 감사합니다.

〈제3부〉 역대회장 간담회

손승철 오랜만에 뵙겠습니다. 코로나도 원인이 되겠습니다만 세대교체가 일어나면서 아까도 말씀하셨는데 초창기 회장님들은 거의 월례발표회도 참석을 잘 못하시기 때문에 주최 측에서 일부러 이런 기회를 마련해주신 것 같아요. 저도 자료를 준비하면서 보니까 30년이라는 세월이 결코 짧지도 않은데 그렇다고 긴 세월도 아닌데 초창기를 회고해 보려고 하니까 자료들이 너무 없는 것 같아요. 그래서 30주년 행사하는 것도 중요하지만 일단 역사를 공부하는 입장에서 본다면 지나간 과거를 팩트면에서라도 일단 좀 정리해보는 것이 제일 중요하지 않겠나.

또 인터넷 시대가 되니까 홈페이지를 쭉 처음에는 관리해왔는데 홈페이지를 개편하면서부터 옛날 자료들이 어디 갔는지 이젠 흔적도 없어요. 저도 뭐 다들 그러시겠습니다만 노트라든지 그런 수첩이라든지 메모라든지 이제 다 없어지고 그래서 오늘 이제 회고와 전망인데, 회고 부분이라도 우리가 제대로 좀 정리해야 할 의무가 있지 않나 이런 생각을 하면서 한번 쭉 편년체식으로 한번 정리를 하고 그다음에 이제 우리가 30년을 세대교체가 이루어지면서 다음 세대들이 뭐 어떤 일을 해줬으면 좋겠다. 이런 기대 같은 거 이런 거를 최소한으로 이렇게 메모 형식이라도 남겨야 되겠다. 이렇게 말씀들이 있었습니다.

그래서 이제 30주년 행사하면서 학술적인 측면은 다 정리가 되겠지만, 학회 30년 역사도 정리해서 학회지에 부록으로라도 남겨 놓자. 이렇게 집행부하고 이야기가 있었습니다. 그래서 오늘 진행을 하면서 지나온 걸 어떻게 회고할 것이며, 앞으로 어떠한 그 점들을 차세대 운영진들이 염두에 두어야 할 것인가, 그런 문제들을 제안하는 정도에서 이야기를 모아보았으면 좋겠습니다. 그런 취지에서 몇 가지 목차를 정리해서 제시해 보았습니다.

그래서 이걸 보시면서 그렇게 진행해가면서 언제든지 생각 있으시면 그때 그때 바로 말씀 해주세요. 그러면 그것을 다 녹취를 해가지고 항목별로 정리를 해서 부록으로 게재하도록 하겠습니다.

우선 학회의 창립 과정인데 자료집에도 나와 있습니다만, 제가 25주년 행사할 때 학회의 창립에 관해서 간단하게 정리를 한 적이 있습니다. 그걸 바탕으로 소개를 한 것입니다. 그러나 이 내용은 어디까지나 제가 주관적으로 정리한 겁니다. 그러니까 내용을 보시면서 객관적인 사실에 오류가 있다든지 아니면 첨가할 부분이 있으면, 말씀해 주시면 메모를 해서 보완을 하도록 그렇게 하겠습니다.

학회 창립과정은 이훈선생님도 메모를 해주셨는데, 1991년에 국사편찬위원회에서 대마도 종가문서 목록집이라는 것을 만들었잖아요? 그때 이훈선생님께서 그 사업을 주관하셨는데 그것을 목록집을 냈고, 그걸 가지고 국사편찬위원회에서 한일 양국에서 전시회를 했습니다. 그때가 1992년 초인데, 동경에서 학술대회를 겸해서 전시회를 했는데, 그때 국사편찬위원회 이원순위원장님과 신재홍부장, 하우봉선생님, 정성일선생님이 같이 있었어요. 저는 그때 동경대학 사료편찬소 객원연구원으로 유학 중이었습니다. 그래서 몇 사람이 제 숙소인 메구로의 동경대학 인터네셔널 롯지에서 식사를 하면서 이런저런 얘기 하다가 '학회를 하나 만들어야하지 않겠냐.' 그런 원론적인 얘기를 했었습니다. 그리고나서 제가 귀국한 후, 하우봉 선생님과 제가 준비를 해가지고 학회를 발족하게 된 것이지요. 그래서 5월 달인가 그때 처음 모였고, 7월 달에 배재대학에서 그때 강창희선생이 배재대 교수로 있었는데, 그때 17명의 명단은 나눠드린 페이퍼에 제가 제시했습니다만, 17명이 모여서 학회 발기대회를 했어요. 그리고나서 9월 달에 당시에는 서울역에 앞에 대우빌딩에서 학회를 많이 했잖아요? 그래서 우리 학회도 그때 9월 5일인가 제1회 월례발표회를 하면서 정식으로 시작이 되었습니다. 그리고 그로부터 1년 후에 원래 초대회장은 하우봉 선생님이 1년만 하고서 동경대학으로 연구교수를 가시게 됐어요. 그래서 제가 바톤을 이었고, 그 이듬해에 학회지를 처음 발간하면서 학회가 본격적인 궤도에 오르게 되었습니다. 사실은 처음에 17명이 시작을 했는데, 아까 말씀하신거 보니까 뭐 300명이 넘는다고요? 360명이라니 대단한 숫자네요.(웃음)

그런데 그중에서 개인회원이, 기관회원이 얼마나 됩니까?

나행주 개인회원은 한 200명이 넘습니다.

손승철 그 가운데 회비 내는 회원은 얼마나 되나요?

나행주 다 유료입니다.

손승철 이야! 그럼 학회 수입이 만만치 않겠네요

장순순 평생회원이 많잖아요.

손승철 요새 다른 학회들 보면 평생회원은 평생 해준다고 해서 평생회비를 냈는데, 한 10년 쯤 지나니까 재정이 고갈됐는지 또 내라고 그러더군요. 근데 우리 학회는 그런 이야기가 없어요. 그래서 하여튼 대단합니다. 현재 회원이 대략 380 여명이고, 거의 대부분이 유료회원이라고 하는 것 보면 아마 이런 학회 없을 거 같아요. 한국에선.... 대단합니다.

그리고 나서 이제 그다음에 93년 10월부터 한일관계사연구 학회지를 내기 시작했습니다. 그래도 어쨌거나 다들 이제 공감하고 계시겠습니다만, 결국 연구자나 학회도 똑같이, 연구자는 논문이랑 저서 가지고, 얘기할 수 있는 거고, 역시 학회도 출판물이나 학회지나 그런 거 가지고 결국 인정받는 것이 아닌가. 이런 차원에서 본다면 우리 학회는 그런 면에서는 조금 전 99점이라고 하던데 100점 줘도 충분히 자격이 된다는 생각이 듭니다. 학회지를 처음에는 1993년부터 발행했는데 현음사에서 시작했어요. 현음사 아시는지 모르겠습니다만, 저 마포에 있었고, 처음에 연 2회 냈고, 그 다음 12집에서부터는 국학자료원에서 내다가, 그 다음에 논형으로 갔습니다. 그런데 왜 자꾸 출판사가 옮겼냐면 출판사들이 처음에 학회지를 그냥 무료로 내줬는데, 이게 다 돈이 드니까 출판비를 자꾸 달라고 그래요. 그래서 그때 경인에 얘기해가지고 경인에서 2005년부터 시작했고, 그때부터 한 10년간 경인에서 최저비용으로 해줬습니다. 그러다 편집부장이었던 신학태씨가 나와서 온샘 출판사를 차렸죠. 그래서 온샘에서 하게 되었고, 지금은 연 4회 내고 있죠. 그런데 한번 낼 때 출판비는 얼마나 되나요?

나행주 학진에서 받는 800만원 정도가 고스란히 출판비로 쓰입니다.

손승철 800만원 정도 한 번에 200만원 정도. 그래서 사실은 그거 큰돈이죠. 초창기 출판사들은 무료로 해줬는데. 그게 자꾸 부담스러우니까 돈을 달라고 그랬고 그래서 이제 경인학술총서가 시작된 것도 무료로 내주되, 단행본은 내가 어떻게든지 원고를 모아 오겠다. 그래서 단행본을 출간해서 학회지 출판비를 보충하겠다. 이렇게 시작을 한 것입니다. 그런데 요즈음은 경인학술총서도 200부밖에 안 찍거든요? 그러니깐 돈이 안 되거지요. 그래서 요즈음은 가끔 앓는 소리를 하는데, 그래도 단행본이라는 게 축적이 되면 그 자체가 일종의 재산이 되는 모양이에요. 그래서 이제 단행본을 100권까지 내겠다고 약속했고, 100권까지 내는 데는 크게 문제가 없을 것으로 생각이 됩니다. 지금은 그렇게 진행이 되고 있습니다.

그리고 우리학회 회장들은 임기가 2년입니다. 2년인데, 거의 아마 한 차례만 하시고 그다음에 바통터치를 계속해가는 걸로 알고 있습니다. 그래서 우리 학회는 시작부터도 순수한 연구자. 한일관계사 또는 일본사, 한일관계와 관련된 연구자들 같은 전문성을 갖고 있는 것처럼 학회회원들도 거의 전문적으로 또 회장님들도 마찬가지로. 그래서 조금 그 뭐랄까 보수적인 그런 학회들이 갖고있는 단점들이 별로 드러나지 않는 것 같아요. 우리 학회는. 그래서 항상 새로운 수혈에 의해서 새로운 분위기, 흐름 이런 것들이 연속적이지 않나 그런 생각이 드네요.

그렇게 해서 현재 16대 회장님까지 나와 있고, 아까 말했지만 99점, 100점짜리 학회가 될 수 있는 것도 회장님을 비롯한 임원진들의 헌신적인 노력, 그리고 또 회장님을 그만두시더라도 학회에 대한 애착 뭐 이런 것들이 우리 학회를 현재처럼 자리매김할 수 있게끔 그렇게 해준 어떤 저력이 아닌가. 그런 생각이 듭니다.

그래도 제일 자랑스러운 것은 학회지를 지금 30년 동안 76집. 이번에 77집이 나온다지요? 그래서 이번에 제가 대충 한번 이렇게 시대별로 정리를 해봤어요. 그랬더니 76집까지가 614편이 들어가 있다라고요. 그러니까 평균

8편씩 되는 것이에요. 대단한 거죠, 그리고 시대별로 나눠보니까 역시 조선 시대가 제일 많은 것 같아요. 조선 전기, 후기. 그리고 이제 개항기, 일제강점기, 현대 쪽이 많이 늘어나고 있는 편입니다. 그만큼 한일관계 현안들에 대한 관심이 연구영역에 반영된 것이 아닌가 그렇게 생각이 듭니다. 그 다음에 분야별 일람은 제가 임의로 나눠 본건데 기준에 따라서 달라질 수 있겠죠. 그 결과 역시 관계사인지 모르지만 외교 분야가 제일 많다는 생각이 드네요. 이 부분에 관해서는 아마 정밀 분석이 있어야 되지 않을까합니다. 그다음에 학술행사, 그다음에 국내학술회의, 그다음에 국제학술회의 이런 것을 열거했습니다만, 그동안 10주년, 20주년 때에는 일본 학자들하고 연합으로 같이 했어요. 아시겠습니다만 동경에 있는 그 대외관계사연구회 팀들하고 그다음에 조선왕조실록 읽는 팀들과 구주대학에 있는 사에키교수의 세종실록읽기모임 팀들하고 같이 했어요. 그래서 단행본도 냈습니다.

그런데 30주년은 좀 어렵게 된 거 같아요. 우선 코로나 상황이 있고, 경험이 있으시겠습니다만 국제학술회의를 하려면 경비가 문제인데, 재원 마련이 이게 쉽지 않더라구요. 그래서 그동안 사실은 한일문화교류기금에서 많이 지원을 받았거든요? 돈으로 따지면 아마 1억 원 이상 지원을 받았을 거에요. 아까 여기서는 2021년, 22년 통계만 나왔는데 매년 기본적으로 300만원씩은 받았거든요? 거의 한 15년 이상 받았어요. 그럼 그거만 따져도 한 4천~5천 되고, 그다음에 국제 학술회의를 여러 차례 거기서 지원을 받아서 했어요. 그거만 해도 한 10번은 되거든요? 그럼 아마 1억 이상 지원을 받지 않았을까 생각이 듭니다. 근데 이제는 그게 쉽지 않습니다. 그래도 우리 쪽은 어떻게든지 한다고 그러면 해보려고 하는데, 일본 쪽은 굉장히 소극적이더라고요. 일본과학재단이나 그런 케이스가 안 되면 그렇게 개인들의 노력에 의해서 그렇게 돈을 만드는 것은 쉽지가 않은가 봐요. 하여튼 그런 상황인데, 명색이 어쨌거나 한일관계사학회이니만큼 사실은 학자 교류가 제일 중요한 거 아니겠어요? 그래야 객관성이 담보되고 특히 한일관계사는 객관성이 더 담보가 되어야 하니까. 아쉬움이 좀 남아요. 그렇다고 그냥 30년 동안 모아놓은 1억 정도 되는 돈을 확 털어버릴 수도 없고 그래서 하여튼 그런 좀 안타까움이 조금 있습니다. 일단 그 정도로 지난 상황을 정리를 하겠습니다.

이젠 한 분씩 말씀을 좀 이렇게 부탁하려고 그래요. 생각나는 것을 말씀을 해주시면 메모했다가 총정리를 제가 다시 하겠습니다. 그렇게 해서 임원 진들이 검토를 해서 가급적이면 좀 사소한 거라도 그게 다 나중에 시간이 가면 하나의 사료가 되니까 기억 나는대로 말씀을 좀 해주시면 감사하겠습니다. 혹시 지나온 것 가운데서 말씀해주실 게 있으면 먼저 부탁드릴게요. 그럼 지난번에 제가 1차 자료를 보냈는데, 이훈 선생님께서 시작할 때의 과정과 또 제언을 몇 가지 말씀을 해주셨어요. 그 말씀을 먼저 듣기로 하지요.

이훈 먼저 회고와 전망 부분은 손승철 회장님이 이제 쭉 짚어주신 것이랑 거의 똑같은 기억이에요, 거의 빠짐없이 틀림없습니다. 그런데 제가 굉장히 매사에 소극적인 사람이라서 학회 회원, 창립 이후에 쭉 회원으로만 있었고, 10대 때 처음으로 학회 일을 맡아봤습니다. 언제나 월례발표회 공지가 뜨면 거기 수동적으로 이렇게 가서 참가하고 하다가 10회 때, 학회 일을 맡고 보니까 학회 일이 굉장히 많더라구요. 매번 월례발표회, 학술회의, 그다음에 뭐죠 학회지 관리, 굉장히 좀 부담스러운 일이었어요. 저희 때에도 학술평가가 돌아오는 해였기 때문에 총무를 맡아보셨던 현명철 선생님이라든가 장순순 선생님 고생 덕분에 유지가 됐었는데, 그런 일도 제가 동북아 역사재단에 근무해보니까 이런저런 일을 모두 합하면, 이제 학회 일을 한다는 게 어느 직장에 한 연봉 몇 천만 원짜리 연봉을 받아도 되는 그 정도 일이었어요. 그래서 저희 재정 상황이 궁금했는데, 좀 이제 상징적이지만 조금이라도 수당을 드렸으면 좋겠다라는 생각이 그때부터 들었었는데, 지금 1억이 좀 안돼서 어떨지는 모르겠지만 한번 좀. 그니까 이제 총무간사

일이 굉장히 많더라고요. 다른 현직 위원 일도 많지만. 이제 점점 재정상황이 지금 현재 확보는 되어있으니, 계속 유지되는 상황인지는 모르지만, 이제 그런 부분에 대해서는 상징적이기는 하지만 고려를 해드리면 좋지 않을까 하는 생각을 합니다.

그리고 또 하나는 저도 손승철 선생님께서 할 말이 있으면 보내보라고 해서 쭉 이제 살펴보다보니까 저희가 이제 30년, 또 학회 일을 하다 어느 거나 다 마찬가지였다고 생각은 드는데요. 이런 이제 월례발표회라던가 이런거 저런거 하다보면 학회에 대해서 '이 학회를 어떻게, 학술회의 내용이나 이런 걸 어떻게 가져가야 되나' 깊이 그렇게 생각할 여유가 없었던 거 같아요. 그냥 이제 지원받아서 학술회의 치루고 성과물 내고, 이제 주로 이제 그렇게 하다보니까 우리가 학술회의 쭉 제목을 보더라도 교과서 문제가 한일관계에서 터졌다던가, 긴급한 문제가 터지면 거기에 대한 대응 이런 것들 잘 해왔지만 그런 것들에 대한 대응에 급급한 나머지 한일관계사학회에서 이제 기본적으로 이렇게 다뤄야할 주제나 담론 이런 것들은 제목에 비해 내용이 이렇게 충실했다는 생각은 안 들어요.

그런데 작년 12월 말에 김보한 교수님 추모 기획학술회의 사회를 본 적이 있는데, 그때 제목이 참 좋았어요. 예를 들어서 '해양해역을 통해 본 한일관계 - 갈등과 공생의 동아시아'였습니다. 해양 해역이라든지 갈등, 공생, 동아시아 이런 것들이 이제 우리 한일관계사학회에서 30년 동안 어떻게 보면 쭉 이렇게 제일 다루어야할 깊이 생각해봐야 될 중요한 키워드라고 생각합니다. 제가 사회를 보고 우리 학회가 30년이나 되다 보니까 어느새 이제 이렇게 불러야 나오는 거에요. 불러야 나오고, 이제 연구자들 다 바뀌었더라구요. 이름도 모르고 봐도 모르겠고 그러다보니까 이런 제목을 이렇게 쓰긴 하는데, 그 내용, 발표 내용하고 이런 학회 그 주제하고 뭔가 연결이 안 된다. 그래서 그동안 한일관계사학회에서 추구해왔던 이런 쟁점이라고 해야 될까 이런 것들이 공허하게 그냥 단어로만 이렇게 하고 또 그걸 얘기했던 사람들도 이제 다 바뀌고 뭐 이러다보니까, 이게 그냥 버려지고 있구나 하는 생각이 그때 좀 들었어요. 그래서 이제 학술회의나 뭐 이런 걸 기획할 때 어쨌든 학회 발전을 위해서는 이런 뼈대가 되는 인식이나 용어, 관점 이런 것들을 둘러싼 워크샵. 뭐 이런 것들이 좀 사전에 필요하지 않나 그런 생각을 좀 해봤습니다.

그리고 또 하나 말씀드리자면 아까 손승철 회장님께서도 지적을 하셨는데, 이제 한일관계사학회가 우리는 이제 학회도 있고 학회지도 있어요. 근데 일본은 대외관계사 연구팀이라고는 있지만 거기에 딸린 학회지는 없는 거죠. 그래서 우리가 어떻게 보면 한일관계라고 하는 걸 연구 분야로서 이렇게 정체성을 유지하면서 끌고 가기에 좋은 환경인데, 일본 연구자들은 이제 워크샵 팀이 있어가지고 논쟁은 활발한 거 같은데. 제가 일본사학 연구나 이런 개별적으로 발표하는 그런 상황이라서 워크샵을 통해서 이제 그런 좀 '어떤 지향점이 있는 연구논문들이 실렸으면 좋겠다' 하는 것 하나 하고요.

그리고 또 하나는 이거랑 연결되는 건데, 예전에는 한일관계사학회에서 이제 공동학술회의를 한다든지 하면 사람을 불러와야 됐잖아요. 불러와야 됐는데, 비용도 많이 들고. 근데 지금은 오히려 코로나로 온라인으로 하면 연구자 불러가지고 이제 온라인상에서 토론이 활발해질 수 있는데, 이게 그런 것들을 안 하고 하면은. 제가, 이제 저도 학회 일을 보면서 실제로 우리 경험한 바에 따르면 연구자들 간의 이런 교류 없이 일본에 일본연구자나 한국연구자가 일방적으로 연구 결과를 발표해버리게 되면 좀 오해가 많이 생길 수 있겠더라고요. 관계사인데 기왕에 코로나 언제 끝날지도 모르는데, 온라인 이걸 좀 활발하게 활용을 해서 연구자들을 불러가지고 토론을 하면은 어떨까합니다. 앞으로는 온라인 회의를 좀 활발하게 해서 교류가 좀 이뤄졌으면 좋겠다는 생각을 좀 해봤습니다.

손승철 아 제가 이훈선생님께 처음 마이크를 드린 이유는, 지난번에 제가 간담회에 관한 메일을 보냈더니, 초창기 학회가 시작되는 배경에 대해서 그때 국사편찬위원회에 계셨으니까 그때 상황과 지금 얘기했던 기획 워크숍 또는 온라인회의 등을 활성화시켰으면 좋겠다는 제안을 해주셨기 때문에. 먼저 말씀을 청했던 겁니다. 사실은 여기 초대 회장님이 계시지만 초창기부터 제일 많이 관여를 했고, 또 제일 아마 하실 말씀이 많을 거 같아요. 초창기에는 정성일 선생님이나 하우봉 선생님이 많이 관여했기 때문에…, 하 선생님 좀 말씀해 주시죠.

하우봉 학회 창립과정에서 약간 보완이라고 할까요? 기억이 약간씩 다른 부분이 몇 가지 있어서…. 이게 옛날에 정성일 선생님께서 어느 책에서 초창기 창립과정에 대해서 정리하신 것을 본거 같고, 저도 정년퇴직할 무렵에 고별강연 비슷하게 하면서 앞부분에 좀 정리해본 적이 있는데. 국사편찬위원회에서 대마도 종가문서 목록집 발간이 계기가 됐다는 게 제 기억에는 또 없었던 부분이었어요. 오늘 확인이 되었고요. 제 기억으로는 그것보다 조금 더 앞서가지고 그 한일관계사료 윤독회라는 것이 대우학술재단에서 지원받아 했는데, 제 기억으로 1990년이에요. 그거를 한 1년 동안 대우재단에서 쭉 하고, 91년도에 이것이 한일관계사 콜로키움으로 이름을 좀 바뀌가지고 또 지원이 됐었어요. 그런 과정에서 제 기억으로는 손 선생님 숙소에 가서 그 통신사 심포지엄도 하고, 도쿄에서 있어가지고 그때 이제 이원순 선생님하고 이래가지고 모였던 연도가 저는 91년도로 되어있는데, 요거는 오늘 보니까 92년도를 착각했더라구요.

손승철 그게 뭐에요 지금? 지금 보시는거.

하우봉 아! 이거는, 이거는 제가 그때 고별강연 한 거를 그 이듬해, 그다음 호에 학회지에 이런 식으로 실었어요. 그래서 그 해 92년도 봄에 손선생님 숙소에서 만나가지고 그래가지고 그렇게 논의를 하고, 92년도 7월달에 우리 한일관계사학 연구회가 창립된 거. 거기까지는 이제 서로 맞는 것 같구요. 그다음에 뭐 하나 좀 보완할 것은 첫해에 제가 회장할 때 작업으로 '한일관계사논저목록'이라는 것아 발간이 됐었어요. 그것도 92년도인줄 알았더니 오늘 보니까 93년도 8월이더라고요. 이것도 역시 현음사에서 목록집이 일종의 준비 작업처럼 발간된 게 있고, 그다음에 이듬해 한일관계사연구 창간호가 93년도 10월 무렵인가 발간이 됐고 그 다음 이거는 아주 개인적인 거지만, 제가 1년 하다가 그만두고 일본에 갔을 때는 구주대가 아니라 동경대로 갔었어요. 90년대는 제가 동경대에 갔었습니다.

이훈 그 시대적인 분위기라고하면, 그때 대마도 종가문서가 갑자기 부각되게 된 것도 작업은 계속하고 있었지만 노태우대통령이 관심이 많았죠. 그런 것은 학회와 관련이 없지만 노태우대통령이 한일관계에 관심이 있어가지고 아메노모리 호슈에 관해서 언급을 하고 해서 거꾸로 국사편찬위원회에 문의가 왔었어요. 혹시 국편에서 가르쳐준거냐. 그래서 그건 아니었다고 하네요.

하우봉 그래가지고 우리가 청와대 가서 밥도 먹었어요. 노태우대통령하고 악수도 하고 그랬습니다.

남상호 그런 얘기 좋네요. 이게 역사니까. 시대적 배경이라던지.

정성일 방금 말씀 나온 부분이어서. 1페이지에서 두 번째 문단 있죠. 개인적으로 제가 91년 10월에 첫 입사를 합니다. 그때 대마도 종가문서에 자료 전시회를 일본에서 하는데 제가 국사편찬위원회에 가자마자 사수로 우리 이훈선생님, 최문영 홍보실장님, 이원순 선생님 같이 했는데, 92년 2월 초반으로 말씀하신 것은 맞습니다. 근데 이제 이원순 선생님 그 당시엔 위원장이 아니었고, 당시는 박영석 위원장님이고요. 그 당시는 이제 이원순 선생님은 서울대 명예교수로 기억이 나거든요. 국사편찬위원회 위원으로 계셨고, 그 후임으로 이원순 위원장님이 계셨습니다. 92년 2월쯤 대구로 현장에 오셨을 때는 위원장 이전이셨고, 그때 선생님께서 많이 지도해주셨습니다만 직접 위원회도 준비하시고. 그게 인연이 되어서. 저도 이제 글로만 접하고 그랬던 분들인데, 그때 직접 뵙고 많은 교훈을 얻는 시간이었습니다. 그리고 한 가지만 더.

손승철 그냥 생각나는 대로. 아니 그래서 그때 얘기를 어디다 썼어요? 선생님도?

하우봉 어느 책에선가 간략하게 정리된 걸 본 것 같은데..

장순순 그동안 우리 학회가 월례 발표를 꾸준히 해 왔지만, 또 하나 학회 내부에서 그러니까 계속 윤독회를 계속 해왔거든요. 지금은 좀 중단이 코로나 때문에 됐고, 지금도 하다가 작년에 좀 쉬었는데. 기본적으로 선생님께서 『교린제성』 이것도 했었지만 저희가 모여서 그 이후에 민덕기 선생님이랑 정성일선생님이랑 전북대 팀으로 해가지고 청주대학교에 가서 『통역수작』도 좀 읽었구요.

손승철 이런 자료를 좀 정리해주시면 좋겠네요.

장순순 예. 『동래부사례』 뭐 이런 것들이라든지 그다음에 계속 꾸준히 『매일기』를 읽었어요. 구즈시지 공부도 했고, 학회 회원 중에 몇 명이서 최근까지 하고 있는 것이 현명철선생님이랑 저 이렇게 해서 그런 공부하는 모임이 꾸준히 계속되고 있다는 점을 말씀드리고 싶네요.

손승철 그것 좀 장선생님께서 정리를 해서 나중에 주세요.

장순순 네 확인을 해볼게요.

손승철 하는 데까지, 그래도 학회 이름으로 한 건 아니지만, 어쨌건 학회 구성원들의 모임이었던 만큼 의미가 있다고 봅니다.

장순순 예예, 그래서 저희가 한동안에 휘보에 그것들을 계속 보고를 해왔어요.

손승철 아 그래요? 그걸 좀 장선생님이 정리해주세요.

현명철 창립과정에서 사료 윤독회를 하셨다고 했잖아요? 90년 즈음에. 그때는 어떤 사료를 가지고 하셨어요?

하우봉 『통신사등록』.

손승철 『통신사등록』을 했고 『교린제성』을 했고,

하우봉 『교린제성』은

손승철 그건 그다음에 했고.

하우봉 『통신사등록』을 좀 한 2년 정도를 했습니다.

손승철 그때 그거를… 그리고 그건 대우재단에서 아마 돈을 받았나요? 얼마씩.

하우봉 계속 받았죠. 그게 정말 싼 돈인데 그 당시엔 대우재단에서 진짜 액수 크게 안들이고 연구자들에게 괜히 큰 혜택을 베푸는 식으로. 심지어는 그게 김우중의 대권 프로젝트 중에 일환이었다는 말도 있고 그랬었어요. 우리가 그때 한 달에 한 20만원 받았거든요? 지원을요. 그 20만원 받으면 저녁에 회식하고, 하여튼 회식은 충분히 됐어요. 저녁 식사할 만큼은 충분히 됐어요.

현명철 제가 기억이 정확하지 않아도 저도 유학에서 막 돌아오거나, 92년인데, 『교린제성』 윤독모임을 대우재단에서 하다가 과천에 가서도 하고 그랬어요.

손승철 그랬어요. 대우재단에서 끊겼잖아요.

정성일 『교린제성』 다음입니다. 『교린제성』 다음에.

손승철 대우재단에서 그런 모임을 당시에 많이 했어요. 한국에서는 처음으로 학회에 관심을 기울여서 지원을 했던 것이죠.

하우봉 그 액수로 보면 얼마 액수가 그렇게 크진 않은데, 굉장히 효율적으로.

손승철 크진 않은데도, 그러니깐 그 당시에 기업들이 그런 것에 대해서 관심이 전혀 없었잖아요. 사실은. 그걸 대우에서 민음사하고 같이 처음 시작한 거지요.

　좋습니다. 이제 그 학회 창립과정, 그다음에 학회지 발간, 그다음에 학술대회, 월례발표회, 국제학술회의 정도까지는 대강 얘기가 된 것 같아요. 그러면 이제 한일관계사학회 학술상은 지금 어떻게 되어가고 있어요?

　이훈 2019년까지..

　하우봉 저는 계속 된 줄 알았더니만, 중단이 되었네요?

　이승민 제가 정확한 건 아닌데, 알아본 바로 현재까지 5회까지 진행이 된 것으로 알고 있고요. 그 이후에 6회 학술상에 대한 논의가 있었었는데, 그게 시상이 안 됐다고 선정이 안됐다고

　나행주 대상자를 못 찾았어요.

　이승민 그 이후로는 어쨌든 현재까지는 아직....

　연민수 그 선정 위원회가 별도로 조직된 건 없죠?

　이승민 예.

　나행주 그때 임원진들이 이제 예....

　손승철 저술상은 얼마예요?

　손승철 액수가, 액수가 이게 정해진 액수가 아니야? 50만원? 아니 받은

사람들 알 거 아니야.

나행주 논문상은 30만원, 논문은 30만원.

손승철 논문 30만원?

나행주 네.

장순순 저술은?

나행주 저술 50만원 같은데..

하우봉 그니까 맨 처음에 우리 회장단들끼리 한 150만원씩 각출해서 모은 것도 있고 하니까 돈이 부족할 거 같진 않은데. 왜냐면 뭐 학술상 액수를 워낙 적게 줘가지고 그때 하여튼 중단이, 중단이 안 되었으면 좋았을 텐데 계속…

현명철 제 때는, 사람들이 코로나 때문에요. 모여가지고서 갑론을박하면서 평가를 하고 그래야 하는데 그것을 못했기 때문에 온라인상에서는 아주 어렵더라구요. 그래서 우리 대에는 그냥 포기하자. 그리고 특별하게 좋은 게 보이지도 않았고. 그래서 그 죄송스러운 말씀이지만 저희 때는 못했습니다.

김동명 제 기억으로는 저희 집행부가 아마 제3회부터 심사를 한 것 같습니다. 그런데 그때 심사를 하는 데 있어 현실적인 문제가 있었습니다. 그것은 심사를 진행하는 것이 생각보다 굉장히 힘들다는 것입니다. 우리 학회는 연구 분야와 시대가 너무 다양해서 한 저작에 심사위원을 세 명씩만 추천

해도 거의 수십 명이 됩니다. 그분들께 저작을 일일이 보내는 작업은 물론 심사 점수도 편차가 커서 실제로 진행하는 것이 너무 어려웠습니다. 그래서 효율적인 방안을 마련하여 집행부가 중심이 되어 학회에 적극 참여하는 회원 중에서 평판 같은 것을 고려해서 선정했습니다.

그리고 제가 나중에 말씀드리려고 했습니다만, 여기 보시면 아시겠지만 수상하신 분들이 대부분 회장을 역임하신 분들을 비롯해 저명한 분들입니다. 생각해보면 너무 당연한 결과라고 생각합니다. 그래서 저는 학술상을 주는 의미를 조금 바꾸어서 유망한 신진 연구자나 좀 어려운 상황에서 고군분투하고 계시는 분들을 격려하는 쪽으로 중심을 옮기려 하였습니다.

이렇게 간편화해서 진행되다가 아마 코로나가 오면서 이것마저도 중단된 듯 합니다만, 앞으로도 저희 때 마련한 간편한 방식으로 진행해야 지속 가능할 것 같습니다. 그리고 현재 하우봉 교수님의 기부 등에 힘입어 기금도 제법 많이 모아졌기 때문에 금액도 상향 조정했으면 합니다.

손승철 여기서 우리가 이거 결정할 일은 아니지만 지금 여러 가지로 의견을 제시하면, 앞으로 집행부에서 좀 숙고해서 어떤 식으로든지 발전적으로 해나갈지 고민을 해 달라는 그런 부탁을 하는 거죠.

그리고 아울러서 이것과 연관 지어서 지난번에 어떤 일이 있었냐 하면 허지은씨하고 누구하고 세키 슈이치의 『일본 근세사』인가 그걸 번역을 했어요. 번역을 해가지고 출판을 하려고 했는데, 그 책이 요시카와 고분칸(吉川弘文館)에서 나왔어요. 그래서 그냥 출판 못한다, 로열티를 지불해야 된다. 그래서 물어보니 요시카와 고분칸에서 번역 출판에 관한 무슨 계약서 보내왔어요. 그 내용은 기본 부수 1,000부를 찍어야 하고, 그다음에 인세의 몇 프로해서 한 200만 원 이상 돈이 들어간다고 해요. 근데 그 출판사에서는 부담이 어렵다고 합니다. 꼭 책을 내겠으면 책을 더 찍어서 번역자들이 사주든지 아니면 돈을 내든지 하라는 겁니다. 그래서 결국 이야기가 중단돼

버렸는데 예상 같아서는 학술상 같은 것도 준다면 번역 지원 제도 같은 거이런 것도 생각해 볼 수 있지 않을까 합니다. 예를 들어서 서적을 번역하는 경우에는 뭐 저작권에 50%를 대준다든지 100%를 대준다든지 이런 것도 아울러서 좀 검토하면 좋겠다. 그런 생각이 듭니다.

김문자 그거와 관련해서 이제 학술상 문제도 이제 저희가 2022년 12월까지 제가 임기이기 때문에, 30주년을 기념으로 해서 그때 맞춰서 해야 할까 여러 가지 고민을 많이 하고 있습니다. 그래서 이제 그걸 조금 더 논의 할 거고요. 지금 번역 지원 사업도 말씀하셨는데, 또 하나 제가 하다 보니까 우리 학회 회원들이 사실은 좀 뭐랄까 정체되어 있다고 할까. 요즈음은 월례 발표회를 하면 오시는 분만 오고 새로운 신진들도 없고, 또 대학생들 중에서 일본사나 한일관계사 전공하는 사람들도 별로 많지 않아서. 저는 개인적으로는 석사 논문이나 아니면 학부 논문이라도 격려하는 차원의 그런 제도를 만들어서 공개적으로 우수 논문을 지원하는 제도를 만들면 어떨까하는 생각을 한번 했었거든요. 그래서 오늘도 좋은 의견이 좀 있으시면 좀 받았으면 좋겠다는 생각이 들었어요. 왜냐하면 너무 지금 저희가 다 이제 그 정체되는 상황이라서 젊은 학생들의 관심, 그니까 그런 공고를 냄으로써 홍보가 되기도 하고, 또 이제 관심도 가질 수 있는 그런 부분들이 있기 때문에 한 번 좀 논의를 했으면 좋겠습니다.

손승철 좋습니다, 이제 30주년도 되니, 학회 이벤트도 있어야 될 거 아니에요. 여기서 학술 발표만 하고 끝낼 수는 없잖아요. 사전에 논공 행상만 좀 해도 되지 않을까요. 학술상도 주고, 저작상도 주고, 번역 지원비도 주고 돈 있으면 좀 풀어서 한번 잔치 한번 하시지요. 그런 게 격려가 아닐까요.

하우봉 하시죠. 가능하면 상을 주는 건 쭉 계속 좀 하시면 좋을 것 같아요.

김문자 네네.

하우봉 실은 그 이런 거 받으면 취직하는 데도 도움이 승진하는 데도 좋고

나행주 아까 김동명 회장님 말씀이 그런 취지의 말씀이 아닌가요.

김동명 그런 쪽으로 가는 게 맞다 이거죠.

연민수 학술상에 여러 가지 의견들이 많은데, 이것도 한번 제안인데 신진학자들 중심으로 하자는 얘기들이 좀 많이 나오고 있는데, 차라리 지금은 우리 학회에 젊은 연구자들이 별로 안 보이는 것 같아. 그저 일본에서 갓 귀국한 사람이라든가, 학위를 바로 받은 사람, 이런 사람도 한참 신선미도 있고, 그리고 논문을 한참 좀 쓰기 시작하는 단계니까, 학위논문 요즘 좋은 것이 있으면 학위논문을 학술상에 하나로서 만들면 좋겠네요. 심사를 해서 괜찮다고 그러면 그 학위논문을 학술상의 후보로 하는 방법도 좋다는 거에요.
최근에 일본사학회 보면 모르는 젊은 연구자들이 많이 귀국했더라고요. 근데 한일관계를 보면 물론 이제 일본 유학 안 하고 국내에서 한 사람도 많이 있지만, 한일관계사료라는 게 뭐 한국에만 있는 게 아니고 일본에도 엄청나게 많이 있고, 공부하고 귀국한 사람이 있는데. 좀 적극적으로 신진학자들 누가 귀국을 했는지, 생면도 하고 최근에 일본의 정보도 얘기도 듣고 그런 거 좀 기회를 좀 많이 마련했으면 좋겠어요. 그래서 그런 거를 임원뿐만 아니라 주변에 아는 사람 있으면 적극적으로 추천 좀 해서 와서 발표를 시키고 좋은 학술, 학위논문 있으면 상도 주고.

손승철 상금으로 유혹하자는 건가요. 하하

김동명 그동안 우리 원로들이 너무 많았지.

하우봉 학회마다 다 그래요.

연민수 그동안 또 몇 년 동안 모임이 없어가지고. 최근에 귀국한 사람들. 학위 받은 사람들 있으면 발표도 시키고 불러서 이렇게 조금은 권유를 해야지. 그 사람들이 발표하고 싶어도 쑥스럽고 그런 경우도 있습니다. 그 무슨 이사죠? 섭외.... 정보이사라도? 그런 사람들을 좀 여러 명 시켜가지고 그런 좀 활동을 하게끔 하면 좋지 않을까요.

김문자 네. 말씀하신 거 잘 염두에 둬서 진행하도록 하겠습니다.

하우봉 그거하고 연결해가지고 약간 부연 설명을 드리면, 실학학회도 보면, 거기도 진짜 고령화 현상과 노쇠화, 노쇠화라는 표현이 이상하지만. 고령화되는 것은 학회마다 거의 공통적인데. 그래서 거기서는 1년에 네 번씩 분기별로 학회 발표를 한번에 너댓 명씩 이렇게 시키는 방식으로 하는데. 그중에 한 번은 꼭 신진연구자 초청 발표를 해가지고 네 번 중에 한 번은 꼭 그렇게 만들어요. 그래가지고 지금 연민수 선생님 말씀하신 것처럼, 새로 학위 받은 친구들을 주로 조사를 해가지고 그런 친구들을 불러 발표시키면 자동적으로 회원으로 등록도 되고, 그런 확보한 수단이 되는데 특히 지금 그 면에서는, 일본에서 유학해 가지고 오는 사람들을 일본사연구회에 우리가 다 좀 놓칠 수 있을 것 같은데. 우리가 먼저 그런 친구들을 데려와서 발표시키면, 사실상 일본 유학하면 일본서 연구하더라도 다 보면 한일관계사하고 연결되어 있는 부분이 많이 있기 때문에. 그런 연구자들을 우리가 먼저 좀 알아가지고 그런 식으로 접촉하는 방법도 있을 것 같아요.

손승철 그리고 아까 이제 잠깐 얘기가 나왔는데, 학회 기금, 후원금, 기부금. 이제 여러 형태가 있는데 거기 보니까 빠진 것들이 있는 것 같아요. 과거에 역대 회장들이 처음에 100만 원씩인가 뭐 얼마씩 내가지고, 그렇게 한 1천만 원 만드는 것도 있거든요. 그런 것도 빠진 것 같습니다.

현명철 그냥 안 적었을 뿐이죠.

장순순 이거는 정리를, 연도를 한정해야 할 것 같습니다.

손승철 그래서 그걸 좀 어떻게 다 정리했으면 좋겠는데. 왜냐하면 돈의 액수를 떠나서, 나름대로 다 정성을 표시한 건데. 그런 것도 기록에 좀 남았으면 좋겠다. 그래서 내가 한일기금에도 좀 물어보려고 그래요. 거기 장부 조사해가지고 몇 년도부터 얼마나 우리 후원을 했는지. 그건 또 그쪽의 실적이니까. 그래서 그런 걸 한번 누락 된 것들은 한번 좀 집어넣었으면 좋겠어요. 총무님이 좀 수고스럽지만 같이 좀 정리 좀 해주세요. 그리고 실제로 학회의 기금 현황 뭐 이런 것들이 공식적으로 보고되는 그런 기회가 있나요?

김문자 네. 어떤 다른 미술사학회나 이런 홈페이지를 보면은 홈페이지에다 기록을 다 올려놓더라고요. 어디에 들어오고 맨 마지막에 기부한 거, 세금 낸 거 명세서를 찍어가지고 홈페이지에 올려놓더라고요. 학교 홈페이지에다가 후원금 내 상황을 다 올려놓는 그런 것도 있는데, 저희는 아직까지도 그렇게 그 정도까지 활성화는 안 되어 있어서. 그냥 있었는데 그런 부분도 조금 신경쓰면 또 기부하고 싶은 마음이 생길 수도 있고요.

손승철 그리고 회계 관리의 투명성도 담보가 되니까. 어떤 형태든지 그런 것도 아마 1억 정도 되면 궁금해 하는 사람들은 많을 거예요.

나행주 여태까지는 그냥 2년에 한 번, 총회 때에 보고하고, 감사가 감사하고 하는 정도였어요.

현명철 그 5천만 원이 지금 정기예금에 들어 있나요?

· 김문자 네네.

연민수 요즘 몇 프로예요? 한 3프로 정도가 오르는 것 같아요.

나행주 아까 그 자료.

연민수 아니 저기 그 기금을 저기 요즘에 삼성전자 굉장히 싼데 배당금이.. 따블, 따따블도 될 수 있어. 기금운영하는게 뭐 은행에만 하는게 아니잖아요. 금리 높은 삼성생명 같은 경우는 한 7%, 8% 줘요.

손승철 그러다 떨어지면 어떻게 하나요.

연민수 아니 그러니까 장기적으로, 이거 팔아먹을 거 아니잖아요. 그러니까 10년 후에는 오르지. 이렇게 장기적으로 보면. 그래서 그 기금을 그런 생각할, 수익 많이 나오는데 넣어두면, 일부는 그렇게 할 수도 있다는 거죠.

김문자 그렇게 하려면 또 기금운영위원회를 또 만들어서 사람들이 해야 해요.

정성일 젊은 연구자들을 많이 확보해야 하는 이런 과제가 우리한테 있는데요. 연구를 장려하는 경제적인 지원 이것도 하고, 또 하나 추가적으로 제가 생각을 말씀드리고 싶은 것이 있는데. 저는 이제 경제학과 출신이라서 사실 일반 역사학 전공하신 분들하고 좀 다른 경험이랄까요. 느낌을 가지고 있어요. 말씀드려보려고 합니다.

저도 30년 이상 한일관계사학회이지만 그렇게 됐습니다마는, 여전히 역사를 공부할 때 가장 어려운 것 중에 하나가 자료인 것 같습니다. 과거, 옛날을 알아야 하기 때문에 그 자료가 지금이 자료가 아니고, 원자료는 옛날 자료거든요. 옛날 자료는 언어가 다르지 않습니까. 지금 우리가 쓰는 언어가 아니고, 더군다나 한일관계사를 전공한 사람들은 일본 쪽 자료를 같이 봐야 됩니다. 제 개인 경험에 비춰보면 공부할 때는, 처음에는 이론이나 역사적인 연구성과, 이걸 많이 힘들어했는데, 결국에 가서는 이제 장벽에 부딪힌 것이 언어인 것 같습니다. 그게 이제 자료로 나타나는데, 더군다나 요즘 젊은 연구자들은 그게 디지털화가 돼 있잖아요. 책자가 아니라 스마트폰으로 검색이 되는 거. 검색을 해서 쉽게 자료를 확보할 수 있어야 그 주제를 공부하고 찾아가고 그러거든요. 그래서 저는 역사 자료의 디지털화 이것이 굉장히 중요하다고 보고. 그래서 이제 예를 들면, 국사편찬위원회라든지 여러 국가기관에서 역사 자료의 디지털화에 10년 전부터 공을 들여가지고, 지금 굉장히 이제 우리나라도 많이 돼 있습니다. 그래서 예를 들면 국사편찬위원회 한국사데이터베이스 시스템. 거기 들어가서 검색이 되면 그걸로 논문 쓰고, 거기 검색이 안 되면 일단은 관심을 갖기가 어렵습니다. 이런 제약 조건이 있는데, 우리 학회에서 이제 어디까지 할 수 있을지 그건 저도 솔직히 자신이 없습니다마는, 작은 거 하나하나라도 쌓아가는 지난 30년 우리가 왔던 것처럼 앞으로 30년을 우리 학회가 하나하나 쌓아가는 식으로 디지털 자료화를 좀 하나씩 해 나가면 그게 30년 후가 되면 굉장한 이제, 속된 말로 권력이 되고 그게 이제 자산이 되겠다는 생각이 듭니다.

2차 식사 자리에서 하우봉 선생님께 말씀드려볼까 했는데, 반농담 반진담으로. 예를 들어 『변례집요』 같은 경우 지금 현재 출판 계획이 있으신가요?

하우봉 추가로 없습니다.

정성일 그래서 이제 혹시나 하면 저도 자료 검색을 해보거든요. 그런데 이제 선생님이 해놓으신 거 이후로는 그게 없습니다. 그래서 이제 그걸하시면 어떨까요.

하우봉 한번은 말이 있었는데. 그래서 제가 우리 역사 전문가하고 우리가 민족문화추진회나 지금 고전번역원에서는 역사 연구자들이 한 번역에 대해서는 그 사람들 기준으로 보면 아주 수준이 낮다고 보는 것이에요. 에러가 너무 많다는 거예요. 그래가지고 제가 『증정교린지』 할 때도 마구 쫙쫙 그어놨더라고요. 『변례집요』도 막 그렇게 그어놨어요. 『증정교린지』는 그때 그 각주가 굉장히 많이 붙었었거든. 그다음에 민족문화추진회에서 나온 번역 중에 제일 모범적인 사례다 해가지고, 그거 하나만 가지고 출판기념 학술회의도 하고 이랬거든요. 그래 가지고 우리는 그 각주를 충실하게 붙이자 이게 이제 우리의 주장인데, 번역 수준이나 그거는 자기들 기준에서 보게 되면, 하여튼 한문학과 교수 포함해 가지고 일반 교수들이 학진에서 번역 프로그램을 하는데, 민족문화추진회에서 나오는 심사위원들이 막 쫙쫙 바꿔버린대요. 자기들 기준에서 보게 되면 문제 너무 많다는 거예요. 일반 교수들의 번역 수준이라는 거에 대해서는 굉장한 불신감을 가지고 있어요. 그래서 제가 그러면 나도 하도 쫙 줄 그었길래 기분 나빠지고 더 이상 못 하겠다고 했습니다. 진짜 원고료도 얼마 되지 않고, 고생 엄청 나게 하는데. 그래가지고 이제 그다음에 한번 논의가 왔을 때, 뭐 우리 연구자들은 초벌 번역을 너희가 해주라. 그러면 우리가 그 뒤에 우리가 전공적인 지식을 가지고, 주를 우리가 붙이겠다라고 제안을 했거든요. 이야기 좀 진행되다가 위에 책임자가 바뀌는 바람에 중단되어가지고 지금까지도 중단돼 있습니다. 저희들은 만약에 제안이 그렇게 오면 할 마음도 있는데 하여튼 그 이후로

그쪽에서 연락이 없어요.

정성일 예를 들어서 제가 말씀드렸습니다만 자료의 디지털화 그게 역사 연구에 굉장히 중요한 것 같습니다. 그렇게 본다면 앞으로 우리가 해야 할 일들이 상당히 많고, 대학교는 65세, 그 법적인 연령으로 정년을 하셨지만 고령화 사회니깐 앞으로 20년, 30년. 충분히 또 선생님들 하실 수 있기 때문에 그런 신·구라고 할까요. 젊은 세대와 은퇴 혹은 정년퇴임 한 사람이 같이 할 수 있는 그런 공간이 충분히 있고, 그것이 역사 자료의 디지털화라고 하는 관점에서 보면 서로 소통할 수 있는 좋은 기회가 될 하나의 숙제로 과제로, 30주년을 맞이한 우리 학회에서 논의를 해보면 어떨까 말씀 드렸습니다.

남상호 『교린제성』이라든지 종가문서 디지털화 안 돼 있죠?

장순순 『교린제성』은 안 되어 있죠.

남상호 일본 쪽에는 돼있나요?

정성일 예를 들면 이훈 선생님 계실 때부터 『분류기사대강』같은 경우는 국사편찬위원회가 소장하고 있는 것은 원문을 탈초해서 인쇄가 올해까진가 다 될 것 같아요. 그리고 내년부터인가는 이제 번역, 우리말로 번역한 걸 내는데 시간이 문제죠. 시간이 굉장히 많이 걸립니다. 1년에 한 권, 두 권 이렇게 하더라도 또 『분류기사대강』같은 경우도 국사편찬위원회가 소장하고 있는 것만 있는 것이 아니고, 아니면 대마도에도 있고 또 일본 국회도서관의 수장이 있고 해서, 『분류기사대강』 하나만 하더라도 굉장히 분량이 많고 할 일이 많습니다. 저는 개인적으로 『관수일기』가 거의 별본이 없이 장기간에 걸쳐서 기록이 있거든요. 또 조선 쪽 사례인『증정교린지』나『변례집요』하고 비교해 볼 수도 있고. 그래서『관수일기』를 전부 다 내는 건 불가능하니까 한일관계에 관련된 그것만이라도 발췌해서 하나 하나 해결해 나가면, 앞으로 젊은 연구자들한테 굉장히 중요한, 귀중한 선물이 될 수 있겠다 그런 생각도 들었어요.

손승철 좋으신 말씀입니다. 원론적인 입장에서는 굉장히 중요한 얘기에요. 그런데 그게 구체적으로 각론으로 들어가면 만만치 않을거에요. 그러나 그렇다고 해서 포기하자는 얘기는 아니고 우리가 지금 자금력도 좀 있으니까. 예를 들어서 그런 아이디어가 있으신 분은 학회에 연구 제안서를 내고, 예를 들어서 뭐 10년 하는데 3천만 원 든다. 그러니까 구체적으로, 구체적으로 어떤 안을 갖고 얘기를 시작하면 좋겠네요. 원론적인 건 다 우리가 동의하잖아요. 그렇죠?

이훈『교린제성』은 이제 학회에 사료윤독회, 학회 회원들이 윤독회 해가지고 만들어낸 진짜 한일관계사학회 이름으로 나온 책이잖아요. 그런 거를 한일관계사학회 홈페이지에 올릴 수도 있나요?

장순순 그렇죠. 요즘에 보니까 부산시사편찬위원회나 이런 데서 자료 나오면 전부 다 pdf로 올리거든요. 동북아 역사재단 쪽으로. 저희도 이렇게『교린제성』같은 경우에는 한일관계사학회에 거기에다가 pdf를 올려놓으면 훨씬 좋을 거 같습니다.

손승철 하여튼 그게 다 저작권이 문제가 관련이 있는데…, 만약에『교린제성』을 예로 든다면 그때 참석한 사람들이 다 동의서를 받아야됩니다. 그러니까 그렇게 간단한 일은 아닙니다만 하여튼 뭘 하든지. 구체적인 아이디어를 한번 내갖고 한 번 검토해보자고요.

남상호 거기와 관련해서 학회에서 할 수 있는 일. 연구성과의 확산과 공유, 그래서 학문의 대중화 이런 것이 하나의 과제라고 했잖아요. 그 전에 우리는 연구 자료의 디지털화. 이게 큰일인 거보다도 그렇게 돼 있는 문서를 읽는, 문서를 읽는 지적 자산. 이것을 대중이랄까, 일반 시민들한테. 초심자 이런 사람과 공유할 수 있어야 하지 않을까 이런 생각이 들어요. 그러니까, 한국인을 위한, 한국 연구자가 한일관계사를 할 적에 필요한 그런 서류, 사료, 이런 것을 읽어낼 수 있는 그러한 안내서랄까? 입문서 이런 거는 만들 수 있지 않을까 이런 생각이 듭니다. 그래서 예를 든다면 우리가 잘하는 게 이제 일본 측 사료 읽는 것이 다른 회보다 좀 낫다는 거니까. 그런 점에서 이제 일단 하나 예를 들면, '종가문서를 읽어봅시다.' 근대로 치면 「조일수호조규」에 관련된 문서를 읽어봅시다.' 하는 등, 그것을 읽어낼 수 있는 입문서 혹은 영상을 만들 수 있을 겁니다. 이게, 우리 학회에서 우리가 현재 할 수 있는 이런 지적 자산의 공유라고 그럴까? 그래서 저변도 확대시키고 그런 걸 할 수 있지 않을까 이런 생각이 들어요. 그래서 실제로 '종가문서를 읽어봅시다.' 그러면은 종가문서의 실물을 그대로 놓고서 거기다가 처음에 나오는 구지시지. '이것이 어떤 글자다.' 이렇게 설명하고 그다음에 거기에 있는 문법이 있지 않습니까. 그런 것도 설명해가면서. 그다음에 현대어로, '이걸 이런 식으로 문법에 따라서 해석하면 이런 식으로 번역이 됩니다.' 하는 것을 갖다가 이렇게 설명해 주는, 그러한 입문서라든가 책자. 그렇죠. 한국인을 위한, 한국 대중을 위한, 그런 입문서를 발간할 필요가 있고, 발간할 시점이 되지 않았나 이런 생각이 들어요.

정성일 비슷한 생각을 가지긴 했는데요. 조금 저 시간이 좀 괜찮으실까요 이것를 혼자 하려면 굉장히 힘이 많이 들고 시간이 많이 필요합니다. 학회에서 예를 들어 30명이 한다고 하면, 한 사람이 하루만 돌아가면 되니까요. 저는 30명이라는 자원은 충분히 가능하지 않을까라는 생각이 들어요. 매일 한 사람씩 주제별로 해가지고 여기 이제 쌓이면, 쌓이면 이 동영상 디지털 콘텐츠도 할 수 있고 이걸 10년, 20년 계속해서 만약에 한다고 하면 엄청난 축적 자산이 된다고 봅니다. 요즘 이제 그런 환경에 맞게 또 연구재단이나 이런 데에서 이 프로젝트로 해서 할 수도 있고. 그래서 하여튼 정년하셨다고 해서 끝나는 게 아니고, 앞으로 할 수 있는, 그래야 이게 진정한 의미에서 젊은 사람과 또 경력이 많으신 분들과의 소통도 되고. 실제로 젊은 연구자들한테 도움 되는 그런 자리가 되지 않을까합니다.

마지막으로 말씀드리면, 제가 이제 겪어본 바로 말씀드리면, 역사학이라고 하는 것이 이제 그 시간의 학문이기 때문에. 고령화 사회에서 경험이 많고 한 사람들의 가치가 없어지는 것이 아니라, 오히려 더 잘 활용할 수 있는 그런 장점도 있어서 신구 세대 간의 소통 방법의 하나로 역사 사회 디지털화. 그렇습니다.

손승철 아이디어상으로는 충분히 가능하죠. 예를 들어서 우리가 과거에는 윤독회 하려고 그러면 일부러 어느 장소를 정해서 가서 만나고 했어야 하는데, 지금 만약에 아이디어라고 하면 그냥 시간만 약속하면 되잖아요. 줌으로 언제든지 할 수 있으니까. 그러니까 그런 아이디어를 구체적으로 내서 한번 크게 공감대를 형성하면 추진을 해 봐서 할 수도 있는 거죠. 아까 윤독회 하듯이.

자 이제 지금 조금 전 대화를 좀 진전시키기 위해서 자연스럽게 이제 학회 발전을 위한 제안으로 넘어가겠습니다. 근데 이제 구체적으로 보면, 예를 들어서 지금 월례발표회를 지금식으로 하는 것에 큰 문제는 없는지, 어떻게 좀 발전적으로 할 수 있는지. 또 아까 학술대회, 국내학술대회, 국제학술대회 활성화 할 수 있는 방법이 없는지 그런 게 있고. 그다음에 또 각종 워크숍이라든지 또는 연수회, 답사 이런 것들을 어떻게 정례화시킨다든지 이런 것에 대한 아이디어가 있으시면 한 말씀씩 하시고요. 그리고 이제 마지막으로 지금 역대 회장님들 다 모이셨으니까 개인적으로 회장을 하면서 여러 가지 비하인드 스토리도 좋고…. 또 어려운 점도 좋고, 또 내가 못했지만 이런 거 했으면 좋겠다. 뭐 이런 식으로 돌아가면서 같이 1분 스피치 하는 식으로 쭉 그렇게 말씀을 듣고 마무리하도록 그렇게 하겠습니다.

그래서 우선 학회 발전을 위한 제안을 혹시 생각이 있으시면 말씀을 해시죠. 김동명 선생님 먼저 한 말씀 부탁드릴까요?

김동명 네 김동명입니다. 우선 이 자료집을 학술지에 실으려고 하시는 건가요?

손승철 오늘 나온 이야기를 다시 정리해서 올릴 예정입니다.

김동명 우선 다른 것은 몰라도 한일관계사 논문목록은 수록논문만 작성하는 것이 좋지 않을까 싶습니다. 여기 보면 초반이기 때문에 휘보 등도 들어가 있는데 수록논문만 작성하는 것이 간결하고 좋을 듯 합니다. 이어서 준비해 온 것을 말씀드리겠습니다.

회고를 먼저 말씀드리면 첫째, 부회장 제도를 신설한 것입니다. 원래 저는 회장 임기가 2년이니까 차기 회장을 1년 전에 미리 정할 것을 건의했었습니다. 왜냐하면 신임 회장을 임기 시작 직전에 정할 경우 잘 선출되지 않으면 매우 어려운 상황에 봉착할 수 있고 무엇보다도 회장이 미리 정해지면 여유를 갖고 임기 중의 계획을 세울 수 있기 때문입니다. 그래서 차선책으로 부회장 제도를 신설했습니다. 몇 분의 부회장을 선정함으로써 조직의 안정성을 높이고 또 부회장단 중에서 차기 회장을 암암리에 추천함으로써 실질적으로 회장을 미리 정하는 효과가 있을 것으로 기대하였습니다. 현재 잘 정착하고 있다고 생각합니다만, 아직도 차기 회장은 1년 전에 정하는 것이 좋다는 생각에는 변함이 없습니다.

둘째, 2018년부터 학회지를 연 4회 발간하게 된 것입니다. 발간하게 된 비하인드 스토리를 말씀드리면 손승철 교수님 정년 기념을 겸해 2017년 9월에 강원대학교에서 열린 학회 창립 25주년 국제학술회의를 마치고 늦게까지 술을 마셨습니다. 그 때 성함을 잘 모르겠습니다만 강원대학교 교수님으로 우리 학회 초창기 멤버로서 한중관계사를 전공하시는 분이 자신은 아직도 우리 학회에 애정을 갖고 있는데 왜 한일관계사학회가 연 4회 발행을 안 하느냐 빨리 연 4회를 발행해서 우수학술지로 승격해야 한다고 취중 진담을 반복하셨습니다. 그것이 계기가 되어 본격적으로 학회지 연 4회 발행을 논의하게 되었습니다. 막상 공론화를 하니까 반대하시는 분도 제법 많아서 굉장히 고민을 많이 했습니다만 당시 총무이사이신 이상규 선생님과 나행주 편집위원장님을 중심으로 심도있게 논의를 계속했습니다. 특히 반대하시는 선생님들이 우려하시는 것은 투고 논문이 부족하지 않겠느냐는 것이었습니다. 생각해보면 손승철 교수님 회장 재임시 학회지를 2번에서 3번 발행으로 늘릴 때도 이러한 우려는 있었던 것으로 기억하고 있었습니다. 하지만 장기적인 학회 발전을 위해 우수학술지로 승격해야 한다는 생각과 특히 오히려 연 4회 발행하는 것이 오히려 논문이 더 들어올 수도 있다는 긍정론에 힘입어 결단을 내리게 되었습니다. 현재까지 크게 무리없이 연 4회를 발행하고 있음은 주지하는 바입니다. 따라서 아까 말씀하신 대로 평가 점수도 매우 높기 때문에 조만간 우수학술지 승격을 기대해도 되지 않을까 생각합니다.

셋째, 우리 학회의 특징이기도 합니다만 지방에서 학술대회를 많이 한 것 같아요.

특히 전임 회장님들께서 정년을 하셔서 지방 순회를 많이 했던 것 같습니다. 조금 전에 말씀드린 대로 2017년 9월에 학회 창립 25주년 국제학술회의 '한일관계사 연구의 회고와 전망'을 강원대학교에서 개최하였습니다. 이 회의는 손 교수님이 많이 도와주셔서 교수님의 정년 기념을 겸해 열렸습니다. 회의 결과는 『한일관계사 연구의 회고와 전망』으로 출간되었습니다. 그리고 하우봉 교수님 정년을 기념해 기획 학술회의 '조선 후기 대일관계의 길을 묻다'를 전주 전북대학교에서 했습니다. 또한 이기용 교수님의 정년을 기념해 천안 선문대학교에서 '메이지유신과 한일관계의 변용'이라는 주제로 학술회의를 개최하고 출판했습니다.

이어 앞으로의 학회 발전을 위한 제언을 말씀드리겠습니다. 우선 앞에서 여러분들이 말씀하신 바와 같이 신진연구자를 어떻게 양성하고 영입할 것인가 하는 문제입니다. 조금 전에 말씀드린 대로 신진연구자들에게 발표나 토론 기회를 적극 부여하는 것입니다. 또한 아까 말씀드린 학술상을 적극적으로 활용하거나 석사 논문 중 좋은 논문을 학회지에 게재하게 하고 이때 게재비나 격려비를 지원하는 것입니다. 무엇보다도 학회에 대해 애정을 갖게 되면 계속 나오게 되니까요.

다음에 우리 학회는 지방 회원이 많이 계십니다. 제가 회장 때는 우연히 지방에서 많이 학술회의를 개최했습니다만, 앞으로도 이러한 전통은 계속 이어갔으면 합니다. 1년에 한 번 정도 사적지 답사를 겸한 지방에서의 학술회의를 꼭 했으면 합니다.

그리고 아까 역시 여러 분들께서 말씀하셨습니다만, 인접 학문 분야와의 협력입니다. 저도 가끔 "이런 논문을 발표해도 됩니까?"라는 문의를 받으면 사실 굉장히 망설일 때가 많습니다. 과연 이 주제가 한일관계사 영역에 속할지 습관적으로 고민합니다만 망설이지 말고 적극 투고를 권하는 것이 좋을 듯 합니다. 이를 통해 다른 분야의 전문가들이 오히려 우리 학회를 알게 되고 한일관계사의 저변이 넓어지는 계기가 되리라 생각하기 때문입니다.

마지막으로 일본 학계 또는 연구자들과의 교류 증진, 특히 일본인 연구자들의 논문을 학회지에 많이 소개하는 것이 중요하다고 생각합니다.

손승철 예 감사합니다. 학회 발전을 위한 제언 중에서 혹시 또 개별적으로 하실 분 있으신가요?

연민수 학회지를 보면은 논문은 엄청나게 많아요. 편수는 열 몇 편 해가지고 그냥 거의 400페이지 이상 되는 학회지로서는 어떻게 보면 양적으로는 진짜 압도하는데 이제 문제는 너무 두껍고 이제 관심 있는 사람 외에는 사실 그걸 잘 안 읽게 되고 그런 경향도 있는데 저는 일본의 사학 잡지 같은 경우는 좀 매달 나오지만은 논문이 한 2편, 3편 나머지는 다 서평이에요. 자기소개라든가 그래서 이 정보지로서의 역할도 중요하거든요. 최근에도 이제 회원들 책도 엄청나게 많이 나오는데 서평이 안 나오더라고요. 많은 사람들이 그런데 이거는 누가 자기가 서평 해달라고 하는 게 아니라, 임원진들이 적임자가 누구냐 그래서 부탁을 해서 소개를 해야 서평을 보고 내용도 좀 알 수 있고, 그리고 새로운 자료 나왔으면 자료 소개도 하고 이런 비중을 좀 늘렸으면 좋지 않을까. 그리고 편수도 중요하지만은 우리가 이제 한 편 낼 때마다 여섯 편 6편이라고 그랬나요. 24편 그러면 기본료만 채우고 무조건 투고하면은 다 실어주는 게 아니라 심사를 좀 엄격해서 가능하면 오류도 줄이고 논문 수준이 전체적으로 올라가야 위상도 높아지는 것이기 때문에 편수에 너무 오버되며는 컷트도 해서 조절을 좀 했으면 좋지 않을까라는 생각이 듭니다.

그리고 예전에 학회 차원에서 대중서 『'한일관계 2천년' 왜곡과 콤플렉스 역사』가 인기가 좋았는데 그 이후에 보완해서 책 세 권으로 해서 많은 사람들이 또 사보고 그랬습니다. 그 이후에 대중서가 안 나와요. 그래서 개설서에도 시대별 그냥 통사여도 좋고 뭐 『강좌 한일관계사』도 한 번 내지 않았나요? 예. 그런 식으로 기획을 해서 지금 여기 쓸 수 있는 집필진들이 상황에 갖춰져 있고, 그동안의 연구도 많이 구축되고 했으니 기획을 해서 일종의 수입 사업이 될 수 있다고 봅니다. 그런 것들을 해야 되지 않을까 생각합니다. 히트 쳐서 한 1만 부 정도 나가면 인세 엄청 많이 받아요. 그런 게 학회 선정도 되고 공부도 되고 또 수업 교재로서 많이 활용되고 많이 팔릴 수가 있겠죠.

근데 이제 코로나가 좀 풀리게 되면 사실 심심한 것도 있고, 답사 각자 아까 김동명 선생님께서도 말씀하셨지만 해외 답사 같은 경우도 요즘 다른 학회를 보면 상당히 많이 나가요. 일본이야 다들 많이 가지만 일본 이외의 지역도, 꼭 일본만 가야 되는 것은 아니니까 중국 중앙아시아부터 해서 유럽의 그런 문화도 좀 접해서 그렇게 같이 가면 더 좋을 것 같아요. 그거야 이제 희망자에 한해서 방학 때 추진하면 또 가서 공동학술회의도 할 수도 있고 그런 걸 좀 추진해보면 어떨까 생각이 듭니다.

손승철 예 알겠습니다. 교양서도 사실 중요한 제안인데 동북아역사재단에서 하기 시작하면서 그 다음부터 학회에서 내지 않았습니다. 아무튼 여러 가지 좋은 제안 감사합니다.

장순순 잠시만요. 오늘 한문종 선생님이 참석을 못하셔서가지고 저에게 메일 보내주셔서 그냥 읽겠습니다.

한문종 2011년 1월부터 2022년 12월까지 2년간 11대 한일관계 학회장을 맡았습니다. 한일관계사학회가 출범한지 엊그제 같은데 벌써 30주년을 맞이했다니 감개무량합니다. 회의에 직접 참석해서 축하드려야 하지만 코로나19에 감염되어 부득이 글로서 축하를 대신하고 죄송스럽게 생각합니다. 멀리서 남아 다시 한번 한일관계사학회 창립 30주년을 진심으로 감사드립니다.

이제 두 가지를 건의 드립니다. 우선 재임 중에 기억에 남는 것이 학회 창립 20주년을 맞이해서 2012년 5월에 강원대에서 한일관계사학회 주관으로 일본의 조선왕조실록윤독회, 세종실록 연구회 팀과 함께 '조선시대의 한국과 일본'이라는 주제로 국제학술대회를 개최한 것이 가장 기억에 남습니다. 그때 우리 학회 회원은 물론 일본의 무라이, 기타지마, 사에키 선생 등 많은 한일 간에 저명한 학자들이 참석해서 성황리에 학술대회를 마무리한 것이 기억에 많이 남습니다. 물론 이 학술대회를 개최하는데 강원대의 손승철 교수님이 물심양면으로 많은 도움을 주셨고 이 자리에 빌어 다시 한 번 감사의 말씀을 드립니다.

그리고 앞으로 한일관계사 연구가 더욱 발전하고 준비된 학회로서 인정을 받기 위해서는 다음과 같은 일이 선행됐으면 좋겠다는 바람이 있습니다.

첫째는 우리 학회 활동이 학술적인 부분에만 많이 치우쳐 있는 경향이 있습니다. 따라서 학술적인 연구에만 머물 것이 아니라 사실은 이제 사회적인 활동으로서 한일 간에 논란이 되고 있는 현안들, 예를 들면 위안부 문제나 독도 영유권 문제, 일본 교과서 일본 문제 등에 대해서 학회 차원에서 대응 적극적으로 대처하면서 학회의 목소리를 낼 필요성이 있지 않나 생각이 듭니다.

둘째로는 학문 후속세대의 양성이 시급하다고 생각합니다. 우선 공부하는 석·박사 학생 중에 한일관계사를 전공으로 하는 사람이 거의 없는 실정입니다. 따라서 학회에서 석·박사 과정생들이 한일관계사 연구를 할 수 있도록 연구 기반을 조성할 수 있는 조치들을 학회 차원에서 마련할 필요가 있다고 생각합니다.

끝으로 한일관계사학회 창립 30주년을 축하드리며 앞으로 우리의 학회가 더욱 발전하여 중견학회로 발돋움할 수 있기를 기원합니다.

손승철 네 감사합니다. 아주 자연스럽게 그러면 역대 회장님들 한 말씀씩 돌아가면서 말씀하시는 상황이 되었네요. 그 옆에 현명철 선생님부터 쭉 돌아가면서 한번 하죠. 아무 얘기를 하셔도 관계없습니다. 비하인드 스토리도 좋습니다.

현명철 저는 가만히 생각을 해보니까 처음에는 월례발표회를 서강대에서 하고, 그다음에는 코로나 때문에 줌으로 하는 그러한 어려움이 있었습니다. 두 가지로 어려움이 있었다고 생각을 해요. 하나는 코로나였고요, 또 하나는 아주 한일관계가 극단적으로 나빠진 것이었습니다.

그리고서 곰곰이 생각을 해보니까 아 그렇구나! 우리 학회가 굉장히 발전하게 되는 것도 또 어려운 것도 그러한 그 시대적인 요청과 굉장히 밀접한 관계가 있구나 하는 생각을 했습니다.

하우봉 선생님께서 청와대에 가서 밥도 얻어먹으셨다고 하는 것 바로 그런 것 아니었나 합니다. 제가 3대 총무를 할 때인데요. 그때 독도 문제가 발생해가지고 저희가 '한일양국간 영토인식의 역사적 재검토'라는 심포지엄을 하게 되었습니다. 그러면서 학회가 처음 매스컴에 나오면서 발전할 수 있는 기반을 닦지 않았나 그런 생각을 해 봅니다. 그리고 2000년대 들어오면서 후쇼사 교과서 문제가 발생해가지고 저희 학회가 적극적으로 참여해가지고 교과서 대책반에 참여했고, 심포지엄도 하게 되면서 회원 수가 많이 늘어났습니다. 그런 것을 할 때마다 회원들이 많이 늘더라고요. 그리고나서 2000년대 들어가면서 1기 한일역사공동위가 시작이 되고 보고서가 나오고 그다음에 2기가 시작이 되고 2기 공동보고서가 나오기 시작하면서 여론이라고 할까요? 사회적인 관심이 한일관계사가 그냥 변두리 학문이 아니고 굉장히 필요한 학문이구나, 그러한 인식을 듣고서 조금 기뻤습니다. 왜냐하면 처음에 일본에서 막 돌아왔을 때 누가 그러더라고요. 기억도 안 납니다만 순수 일본사를 해야지 왜 한일관계사를 하느냐 이런 말을 들었는데 그게 뭐가 어째서라는 생각을 했었는데, 순수 일본사는 높은 학문적 가치가 있는 것이고, 한일관계사는 그렇지 않다고 생각하는 것인지 어떤 생각을 가지고 있는 것인가 의문이 듭니다.

하우봉 연세대 박영재교수님이 그런 말 자주하셨습니다.

현명철 그 영향을 받은 것 같습니다. 그때 상당히 불편한 마음이 있었는데 그 후에 한일관계사에 긍정적인 이야기를 들으면서 마음이 편안해졌던 기억이 납니다. 그런 과정에서 제가 좋았던 것이 민덕기 교수님인가요? 교과서 문제 때문에 굉장히 관계가 나빴는데 월드컵 공동개최 기념으로 통신사 학술대회를 하면서 그때 그런 이야기를 하셨어요. 갈등의 시기보다 평화와 우호의 시기가 더 길었다라고 하신 말씀을 들으면서 또 치고 빠지고 어르고 달래고 하면서 결국은 역사가 가는 것이구나. 또 이런 것을 우리 학회에서 해줘야 하는 것이구나, 갈등이 일어날 때는 치열하게 얘기하지만 또 그 와중에서는 대화의 기반을 만들어주는 정치외교적인 기반을 마련하는 것이 필요구나 이런 생각이 들었습니다. 그런 생각을 가지고 제가 회장으로 있을 때 이 어려운 것들은 어떻게 해결해야 할 것인가 그런 생각을 했었고 아마 그때 '교린의 길 한·일간의 교역을 묻다'도 일본의 무역보복을 의식하면서 이런 것을 하게 되면 나중에 누군가에게 도움이 되지 않을까하는 그런 형태로 했다고 생각을 했고요. 한문종 선생님이 우리가 적극적으로 해야 한다는 조처들을 학회차원에서 마련해야한다고 생각하신다고 하셨는데 잘 해오지 않았나, 우리가 계속 순간순간에 때로는 미흡한 것이 있긴 했지만 우리 학회가 있었기 때문에 우리가 대응한 것이 참 많았다. 우리 학회가 없었다면 이것은 참 어려웠을 것이다. 그리고 지금에 와서는 일본에서도 우리 학회 논문을 읽고 인용할 만큼 됐구나 라고 느낄 때 뿌듯했습니다.

손승철 참 중요한 말씀입니다. 감사합니다. 자 남상호 선생님.

남상호 저는 2015년도에 제13대 학회를 꾸리고 임원진을 구성해서 출범하게 됐는데 그때가 한일관계가 위안부, 그다음에 강제 동원이던가? 이것

때문에 굉장히 또 시끄러울 때가 있었었어요. 그때 학회장를 맡게 됐는데 우리 임원진들의 뜻은 학회는 연구를 발표하는 곳이다. 발표하고 토론하는 곳이다. 그러면서 발표 기회를 많이 만들자. 이렇게 합의하에서 발표 기회를 많이 만들었는데 첫 번째가 정성일 선생님 때부터 모색했던 한일수교 50주년 국제학술회입니다. 그다음에 오늘 학회 활동에 빠져 있지만 UBC 허남린 선생 팀과의 왜관 공동 연구 그런 것이 이제 빠져 있습니다마는 그러한 것을 했어요.

그리고 이제 한계의 영역이라고 그럴까 경계를 좀 넓힌다는 의미에서 정기 학술대회 외에 역사학대회 자유 패널로 참관을 했고, 그런 식의 발표 기회를 많이 만들었는데 그중에 가장 기억에 남는 것이 한일수교 50주년 기념 학술회의입니다. 근데 이 시작이 당시 동북아역사재단에 있었던 연민수 선생이 제안을 해서 교육부의 특별 정책 과제죠. 교육부 특별 정책 과제에 공모해서 채택이 돼가지고 일단 지원을 받고, 그다음에 동북아 역사재단으로부터도 지원을 받아가지고 한 6천만 원 정도 예산을 가지고 시작을 했습니다. 이틀간 외국인 학자 10분을 모셔야 한다는 기준이 있어가지고 그거 채우고 총 기조 강연 발표 포함해가지고 21일 ~22일 이틀간 4개 분과에서 진행했습니다. 아까 나행주 선생님이 말씀했듯이 대규모적인 이런 국제학회를 했습니다. 근데 그때 국제학술회의를 개최하는 목적을 계획서의 실적에 어떻게 썼냐면 학술활동 발표 어떤 취지로 이런 학술 활동을 하게 됐는가, 그런 부분을 따서 그리고 세부적인 그런 학술회의의 목적 그런 부분도 쓰고, 세부 일정 그런 것도 함께 쓰는 게 낫지 않을까 이런 생각이 듭니다. 근데 그 목적이 뭐냐 하면 과거 갈등의 역사로부터 새로운 평화적인 해결 방안을 모색한다. 이것이 주제였어요. 한일 수교 50주년, 그런데 그렇게 들어온 모토를 세워서 학술회의를 진행했는데 이 모토가 이 학술회의 할 때마다 보면 되게 비슷한 목적의식을 내세우더라고요. 그런데 그때 하나의 큰 주제가 뭐였냐면 청구권 문제였어요. 그래서 그 청구권 문제를 가지고 발표도 하고 일본 요시자와 선생님인가 그분도 발표하고, 그다음에 우리 측에 이영식 선생을 비롯해서 여러분이 토론도 하고 한 그러한 결과물도 이렇게 나와서 반영이 됐는데 그 결과물의 내용을 보면 청구권 문제에서 개인 청구권 문제에 관해서는 애매한 상태로 끝났다. 좀 더 많은 자료를 가지고 더 규명을 해야 된다는 식으로 청구권 개인적인 청구권 문제가 소멸됐다고 보는 이런 쪽의 의견이 우세했던 것 같아요.

그런데 그로부터 오늘날 한일관계에 있어서 가장 큰 쟁점은 징용공에 대한 이러한 강제동원에 대한 대법원 판결 그것에 의해서 어떻게 보면 한일관계가 좀 더 공식화되지 않았습니까? 근데 우리가 한일 수교 50주년 기념을 했을 때는 청구권에 대한 의견이라든지 토론과 이후 대법원 판결은 조금 다른 방향이었을 거예요. 그러니까 우리가 이렇게 학술대회를 하면서 그 결과라고 그럴까 이런 것을 어떻게 살리고 추후적인 논의라든지 이런 것이 좀 필요하다 이런 것을 좀 느끼게 하는 그런 한일 수교 50주년기념 국제학술회의였습니다.

그래서 학회발전을 위한 제언 이런 관점에서 이야기하자면 하나는 한일 수교 60주년 국제학술대회라든지 이것을 또 한 번 학회에서 추진해 볼 수 있지 않을까 그것이 가능한가. 이런 거를 학회 발전에 대한 제언이라고 할까 이런 것을 모색해 봐야하지 않을까 생각도 합니다.

또 하나 학회 발전 제언에 관련해서 얘기하자면 그때 그런 학술 활동하면서 많이 느꼈던 것이 역시 일본 측의 사료를 어떻게 다 탐색해가지고 해석하느냐 이게 또 큰 문제였어요. 그래서 아까 정성일 선생님께서 사료 디지털화 이런 거를 얘기할 적에 이 학회에 앞으로의 큰 과제라고 그럴까, 그것이 두 가지였다고 그랬죠. 하나는 대중화 학문의 대중화 그다음에는 인접 학문과의 조인트 이런 것이 있다고 그랬지 않습니까. 그래서 학문의 대중화를 위해서는 학회로서는 일본 측 사료를 읽을 수 있는 그러한 입문서, 이것을 한국의 독자들한테 이것을 공유해야겠다. 그래서 학회 차원에서 이것을 추진해 볼 수 있는 것 아닌가 생각해봅니다. 그런데 그것은 정성일 선생님이라든지 그다음에 장순순 선생님이라든지 이런 분들이 오케이를 해야 시작되는 일이기 때문에 그런 기초작업이라고 그럴까 이런 것이 필요하지 않을까 합니다. 또하나의 제언은 한일관계사라고 하는 이 학문을 다른 인접 분야의 학문과 조인트 하기 위해서는 어떻게 해야 되느냐, 한일관계사라고 하는 것을 학문분류표, 학진 한국연구재단의 학문 분류표에 보면 한일관계사라고 하는 이런 것이 독립되어 있지 않은 것 같아요. 없어요. 그러면 어디서 찾아야 되느냐 그래서 한참 찾아본 적이 있어요. 동양사에 가서 찾아봐도 독립된 부분은 없죠. 한국사에서도 없고 그런 것 같아요. 이게 정체성이라고 그럴까 이걸 갖다가 누군가에게 자꾸 얘기해서 어디 분류표라든지 이것부터 어떻게 해야 할 것 같다는 생각이 드는데요. 그런데 한일관계사라고 하는 이 분야가 보면 크게는 인접 분야를 보면 역시 동아시아의 국제관계고 이쪽 아닙니까? 그래서 그것과 관련해가지고 주변에 학회 같은 거 보면 동양사학과밖에 없어요. 크게는 동양사학과. 동아시아의 국제관계 연구원들이 거기다가 동양사학회 쪽에 가입돼 있죠? 가입되고 있고, 그래서 동양사학회도 보면 전부 다 이 지역, 일본 그다음에 동남아시아, 서남아시아, 중국, 중국은 또 이렇게 많이 나눠져 이런 식으로 지역별로 나눠져 있어요. 그래서 동양사학회 내에 국제 관계를 다루는 이러한 분야를 만들 이런 필요가 있을 것 같더라고 하더군요. 그래서 그런 분야를 만들면 거기에 사람들이 모이게 되고, 그리고 우리 학회하고 조인트를 해야 할 필요성을 느꼈습니다. 그래서 외부 학회 인력과의 조인트를 하기 위한 어떤 상징적인 기반이라고 할까 이런 데에서는 기존에 있는 동양사학회 내에 국제관계를 다룰 수 있는 분야를 만들 필요가 있고 그런 시도를 해야하지 않을까 합니다. 네, 이상입니다.

손승철 네 고맙습니다. 다음에 이훈 선생님 혹시 말씀이 있으시면 부탁드립니다.

　　이훈 2009년에서 10년까지인데, 학회지 등재 그게 큰 현안이었고 한일관계에서는 긴급한 현안 같은 거는 없었던 것 같아요. 근데 학회 활동하면서 지금 느낀 건, 남상호 회장 얘기하고도 연결되는 부분이 있긴 있는데, 한일관계사학회가 30년 동안 이렇게 유지되어 올 수 있었던 근본적인 힘. 외형적으로는 굉장히 잘 갖추어지고 재정도 이렇게 튼튼한 줄 몰랐고 했는데, 제일 근본적으로 그 힘은 아까 장순순 선생님도 잠깐 언급했지만 윤독회였다고 생각해요. 관심 있는 사람들끼리 모여가지고 굉장히 오랫동안 지속적으로 윤독회를 해서 그 성과물을 『교린제성』처럼 책으로 내서 홈페이지에 올린다거나 이렇게 일반인들이 입문서도 중요하지만 그건 이제 사료를 가지고 있는 기관이나, 이제 그런 쪽에서 더 접근하기가 쉬울 것 같고, 그것도 필요하지만 어쨌든 관심을 가지고 있는 사람들이 윤독회를 지속적으로 하면서 그것을 책으로 이렇게 간행하는 작업까지, 그냥 읽고 끝나지 말고 아까 어떤 것 읽으셨다고 했죠? 그러니까요. 그런 것들을 이렇게 단행본으로 내서 홈페이지에 올린다거나 이런 게 사실은 윤독회하면서 되게 재미도 있고 학회에 대한 애정도 생기고 그랬던 거 같아요. 그런 것이 필요하지 않을까 그 생각을 해봤습니다.

　　손승철 고맙습니다. 시간 이제 거의 되가는데요. 김동명 선생님 추가로 하실 말씀 없으신가요? 정성일 선생님?

　　정성일 한 가지만 말씀드리겠습니다. 저는 창립 후 20년이 경과한 시점에서 맡았기 때문에 앞서 많은 업적을 쌓아주셔서 어떻게 보면 편했다고 볼 수 있겠습니다. 지금은 고인이 되셨는데 김강일 선생님이 저보다 연세가 많으신데, 그럼에도 불구하고 굉장히 꼼꼼하게 해나가게 도와주서가지고 굉장히 다행이라고 생각이 듭니다. 앞서 말씀드린 내용과 중복이 안 되는 거 하나만 말씀드리겠습니다. 지금도 사실은 해당이 되는 것인데요. 학회지 평가는 매우 중요했습니다. 그래서 다 아시니까 구체적인 실명까지 제가 말씀드리겠습니다. 케네스 로빈슨이라고 저하고 나이도 비슷하고 그래서 친하게 지냈는데 영문초록 스트레스에 대해서 이야기를 했습니다. 우리 학회지 문제만이 아니라 자기가 볼 때 한국에서 나온 잡지, 학술지의 영문 초록을 보면 무슨 말인지 알 수 없다고 하네요. 우리는 잘 썼다고 생각했는데 그래서 제가 굉장히 신선한 충격을 받았습니다. 제가 그러면 당신이 좀 도와 달라고 하니, 제 말이 끝나자마자 자기도 말을 했기 때문에 그리고 우리 학회지만이라도 미국 사람이 영어권 사람들이 봤을 때, 이해할 수 있게 하자고 의기투합을 했습니다. 문제는 이제 누가 하냐는 것이냐. 결국 어쩔 수 없이 로빈슨이 해야죠. 그래서 저는 사실은 사례비까지 생각을 했습니다. 본인이 사례비는 절대 받지 않겠다. 대신 이걸 내가 했다고 말하지 말라는 조건이었습니다. 절대 누구한테든지 자기가 읽어줬다 감수했다. 그런 말 하지 않는 조건으로 자기가 무료로 하겠다는 겁니다. 그래서 사실은 제가 하고 있는 2년 동안 빠짐없이 다 봐줬습니다. 그다음에 제가 끝난 이후에도 한 1년 정도는 더 봐줬습니다. 제가 금년에 있었던 일입니다. 다른 학회인데요. 그 학회에 논문을 투고했더니 그 학회는 영문 초록은 별도의 전문가한테 유료로 의뢰해서 맡기니까 돈을 내라는 거예요. 나는 로빈스에게 부탁해서 초록을 작성해서 제출했는데, 그래서 나중에 보니까 진짜 수정을 안 했더라고요 그게 다 평가 때문에 그렇습니다. 요즘은 평가에서는 영문 초록의 수준까지 보는 것 같습니다. 지금 많이 발전했죠.

　김강일 선생님하고 저하고 장순순 선생님도 마찬가지입니다마는 학회들이 인쇄하기 전에 교정을 사실 열심히 받습니다. 오탈자 나오는 그런 것들이 지금은 정착이 되어서 아까 말씀하신 것처럼 99점 정리가 됐는데요. 이제 100점이 되지 않겠나 생각합니다. 현재 진행이 되는데 가끔 저도 우리 학회지 심사를 합니다. 제가 고민을 하다가 한 번씩 우리 편집위원장님께 제 속 이야기를 합니다. 이건 아닌 것 같은데 솔직히 말하면 누구냐고 물어 보기도 하고 이 논문을 꼭 실어야 되냐고 물어보기도 하고, 연민수 회장님 말씀하신 것처럼 질 관리도 상당히 중요한 것 같습니다. 지금까지 잘 해오고 있고요. 앞으로 더 발전하리라고 생각이 듭니다.

손승철 로빈스 그 친구 지금 어디 있나요?

정성일 절대 무슨 회사라고는 하는데, 안 가르쳐주는데 나고야에 있습니다. 국책연구소 같아요. 국책연구소에서 일본의 연구 성과를 영어권에 알리는 곳 같아요. 그러려면 영문으로 번역을 해야 하고, 반대로 영문으로 된 자료를 일본어로 정확하게 전달하는 그런 작업을 하고 있는 것 같습니다.

손승철 감사합니다. 연민수 선생님 혹시 추가로 하실 말씀 없어요. 네, 하우봉 선생님.

하우봉 로빈스씨는 학생한테 강의하는 건 되게 힘들어하는데 오늘 혼자 하는 일은 잘할 것 같습니다.
　학회 문제에 대해서 제가 좀 한 가지만 참 주제넘은 말씀일 수도 있는데 전체적으로 우리 학계가 보면 굉장히 착실하게 자료에 접근해서 객관적으로 하는 실증적 연구는 굉장히 충실하게 하고 있고, 지금까지 많이 축적되어 왔다고 생각하는데, 저를 포함해서 하여튼 좀 이론화 그럴까 그런 방법론이나 어떤 그런 가능성이나 이런 데 대한 어떤 문제 제기나 그런 것이 좀 상대적으로 조심스러웠던 것 같아요. 저도 그런 쪽에 전에 할 말도 없는 사람이 대표적인 사람이었다고 생각되는데 최근에 저도 이제 좀 나이도 들고 이제 좀 정년하고 자유스러워 지기도 했으니까 조금 나름대로 이제 그동안 좀 망설였던 거 주저했던 걸 한 번은 이제 마지막으로 한번 제안하듯이 한번 시도해 본 게 있는데, 너무 짤막한 책입니다마는 원중거를 대상으로 '조선의 일본학을 열다' 이렇게 제목을 잡고, 내용도 원중거의 『화곡지』, 『청령국지』에 대해 이제는 '일본학'이라고 이름 붙일 수 있는 하나의 어떤 체계적인 학문의 수준에 도달했다고 평가했어요. 실은 저는 이 평가는 한 30년 전에 제가 확인 논문 쓰고 한 적에도 과연 이걸 '왜학'이라 부를 수 있을까 없을까 굉장히 망설이고 그 당시로서는 굉장히 실증적인 연구도 축적도 적었고 그래가지고 그때는 제가 못했어요. 근데 그 이후로 한 30년 사이에 굉장히 각 분야에서 실증적 연구도 많이 축적도 되고, 그래서 제가 이제 이 정도 단계가 같으면 충분히 '일본학'이라고 부를 만한 수준에 도달했다라고 지금은 자신 있게 이야기할 수 있을 것 같습니다.

그리고 나서 보니까 원중거가 『화국지』를 지은 시점이 1764년이고, 그다음에 북학 혹은 서학이라고 하는 용어가 교과서에도 익히 나오는데, 그런 것들이 다 원중거보다 시간적으로 더 뒤고 영향을 받았어요. 예를 들면 홍대용이 중국에 처음 간 것이 1765년이 그러니까 계미통신사 갔다 오고 난 지 2년 뒤고, 그다음에 갔다 와서 이제 연행록을 3부작을 썼거든요. 이거는 원중거가 연행록을 3부작으로 독립시키고, 같은 시기에 갔던 제술관 남옥이 또 사행록을 3부작으로 짓고, 그 영향권의 선후관계를 보면 원중거, 남옥이 먼저예요. 그다음에 박제가의 북학의도 보면 『화국지』하고 체제라든지 내용이 상당히 비슷해요. 서학은 당연히 북학보다 뒤에 오는 거기 때문에 시간적으로 보면 그보다 한 20년 더 후란 말이죠. 그래서 우리가 일본학이라는 이것도 좀 가설을 이렇게 이제 제시해 놓고 나서 보니까 이게 북학 서학의 못지않은 굉장히 중요한 어떤 학술사적 의미를 지니고 있겠다. 이걸 좀 더 보충하고 강화해 나갈 필요가 있으면 교과서에도 충분히 오를 수도 있고, 현재 조선 후기 역사 속에서도 일본과의 관계라든지 일본학이라고 부를 수 있는 그런 영향력이라든가 실제 내용에 있어서 지금 우리가 알고 있는 것보다 훨씬 더 중요한 의미를 지니지 않을까 이런 생각까지 했어요.

전체적으로 하여튼 우리 학계에서 이런 학술적인 논의를 하는 데 있어서 기존의 실증적인 연구의 기반을 넘어서서 보다 좀 과감한 그런 가설의 제기라든지 또 이론적인 어떤 추구도 좀 필요하지 않을까 그런 단계에 우리가 들어서 있지 않을까 그런 생각을 하나 해보고요.

그다음 두 번째로는 이제 한일관계 개선에 가는 제언에 대해서도 조금 제가 좀 주제넘은 말씀을 좀 드리자면 그동안 사실상 한일관계가 최악으로 간 그 속에는 당시 양국의 정상이 아베하고 문재인 두 사람이 나이도 똑같은 사람이었고, 그 전 단계 박근혜 대통령 때도 그렇게 좋았다고 말할 수 없지만 결정적으로 악화된 것은 이제 그 두 사람이 양국의 정상으로 있을 때인데, 지금 하여튼 그 두 사람이 물러나고 세상을 떠나고 이래가지고 그런 상황이고, 지금 현재 새로 들어선 양국의 어떤 정권은 하여튼 적극적이거나 혹은 최소한도 동조할 수 있는 정도의 수준에 있어가지고, 악화된 양국 관계가 정상화될 수 있는 좋은 계기를 맞이했다고 생각이 됩니다. 이런 상황 속에서 우리 쪽에서 보다 좀 더 적극적으로 이런 걸 좀 인센티브를 주고 좀 나갔으면 좋겠다하는 생각입니다. 실은 현재 지금 윤석열 정권은 굉장히 좀 적극적인 자세를 가지고 있는 것 같기도 한데 기본적으로는 하여튼 98년에 김대중 오부치 게이조의 공동선언 협약이 모델이 될 수 있다 생각이 되고요, 또 그 당시 실은 이건 이미 한 25년 전 정도의 시간이 지났지만 그 당시로서는 대단히 과감한 결단이고 미래를 내다보는 그런 승부적인 그런 해안과 결단력이 있었다고 생각이 돼요. 거기에는 지명관 교수님이 상당히 적극적인 조언을 하고 역할을 했다고 생각이 되는데, 하여튼 그런 정도로 그건 거의 김대중 대통령이 완전히 주도를 해가지고 상황을 만들어냈거든요. 그런 자세가 지금도 좀 필요하지 않을까 생각이 듭니다. 그래서 역사 공동연구에는 여기 많은 우리 회원들 선생님들 참석하셨지만, 그거에 대한 어떤 평가는 전망이 어떠신지, 그거는 손승철 선생님한테 들어보고 싶은 이야기긴 한데, 그걸 또 다시 한번 한중일 간에 그런 거 이런 것이 가능한지 어떤지도 잘 모르겠습니다마는 하여튼 그런 것도 좀 우리가 좀 적극적으로 가능하면 해볼 수 있으면 좋겠다는 생각이 듭니다.

그런데 실은 이렇게 할 수 있는 그런 것에 대해서는 선행 모델이 충분히 있습니다. 사실상 조선 후기에 18세기에 저도 이 책에서도 그런 걸 적극적으로 썼습니다마는 그 당시 서울을 허브로 해가지고 중심이라고 말할 수는 없을지 몰라도 최소한도 허브라고는 말할 수 있겠죠. 통과하는 4개 지역으로서 그래서 연행사, 통신사를 통해서 국경과 서울과 동경을 연결하는 동북아시아 3국을 지식, 정보, 문화 이게 다 통할 수 있는 그런 문화의 고속도로를 열고 중심이 됐던 곳이 서울이었고, 그 당시 사람들은 나름대로 어떤 동문 의식이나 상황인식을 가지고 있었다고 봐요. 그게 비록 시기적으로 아주 길지 않고 숫자적으로 보면 아주 일부의 지식인이라고 할 수는 있지만, 요컨대 그 당시에 상당히 최상단의 중심부에 있던 어떤 엘리트들이 소위 동아시아 문예공화국이라고 말할 수 있는 국경을 넘어서는 지식인들 문화인들끼리의 어떤 보편적 의식을 공유하고자 하는 공유했던 그런 경험이 분명히 있거든요. 그게 이제 프랑스에서 계몽주의 시대 때 나오던 문예공화국 같은 그런 것이 동북아시아에서 있었단 말이죠. 그것을 선도하고 주도했던 우리나라 사람들이 그걸 연결 외교의 허브 역할을 하면서 주도했다고 말할 수도 있는데 그런 역할을 우리가 지금 현 상황에서 보다 좀 주도적으로 해나가야 될 필요가 있지 않을까 그런 좀 생각을 들었어요.

손승철 아주 신선한 말씀이시고 시의적절한 제안입니다. 하선생님은 용산으로 가셔야 되겠는데요. 나행주 선생님 혹시 한 말씀 간단히 부탁드립니다.

나행주 아무튼 다른 말씀보다도 연민수 회장님 그다음에 정성일 회장님 말씀해 주신 학회지의 질을 높이자면요. 양적인 정비뿐만 아니고 질적인 깊이도 하자고 하는 말씀 깊이 새겨서 학회지 간행하는 동안에 열심히 하도록 하겠습니다.

손승철 고맙습니다. 총무하시는 이승민 선생님 고생 많으신데 한 말씀하시죠.

이승민 아닙니다. 저는 한일관계사학회 30주년 되는 뜻깊은 해에 총무를 할 수 있어서 영광입니다.

손승철 감사합니다. 사실은 30년 얘기를 읽다 보니까 세월도 짧은 세월은 아니었네요. 참 한 분 한 분 회장님들도 여러 가지 추억이 많이 쌓이네요. 근데 한일관계가 아까 관계 학문 분류가 없다고 했는데 한일관계만 그렇습니까? 한미 관계도 그렇고 한중 관계도 그렇고, 마찬가지입니다. 그런데 유독이 그래도 한일관계가 이렇게 도드라질 수 있었던 것은 이슈가 많아서이겠지요. 아까도 얘기했지만 90년대부터 시작해가지고 노태우 대통령이 아메노모리 호슈를 얘기하고, 이명박 대통령이 독도도 가고, 역사 교과서 문제도 있고, 이슈가 계속 많았지요. 그래서 항상 그만큼 관심이 많은 거고, 그런 상황 속에서 어쨌건 우리 학회도 많은 일들을 엄청나게 많이 해왔네요. 보니까 오늘 많은 말씀을 해 주셨는데 이걸 어떤 형식으로 정리할까, 그건 따로 집행부하고 상의를 해가지고 목차를 정하고, 그다음에 또 개인적인 사적인 얘기도 있고 하는데 그것도 다 포함을 해서 가능한 한 그래도 뭔가 스토리를 만들어서 이렇게 좀 구성하도록 그렇게 해보겠습니다. 오늘 영상팀도 있고 녹취팀도 있습니다. 그래도 읽을거리를 제공하면서 누가 읽더라도 한일관계사학회가 30년 동안 이런 일을 해왔구나 이런 고민이 있었구나 그리고 앞으로 이런 쪽으로 갔으면 좋겠다. 이런 것들이 학회 1세대의 생각이었구나 하는 걸 느낄 수 있게끔 그렇게 한번 재구성 해보도록 하겠습니다.

그런데 하나 분명한 것은 우리가 어쩌면 30년 동안에 여러 가지 일도 많지만 분명한 성과는 있는 것 같아요. 그렇죠? 처음에 시작할 때는 한일관계사학회를 한다고 하니까 야 이거 뭐 친일파들 모인 거 아니냐, 이거 뭐 관계사를 어떻게 하느냐, 한국사도 제대로 못하는 사람들이…, 일본사도 못하는 사람들이…, 그래서 한일관계사 하면 한국사도 다 잘하고 일본사도 잘하고 그래서 관계사를 하는 줄 알았거든요. 근데 그렇지는 않더라고요. 그런데 어쨌건 그런 노력 끝에 그래서 하나의 장르를 분명히 만들었다고 자부합니다. 근데 하나 아쉬움이 있다면 역사학 대회에 우리 분과가 없잖아요. 그래서 어떻게 다음에는 분과라도 하나 만들 수 있게끔 그런 노력을 선행해 갔으면 좋겠다. 저는 그 정도만 말씀드리겠습니다.

어쨌든 오늘 장시간 동안 3시간 동안 회고와 전망 그리고 여러 가지 제안을 했습니다. 모두 소중한 말씀이었습니다. 향후 학회의 발전을 위해 좋은 밑거름이 되었으면 좋겠습니다. 저도 한 말씀 드리면 저는 회장을 두 번 했습니다만, 제일 고맙게 생각하는 것이 정성일과 신동규 선생이에요. 그때 총무를 했거든요. 그래서 그때 많이 고생들 했습니다. 일 많이 하셨지만 그래서 괴로웠을 거예요. 지금도 생각나는데, 정성일 선생과 언젠가 마포에서 둘이서 소주 한잔했는데, 정성일 선생이 씩씩거리며 보도블럭에 주저앉아서 너무 힘들다고 투덜거리던 모습이 생각납니다. 이런 모습이 우리들이 평생 매달리고 있는 한일관계사 학회의 지나온 궤적입니다. 어떻게 보면 지나온 30년은 우리들 생의 한 부분이었습니다. 그래서 이만큼 자리매김을 한 것이라고 생각합니다. 이제 1세대도 나이가 70대에 접어들었습니다. 우리의 이런 마음들을 우리 후배들이, 후학들이 잘 좀 이렇게 시대에 맞게끔 리셋을 해주면 좋겠다는 바램을 가지면서 역대 회장단 간담회를 모두 마치도록 하겠습니다.

오늘 장시간 동안 너무 감사합니다. 회장님 마무리해 주시기 바랍니다.

김문자 딱 한 가지만 말씀드리면 10월 15일 30주년 학술대회 때에 많이 참석해 주십사 하고 다시 한 번 부탁드리고요, 회식에 관해서는 총무님께서 해주시겠습니다.

이승민 이렇게 뜻깊은 자리에 역대 회장님들 모시고 좋은 시간 가질 수 있어서 너무 좋았습니다. 오늘 오랜만에 선생님들 모이셨는데 기념촬영하시고 이후에 저희 식사자리가 마련되어 있습니다. 식사를 하시면서 여기서 못다 나눈 얘기들을 나누는 시간이 됐으면 좋겠습니다. 장소는 박물관 입구로 나가시면 길 건너서 오른쪽으로 쭉 가시면 산들해 송파점이라는 한정식 집입니다. 김문자 회장님 인솔하에 가시면 될 것 같고요.

'여성'과 '젠더'를 통해 본 한일관계사
附, 한일관계사학회 30년, 회고와 전망

2023년 3월 24일 초판 인쇄
2023년 3월 31일 초판 발행

지 은 이   한일관계사학회
발 행 인   한정희
발 행 처   경인문화사
편 집 부   이다빈 김지선 유지혜 한주연 김윤진
마 케 팅   전병관 하재일 유인순
출판신고   제406-1973-000003호
주   소   (10881) 파주시 회동길 445-1 경인빌딩 B동 4층
대표전화   031-955-9300   팩 스   031-955-9310
홈페이지   http://www.kyunginp.co.kr
이 메 일   kyungin@kyunginp.co.kr

ISBN 978-89-499-6695-3   93910
값 24,500원